Herdegen

Heile Welt in der Zeitenwende

HEILE WELT IN DER ZEITENWENDE

Idealismus und Realismus in Recht und Politik

von

Matthias Herdegen

2023

C.H.BECK

www.beck.de

ISBN 978 3 406 79649 4

Wilhelmstraße 9, 80801 München
Druck und Bindung: Friedrich Pustet GmbH & Co. KG
Gutenbergstraße 8, 93051 Regensburg
Satz: Fotosatz Buck
Zweikirchener Str. 7, 84036 Kumhausen
Umschlaggestaltung: Todor Barganov, München, nach einem Entwurf von Kunst oder Reklame, München
Umschlagabbildung: pngtree, Bild Id 4208030, The turbulent story of chinese idioms, Bild © 千图网
Umschlagsklappe Foto: © privat

Gedruckt auf säurefreiem, alterungsbeständigem Papier
(hergestellt aus chlorfrei gebleichtem Zellstoff)

Inhaltsverzeichnis

Einführung

I. Von der „Sehnsucht nach der heilen Welt" zur Verteidigung der freiheitlichen Ordnung

Zwischen der Idee zu diesem Buch und seiner Fertigstellung liegt eine recht kurze Zeitspanne. Sie markiert aber eine tiefe Zäsur in der internationalen Ordnung und in unserem Denken: die Zäsur des russischen Überfalls auf die Ukraine. Dieser brutale Schlag in ein gefestigtes – und bei vielen wohl vor allem heiles – Weltbild hat plötzlich enge Korridore im Denken geweitet und manche vertrauten Tabus des politischen Handelns erschüttert. Der Angriff Russlands, die durch diesen markierte „Zeitenwende" und die russischen Drohungen mit dem vermeintlich Undenkbaren haben die Rückbesinnung auf scheinbar überholte Vorstellungen realistischer Interessenverfolgung und auf unbequeme Fragen der Sicherung unserer freiheitlichen Ordnung aktualisiert und beflügelt. Der russische Vernichtungsfeldzug vor der Haustür von NATO und Europäischer Union stellt viele der liebgewonnenen Denkmuster und Gewichtsverschiebungen aus jüngerer Zeit auf eine harte Probe. Dennoch zeigen die Reize einer romantischen Vorstellungswelt erstaunliche Beharrungskraft. Wie anhaltend der mit der ausgerufenen „Zeitenwende" einhergehende Wandel sein wird, bleibt vor diesem Hintergrund abzuwarten.

Der ursprüngliche Titel des Buches sollte „Sehnsucht nach der heilen Welt" lauten. Diese heile-Welt-Perspektive bezieht sich auf eine weithin herrschende Romantik im Recht und in der Politik: eine idealistische Sicht auf Staat und Welt, das Sehnen nach einer „natürlichen" Ordnung, die Hochstufung bestimmter Werte zulasten anderer Belange, insbesondere der inneren und äußeren Sicherheit. Ein Streben nach Harmonie und eine immer weitergehende Einhegung der Politik durch richterliche Vorgaben begleiten diese Gewichtsverschiebung. Oft zeigt sich eine irritierende Distanz zur mitunter harschen Wirklichkeit und ein wohliges Desinteresse gegenüber dem

Machtstreben anderer Staaten oder anderen Bedrohungen unserer freiheitlichen Ordnung. Das Ethos einer Weltverbesserung hat sich dabei lange mit einem bequemen Schlafwandlertum in den internationalen Beziehungen verbunden. Die hinter dieser Entwicklung stehenden Kräfte sind vor allem in Politik und Recht des kontinentalen Westeuropas (also der kleiner gewordenen Europäischen Union) wirksam; es gibt sie aber auch in anderen Teilen der westlichen Welt. Dabei erweisen sich Europa und erst recht die gesamte westliche Gemeinschaft als ein Haus mit vielen Wohnungen, denen manche, insbesondere deutsche, Denkmuster eher fremd sind.

Die Insel der Seligen

Im Streben nach einer „heilen Welt" sind natürlich deutliche Unterschiede und Stufungen sichtbar. Die Skala reicht von Deutschland mit seiner immer weiter expandierenden Grundrechtsordnung, über die Europäische Union und dem weiteren freiheitlichen Europa bis hin zu den USA und anderen Teilen der „westlichen Welt". Hier entfalten sich ganz unterschiedliche Grade an Naivität, Harmonie-Seligkeit, Attitüden moralisierender Überlegenheit und Streben nach einer maximalen Einengung politischer Optionen durch dynamisch ausgebaute Standards der Verfassung und regionaler Menschenrechte. Die Gefahren einer solchen Verengung für die Offenheit demokratischer Prozesse liegen auf der Hand. Die Dominanz eines stark verrechtlichten Politikverständnisses mag den Rechtsstaat stärken, führt aber zu einem bedenklichen Machtzuwachs der Justiz bei gleichzeitiger Verzwergung der Politik. Sie hält auch oft genug Überraschungen bereit, wenn sie die Bahnen einer vorhersehbaren Rechtsanwendung verlässt.

Die bestürzenden Eindrücke des russischen Angriffskrieges gegen die Ukraine haben sicher die Vorstellungswelt vieler Menschen auch in der westlichen Staatenwelt nachhaltig erschüttert. Es ist aber erstaunlich, wie trotz dieses grauenhaften Geschehens und der unverhüllten Bedrohung des Friedens in ganz Europa bestimmte Denkmuster beharrlich fortwirken. In den christlichen Großkirchen wird mit Verve darüber diskutiert, ob sich die militärische Unterstützung der Selbstverteidigung gegen einen Vernichtungsfeldzug rechtfertigen lasse oder wir auch dadurch Schuld auf uns laden. Es hat etwas gedauert, bis sich Deutschland unter internationalem Druck zu wirksamer Unterstützung der Ukraine bereitgefunden hat. Nicht wenige sehen in der Beendigung des Krieges um jeden Preis – selbst bei vollständiger Unterjochung der Ukraine – das wichtigste Ziel. Auch Beschwichtigungsreflexe bleiben erkennbar. Für viele ist selbst im Konflikt mit Russland immer noch der Kampf gegen Atomkraft wichtiger als die Energiesicherheit einer ganzen Volkswirtschaft; manche beschäftigen sich lieber mit historischem Hausputz und spüren leidenschaftlich der – wenig originellen – Frage nach, ob Hume, Kant und Hegel nicht doch mit manchen Vorurteilen Kinder ihrer Zeit waren. Der Verteidigungsausschuss des Deutschen Bundestages meint mitten im Ukraine-Krieg, die eigenen Streitkräfte beim künftigen (und jeweils zu genehmigenden) Einsatz von bewaffneten Drohnen an das humanitäre Völkerrecht mit dem Verbot von Angriffen gegen die Zivilbevölkerung erinnern zu müssen.

Politisches und rechtliches Denken im westlichen Haus und in der weiteren Welt

Der neue Idealismus hat nie außerhalb der westlichen Rechtsstaaten Fuß gefasst. In China und anderen Autokratien ist die idealistische Haltung im politischen Bewusstsein und der Rechtsentwicklung eher als eine willkommene Schwächung des Westens auch im Wettstreit um das überlegene Führungsmodell verstanden worden. Für China etwa gelten starke politische Führung, der Aufstieg unter die großen Mächte mit hegemonialem Einfluss, eine straffe Staatsorganisation und die Steigerung der Wirtschaftsleistung in einer homogenen Gesellschaft als modernes „leadership“, dessen Erfolg seine eigene Legitimation in sich trägt.[1] Hier scheint eine ganz neue „Ethik“ der Macht auf. Die vermeintliche Schwäche des westlichen Modells hat sicherlich auch Anreize für die russische Großmachtpolitik bis zum Angriff auf die Ukraine geschaffen.

So klaffen zwischen dem Denken der nichtwestlichen Mächte (ungeachtet einzelner intellektueller Gegenströmungen) und dem westlichen Denken weithin Lichtjahre. Dagegen ist die auch in diesem Buch geführte Auseinandersetzung mit der idealistischen Überhöhung bestimmter Rechte und Gemeinschaftsgüter und der Vernachlässigung existentieller Voraussetzungen für die Sicherung unserer freiheitlichen Ordnungen nur ein Konflikt von Stimmen auf einer Insel der Seligen unter der gemeinsamen Flagge einer demokratischen und rechtsstaatlichen Ordnung, die eine solche Auseinandersetzung erst ermöglicht und fordert. Auf dieser Insel ist es vielleicht nicht mehr so wichtig, auf welchem Baum und auf welchem Zweig wir gerade sitzen, wenn es um die Verteidigung der Insel geht.

Idealismus und romantische Weltsicht im Umbruch der internationalen Ordnung

Wir sehen jetzt, wie eine idealistische Weltsicht mit ihren Berührungsängsten gegenüber Machtpolitik, strategischem Denken und Vorbehalten gegenüber der eigenen Rolle Deutschlands oder der Europäischen Union auf der Weltbühne – auch nach der Annexion der Krim, dem eingefrorenen Konflikt in der Ostukraine und russischer Großmachtpolitik im Kaukasus – nicht nur westliche Positionen geschwächt hat: Sie hat auch ungewollt Anreize zu einer enthemmten Machtpolitik gesetzt, wie sie sich im Angriff Russlands auf die Ukraine entladen hat. Gleichzeitig hat aber manche idealistische Rechtsentwicklung etwa beim Abbau von Diskriminierung einzelner Gruppen und Minderheiten den inneren Zusammenhalt in einer pluralistischen Gesellschaft gestärkt.

Der russische Überfall auf die Ukraine hat mit seinem rücksichtslosen Feldzug gegen die Zivilbevölkerung, begleitet von kaum verhüllten Drohungen mit einem Nuklearschlag, eine radikale Wendung deutscher und europäischer Politik bewirkt. Auch dank dieses mentalen Umschwungs, verbunden mit dem schon immer in Washington, London und Paris präsenten Realismus, hat der Westen unerwartete Einigkeit und Entschlusskraft bei der militärischen Unterstützung und Härte bei wirtschaftlichen Sanktionen gezeigt.

Anpassung an die machtpolitische Attitüde des Gegners als Maxime kommunikativen Handelns?

Manche Intellektuelle wollen jedoch selbst noch den europäischen Umgang mit dem Vernichtungskrieg gegen ein Nachbarland in ein idealistisches Theoriengewebe einwickeln. Der Philosoph Jürgen Habermas kritisiert den für ihn allzu forschen neuen Realismus bekehrter Pazifisten und fordert die Politik auf, sich durch Zurückhaltung der – nur in ihrer Unberechenbarkeit und in Drohgebärden konstanten – Kommunikations- und Handlungslogik nackter Machtpolitik zu unterwerfen, um nicht den Aggressor über Gebühr zu reizen und so zur Kriegspartei (und damit selbst zum Opfer von bewaffneter Aggression) zu werden.[2] Das kommt einer unfreiwilligen, späten Hymne auf blutig gescheiterte Appeasement-Strategien der Vergangenheit recht nahe. Es ist kaum weniger als die Kapitulation einer vielleicht schon immer etwas naiven Theorie des kommunikativen Handelns.[3] Eine besonders peinliche Moral von (Rechts-) Philosophen und anderen „Intellektuellen“ scheint im offenen Brief an die Bundesregierung in der Zeitschrift „Emma“ vom Mai 2022 auf: Hier wird an die Bundesregierung das ethische Gebot herangetragen, auf keinen Fall durch die Unterstützung der Ukraine den russischen Gewaltherrscher zu einer Eskalation zu reizen und „kategorisch“ das Risiko zur vermeiden, dass der Kreml die nukleare Drohung verwirklicht.[4] Die dort verkündete „politische Ethik“ nimmt neben der Regierung der Ukraine als Opfer eines ohne den Hauch einer Rechtfertigung gestarteten Vernichtungskrieges die ihr beistehenden Regierungen für das Leiden der Bevölkerung in Mitverantwortung. Die vorauseilende Kapitulation vor Gewalt wird zur moralischen Maxime, die den Aggressor noch in seiner Strategie hemmungsloser Drohgebärden bestätigt. So geht die Saat der Aggression durch ein schlechtes Gewissen der Opfer und Nothelfer auch noch moralisch auf: nämlich in einer neuen Ethik der Selbstaufgabe. Nach dieser „Philosophie“ hätten die Beschwichtigungspolitiker am Vorabend des Zeiten Weltkrieges alles richtig und die Aufständischen im Warschauer Ghetto alles falsch gemacht.

Thomas von Aquin und der Blick aus der heilen Welt

Wie schon Thomas von Aquin gelehrt hat, bildet sich das von uns Wahrgenommene und für wirklich Erkannte aus der Beziehung des Betrachters zum Gegenstand sowie aus Art und Weise unserer Wahrnehmung heraus.[5]

Bei der Arbeit an diesem Buch und in der öffentlichen oder persönlichen Diskussion mit wachen, klugen jungen Menschen ist mir deutlich geworden, wie sehr das umsorgte Behaustsein im mitteleuropäischen Rechtsstaat mit all seinen materiellen Segnungen und das historische Trauma des NS-Terrors unsere Wahrnehmung und den oft ängstlichen Umgang mit Begriffen prägen. Bei dieser selektiven, von vielen jungen Menschen selbst beklagten Wahrnehmung von Realität unter Verdrängung oder Überhöhung bestimmter Konflikte handelt es sich auch um ein Legat der Elterngeneration, das einen recht unterkomplexen Blick auf den Rest der Welt fördert.

Wir sehen die Welt mit eigenen Augen, aber die soziokulturellen Bedingtheiten unserer Wahrnehmung lenken diesen Blick eben allzu oft in eine bestimmte Richtung. Der wellenförmige Auf- und Abstieg bestimmter Belange und Fragen im öffentlichen Diskurs (oder dem, was dafür gehalten wird) schafft Nähe und Entfernung zum Gegenstand unserer Wahrnehmung, die aber ihrerseits oft auf einzelne Segmente der Gesellschaft oder einzelne Sektoren der Staatenwelt beschränkt bleiben. Manches macht auch der Entwicklungsstand von Wissenschaft und Technik zum zentralen Thema, etwa die prognostizierte Erderwärmung als Folge anthropogener Emissionen. Aber dieser objektive Befund ändert nichts daran, dass in vielen Teilen des Globus selbst diese existentielle Frage mit anderen nicht weniger existentiellen Herausforderungen konkurriert, die auf der Zeitachse noch viel dringlicher sind: Kampf gegen Hunger, Zugang zu Wasser, Kindersterblichkeit oder anhaltende physische Bedrohung. Den Fund neuer Erdöl- oder Gasvorkommen verstehen wir in Europa eher als Unglück, in anderen Weltgegenden wie im südlichen Afrika wird so ein Fund vor allem als wirtschaftliche Chance wahrgenommen. Umgekehrt erscheint erst jetzt die Biospritproduktion aus Getreide auch in Europa als etwas Skandalöses.

Im „alten“ Europa galt das Gespenst des Krieges (das im Kaukasus und in der Ostukraine seit Jahren präsent ist) als verschwunden und wurde auch im Blick auf die Welt weithin verdrängt. Nun ist der Krieg plötzlich durch den russischen Unterwerfungs- und Vernichtungsfeldzug gegen die Ukraine wieder in den Vordergrund getreten – und im Gefolge dieser Katastrophe auch die Sorge um militärische Sicherheit und verlässliche Energieversorgung. Die menschenrechtliche Situation in nun umworbenen Lieferländern verliert jetzt auf einmal an Brisanz, ein Zeichen neuer komplexer Abwägungsprozesse.

Empathie, Verantwortungsethik und Recht verbinden sich über „Werte“. Das Wertordnungsdenken wirkt auch als ein wichtiger Katalysator einer steten Fortentwicklung des rechtlichen Rahmens durch nationale Gerichte und internationale Vertragsorgane. In der Rechtfertigung der deutschen und europäischen Unterstützung der Ukraine gegen den russischen Überfall dominiert die „Verteidigung unserer Werte“ durch die Ukraine; der Schutz eines Volkes vor Vernichtung und Unterjochung erhält so eine Veredelung auf einer höheren „Meta-Ebene“. Natürlich führt genau dieses Wertedenken viele Stimmen in Politik und öffentlichem Diskurs dazu, auf der Meta-Ebene wieder den Höchstwert des Friedens zu beschwören, um es mit der militärischen Unterstützung nicht zu übertreiben.

Das Denken in Werten erschwert vor allem den Zugang zu anderen Vorstellungs- und Denkmustern. In weiten Teilen Afrikas und anderen Kontinenten werden Personen, Staaten und Regierungen nicht über Werte oder Interessen, sondern über Beziehungen wahrgenommen und in ihrer relativen

Stellung definiert (als Freund, Feind, Alliierter im Unabhängigkeitskampf oder Bürgerkrieg, Verwandter im engeren und im übertragenen Sinne).[6] Selbstverständlich ist dies eine etwas unterkomplexe Verkürzung und vergröbernde Typisierung. Aber schon Thomas von Aquin spricht genau von dieser Beziehung zwischen uns und dem Gegenüber, die unsere Wahrnehmung und unsere Erkenntnis lenkt. Das Beziehungsmoment als prägender Entscheidungsfaktor überlagert dann auch Wert oder Unwert von Handeln. So lässt sich auch erklären, weshalb sich manche Regierungen aus historisch gewachsener Loyalität und Dankbarkeit bei der Verurteilung des russischen Überfalls durch die UN-Generalversammlung nicht der erdrückenden Mehrheit angeschlossen haben, obwohl sie den Überfall nicht unbedingt billigen.

Verbindung von Klima- und Sicherheitspolitik

Manche Weichenstellung hat aus rückschauender Perspektive eine eigenartige Ambivalenz der Folgewirkungen. Die „Energiewende“ mit dem radikal verkürzten Atomausstieg hat Deutschland für eine gewisse Zeit in eine gesteigerte Abhängigkeit von russischen Gas- und Öllieferungen gezwungen und so auch hier politische Erpressbarkeit zum strategischen Kalkül des russischen Regimes gemacht.

Gleichzeitig wird der Ausbau erneuerbarer Energien Deutschland und die gesamte Europäische Union langfristig sicherheitspolitisch weniger verwundbar machen. Für den Ukraine-Konflikt kommt diese Entwicklung wohl zu spät. Aber am Ende mag sie neue Beziehungen zu Russland mit veränderten Kräfteverhältnissen, vielleicht sogar einen Regimewechsel katalysieren. Der allmähliche Abschied von fossilen Energieträgern wird auch in anderen Ländern die Machtbasis autokratischer Herrschaft erschüttern.

Hier zeigt sich eindrücklich, dass Sicherheit weit über militärische Fragen hinausweist. Vorausschauende Energieversorgung dient ebenso der äußeren Sicherheit wie eine vorausschauende Politik der Entwicklungskooperation. Das Ideal einer fortschreitenden Reduktion der Abhängigkeit von klimaschädlichen Formen der Energieerzeugung kann sich so mit einem sicherheitspolitischen Realismus verbinden und selbst zum Kernbestand eines modernen Realismus werden.

II. Die heile Welt: ein Haus mit vielen Wohnungen

Das Streben nach einer heilen Welt ist nicht einfach und nicht nur wohlgemeinte Wirklichkeitsferne, Harmoniestreben und Sonnen in moralisierender Überlegenheit bei gleichzeitiger Schwächung der militärischen und zivilen Einflussmöglichkeiten durch die Selbstbeschränkung des eigenen Handlungsradius. Eine heile Welt ist auch das gemeinsame Haus der westlichen Ordnung: mit freier Selbstbestimmung des Einzelnen, offenen politischen Prozessen, wirksamer Bändigung staatlicher Macht, Befriedung einer pluralistischen Gesellschaft nach innen, sozialer Absicherung Schwacher und der Verantwortung für internationale Sicherheit und internationale Gemeinschaftsgüter.

Wille zur Verteidigung der freiheitlichen Ordnung

Diese heile Welt macht sich auch dieses Buch zu eigen – nicht im Sinne eines versonnenen Harmoniestrebens, sondern als stets gefährdete und mit strategischer Vorausschau zu verteidigende Welt. Die Entscheidungsfreude der deutschen Regierung nach dem Überfall auf die Ukraine und dem Zwangsunterricht in rücksichtsloser Machtpolitik, die radikale Weitung des Handlungskorridors deutscher Politik und die vor kurzem unvorstellbaren Reaktionen der westlichen Staatengemeinschaft lassen für dieses Modell hoffen.

III. Gravierende Bewertungsunterschiede innerhalb der westlichen Welt

In den letzten Jahren lässt sich ein Aufstieg neuer Anliegen im Rahmen der Eckpfeiler unseres Rechtslebens und der Politik beobachten. Dazu zählen etwa der Schutz der natürlichen Lebensgrundlagen, insbesondere der Kampf gegen die Erderwärmung, die starke Achtung der Privatsphäre mit dem Datenschutz und die Widerspiegelung von Diversität in der Gesellschaft. Beim immer weiter verdichteten Diskriminierungsschutz und bei Rechten für besondere Personengruppen geht es um eine große Bandbreite von unterschiedlichen materiellen und immateriellen Belangen. Eine in vielem existentielle Dimension hat der Diskriminierungsschutz von Behinderten, der auf möglichst gleichwertige Lebenschancen zielt. Erstaunlich ist, dass der Schutz von Personen mit Behinderung auch in Deutschland erst im Zuge der Wiedervereinigung Eingang in das Grundgesetz gefunden hat. Dem Verfasser ist vor kurzem wieder deutlich geworden, in welcher Öde gedankenloser Diskriminierung wir uns noch vor wenigen Jahren im Herzen Europas bewegt haben: ihm ist ein Zeugnis einer „Schule für geistig Behinderte" von 2001 in die Hände gefallen. Dagegen gehört in den westlichen Ländern die Ächtung direkter Diskriminierung aus Gründen des Geschlechts längst zur DNA der Rechtsordnung, während die Gleichbehandlung im Hinblick auf die sexuelle Ausrichtung oder das Alter eine relativ junge Errungenschaft ist.

Zu den Gewinnern der neueren Gewichtsverschiebungen gehören auch gesteigerte Ansprüche an Selbstbestimmung – über den eigenen Körper, die eigenen Daten, das eigene Geschlecht, das eigene Leben. Aus der Sicht mancher Kritiker hat der Verfasser selbst an einer allzu weitgehenden Autonomie des Einzelnen mitgestrickt, weil er den Schutzgehalt der Menschenwürde auch auf die Entscheidung des leidenden Menschen über sein Lebensende erstreckt hatte.[7]

Die Corona-Krise zeigt die Kraft klassischer liberaler Abwehrreflexe gegen Eingriffe in die persönliche Freiheit bis hin zu einem verabsolutierten Anspruch auf Selbstbestimmung, wo es gerade auch um den Schutz von Leib und Leben anderer geht. Am Ende stellt sich für einige der Kampf gegen eine Impflicht als letzte Schlacht um die Grundfesten der grundrechtlichen Freiheit dar. Bei Ausgangsbeschränkungen mag dieser Kampf noch den Anschluss an ein überkommenes bürgerliches Freiheitsideal wahren, aber manche Extrempositionen verdrängen den Lebensschutz durch eine unbeschränkte Autonomie des Einzelnen als Höchstwert in unserer Rechtsgemeinschaft.

Auf der anderen Seite sind Fragen der inneren und äußeren Sicherheit seit langem in den Hintergrund getreten. Manche Bedrohungen werden von politischen Organen oder Gerichten ignoriert, schöngeredet oder einer völlig unangemessenen, ja lebensfremden Regelung unterworfen. Auch dies hat in Russland und anderen Autokratien das Bild eines „schwachen", selbstbezogenen und von machtfernen Idealen getriebenen Europas entstehen lassen, von dem keine entschlossenen Reaktionen auf Aggression und unverhüllte Großmachtpolitik zu befürchten seien.

Doch finden diese Verschiebungen in ganz unterschiedlicher Weise in den westlichen Staaten Ausdruck. Verhaltensformen, die in Deutschland und anderen Ländern als geschützte Religionsausübung gelten – wie das Tragen der

Burka – werden in Frankreich als Bruch mit den Grundwerten der Republik geächtet und auch in anderen europäischen Ländern mit Verboten belegt. Impfpflichten, wie sie in anderen Ländern bestehen, sind in Deutschland aus Ängstlichkeit vor Widerständen oder Rücksicht auf verschwommene, nicht näher ausgeleuchtete Verfassungsbedenken lange kategorisch ausgeschlossen und auch dann nur sektoral sowie viel zu spät eingeführt worden.

Der diese Verschiebungen begleitende richterliche Aktivismus wirkt häufig als „Booster" dieser Interessenverschiebungen. In manchen Ländern Europas treiben Gerichte mit oft kühner Auslegung von Verfassungsgrundsätzen die Politik geradezu vor sich her. So stricken Gerichte an recht freitragenden Konstruktionen einer eigenen Klimaschutz-Politik Vorgaben für den Gesetzgeber oder auch Unternehmen. Auch internationale Gerichte engen mit einer sehr dynamischen Anwendungspraxis von Menschenrechtsverträgen wie der Europäischen und der Amerikanischen Menschenrechtskonvention politische Gestaltungsspielräume immer weiter ein.

Diese Machtverschiebung zugunsten einer sehr kreativen Justiz, die Verengung von politischen Optionen und eine mehr oder weniger kühne Neuausdeutung von Verfassung und internationalen Verträgen bewirkt auch eine Schwächung des Parlaments und seiner Autorität als Gesetzgeber. Dieser Abstieg des institutionellen Herzstückes einer repräsentativen Demokratie findet sich aber nicht einmal in allen Ländern des freiheitlichen Kontinentaleuropas in gleicher oder auch nur ähnlicher Weise. Aus der deutschen Politik ist uns seit langem eine Selbstverzwergung des Parlaments gegenüber der Verfassungsgerichtsbarkeit vertraut. Auch dürfte sich der bei uns beliebte Rückzug auf verschwommene verfassungsrechtliche Bedenken als Rechtfertigung für die eigene Untätigkeit so nur in wenigen anderen Ländern wiederfinden.

Zugleich zeigt bereits ein Blick nach Frankreich, dass dort die innere und äußere Sicherheit bei der Verfassungsauslegung im Widerstreit mit anderen Belangen wie dem Datenschutz anders gewichtet werden als in weiten Teilen der Europäischen Union. In Deutschland hat das Bundesverfassungsgericht aus der Menschenwürde das Verbot abgeleitet, ein von Terroristen entführtes Flugzeug zur Rettung abzuschießen und so einen Anschlag wie am 11. September 2001 zu verhindern. Nicht nur in den USA wird ein solches Verbot als geradezu absurd eingestuft.

Immerhin hat auch in Deutschland der laute Chor der friedensbewegten Gegner einer nuklearen Abschreckung der siebziger und achtziger Jahre einem gewissen Realismus Platz gemacht. Der Koalitionsvertrag der „Ampel“ vom November 2021 mit dem Bekenntnis zur nuklearen Abschreckung und bewaffneten Drohnen zeigt, dass hier ein ganzes Zeitalter an politischer Reifung verstrichen ist.

IV. Stärke der freiheitlichen Ordnung: Werte als zu verteidigende Interessen

Eine Stärke unserer freiheitlichen Ordnung liegt darin, dass sie nicht nur nationales Eigeninteresse oder die Mehrung von Wohlstand und Macht verteidigt, sondern auch davon ganz unabhängige Werte. Dies sichert eine hohe strategische Nähe unter freiheitlichen Staaten, wie der Schulterschluss innerhalb der gesamten „westlichen Welt“ gegen die russische Großmachtpolitik, vor allem innerhalb der NATO und der Europäischen Union, beweist.

Dass neben die egoistischen Belange von Staaten Werte wie Rechtsstaatlichkeit, Demokratie und Menschenrechte als Interessen treten können, hat schon Friedrich Meinecke in seinem Werk zur Idee der Staatsräson herausgearbeitet

> „Es gibt neben dem Werte des Staatswohls eben noch andere hohe Werte, die ebenfalls Unbedingtheit beanspruchen. Von ihnen kommen hier in Betracht das Moralgesetz und die Rechtsidee. Ja, das Staatswohl selber wird nicht nur durch Macht, sondern auch durch ethische und rechtliche Werte gesichert, und letzten Endes kann auch die Macht durch Erschütterung der moralischen und rechtlichen Werte bedroht werden. Demnach kann sowohl die Achtung vor Moral und Recht an sich, also ein rein ideales Motiv, als auch die wohlverstandene Rücksicht auf das Wohlsein des Staates, in der sich dann ideale mit praktisch-utilitaristischen Erwägungen mischen können, den Staatsmann dazu veranlassen, das Streben nach Macht und die Wahl der Mittel dafür einzuschränken […].“[8]

Dieses Verständnis von Individualrechten, universellen Belangen und verallgemeinerungsfähigen Vorstellungen von Rechtsstaat und materieller Gerechtigkeit als international zu vertretende Interessen und eigene Werte prägt seit langem Deutschland, die Europäische Union und die gesamte westliche Staatengemeinschaft. Hierin liegt auch eine Wurzel der *soft power* des politischen Westens, wenngleich das Denken in Werten wie beschrieben Verständnis- und Rezeptionshindernisse birgt. Gerade die aktuelle Erschütterung der internationalen Ordnung zwingt zu einer realistischen Bewertung der Bedrohung dieser Werte und des Preises ihrer wirksamen Verteidigung. Damit erweist sich die notwendige Verbindung von „idealistischem" Ordnungsstreben mit hiervon getragener Machtpolitik als die zentrale Herausforderung und die große Chance der westlichen Staaten in der heutigen „Zeitenwende".

V. Thesen

Der Triumph bestimmter idealer Leitbilder und die Hochstufung einzelner Rechte verbindet sich mit einer immer stärkeren Verrechtlichung des öffentlichen und privaten Lebens. Die Folge ist die Stärke dieser Rechte und Belange bei relativer Abwertung anderer Interessen. Demokratische Prozesse verlieren an Bedeutung, wenn immer mehr Entscheidungen aus dem bestehenden Recht herausgelesen oder dem Gesetzgeber als höheres Recht aufgezwungen werden. Diese Verengung von Entscheidungsspielräumen droht der Politik den Sauerstoff zu entziehen. Verrechtlichung und richterlicher Aktivismus fördern zwar tendenziell die Interessen von Minderheiten und leisten insoweit einen Beitrag zur Integration. Zugleich entfremdet diese Entwicklung aber andere gesellschaftliche Sektoren von der Rechtsordnung. Eine weitere Gefahr liegt in der Schwächung der Fähigkeit des Staates, auf innere und äußere Bedrohungen angemessen reagieren zu können. Ein weiteres Opfer ist die Privatautonomie. Die Wahrnehmung persönlicher Freiheiten gerät unter Assimilationsdruck (Nichtdiskriminierung etwa im Mietrecht, Zugang zu gesellschaftlicher Teilhabe). Dabei stellt sich die Freiheit zu subjektiven Präferenzen natürlich bei Trägern sozialer Netzwerke oder großen Wirtschaftsunternehmen seit jeher anders dar als bei der individuellen Selbstbestimmung in einem engeren privaten Rahmen oder bei Meinungsäußerungen.

Das Buch plädiert für einen maßvollen Umgang mit verfassungsrechtlichen Regeln und internationalen Abkommen zugunsten eines offenen politischen Prozesses und für mehr Mut der politischen Organe zugunsten einer eigenen Deutung und Ausschöpfung ihres Gestaltungsspielraumes („mehr Politik wagen"). Es fordert mehr Raum und Mut zu politischem Gestaltungswillen. Das Buch setzt sich kritisch mit der ständigen Ausdehnung verfassungsrechtlicher und europarechtlicher Standards durch einen richterlichen Aktivismus auseinander, der demokratische Prozesse verengt und die Politik nicht selten bevormundet. Es plädiert für eine größere Offenheit des politischen Diskurses und eine rationale, realitätsnahe Abwägung bei Zielkonflikten.

Seit langem sieht der Autor in Kontinentaleuropa und insbesondere in Deutschland eine deutliche Unterschätzung von innerer und vor allem äußerer Sicherheit in der rechtlichen und politischen Werteskale. Er wirbt wie auch andere für ein strategisches Denken vor und bei wichtigen Weichenstellungen.[9] Dazu gehört auch die Bereitschaft, sich von der romantisierenden Vorstellung zu lösen, dass sich bestimmte Ziele ohne Rücksicht auf negative Folgen für Wirtschaft, sozialen Frieden oder internationale Ordnungsbelange verwirklichen ließen. Darauf baut die notwendige Fähigkeit auf, sich möglichst vorausschauend auf das komplexe Wechselspiel widerstreitender Werte und Interessen wie Klimaschutz, Energiesicherheit und äußerer Sicherheit einzulassen und sie einer rationalen Abwägung zuzuführen.

Eine wirkliche Bewusstseinsveränderung hat in der europäischen Politik, vor allem innerhalb der von Romantik bestimmten Führung Deutschlands, das russische Regime bewirkt, wenn auch erst in der stärksten Dosierung seiner aggressiven Machtpolitik mit dem brutalen Angriff auf die Ukraine und der zielgerichteten Vernichtung der Zivilbevölkerung. Zuvor hatten die Annexion der Krim und die klaren Bestrebungen zu einer weitergehenden Revision der postsowjetischen Territorialordnung in Deutschland und auch in der Europäischen Union nur schwache Reaktionen ausgelöst und nicht einmal in der Energiepolitik, geschweige denn in der Rüstungspolitik, nachhaltige Veränderungen herbeigeführt. Donald Trumps Forderung nach Einlösung der vor Jahren vereinbarten 2%-Marke bei den Verteidigungsausgaben der NATO-Partner ist in Deutschland und anderswo verhallt. Selbst die unverhüllten Drohungen Putins gegen die Ukraine haben in Deutschland zunächst nur Beschwichtigungsreflexe ausgelöst. Einzig und erst die Schockwirkung der militärischen Eskalation und das nukleare Gespenst haben dann auch die deutsche Außen- und Sicherheitspolitik zu einer radikalen Wende gedrängt.

Die Aggression Russlands und seine Allianzen in der Welt haben dem Westen vor aller Augen schonungslos offengelegt, dass Sicherheit die Basis von Freiheit ist und stete Anstrengungen verlangt. Ob und wie diese Einsicht dauerhaft Politik und Gesellschaft in Deutschland und seinen Nachbarländern prägen wird, kann niemand verlässlich vorhersagen. Die Beharrungskraft einer harmonischen Weltsicht ist groß, schon weil wir uns alle nach einer stabilen internationalen Ordnung mit gemeinsamer Verantwortung für unsere Lebensgrundlagen, Solidarität und gewaltfreier Bewältigung von Konflikten sehnen. Doch zeigt gerade der Kampf gegen den Klimawandel und für die Lebensgrundlagen, wie sehr auch solche – in der Vergangenheit gerne als allzu idealistische und weltfremd apostrophierte Politikansätze – eine neue geostrategische Bedeutung erhalten. Denn sie mindern langfristig Abhängigkeiten nicht nur von russischem Erdgas und von Energielieferungen anderer undemokratischer Staaten, sie wirken auch den Ursachen globaler Migrationsströme entgegen. Eine kluge, also vorausschauende Klima- und Energiepolitik verbindet sich so mit einer realistischen Sicherheitspolitik. Dies zeigt, dass auch hier kritisch diskutierte Interessenverschiebungen – gewollt oder ungewollt – das westliche Modell von Freiheit und Demokratie gegen die Konkurrenz autokratischer Regime stärken.

In Deutschland hat sich die Bundesregierung bei der Hilfe für die Ukraine vom lang gehegten Tabu von Waffenlieferungen in Kriegsgebiete verabschiedet. Der pazifistische Schlachtruf „Frieden schaffen ohne Waffen" ist im politischen Mainstream kaum noch zu vernehmen. Dennoch beschränkt sich der Widerwille gegenüber einer konsequenten Neuorientierung der Außen- und Sicherheitspolitik nicht nur auf das eine oder andere gallische Dorf. Einige hartnäckige Beschwichtigungspolitiker sind nur etwas stiller geworden. Kremlfreundlichen Gruppen am linken oder rechten Rand passt die gesamte westliche Allianz gegen die russische Aggression nicht.

VI. Systemwettbewerb

Im Rechtsvergleich zwischen den verschiedenen, eher „idealistischen" oder eher „realistischen Modellen" bietet sich ein Systemwettbewerb an. Wie steht etwa das Vereinigte Königreich ohne eine geschriebene Verfassung, mit einem selbstbewussten Parlament und einer Justiz ohne eigenem Sendungsbewusstsein und ohne politische Agenda im Systemvergleich da: etwa beim Schutz individueller Freiheit, bei äußerer Sicherheit, Diversität und gesellschaftlichem Pluralismus, wirtschaftlicher Leistungskraft oder Innovationsfähigkeit? Wie verhalten sich die Wahrung internationaler Sicherheit oder die zum Aufschwung Europas in der Neuzeit führenden Faktoren (man denke nur an die *„killer apps"* in Niall Fergusons *„Civilization"*[10]) zu den unterschiedlichen rechtlichen Modellen? Wie steht ein Gemeinwesen wie die Schweiz da, in dem keine aktivistische Justiz den Gesetzgeber vor sich hertreibt und wesentliche Weichenstellungen auch von Volksabstimmungen abhängen? Bleiben hier wichtige Komponenten der bürgerlichen Freiheit, des Umweltschutzes und einer pluralistischen Ordnung (man denke an das Minarettverbot oder die Vorschriften gegen die Vollverschleierung) auf der Strecke – oder herrscht dort vielmehr eine lebendigere demokratische Kultur? Wie steht es im Vergleich zwischen einer starken Verrechtlichung von Politik in Deutschland und den Systemen von Frankreich, des Vereinigten Königreiches und der USA?

Kapitel I

Der neue Idealismus im Recht und sein Verhältnis zur „realen“ Welt

I. Neue Leitbilder

Die geschilderte Entwicklung lebt von der Hochstufung bestimmter Werte (und der Herabstufung anderer Interessen) im Sinne einer „idealistischen" Ordnung, die in einem gewissen Gegensatz zu einem rechtlichen „Realismus" steht. Dieses Buch meint mit „Idealismus" weniger eine (rechts-) philosophische Strömung als eine weitgehend von der Wirklichkeit abstrahierende Ausrichtung an bestimmten Zielen und Werten, insbesondere der Wunschvorstellung einer friedlichen, ökologisch wirtschaftenden und pluralistischen Welt. Diese Vorstellung baut auf dem Verständnis einer Wohlstandsgesellschaft auf, die in einem Höchstmaß finanzielle Lasten für Umwelt- und Klimaschutz tragen kann. Aber sie setzt auch die fast unbegrenzte Fähigkeit einer solidarischen Unterstützung zugunsten wirtschaftlich schwächerer Bevölkerungsgruppen und anderer Staaten voraus. Gewaltsame Bedrohungen und kriegerische Verwicklungen werden sprachlich als „Konflikt" verniedlicht oder mit einer gewissen Realitätsferne gleich ganz ignoriert.

Dieser neue Idealismus im Recht erschwert mit der Abstraktion von der Wirklichkeit eine Prüfung der inneren Schlüssigkeit: Die „Intergenerationen-Gerechtigkeit" ist ein zentrales Thema beim Klimaschutz, rückt aber bei der in schwindelerregende Höhen kletternden Staatsverschuldung in Deutschland und der EU in den Hintergrund.

Immanuel Kant und der neue Idealismus

Vor allem in Deutschland bringt die stete Bemühung der Menschwürde als Leitmaxime der Rechtsordnung dann doch mit dem Rückgriff auf Immanuel Kant ein Stück philosophischen Idealismus hinein. Dies zwar nicht erst in jüngster Zeit, in den letzten Jahren hat die Menschenwürde aber eine ganz neue Dimension erhalten. Sie wird im Zusammenhang mit demokratischer

Teilhabe an europäischen Prozessen und mit den Schranken der europäischen Integration in Stellung gebracht,[11] trägt den Anspruch von Migranten auf ungeschmälerte Sozialhilfeleistungen[12], flankiert die Forderung nach Klimaschutz und einem ökologischen Existenzminimum[13] oder setzt der Überwachung verfassungsfeindlicher Bestrebungen bei drohender Gewinnung eines Persönlichkeitsprofils Grenzen[14].

Der Mensch soll im Sinne von Kants Metaphysik der Sitten (Tugendlehre) nie als Mittel und Objekt dienen:

> „Die Menschheit selbst ist eine Würde; denn der Mensch kann von keinem Menschen (weder von anderen noch so gar von sich selbst) bloß als Mittel, sondern muss jederzeit zugleich als Zweck gebraucht werden und darin besteht eben seine Würde (die Persönlichkeit), dadurch er sich über alle andere Weltwesen, die nicht Menschen sind, und doch gebraucht werden können, mithin über alle Sachen erhebt. Gleichwie er also sich selbst für keinen Preis weggeben kann (welches der Pflicht der Selbstschätzung widerstreiten würde), so kann er auch nicht der ebenso notwendigen Selbstschätzung Anderer, als Menschen, entgegen handeln, d.i. er ist verbunden, die Würde der Menschheit an jedem anderen Menschen praktisch anzuerkennen, mithin ruht auf ihm eine Pflicht, die sich auf die jedem anderen Menschen notwendig zu erzeigende Achtung bezieht.“[15]

In Deutschland ist das aus Kants „Tugendpflicht gegen andere Menschen“ abgeleitete Verbot, den Einzelnen zum bloßen Objekt zu machen, zum „Markenkern“ der Menschenwürde (Art. 1 Abs. 1 GG) geworden.[16] Jedoch besteht über den Inhalt der Menschenwürde alles andere als Einigkeit. Auch kategorische Verbote als Folge der Würdegarantie sind umstritten, sofern es nicht gerade um historische Leidenserfahrungen oder den Schutz vor international geächteten Misshandlungen geht (Folter, unmenschliche Strafen, Rassendiskriminierung).[17] Der Rückgriff auf die Formel Kants – Menschen nicht nur als Mittel, sondern auch als Zweck zu gebrauchen – bringt für sich wenig Klarheit. Dies hat längst höchst subjektiven Wertungen Tür und Tor geöffnet.[18] Ein prägnantes Beispiel liefert das von der deutschen Rechtsprechung aus dem Kantianischen Verständnis der Menschenwürde abgeleitete Verbot, ein von Terroristen entführtes Flugzeug abzuschießen, um unzählige Menschenleben zu retten.[19]

Subjektive Wahrnehmung von Wirklichkeit: eine eigene soziokulturelle Realität

Die Gegenüberstellung eines idealistischen, weltverbessernden Modells und eines „realistischen" Denkansatzes ist natürlich eine Verkürzung komplexerer Zusammenhänge und gegenläufiger Interessen. Der Kampf gegen die Erderwärmung folgt einer nicht bestreitbaren Realität menschenverursachter Großrisiken. Auch hat der Klimawandel mit seinen Folgen etwa für Ernährung und wirtschaftliche Lebensgrundlagen, mit künftigen Auseinandersetzungen um natürliche Ressourcen und gesteigerter Migration eine wichtige sicherheitspolitische Dimension.

Daneben muss der neue Idealismus auch nicht unbedingt in eine (gerichtliche) Verkürzung demokratischer Entscheidungsoptionen münden, sondern kann sich gerade auch in Mehrheitspositionen Bahn brechen. So erweitert die Rücksicht auf subjektive Wahrnehmungen der Wirklichkeit zulasten einer objektiven Analyse politische Gestaltungsspielräume und gibt populären oder populistischen Entscheidungen einer emotional gesteuerten Mehrheit Raum. Ein Beispiel bildet die Rechtfertigung des deutschen „Atomausstieges" unter dem Eindruck des Reaktorunglücks von Fukushima. Entscheidend war für das Bundesverfassungsgericht (und den Gesetzgeber) eine neuen Risikowahrnehmung in Politik und Bevölkerung.[20] Eine große Mehrheit bejahte nunmehr die antinukleare Energiewende, ohne dass sich aus diesem Unglück irgendeine neue Einsicht für die Risiken deutscher Atomkraftwerke ergeben hätte (und ohne, dass die Folgen des Atomausstieges für den Klimawandel und die CO_2-Emisionen eine kleinere Rolle gespielt hätten). Was sich geändert hatte war nicht die Welt (das verfügbare Wissen), sondern die Weltsicht (also die Akzeptanz der längst bekannten Risiken). Auch die Veränderungen in den Köpfen sind Teil der soziokulturellen Realität. Die Rücksicht hierauf gehört zur gelebten Demokratie. Nur sollte dann die emotional-affektive Wende klar von einer wissenschaftlichen Neu-Bewertung getrennt werden.

II. Recht, Politik und Moral

Wie Hermann Lübbe in einem prägnanten Essay beschrieben hat, hat schon vor Jahrzehnten im politischen Denken Deutschlands und des Westens ein idealistischer „politischer Moralismus" Einzug gehalten.[21] Dazu gehört eine moralisierende Empörungskultur, die bestimmte zivilisatorische Entwicklungen wie die ökologischen Folgen der Industrialisierung einer permanenten (Selbst-) Anklage unterwirft. Lübbe stellt dabei Bezüge dieses neuen Moralismus zu Argumentationsmustern her, mit denen totalitäre Systeme die „moralische“ Rechtfertigung für Machterhalt und gewaltsame Durchsetzung ideologischer Missionen zu liefern suchten. In manchem System bilden aber auch heute noch Recht, Religion und Moral eine vollkommene Einheit. So bauen von der Scharia geprägte Rechtsordnungen etwa mit der Diskriminierung von Frauen auf einer als natürlich proklamierten Zuordnung von Rechten nach Geschlecht auf. Solches Denken lebt vom völligen Gleichlauf von Recht und „Moral“. Dass etwa im Iran Religionsführer über die Entwicklung und Deutung von Recht herrschen, ist aus dieser Sicht ganz konsequent. Selbstverständlich verbieten sich inhaltliche Vergleiche einer solchen, häufig totalitären Gewaltherrschaft einerseits mit dem modernen Moralismus im westlichen Politikgefüge andererseits. Denn wenn auch manche Kampagnen von Umweltorganisationen als eine Art „Öko-Imperialismus“ wahrgenommen worden sind oder prominente Naturwissenschaftler heftige Anklagen gegen Anfeindungen grüner Gentechnik und die Verantwortung für drohende Kindersterblichkeit durch Unterernährung erhoben haben,[22] geht es hier allein um die Verdrängung rationaler Abwägung im Interesse von Gemeinschaftsgütern und damit um einen „Triumph der Gesinnung über die Urteilskraft“[23], nicht aber um skrupellose Machtpolitik oder eine religiöse Diktatur. Dennoch verengt diese neue juristische Moral den Spielraum des öffentlichen Diskurses und demokratischer Prozesse.

Es ist ein Wesenszug des modernen, weltanschaulich neutralen Staates, dass Recht nicht gilt, weil es die bessere Moral für sich hat, sondern weil dahinter Mehrheiten in einem demokratischen Verfahren stehen. Wenn aber eine Mehrheitsentscheidung von vornherein abgeschnitten wird, weil sich eine bestimmte Moral bei der Auslegung von Rechtstexten durchsetzt, leidet die Legitimität der aus einer Verfassung oder einem internationalen Vertrag herausgelesenen Lösung.

III. Der alte Idealismus im Recht und seine Schattenseiten

Die Verbindung von Recht und „Moral“ erleben wir heute in der Wirtschaftsethik, bei der Frage (rechtlicher) Verantwortlichkeit von Unternehmen für Menschenrechtsverletzungen in der Lieferkette oder in einem klimafreundlichen Gesellschaftsmodell. Aber die Verbindung von Recht und Moral oder „Sittengesetz“ hat eine lange Tradition mit auch dunklen Seiten. Dabei geht es hier selbstverständlich nicht um inhaltliche Parallelen zu heutigen Vorstellungen einer „heilen Welt“, wie sie in westlichen Gesellschaften in unterschiedlicher Weise kultiviert werden. Vielmehr soll hier nur die ideengeschichtliche Spannweite von „Moral“, „Sittengesetz“, „Ethik“ oder auch von „Natürlichkeit“ und „Harmonie“ zwischen Mensch und Natur oder Individuum und staatlicher Gemeinschaft aufgezeigt werden. Der Begriff des „Idealismus“ ist eben wie alle diese Begriffshülsen ein Dach für völlig gegensätzliche Wertvorstellungen. Schon aufgrund der starken Ausrichtung des neuen Idealismus zugunsten des Schutzes des Einzelnen, seinem So-Sein und individueller Selbstbestimmung verbieten sich inhaltliche Vergleiche mit einem „alten“ Idealismus, der einem ganz anderen Koordinatensystem folgte. Doch gebietet bei aller Kritik am „neuen Idealismus“ die Fairness, auch den „alten Idealismus“ zu sehen und seine Kehrseiten in aller Klarheit zu benennen.

Es ist heute in Deutschland kaum mehr vorstellbar, dass das Bundesverfassungsgericht noch vor gut 60 Jahren die Strafbarkeit von Homosexualität unter Männern mit den überkommenen „sittlichen Anschauungen des Volkes“ rechtfertigte.[24] Dabei betonte das Gericht, „dass die öffentlichen Religionsgesellschaften, insbesondere die beiden großen christlichen Konfessionen, aus deren Lehren große Teile des Volkes die Maßstäbe für ihr sittliches Verhalten entnehmen, die gleichgeschlechtliche Unzucht als unsittlich verurteilen“.[25] Interessanterweise stützt sich diese Entscheidung auch auf eine Deutung von Wirklichkeit, wie sie Sachverständige zur Homosexualität aus medizinischer, psychologischer und sozialwissenschaftlicher Sicht dem Gericht präsentiert hatten.[26] Hier zeigt sich, wie auch die „sachverständige“ Wahrnehmung einer bestimmten „Realität“ als Grundlage für normative Entscheidungen grob in die Irre führen kann und auch Sachverstand und die sachverständige Deutung von Wirklichkeit an den Zeitgeist gebunden sind. Vor diesem Hintergrund scheint eine alte Gefahr idealistischer oder „moralischer“ Konstruktionen des Rechts auf: nämlich die Vorstellung, es gebe ganz unabhängig von den Rechten anderer und den Grundwerten der rechtlich verfassten Gemeinschaft „richtiges“ oder „sittliches“ Verhalten auf der einen Seite und „falsches“ oder „unsittliches“ Gebaren auf der anderen Seite. Selbst in Teilen Osteuropas wie in der russischen Autokratie herrschen ähnliche Vorstellungen – ohne den Bezug zu einem christlichen Sittengesetz – bis in die Gesetzgebung vor.

Zu den Schattenseiten gehört auch die Ächtung von Verhaltensformen, die heute selbstverständlich als Ausübung von Grundfreiheiten oder Menschenrechten gelten, aber vor Jahrzehnten nach herrschender Ansicht gegen die „natürliche" Ordnung verstießen (wie frühe Deutungen der Menschenwürdegarantie im Hinblick auf bestimmte Formen der Reproduktionsmedizin).[27]

Die seit dem alten Rom immer wieder idealisierte Verherrlichung des Todes für das Vaterland (*Dulce et decorum es pro patriam mori*) erscheint uns heute als eine in zwei Weltkriegen völlig diskreditierte Form des gefeierten Opfers. Dieses Ideal hat in der heilen Welt nicht nur wegen des Missbrauches von Opferereitschaft junger Männer nichts zu suchen, sondern schon deshalb, weil Krieg dort keinen Platz hat, gewissermaßen nicht existiert. Aber der Kampf der Ukraine gegen die russische Invasion zeigt jetzt die Anziehungskraft einer neuen Form des bewaffneten Einsatzes für eine freiheitliche Ordnung gegen gewaltsame Unterjochung.

Wirklichkeitsfremdes Beharren auf Gleichbehandlung: die Verfassung von Bosnien-Herzegowina vor dem Europäischen Gerichtshof für Menschenrechte

Ein anschauliches Beispiel für ein Streben nach einer heilen Welt ohne Rücksicht auf die harten Realitäten bildet das Urteil des Europäischen Gerichtshofes zur Verfassung von Bosnien-Herzegowina. Die Verfassung dieses lange von einem Bürgerkrieg zerrissenen Landes ist in dem nach langen und schwierigen Verhandlungen geschlossenen Abkommen von Dayton niedergelegt (Anhang 4). Der Vertrag spiegelt das Bemühen wider, einen Ausgleich unter den „konstituierenden Völkern" von Bosnien-Herzegowina (nämlich den Bosniern, den Kroaten und den Serben) zu finden. Nach der Verfassung können nur Personen, die sich zu einer der drei Volksgruppen bekennen, ins dreiköpfige Staatspräsidium und in die zweite Kammer des Parlaments (Völkerkammer) gewählt werden. Eine Änderung der Verfassung durch eine qualifizierte Mehrheit des Parlaments setzt einen Konsens der politischen Führung der drei Volksgruppen voraus. Das Verfassungsgericht hat die Beschränkung der Wählbarkeit auf Angehörige der drei Volksgruppen mit dem Ziel der inneren Befriedung des Landes gerechtfertigt.[28] Dagegen hat im Fall *Sejdić and Finci v. Bosnia and Herzegowina* der Europäische Gerichtshof für Menschenrechte auf eine Individualbeschwerde eines Roma und eines Staatsbürgers mit jüdischer Herkunft hin in den Wählbarkeitsvorschriften eine unzulässige Diskriminierung beim Wahlrecht (Art. 14 EMRK in Verbindung mit Art. 3 Abs. 1 des Ersten Zusatzprotokolls) gesehen.[29] Dabei beklagt der Gerichtshof auch noch, dass die Verfassung nicht in einem demokratischen Prozess zustande gekommen ist; offenbar war dem Gericht die schwere Geburt des Staates Bosnien-Herzegowina und das Ringen um den Vertrag von Dayton unter Führung der USA nicht präsent. Wie zu erwarten, konnte das für die Einhaltung von Urteilen zuständige Ministerkomitee des Europarates auch über ein Jahrzehnt später nur das Fehlen einer politischen Einigung über eine Umsetzung des Urteils beklagen.[30] Bosnien-Herzegowina, das auch heute noch um den inneren Frieden und eine funktionierende Staatlichkeit ringt, hat ersichtlich vordringlichere Probleme.

IV. Unterschiedliche Leitbilder in der westlichen Welt

Das französische Burkaverbot: Kampf für die Ideale der Revolution von 1789

Auch sonst ist eine von Idealen her konstruierte Rechtswelt ein Haus mit vielen Wohnungen. Eine davon ist eine Art zeitloser „Idealismus", der zu Antworten auf neue Herausforderungen führt. So hat die französische Nationalversammlung in einer *einstimmigen* Resolution von 2010 „radikale Praktiken" wie die Vollverschleierung in der Öffentlichkeit als einen Verstoß gegen die „Werte der Französischen Republik" (Würde des Menschen und Gleichheit von Mann und Frau) eingestuft.[31] Der Verfassungsrat Frankreichs hat das dann beschlossene Verbot mit den Prinzipien der französischen Revolution – Freiheit und Gleichheit – in der Erklärung der Menschen- und Bürgerrechte von 1789 gerechtfertigt.[32] Diese Deutung der Revolutionsideale wäre in Deutschland als Motor und Motiv eines gesetzlichen Vollverschleierungsverbotes schlicht undenkbar, obwohl auch hierzulande enge Verbindungen des Verfassungsdenkens zur Ideenwelt der französischen Revolution führen. In Deutschland herrscht eher ein verschwommenes Bekenntnis zu Pluralismus und maximaler Diversität als Leitideal der Rechtsordnung. Gegen die von den französischen Staatsorganen gerügte Unterdrückung der Frau durch „radikale Praktiken" kämpft die deutsche Politik lieber fern von Deutschland, in Afghanistan oder anderswo. An diesen Gegensätzen selbst im Herzen Europas zeigt sich, wie nicht nur Ideale in einer soziokulturellen Bedingtheit stehen, sondern auch die unterschiedliche Konkretisierung ein- und derselben Ideale von einem rechtskulturellen Umfeld abhängig ist.

Drang nach Harmonie

Zu einem idealistischen Modell gehört die möglichst vollständige Harmonie unterschiedlicher Rechtsmassen (auch wenn diese jeweils einen eigenen Anspruch auf Verbindlichkeit haben). Dies gilt auch für das Verhältnis von nationalem (Verfassungs-) Recht zum EU-Recht oder sonstigen internationalen Verpflichtungen. Von Beginn an war die sog. „Völkerrechtsfreundlichkeit" – einer Gesamtschau der einschlägigen Artikel entnommen – ein wichtiges Element des Grundgesetzes der Bundesrepublik Deutschland.[33] Dazu gehört, dass die Grundregeln des Völkerrechts sogar den Gesetzgeber binden – Art. 25 GG – und innerstaatliches Recht möglichst so angewandt wird, dass keine internationalen Verträge verletzt werden.

Regelungskonflikte wie der zwischen der Europäischen Union und der Bundesrepublik über die Grenzen der Zuständigkeit der Europäischen Zentralbank werden als höchst verstörend empfunden, auch wenn sie in einem Konstrukt wie der Europäischen Union solange angelegt sind, wie die Union keinen Bundestaat bildet und deshalb der Satz „Bundesrecht bricht Landesrecht" nicht absolut gilt.

In die gleiche Richtung deutet eine juristische Sichtweise, die zum Vorangehen mit gutem Beispiel auch dort drängt, wo eine nationale Vorreiterrolle zur Problemlösung ohne die Gefolgschaft weit wichtigerer Akteure in der Staatenwelt nichts Wesentliches bewirkt. Diese Vorbildrolle hat das Bundesverfassungsgericht für Deutschland beim Klimaschutz ausdrücklich eingefordert.[34] Dass ein solches Voranschreiten strategisch sowohl produktiv wie kontraproduktiv sein kann, wird gerne ignoriert. Viele Regierungen werden sich vom deutschen Vorbild wenig beeindrucken lassen. Sei es, weil Deutschland angesichts seines CO_2-Emissionsanteils von knapp 2 % und seines weltpolitischen Gewichts nicht prägend zu wirken vermag, eine Übernahme der deutschen Agenda dem industriellen Nachholbedarf mancher Länder widerspricht oder weil die Vorreiterrolle der großen Industrieländer schlicht auf deren besondere geschichtliche Verantwortung gegenüber den zurückhinkenden Entwicklungs- und Schwellenländern bezogen wird.

Vernachlässigung bestimmter Aufgaben und Handlungsoptionen

Die in den Vordergrund tretenden oder gar absolut gesetzten Forderungen wie der Klimaschutz lassen sich oft leicht an normativen Ankerpunkten (Verantwortung für die Umwelt nach Art. 20a GG) festmachen, während andere elementare Aufgaben wie die Verteidigungsfähigkeit verfassungsrechtlich schwächer unterfüttert sind. Dies hat jedoch nichts mit ihrer Wertigkeit und ihrem relativen Gewicht zu tun.

Dennoch lässt sich in Deutschland seit langem mehr Handlungsdruck zugunsten von Ausgaben und anderen Maßnahmen zum Klimaschutz aufbauen als etwa zur Stärkung der Verteidigungsfähigkeit des eigenen Landes im Sinne der NATO-Vereinbarungen. In der Konsequenz steht die Bundeswehr nach Einschätzung des Heeresinspekteurs „mehr oder weniger blank“ da.[35] In einem derartigen Versagen einer harmoniegesteuerten Politik liegt zugleich der Keim zur Korrektur. Das naive Vertrauen in eine europäische Friedensordnung hat mittelbar die russischen Aggressionspläne mit befördert; der brutale Einfall in die Ukraine hat dann die Entscheidung der Bundesregierung für bislang kaum vorstellbare Investitionen in die deutschen Streitkräfte ausgelöst. Das ist ein prägnantes Beispiel vom Weg des unbefangenen Glaubens an eine heile Welt zu ihrer energischen Verteidigung.

Rechtliches Instrumentarium des neuen Idealismus

Der neue Idealismus hält auf verschiedenen Bahnen des Rechts Einzug. Ein Weg ist die Schaffung neuer Normen durch Gesetzgebung, Verfassungsergänzung oder völkerrechtliche Verträge wie dem Pariser Abkommen zum Klimaschutz. In der jüngeren Vergangenheit sind auch Rechte und Verpflichtungen etwa zum Daten- und Umweltschutz in manche Verfassungen eingefügt worden oder haben in Grundrechtsdokumente (wie die EU-Grundrechtecharta) Eingang gefunden. Ein zweiter Weg ist die Auslegung bestehenden Rechts, durch die etwa Normen der Verfassung oder internationaler Verträge ein bislang unbekannter oder nach der herrschenden Ansicht zumindest nicht anerkannter Inhalt zugeschrieben wird. In Deutschland und zahlreichen anderen Ländern hat eine dynamische Auslegung die Verfassungsordnung häufig stärker verändert als eine ausdrückliche Änderung des Verfassungstextes. Schließlich gibt es den Weg der allmählichen, diskreten Veränderung von Rechtsordnungen durch an sich unverbindliche

Standards und Regelwerke, die aber über die Auslegung bestehender Vorschriften zumindest mittelbar rechtliche Wirkung erlangen oder Druck auf die nationalen Gesetzgeber erzeugen.

Ein prominentes Beispiel hierfür sind Verhaltensregeln für internationale Unternehmen wie die *OECD Guidelines for Multinational Enterprises* oder die *UN Guiding Principles on Business and Human Rights,*[36] die bereits große praktische Bedeutung im internationalen Wirtschaftsrecht erlangt haben.[37] Ganz allmählich wird aus diesen „weichen" Standards des internationalen *soft law* „hartes" Recht. Seit Jahren überprüfen staatliche Kontrollinstanzen („nationale Kontaktstellen") die Einhaltung der OECD-Standards im Rahmen von Beschwerdeverfahren. In jüngster Zeit wirken diese Standards auch auf die Auslegung des nationalen Rechts ein. Nationale Gerichte leiten aus ihnen Entschädigungspflichten oder Verpflichtungen zu Schutzmaßnahmen ab.

Ein weiteres einflussreiches Beispiel für internationales *soft law* ist der *UN-Pakt für eine sichere, geordnete und reguläre Migration (Global Compact for Safe, Orderly and Regular Migration).*[38] Darin verpflichten sich 164 Mitgliedstaaten der Vereinten Nationen, die den Pakt im Dezember 2018 angenommen haben, auf eine Reihe von Zielen und Standards für die Migration und den Umgang mit Migranten (wie etwa die Verfügbarkeit von Wegen für eine reguläre Migration, die Bewältigung prekärer Situationen im Rahmen von Migration, soziale Grundleistungen, die Beseitigung von Diskriminierung oder Investitionen in Aus- und Weiterbildung).

Die Wirkkraft von *soft-law*-Standards des internationalen Rechts zur Unternehmensverantwortlichkeit oder auch zur Migration hat mehrere Gründe. Einmal stehen diese Standards in enger Verbindung mit „harten" Regeln des internationalen Rechts (insbesondere den Menschenrechten oder Regeln zum Umweltschutz). Zum anderen drücken die „weichen" internationalen Standards aus, was die Vereinten Nationen, andere Organisationen und weite Teile der Staatengemeinschaft als verantwortungsvolle Politik oder ethisches Verhalten verstehen. So beeinflusst das *soft law* die Praxis von Staatsunternehmen und steuert zugleich die Auslegung internationaler Normen im Sinne einer bestimmten Verantwortungsethik.[39]

Dokumente wie die UN-Leitprinzipien zu Unternehmen und Menschenrechten, die OECD-Leitlinien für multinationale Unternehmen oder der UN-Migrationspakt lassen sich auch heranziehen, um einen sich herausbildenden Konsens in der Staatenwelt oder der Parteien eines bestimmten Vertrages zu begründen. Internationale Gerichte wie der Europäische Gerichtshof für Menschenrechte stützen sich dann gerne auf einen solchen *emerging consensus*, um eine „evolutive Auslegung" von Vertragsbestimmungen zu begründen, deren Ergebnisse nicht im Vertragstext angelegt sind und die sich mitunter weit von den ursprünglichen Vorstellungen der Vertragsparteien entfernen.[40]

Eine solche dynamische Auslegung entspricht in manchen Punkten bereits dem Gemeingut vieler westlicher Verfassungen wie etwa bei der Koalitionsfreiheit im Arbeitsrecht;[41] sie kann aber auch die Anpassungsbereitschaft mancher Vertragsstaaten arg strapazieren (wie etwa das vom Europäischen Gerichtshof für Menschenrechte der Europäischen Menschenrechtskonvention entnommene Recht auf eine im Mitgliedstaat gesetzlich verbürgte Aussicht auf Entlassung in die Freiheit trotz lebenslanger Verurteilung im Vereinigten Königreich).[42] Ein anderes Beispiel ist das Streikrecht für Beamte, das der Europäische Gerichtshof für Menschrechte aus der Versammlungsfreiheit der Europäischen Menschenrechtskonvention „herausgelesen" hat;[43] hiergegen hat das Bundesverfassungsgericht Stellung bezogen und angedeutet, dass das Streikverbot für Beamte (nach den hergebrachten Grundsätzen des Berufsbeamtentums im Sinne von Art. 33 Abs. 5 GG) zu den identitätsbildenden Inhalten des Grundgesetzes gehört und sich daher – entgegen der postulierten „Völkerrechtsfreundlichkeit des Grundgesetzes" – gegen die Europäische Menschenrechtskonvention durchsetzen würde.[44] Auch hier liegen wieder zwei Ideale im Widerstreit: die Öffnung der gesamten Arbeitswelt einschließlich des öffentlichen Dienstes zugunsten von Koalitionsfreiheit und zulässigem Arbeitskampf einerseits und das Ideal einer wechselseitigen Fürsorge- und Treuepflicht im Beamtenverhältnis andererseits, die den Beamten von anderen Bediensteten unterscheidet. Gerade bei internationalen Verträgen wie der Europäischen Menschrechtskonvention ist die Versuchung groß, nationale Besonderheiten mit einem *emerging consensus* zu überspielen.

USA: Die vorsichtige Großmacht

Die Sorge vor einer nicht vorhersehbaren Auslegung mit unerwünschten Bedeutungsverschiebungen erklärt, weshalb sich etwa die USA oft von völkerrechtlichen Verträgen fernhalten, obwohl sie diese Abkommen mitverhandelt haben und diese mit US-amerikanischen Zielsetzungen und Wertvorstellungen durchaus in Einklang stehen. Die Sorge vor einer unliebsamen Auslegung steigert sich vor allem dann, wenn die Administration eines Vertrages in den Händen einer internationalen Organisation liegt oder der Vertrag eine Streitbeilegung durch ein internationales Gericht oder andere internationale Gremien vorsieht. Dabei haben die USA auf die Entwicklung des vertraglichen Menschenrechtsschutzes wohl stärker Einfluss genommen als irgendeine andere Nation. Auch die Herausbildung und Festigung der Grundrechte ist ohne das US-amerikanische Verfassungsrecht und die Rechtsprechung des Supreme Courts der USA völlig undenkbar. Wohl auch deswegen hat die US-amerikanische Politik seit jeher wenig Neigung, sich von internationalen Gerichten oder internationalen Gremien (vielleicht noch mit Mitgliedern höchst dubioser Provenienz) über die „richtigen" Vertragsstandards belehren zu lassen und am Ende mit einer Vertragsauslegung konfrontiert zu werden, um deren Preis man dem Vertrag nicht zugestimmt hätte. Dieses „Risiko" ist insbesondere bei menschenrechtlichen Verträgen mit der Neigung internationaler Gerichte und Menschenrechtskommissionen zur extensiven Auslegung kaum vermeidbar.

In einer politischen Kultur wie der in den USA genießt – unbeschadet einzelner Kontroversen – die eigene Rechtsprechung, insbesondere die des Supreme Courts, eine ganz andere Akzeptanz und Legitimität als Entscheidungen internationaler Gerichte in hochpolitischen Fragen. Auch dies erklärt die große Zurückhaltung der amerikanischen Politik gegenüber der Bindung an völkerrechtliche Verträge, die möglicherweise zu unerwünschten Einwirkungen auf das nationale Recht führen können. Traditionell wird in den USA auch eine umstrittene Verfassungsauslegung wie beim Recht gleichgeschlechtlicher Paare auf Heirat hingenommen, wenn sie vom Supreme Court vorgenommen wird.[45] Dies hängt einmal an der seit über 200 Jahren gefestigten Stellung des obersten Gerichtshofs im politischen System und zum anderen daran, dass die amerikanische Rechtsprechung traditionell weite Gestaltungsspielräume von Kongress und Präsident respektiert. Die Entwicklung „unbenannter", also nicht in der Verfassung ausdrücklich anerkannter Freiheitsrechte, hat nur in wenigen Fällen zu heftigen Auseinandersetzungen geführt, die bis heute Politik und Gesellschaft spalten. Dies gilt namentlich für die Selbstbestimmung von Frauen über den Abbruch der Schwangerschaft. So wirken Auseinandersetzungen über eine sehr umstrittene „liberale" Rechtsprechung auch bei einem späteren Schwenk in die andere Richtung vehement fort, wie jetzt bei der Absage an ein Grundrecht auf selbstbestimmten Schwangerschaftsabbruch in Folge einer neuen „konservativen" Mehrheit des obersten Gerichtshofs der USA.[46] Unbeschadet solcher Kontroversen könnten Entscheidungen eines internationalen Gerichts zu Grundsatzfragen nicht mit einer ähnlichen Akzeptanz rechnen wie die Entscheidungen des „eigenen"

Supreme Courts. Letztlich vertrauen Politik und Gesellschaft doch eher den „eigenen" obersten Richtern als Weichenstellungen durch internationale Organe. So haben die USA bis heute die Amerikanische Menschenrechtskonvention und Beschwerdemechanismen universeller Menschenrechtsverträge (wie das Fakultativprotokoll zum Internationalen Pakt über bürgerliche und politische Rechte) nicht ratifiziert, im Konflikt mit Nicaragua den Urteilen des Internationalen Gerichtshofs[47] die Anerkennung versagt und die allgemeine Unterwerfung unter die Zuständigkeit des Internationalen Gerichtshofs widerrufen. Im internationalen Wirtschaftsrecht haben sich die USA dagegen im Interesse der Durchsetzung vertraglich geschützter Interessen für eine verbindliche Streitbeilegung eingesetzt (etwa bei der Welthandelsorganisation oder beim internationalen Investitionsschutz). Dabei geht es um Vertragsbestimmungen, die im Allgemeinen so präzise formuliert sind, dass sie überraschenden Auslegungsergebnissen wenig Raum bieten.

Politik und Europäische Menschenrechtskonvention

Im Vereinigten Königreich ist nach umstrittenen Entscheidungen des Europäischen Gerichtshofs für Menschenrechte (etwa zur Aussetzung der lebenslangen Freiheitsstrafe, zum Wahlrecht von Strafgefangenen und zur Anwendung der Europäischen Menschenrechtskonvention auf den Einsatz militärischer Gewalt im Irak-Krieg) scharfe Kritik in der Regierung laut geworden, und manche Stimmen haben die weitere Bindung an die Europäische Menschenrechtskonvention in Frage gestellt.[48] In der Folgezeit ist der Europäische Gerichtshof in ähnlichen Fällen auf eine flexiblere Linie eingeschwenkt, die den Staaten mehr Spielraum gibt. Die Auseinandersetzungen über die Verbringung von Asylbewerbern nach Ruanda hat zu neuen Spannungen zwischen der britischen Regierung und dem europäischen Gerichtshof für Menschenrechte geführt.[49] Wenn der Europäische Gerichtshof für Menschenrechte im Falle des Burka-Verbotes gegen Frankreich entschieden hätte[50] oder das Minarettverbot in der Schweizerischen Bundesverfassung für konventionswidrig erklären würde, wären die politischen Reaktionen schwer zu prognostizieren. In Deutschland ist die Kündigung der Europäischen Menschenrechtskonvention dagegen kaum vorstellbar. Letztlich dürfte diese unterschiedliche Haltung damit zusammenhängen, dass sich die Politik in Ländern wie dem Vereinigten Königreich, der Schweiz oder auch in Frankreich aufgrund einer deutlich selbstbewussteren Wahrnehmung demokratischer Legitimation von Regierung und Parlament viel weniger mit einem eng gestrickten rechtlichen Korsett abfindet als in der Bundesrepublik.

Kapitel II

Die Neuvermessung der juristischen Welt

I. Tektonische Verschiebungen der letzten Jahre

Vor einigen Jahren fragten mich Klimaaktivisten, ob ich eine Verfassungsbeschwerde gegen die aus ihrer Sicht unzureichende deutsche Klimagesetzgebung vertreten würde. Ich sah damals nicht einmal den Ansatz für eine plausible Argumentation, mit der sich dem Parlament ein ehrgeizigeres Klimaschutzprogramm mit einer deutlich ambitionierteren Minderung des CO_2-Ausstoßes aufzwingen ließe. Das Grundrecht auf körperliche Unversehrtheit (Art. 2 Abs. 2 Satz 1 GG) und der Schutz der natürlichen Lebensgrundlagen (Art. 20a GG) erschienen viel zu unbestimmt für eine Korrektur des Gesetzgebers. Auch ein grundrechtlicher Schutz von Beschwerdeführenden aus Nepal oder Peru erschien mir gewagt: Möchte das Grundgesetz wirklich die ganze Welt umarmen? Das Pariser Abkommen zum Klimaschutz strebt zwar eine Begrenzung der Erderwärmung an; es überlässt aber den Vertragsparteien, selbst das Maß der CO_2-Reduktionen festzulegen. Das Abkommen steht auch nicht im Rang über den deutschen Gesetzen und ist schon gar nicht Teil der deutschen Verfassung. So bin ich dem Verfahren ferngeblieben – ebenso wie andere Staats- und Umweltrechtler.

Der Weltklimarat als Dirigent des Gesetzgebers

Wir aber hatten völlig die Gewichtsverschiebungen im juristischen Denken und in der Justiz unterschätzt. Mit einem Paukenschlag hat das Bundesverfassungsgericht dem Gesetzgeber eine viel zu zögerliche Klimapolitik vorgehalten und ihm ein zügigeres Tempo bei der Reduktion von Treibhausgasen auferlegt.[51] Dabei hat es die Klimaziele des Abkommens von Paris unter Bezug auf den Schutz der natürlichen Lebensgrundlagen (Art. 20a GG) gewissermaßen in den Rang der Verfassung erhoben und die wissenschaftlichen Empfehlungen des Weltklimarates, der von der Weltorganisation für Meteorologie und dem UN-Umweltprogramm UNEP eingerichtet worden ist, zum Leuchtpfad für den Gesetzgeber hochstilisiert. Wesentlich sind dabei die Berücksichtigung von Handlungszwängen in der Zukunft aufgrund des immer weiter schrumpfenden CO_2-Emissionsbudgets (mit daraus resultierenden Freiheitsbeschränkungen oder erhöhten Steuern) und die Fairness zwischen den Generationen, die schon jetzt zu einer notwendigen Mehrbelastung (durch erhöhten Reduktionsaufwand) zwingen soll. Dieses Argument gibt der Rechtsprechung auch in anderen Politikbereichen ein wunderbares Instrument, den Gesetzgeber zu einer sofortigen Verschärfung von Freiheitsbeschränkungen oder Mehrbelastungen zu zwingen (etwa zur Begrenzung der fortschreitenden Staatsverschuldung oder zur Finanzierung von Verteidigungsanstrengungen).[52] Diese Generationen-Gerechtigkeit ist ein wichtiges Anliegen, aber sie ist in erster Linie die Aufgabe des Gesetzgebers und sollte nicht Teil einer richterlichen Agenda sein. Die Demokratie bringt es nun einmal mit sich, dass sie sich auf den Willen der jeweils entscheidenden Generation bezieht. Misstraut sich der Gesetzgeber selbst, kann er sich etwa mit Verschuldungsgrenzen Schranken in der Verfassung schaffen. Befriedigend funktioniert haben diese Selbstbeschränkungen aber weder im Verfassungsrecht noch in den europäischen Verträgen.

In seinem Klima-Beschluss betont das Karlsruher Gericht die Vorbildrolle Deutschlands, von der es offenbar ganz große Anreize auf China, Indien und die USA erwartet: Der deutsche Musterschüler mit seinem knapp 2%-Anteil an den globalen Emissionen soll alle mitziehen. Mittlerweile hat China erklärt, es werde an der Kohleenergie festhalten und lediglich keine Kohlekraftwerke im Ausland mehr bauen. Wir wissen längst, dass die bisherigen Klimapläne der Parteien des Abkommens von Paris unzureichend sind und die vereinbarte Reduzierung der Erderwärmung weit mehr an Reduktionsleistungen erfordert, als die Staaten zu erbringen bereit sind.[53] Auf den Klima-Beschluss aus Karlsruhe reagierte die deutsche Staatsrechtslehre mit einer Mischung aus Zuspruch und Erstaunen. Und die deutsche Regierung und die Regierungsparteien, die alle gerade eine höchstgerichtliche Ohrfeige erhalten hatten? Lauter Applaus des Bundesministers für Wirtschaft und die demütige Zusage der Besserung. Diese Selbstverzwergung der Politik erinnerte dann auch ein wenig an Moses bei der Übergabe der Zehn Gebote. Hat die deutsche Politik dabei erkannt, dass ein effektiver Klimaschutz mit einer fairen Reduktionsverteilung auf die nächsten Jahrzehnte wohl nur mit Kernenergie zu leisten ist (wofür etwa die französische Politik kämpft)?

Schleichende Gewichtsverschiebungen

Schleichend und oft an der Politik vorbei verschieben sich so in Deutschland und andernorts in der westlichen Welt die Grundlinien der staatlichen Ordnung. Ohne demokratisches Ringen in Parlament und Bevölkerung scheint ein neuer rechtlicher Rahmen für das Zusammenleben in der Gesellschaft und die Lösung der großen Zukunftsfragen auf.

Diese Verschiebungen haben mehrere Gründe. Hierzu gehören eine immer stärkere Verrechtlichung von Politikbereichen, eine zunehmende Einwirkung der Gerichte auf Grundfragen von Staat und Gesellschaft und eine neue Gewichtung bestimmter Rechte und Belange. Begleitet wird diese Entwicklung von einer starken öffentlichen Präsenz kleiner und großer Interessengruppen und einer neuen Kultur der Empörung, die den Protagonisten von Diversität, Umweltschutz oder Corona-Maßnahmen-Kritik große Aufmerksamkeit in der gesellschaftlichen Auseinandersetzung sichert. Mit der Verrechtlichung von Politik und dem bunten Strauß gerichtlicher Angriffsmöglichkeiten gegen politische Entscheidungen wachsen auch die Chancen dieser Gruppen, auf dem Rechtsweg ihre Interessen durchzusetzen.

Die Verfassung und internationale Verträge als Grundrisse politischer Architekturen

Die fortschreitende Verrechtlichung der Politik ist ein Prozess, der schon vor Jahrzehnten eingesetzt hat. Hiervon haben zunächst eher traditionelle Werte profitiert, etwa die freie Meinungsäußerung, der Schutz des ungeborenen Lebens oder die notwendige Legitimation politischer Grundentscheidungen durch das Parlament. Heute erleben wir, dass Parlament und Regierung immer wieder zum bloßen Nachvollzug von angeblich bereits in der Verfassung getroffenen Entscheidungen und Weichenstellungen degradiert werden. Schon in der Frühzeit der Bundesrepublik haben Gerichte und Rechtswissenschaft das Grundgesetz mit immer neuen Inhalten im Wege der Auslegung gefüllt und diese Inhalte ständig weiter ausgesponnen. Ein umfangreicher Rechtsschutz für den Einzelnen, aber auch für Körperschaften und Organe des Staates vor Fachgerichten und dem Bundesverfassungsgericht hat hierzu nie versiegende Gelegenheit geboten. Schon 1971 hat Ernst Forsthoff in seinem Buch „Der Staat der Industriegesellschaft“ davor gewarnt, das Grundgesetz als eine Art „Weltenei“ zu betrachten, in dem mittelalterliches Denken den Bauplan der Welt vermutete.[54] Ganz in diesem Sinne wuchs die Vorstellung heran, die Verfassung biete für alle neuen Herausforderungen eine griffige Lösung, die nur auf ihre Entdeckung warte. So haben in den USA, in Deutschland oder in Kolumbien die Gerichte den Rahmen für die Abtreibung und deren gesetzliche Regelung abgesteckt. Die Vorstellung der Rechtsentwicklung als eine Art Entdeckungsfahrt hat auch im anglo-amerikanischen Recht Freunde gefunden – allerdings mit weit weniger Wirkung als in Deutschland und einigen europäischen Ländern.[55] Im internationalen Recht ist eine ähnliche Richtung der „Konstitutionalisierung" auf dem Vormarsch, die aus den Grundprinzipien des Völkerrechts und multilateralen Verträgen eine Art Weltverfassung herauslesen will. Die Verfassungen und die wichtigsten Verträge werden so zu einer modernen Bibel, aus der immer neue Erkenntnisse und Gebote gewonnen werden. Über diese muss dann nicht mehr politisch diskutiert und entschieden werden, auch wenn die herangezogenen Vorschriften ursprünglich wenig mit den jeweiligen Themen – Klimaschutz, Aussetzung der lebenslangen Freiheitsstrafe, Aufenthalt von schiffbrüchigen Migranten oder einem Anspruch auf moderne Reproduktionsmedizin – zu tun hatten. Manches erinnert an die Verkündung überzeitlicher Wahrheiten über Mensch und Welt durch religiöse Autoritäten, die ganz genau wissen, an welchem Tag sich im Mutterleib die Seele beim Kind mit dem Körper verbindet.

Diese Entwicklung mehrt den Einfluss der Staats- und Völkerrechtslehre sowie der Gerichte auf die Politik. Kommentare zum Grundgesetz oder zur Europäischen Menschenrechtskonvention halten mit Hunderten oder Tausenden von Seiten Rezepte zur Lösung politischer Grundfragen oder auch von kleinteiligen Alltagsproblemen bereit.[56] Ganz so weit wie in Deutschland ist die Entwicklung in anderen kontinentaleuropäischen Ländern nicht vorangeschritten. Auch in den USA, im Vereinigte Königreich und selbst in der Schweiz liegen die Dinge noch ganz anders. Dem Brexit hat schon vor vielen Jahren scharfe Kritik an einer Gängelung des Vereinigten Königreiches und der britischen Gesetzgebung wegen einer – wirklichen oder angeblichen – Überdehnung der europäischen Verträge durch die Gerichtshöfe in Luxemburg und Straßburg den Boden mit bereitet.

Eine neue Werteskala

Nach dem Ende des Kalten Krieges, nach der Proklamation einer „Neuen Weltordnung" durch Michael Gorbatschow und George H. W. Bush ist das liberale Ordnungsmodell für Recht, Politik und Wirtschaft als Sieger aus dem Wettbewerb der Systeme hervorgegangen. Nach dem etwas voreilig ausgerufenen „Ende der Geschichte“[57] hat das Modell des liberalen, aber für innere und äußere Bedrohungen sensibilisierten Rechtsstaates eine dramatische Neuvermessung erfahren. Diese Veränderungen sind vor allem im „alten“ Europa spürbar – und dort am stärksten in Deutschland. Kampf gegen den Klimawandel, Schutz der ökologischen Lebensgrundlagen und der natürlichen Ressourcen, Datenschutz, ausgedehnter Schutz auch vor indirekten Diskriminierungen wegen persönlicher Merkmale verdrängen in Kerneuropa klassische Fragen der inneren und äußeren Sicherheit, der verlässlichen Energieversorgung oder des Schutzes internationaler Transportwege. Der militärische Schutzschirm der USA und das nachlassende Gefühl der äußeren Bedrohung haben gerade im Herzen Europas diese Entwicklung befördert. In gleichem Sinne wirken bis heute ein hohes Maß an wirtschaftlicher Prosperität und die verbreitete Annahme, Staat und Volkswirtschaft seien in Deutschland und manchen Nachbarländern fast unbegrenzt belastbar. In der Europäischen Union kommt die Vorstellung hinzu, dass sich die Staaten ohne schmerzhafte Folgen auch mit Hilfe der Europäischen Zentralbank immer weiter verschulden können.

Diese neuen Fragen betreffen Ziele und Werte von hohem Rang oder großer Plausibilität. Niemand kann heute die menschlichen Ursachen des Klimawandels und die dringende Notwendigkeit bestreiten, die weltweiten CO_2-Emissionen radikal zu begrenzen. Aber der Umweltschutz liegt nicht nur mit anderen, wirtschaftlichen Belangen im Wettstreit, sondern auch mit Freiheitsrechten. Unter dem Dach eines kämpferischen Umweltschutzes verbergen sich oft massive Zielkonflikte, wie die von vielen Klimaschützern beschworenen Folgen des Atomausstieges für die Erderwärmung zeigen. Der Kampf für das Klima wird auch nicht in Deutschland oder der Europäischen Union gewonnen. Klimaverantwortung in einer kosteneffektiven Ausprägung ist wohl vor allem eine Frage der solidarischen Unterstützung von Ländern wie Indien und kluger Geopolitik gegenüber China. Auch der Schutz privater Daten vor Abschöpfung für hoheitliche oder kommerzielle Zwecke ist nicht nur Anliegen von Gewicht, sondern längst ein Gut von Verfassungsrang. Das Neue – und Beunruhigende – an der steten Gewichtsverschiebung ist die Hochstufung oder Hochstilisierung einzelner Belange zu einem überlegenen, ja absoluten Wert im Wettstreit mit anderen Rechten und Interessen Einzelner oder der Allgemeinheit. Zurück bleiben andere, ebenfalls wichtige Belange und Interessen: äußere und innere Sicherheit, Privatautonomie, oft auch die materiellen Grundlagen persönlicher Freiheitsgestaltung, die dem Abgabenhunger des Sozialstaates und seinen ökologischen Ambitionen geopfert werden. Die Aversion gegenüber militärischen Optionen zugunsten der eigenen Sicherheit oder des Schutzes von Partnerstaaten fügt sich ins Bild. Manche Teile der Gesellschaft mögen auch den Abschied von traditionellen Leitbildern von Ehe und Familie (als Teil ihrer „heilen Welt") beklagen. Aber hier folgt das Recht eben einer jahrzehntelangen Entwicklung jedenfalls der „westlichen" Gesellschaften mit neuen Formen des Zusammenlebens.

Auf dem Weg zu europäischer Verteilungsmacht und der Bedeutungsverlust des Parlaments

Zu den tektonischen Verschiebungen der demokratischen Ordnung in den Staaten Europas gehört die zunehmende Verlagerung von Richtungsentscheidungen auf die Ebene der Europäischen Union. Mit dem im Frühjahr 2021 auf den Weg gebrachten Wiederaufbau- und Schuldenprogramm ist die Europäische Union – ohne jede Vertragsänderung – plötzlich zur Verteilungsmacht Europas und die Europäische Kommission zu einer Art europäischem Schatzamt geworden.[58] In dieser Entwicklung vermischen sich mehrere Einflüsse: ein französisches Steuerungsmodell der Wirtschaftspolitik, das Interesse der überschuldeten Mittelmeerstaaten an einer europäischen Fiskalunion sowie die erwartete Solidarität Deutschlands. Am Ende ist von der Europäischen Union als „Rechtsgemeinschaft" für den gesamten Bereich der Währungs- und Wirtschaftspolitik wenig übriggeblieben.

In der Theorie der repräsentativen Demokratie bildet das Parlament eigentlich den klassischen Hort der politischen Debatte und neuer Weichenstellungen. In der Praxis ist das Parlament jedoch auch durch den Druck auf widerspenstige Abgeordnete oftmals zur bloßen Ratifikationsmaschine geworden. Das Wiederaufbau- und Schuldenprogramm der Europäischen Union zur Bewältigung der Corona-Krise und für den Klimaschutz (und andere Modernisierungsaufgaben) hat der Deutsche Bundestag im März 2021 mit erdrückender Mehrheit abgenickt und so die Aufnahme von fast 750.000.000.000 € Schulden durch die Europäische Union als Einstieg in eine europäische Schuldenunion abgesegnet. Eine offene Diskussion fand in den meisten Fraktionen kaum mehr statt, auch wenn offensichtlich Grundregeln der Europäischen Verträge und des Grundgesetzes ausgehebelt wurden. Nur wenige Abweichler unter den Abgeordneten des Regierungslagers ließen sich – im Wahljahr – nicht auf Linie bringen. Der verführerische Mix aus verständlicher Solidarität (mit den längst überschuldeten Ländern des Mittelmeerraumes) einerseits und dem Ziel des Klimaschutzes andererseits hat das Bewusstsein für rechtliche Schranken und die Gefahren einer

Schuldenspirale zulasten künftiger Generationen erstickt. Auch hier wollte sich der wohlhabende deutsche Musterschüler nicht den Forderungen seiner europäischen Partner entziehen.

II. Konfliktlinien

Der Paukenschlag des französischen Staatsrates

Ein Schlaglicht auf die Gewichtsverschiebungen zwischen bestimmten Belangen und Grundwerten wirft der Konflikt zwischen dem französischen Staatsrat (dem höchsten Verwaltungsgericht Frankreichs) und dem Gerichtshof der Europäischen Union. Der französische Staatsrat wirft in seiner Entscheidung im Fall *French Data Network* vom April 2021[59] dem EU-Recht zum Datenschutz in der Auslegung des Europäischen Gerichtshofes vor, die Wahrung der Sicherheit auf dem Altar des Datenschutzes zu opfern. Dabei wendet sich das Gericht recht offen gegen ein naives Weltverständnis, das wenig von reellen Bedrohungsszenarien wissen will. Unmissverständlich betont der Staatsrat die Rolle Frankreichs als eines wichtigen Akteurs in der Welt und die Bedrohungen, die der Französischen Republik vor allem aus dem internationalen Terrorismus, aber auch aus Spionage und ausländischen Einmischungen erwachsen. Hierin sieht das französische Gericht „Notwendigkeiten von Verfassungsrang" (*exigences constitutionelles*). Dabei scheint wieder die in Deutschland und anderen Teilen der Europäischen Union allmählich vergessene Uraufgabe der Staates auf: den Bürgern Sicherheit zu gewähren. Thomas Hobbes sah im Staat den Schutz vor der Aggression des Mitmenschen (*„homo homini lupus"* – „Der Mensch ist dem anderen Menschen ein Wolf"). Das drohende Wolfsrudel in Menschengestalt ist für den französischen Staatsrat der Terrorismus, der Frankreich schon mehrfach heimgesucht hat. Der französische Staat dürfe sich in diesem Kampf nicht durch einen überzogenen Datenschutz lähmen lassen, wie er vielen in der Europäischen Union vorschwebt. In Kontinentaleuropa hat vor allem die französische Staatsführung die Wertigkeit der Sicherheitsgewähr stets hochgehalten. In seiner „Europarede" an der Sorbonne im September 2017 hat Präsident Macron Sicherheit als die Grundlage der Europäischen Union und als „ersten Schlüssel" zu einem starken, „souveränen" Europa betont:

> „La première clé, le fondement de toute communauté politique, c'est la sécurité."[60]

Eine solche Akzentuierung zugunsten des Schutzes vor inneren und äußeren Bedrohungen hat man aus dem Mund deutscher Politiker in den letzten Jahrzehnten nicht vernommen. Im Bundestagswahlkampf des Jahres 2021 war die Außen- und Sicherheitspolitik so gut wie überhaupt nicht präsent. Es verwundert nicht, dass Sicherheit auch in der Skala der rechtlich geschützten Interessen in Deutschland weit nach unten gedriftet ist. Diesbezüglich bleiben die Auswirkungen des russischen Überfalls auf die Ukraine abzuwarten.

Belehrung von oben: Weltverbesserung durch internationale Organe

An einer besseren Welt werkeln auch internationale Gerichte und andere internationale Streitbeilegungsorgane. Dabei geht es hier längst nicht mehr nur um deren unbestreitbare Verdienste beim Schutz elementarer Menschenrechte oder bei der Durchsetzung anderer international anerkannter Standards. Vielmehr fühlen sich internationale Instanzen zunehmend aufgerufen, auch demokratische Staaten mit einem hohen Maß an Rechtsstaatlichkeit bei in modernen Gesellschaften umstrittenen Fragen zu belehren und in komplexen Abwägungsprozessen Gewichte zu verschieben.

So hat der Ausschuss nach dem UN-Übereinkommen gegen Rassendiskriminierung von der Bundesrepublik im Fall *Sarrazin* wegen pauschal abwertender Buchpassagen mit kollektiven Negativcharakterisierungen muslimischer Einwanderer die Bestrafung des Autors gefordert, obwohl die Meinungsfreiheit unter dem Grundgesetz und internationalen Abkommen auch völlig unhaltbare Äußerungen (unterhalb der Schwelle der ethnisch motivierten Aufhetzung) schützt.[61]

In seinem Gutachten zur Rechtsstellung gleichgeschlechtlicher Paare (*State Obligations Concerning Change of Name, Gender Identity, and Rights Derived from a Relationship Between Same-Sex Couples*) hat der Interamerikanische Gerichtshof ein Recht gleichgeschlechtlicher Paare auf umfassende Gleichstellung bei der Ehe (von dem nichts in der Amerikanischen Menschenrechtskonvention steht) gefordert und den Zugang zu einer eheähnlichen Gemeinschaft als unzureichend eingestuft.[62] Er hat sich dabei auch nicht durch das (bei der Auslegung internationaler Verträge gewichtige) Argument abbringen lassen, dass viele Vertragsstaaten in ihrer Praxis nicht dieser Auslegung folgen – dies sei im Kampf gegen Diskriminierung unerheblich.[63] Hingegen hat es der Europäische Gerichtshof für Menschenrechte auch wegen des mangelnden

Konsenses unter den Vertragsstaaten abgelehnt, aus der Europäischen Menschenrechtskonvention ein Recht auf gleichgeschlechtliche Ehen abzuleiten und verlangt nur die zivilrechtliche Anerkennung einer gleichgeschlechtlichen Lebensgemeinschaft.[64] Der Interamerikanische Gerichtshof sieht Einwände gegen seine Ansicht durchweg „auf religiöse oder philosophische Überzeugungen gegründet" motiviert, die in einer demokratischen Gesellschaft nicht maßgeblich sein dürften.[65] So eine Argumentation macht den Weg frei für eine „heile Welt", in der religiöse oder philosophische Grundsätze auch dann keine Rolle mehr spielen, wenn sie sich in einem offenen demokratischen Gesetzgebungsprozess niederschlagen. Das Problem ist hier nicht die verständliche Forderung nach Gleichbehandlung gleichgeschlechtlicher Paare, sondern das Aushebeln demokratischer Entscheidungsfindung. Dies zeigt auch der politische Hintergrund des Rechtsgutachtens des Interamerikanischen Gerichtshofs. In Costa Rica war der Kongress weder vor dem Gutachten des Interamerikanischen Gerichtshofes noch danach bereit, die Eheschließung für gleichgeschlechtliche Paare zu öffnen. Die Regierung des Landes hatte das Gutachten mit dem gewünschten Resultat beantragt. Der Rechtsansicht des Interamerikanischen Gerichtshofes ist dann auch nicht der Gesetzgeber von Costa Rica, sondern eine Mehrheit im Obersten Gerichtshof gefolgt: Gesetzgebung durch zwei Richtersprüche, wenn das uneinsichtige Parlament nicht will.

Weniger erfolgreich war der Versuch des Interamerikanischen Gerichtshofes, in einer gewagten Auslegung der Amerikanischen Menschenrechtskonvention Paaren ein Recht auf *In-vitro*-Befruchtung (also die künstliche Befruchtung außerhalb des Mutterleibes) zu gewähren.[66] Hier hat der Oberste Gerichtshof von Costa Rica dem Interamerikanischen Gerichtshof die Gefolgschaft versagt, nachdem er selbst vorher aus der gleichen Menschenrechtskonvention ein Verbot dieser Form von Reproduktionsmedizin abgeleitet hatte.[67]

Saturierte Gesellschaften

Die beschriebenen neuen Ideale und Ziele haben einen sozioökonomischen Hintergrund. Das Bedürfnis nach maximaler Behütetheit durch rechtliche Standards und die Einhegung politischen Ermessens finden ihre schärfste Ausprägung in materiell saturierten, an der Minimierung selbst fernliegender Risiken interessierten Gesellschaften. Kontinentaleuropa – insbesondere der mitteleuropäische Kern der Europäischen Union – ist hierfür beispielhaft. Nicht zufällig muss sich die Europäische Union mit ihren über alle wissenschaftlich anerkannten Standards hinausgehenden Forderungen im Lebensmittelrecht oder bei biotechnologischen Produkten von der Welthandelsorganisation die irrationale Orientierung an „Phantomrisiken" vorhalten lassen.[68] Hier schlägt sich materielle Sicherheit im Luxusproblem wirklichkeitsferner Ängste nieder.

Ähnliche Ängste einer saturierten Gesellschaft spiegeln sich in der bereits erwähnten deutschen Entscheidung zum „Atomausstieg", die nicht die neue Erkenntnis realistischer Gefahren, sondern eine neue von der Wirklichkeit gelöste subjektive Wahrnehmung nuklearer Risiken in der Gesellschaft zum Ausgangspunkt hatte.[69]

In dieser Abwägung unterschiedlicher Grundwerte bauen sich immer wieder neu verlaufende Konfliktlinien und Gewichtsverschiebungen auf. Manche dieser Entwicklungen lassen sich als gestärkte Integrationsleistung deuten wie der in der Europäischen Union oder in den USA weit vorangeschrittene Schutz einzelner Gruppen vor Diskriminierung (etwa aus Gründen des Geschlechts, der ethnischen Zugehörigkeit, der sexuellen Orientierung oder des Alters) und als höhere Inklusion benachteiligter Personen begreifen und begrüßen. Auf der anderen Seite scheinen hier immer wieder erhebliche Spannungen mit der Privatautonomie und der Meinungsfreiheit auf (wie im erwähnten Fall *Sarrazin* vor dem Ausschuss nach der UN-Konvention gegen Rassismus).[70]

Neuer Idealismus und wertkonservatives Denken

Die Spannung zwischen einem idealistischen Impetus im Recht und seinen Gegenströmungen ist schon seit langem Gegenstand der rechtspolitischen oder rechtssoziologischen Analyse. Der Schweizer Strafrechtler Peter Noll, der bis 1969 in Deutschland lehrte, beanstandete an der deutschen Diskussionskultur „das höchst aggressive Aufeinanderprallen von idealistisch-utopischer und realitätsferner Revolutionsbereitschaft einerseits und unreflektiertem, wahllos konservativem Traditionalismus andererseits".[71]

Dabei sind die Hochstufung oder Überhöhung bestimmter Belange, realitätsferne Unterkomplexität ebenso wie Harmoniesehnsucht und auch utopisches Denken kein ausschließliches Kennzeichen neuer idealistischer Strömungen in Europa und sonst in der westlichen Welt. Bei den großen Strömungen in Politik, Rechtslehre und Gesellschaft lassen sich in verschiedenen Ländern und zu verschiedenen Zeiten immer wieder neue Gegenpole mit ganz eigenen Nuancen ausmachen. So stehen sich zuweilen auch ein rückwärtsgewandter Idealismus mit einer starken religiös geprägten oder naturrechtlichen Komponente und ein weltanschaulich neutraler „Realismus" mit der starken Betonung empirisch gesicherter Erfahrungszusammenhänge gegenüber. Weder Realitätsferne noch ein moralisierender oder paternalistischer Anspruch sind dabei ein Alleinstellungsmerkmal alter oder neuer idealistischer, oder änderungsresistenter Strömungen.

Manches ist auch eine Frage der Perspektive. Die Rechtfertigung des Burkaverbotes in Frankreich mit den Grundwerten der französischen Republik (Freiheit, Gleichheit und Brüderlichkeit) lässt sich wegen des Bezugs zur Revolution von 1789 als rückwärtsgewandten, paternalistischen Idealismus bezeichnen, aber ebenso gut auch als Ausdruck eines modernen Realismus im Dienste einer gefährdeten liberalen Ordnung und weiblicher Emanzipation. Die ablehnende Haltung gegenüber modernen Hochtechnologien wie der Gentechnik als Sehnsucht nach einer möglichst „natürlichen Ordnung" verbindet wertkonservative, auch religiös verankerte Strömungen mit säkularem Umweltaktivismus und einem Kampf gegen Phantomrisiken. Eine ähnliche Verbindung lässt sich beim Schutz von künstlich erzeugten Embryonen *in vitro* feststellen[72], während beim Schutz des Kindes im Mutterleib wertkonservative und schlicht technikfeindliche Bewegungen oft wieder getrennte Wege gehen.

Paternalismus und gesellschaftliche Meinungsbildung

Ein schönes Beispiel für wohlmeinenden staatlichen Interventionismus im gesellschaftlichen Prozess liefert die deutsche Rechtsprechung zum öffentlichen Rundfunkauftrag. In seinem jüngsten Urteil zur immer weiterwachsenden Finanzierungsverantwortung der Länder für die öffentlichen Rundfunk- und Fernsehanstalten und zur Erhöhung des Rundfunkbeitrages hat das Bundesverfassungsgericht dem Staat eine größere Rolle bei der Meinungsbildung im digitalen Zeitalter zugewiesen. Der Staat soll durch die Organisation eines eigenen, pluralistisch strukturierten und in Vielfalt agierenden Medienimperiums verschiedensten Versuchungen und Täuschungen (neuerdings vor allem durch soziale Netzwerke) entgegenwirken. Der öffentliche Rundfunk soll den solchen Gefährdungen ausgesetzten Bürgern „Orientierungshilfe" bieten und eine „nicht verzerrte" Wirklichkeit darstellen.[73] Für viele Menschen vor allem außerhalb Deutschlands klingt dies wohl stark nach staatlichem Paternalismus.

Paternalismus und jugendliche Persönlichkeitsentwicklung

In seiner Entscheidung zur Einschränkung des Schulbetriebes in der Corona-Pandemie hat das Bundesverfassungsgericht das Verhältnis von Individuum und staatlicher Gemeinschaft neu austariert. Im Beschluss zur Bundesnotbremse II hat das Gericht Kindern und Jugendlichen ein Grundrecht aus Art. 2 Abs. 1 GG auf die staatliche Sicherung eines Lebensumfelds zugesprochen, das für ein „gesundes“ Aufwachsen erforderlich ist.[74] Danach haben Kinder ein „gegen den Staat gerichtetes Recht auf Unterstützung und Förderung bei ihrer Entwicklung zu einer eigenen verantwortlichen Persönlichkeit in der sozialen Gemeinschaft.“[75] Völlig einleuchtend ist dabei, dass der Staat im Rahmen seines Bildungsauftrages auch eine Verantwortung für möglichst gleichwertige Lebenschancen von Kindern und Jugendlichen hat. Aber dem vom Bundesverfassungsgericht entdeckten Mandat des Staates für ein „gesundes“ Aufwachsen fehlt es an klaren Konturen, die dem staatlichen Auftrag Inhalt und Grenzen auch im Verhältnis zum elterlichen Erziehungsrecht geben. Die Verpflichtung zu einer gesunden Entwicklung stößt sich an einem liberalen Leitbild von Familie und Staat und weckt Anklänge an eine rotbäckige Romantik oder gar an George Orwell, auch wenn sie dem Gericht sicher völlig fern liegen. Hier zeigen sich wieder die Fallstricke der ständigen Entdeckung neuer Grundrechte, die der unbefangene Betrachter mit einer gewissen Beliebigkeit assoziieren mag.

Renaissance einer „preußischen Ordnungswelt“

In Deutschland herrscht ein starkes Bedürfnis, Konflikte nicht nur rechtlich einzuhegen, sondern auch in einem förmlichen Verfahren möglichst lückenlos zu entscheiden. Hierin mag man die Fortsetzung einer preußischen (Schein-) Tradition sehen, Streitigkeiten und Missstände in einem administrativ-hierarchischen Weg auf- und abzuarbeiten und für Beschwerden des Bürgers und Untertanen möglichst eine höhere Instanz zu bemühen. So erscheint die verfassungsrechtliche Kontrolle selbst des Gesetzgebers als eine Überwachung durch den Vorgesetzten. Dies erklärt dann auch stimmig, dass der parlamentarische Gesetzgeber oft in die Rolle einer Art Verwaltungsbehörde gerät, die vom zuständigen Gericht auf die Wahrung der Verhältnismäßigkeit ihres Handelns geprüft und erforderlichenfalls korrigiert wird: Hierarchie in der Beschwerde schlägt demokratische Legitimation. Die neue Rechtsprechung zur Klimagesetzgebung, zum Datenschutz, zur Erhöhung der Rundfunkgebühren, schon viel früher die Entscheidungen zum Grundlagenvertrag und zur Abtreibung lassen sich als Diktat eines Vorgesetzten oder als eine Kontrolle von Behördenhandeln deuten. Auch die bundesverfassungsgerichtliche Überprüfung der Anleihekäufe der Europäischen Zentralbank[76] fügt sich in das Bild einer verwaltungshierarchischen Kontrolle ein, wenn das Bundesverfassungsgericht die Arbeit des Europäischen Gerichtshofes (d. h. dessen Bestätigung der Anleihekäufe der Europäischen Zentralbank) als schlechthin und offensichtlich „unvertretbar“[77], also mit der Zensur ungenügend beurteilt. In der Sache geht es dabei um die unzureichende Berücksichtigung der Auswirkungen, die eine Politik der niedrigen Zinsen auch auf das Vermögen von Sparern hat. An eine verwaltungsgerichtliche Kontrolle erinnert ebenso die vom Bundesverfassungsgericht für die Anleihekäufe der Europäischen Zentralbank geforderte Begründung – eine Urpflicht jeder Eingriffsverwaltung. Das gleiche Denkschema gilt auch umgekehrt für das im Nachgang zum Urteil des Bundesverfassungsgerichts von der Europäischen Kommission eingeleitete Vertragsverletzungsverfahren gegen Deutschland, mit dem die Kommission das unbotmäßige Verhalten des deutschen Verfassungsgerichts rügte (man hat das Verfahren dann nach einer kuriosen Wohlverhaltenszusage der Bundesregierung, die doch auf das Bundesverfassungsgericht eigentlich keinen Einfluss hat und haben darf, eingestellt). Für alles muss eben eine weitere, höhere Instanz verfügbar sein: Seit einiger Zeit fordern manche ein Super-Gericht, das im Streit zwischen dem Europäischen Gerichtshof und den nationalen Verfassungsgerichten als allerallerletzte Instanz entscheiden soll. Es ist ein wenig wie beim Skat oder Militär: Ober sticht Unter. Aber die Ordnung gerät durcheinander, wenn nicht mehr klar ist, wer Ober ist und wer Unter, das nationale Verfassungsgericht oder der Europäische Gerichtshof, Deutschland oder die Europäische Union.

Im internationalen Kontext ist eine ähnliche Sehnsucht nach rechtsförmlicher Auf- und Abarbeitung von Konflikten spürbar. Viele Stimmen in Politik und Recht haben in Europa davon geträumt, dass der Kampf gegen die Spitze von Terrornetzwerken nur mit Haftbefehlen geführt wird.[78] Als die deutsche Bundeskanzlerin dem US-Präsidenten Obama zur Ausschaltung des Führers von Al Kaida durch ein amerikanisches Spezialkommando gratulierte, stellte ein deutscher Amtsrichter Strafanzeige.[79]

Ein deutsches Oberverwaltungsgericht hat sich wegen der schlichten Weiterleitung elektronischer Steuersignale für Drohneneinsätze im Jemen und anderswo über die US-Luftwaffenbasis Ramstein auf die Klagen von Personen aus Einsatzgebieten eingelassen und wollte die Bundesregierung verpflichten, die amerikanische Regierung wegen der Kollateralschäden des Drohneneinsatzes zur Rechenschaft zu ziehen: Bündnispolitik als Verwaltungsstreitigkeit. Das Bundesverwaltungsgericht hat dies etwas zurechtgerückt.[80]

Recht und Souveränität in der Europäischen Union

In der Europäischen Union werden oft Kernfragen dessen, was außerhalb der EU als Ausdruck staatlicher Souveränität verstanden wird, zum Thema gerichtsförmiger Streitbeilegung. Jüngstes Beispiel ist das Vertragsverletzungsverfahren der Europäischen Union gegen Ungarn wegen des gesetzlichen Verbotes, Homosexualität (und andere LGBTIQ-Lebensformen) als Inhalt Minderjährigen in den Medien zugänglich zu machen. Hieran kann man wie die Europäische Kommission mit sehr guten Gründen als Bevorzugung lange herrschender, traditioneller Formen von Partnerschaft und Familie in den Medien Anstoß nehmen (auch wenn es nicht um die Diskriminierung Einzelner oder gar um ein subjektives Recht auf mediale Darstellung vor Kindern geht). Aber von einem gerichtlichen Verfahren gegen Ungarn eine Stärkung der Grundlagen der Europäischen Wertegemeinschaft oder gar eine anhaltende Befriedung eines letztlich soziokulturellen Konflikts zu erwarten, erscheint doch naiv. Kaum jemand wird bei der Osterweiterung der Europäischen Union erwartet haben, dass eine solche Streitfrage „Grundwerte" der Europäischen Union berühren würde. Wer schon bei niedrigschwelligen Konflikten den Kampf um die Grundwerte Europas ausruft, setzt bei einer massiven Bedrohung der europäischen Wertegemeinschaft leicht das irgendwann einmal erschöpfte Empörungspotential aufs Spiel.

Weit schwerwiegender erscheint der Konflikt der Europäischen Union mit Polen. Dort hat nicht nur das Verfassungsgericht dem Vorrang des EU-Rechts gegenüber der polnischen Verfassung eine Absage erteilt. Vor allem hat die politische Mehrheit in Polen mit ihrer Justizreform die Unabhängigkeit der Justiz gegenüber der Regierung erschüttert.[81]

In Europa stößt eine konsequente Migrations- und Asylpolitik ständig an – bestehende oder vermeintliche – rechtliche Schranken. Dies gilt selbst für kleinkalibrige Maßnahmen. Nachdem die italienische Marine auf dem Mittelmeer Flüchtlinge aus Seenot gerettet, auf Lampedusa versorgt und wieder in einen afrikanischen Hafen zurückverbracht hatte, hat der Europäische Gerichtshof für Menschenrechte Italien im Fall *Hirsi Jamaa v. Italy*[82] eine verbotene „Massenausweisung" vorgeworfen.[83] Für die Bereitschaft von EU-Ländern zu großflächigen Rettungsmissionen ist eine solche Rechtsprechung sicher nicht hilfreich gewesen. Robuste Maßnahmen zu einer Sicherung der Außengrenzen gegen illegale Einwanderung bewegen sich in einer rechtlichen Grauzone, in der vieles sehr umstritten ist.[84] Dabei geht es etwa um eine (letztlich wohl nicht bestehende) Verpflichtung zur Einreisemöglichkeit politisch Verfolgter nach internationalem Flüchtlingsrecht (Verbot der Zurückweisung nach Art. 26 Genfer Flüchtlingskonvention, sog. *non-refoulement*) und zum Aufenthalt bis zur Prüfung von Asylbegehren nach der Europäischen Menschenrechtskonvention. Während ein Teil der EU-Staaten physische Barrieren zum Schutz der Außengrenzen fordert,[85] ist das Zurückdrängen von Migranten an der Grenze (*push backs*) heftiger Kritik von Menschenrechtsorganisationen ausgesetzt. Auch der Europäische Gerichtshof für Menschenrechte trägt zur Verwirrung bei, wenn er den Staaten den Schutz ihrer Grenzen mit physischer Gewalt erlaubt, aber gleichzeitig legale Einreisemöglichkeiten fordert.[86]

Verschärft wird das Problem durch den Versuch von Nachbarn der Europäischen Union, Migrantenströme als politisches Druckmittel einzusetzen. Die Europäische Union wünscht sich den Schutz ihrer Außengrenzen, gleichzeitig wittert die Europäische Kommission bei Grenzzäunen mit Stacheldraht die Verletzung ihrer Werte.[87] So haben andere politische Akteure wie die Autokraten von Weißrussland oder der Türkei mit gesteuerter Migration als Hilfsmittel politischer Erpressung und Destabilisierung leichtes Spiel. Die EU-Staaten haben sich letztlich in ein Netzwerk von Regeln nach EU-Asylrecht und menschenrechtlichen Verträgen begeben, das keine klaren Handlungsoptionen mehr erkennen lässt.

Notwendig wäre, dass sich die Europäische Union über das politisch Gewollte (Schutz der Außengrenzen, Möglichkeiten der Prüfung von Asylanträgen nur an bestimmten Punkten der EU-Außengrenze oder schon in Drittländern sowie die Zurückweisung illegaler Migranten) verständigt und ihren Rechtsrahmen daran anpasst. Dazu gehört auch eine klare Positionierung zur Auslegung menschenrechtlicher Verpflichtungen (und gegebenenfalls deren Kündigung und Neuratifikation mit einem Vorbehalt).

Sprache als Werkzeug: Verzerrung von Wirklichkeit und Flucht aus der Realität

Die Flucht aus einer harschen Wirklichkeit bedient sich sowohl in der Politik wie in der juristischen Betrachtung der Semantik, sei es durch Verharmlosung oder durch das Vermeiden wirklichkeitsnaher Begriffe. Die britischen Sicherheitskräfte haben sich im Umgang mit dem IRA-Terrorismus der sog. „fünf Verhörtechniken“ (*five interrogation techniques*) bedient, die sicherlich auch „Verhören“ dienten, angemessener aber als eine Form von Folter zu beschreiben waren und die der Europäische Gerichtshof als unmenschliche und erniedrigende Behandlung (Art. 3 EMRK) eingestuft hat.[88]

Beim Einsatz deutscher Soldaten in Afghanistan hat sich die Bundesregierung lange Jahre geweigert, trotz der zahlreichen Opfer des Waffenkampfes von „Krieg“ und „Gefallenen“ zu sprechen.[89] Die Folge war, dass den deutschen Streitkräften schwere Ausrüstung versagt wurde, die in der Öffentlichkeit mit „Krieg“ assoziiert wird, obwohl die alliierten Streitkräfte in Afghanistan längst über schweres Kriegsgerät zum Schutz ihrer Soldaten (wie Leopard-Panzer aus deutscher Produktion) verfügten. Einem Gesprächskreis von hohen Ministerialbeamten und Wissenschaftlern ist es erst nach Jahren gelungen, eine Anpassung des regierungsamtlichen Sprachgebrauchs (auf Drängen des Verteidigungsministeriums) zu erreichen. Die Politik hatte endlich begriffen, dass ein „Krieg“ oder (im Sprachgebrauch des Völkerrechts) ein „bewaffneter Konflikt“ nicht erst dann vorliegt, wenn die Parteien ihn auch so bezeichnen. Im Jahr 2009 schließlich kam das Ehrenmal für die Gefallenen der Bundeswehr zur Einweihung.

Ende 2020 hat die Europäische Union in der Corona-Krise einen schuldenfinanzierten „Wiederaufbaufonds“ (*Recovery and Resilience Facility*) mit einem gigantischen Volumen (fast 750 Milliarden Euro) beschlossen, um vor allem die überschuldeten Mittelmeerländer zu stützen. Hier werden solidaritätsfördernde Assoziationen zum Marshall-Plan und zur Katastrophenhilfe geweckt, obwohl im Wesentlichen Modernisierungsaufgaben und der Klimaschutz finanziert werden sollen. Hier soll auch mittels einer suggestiven Sprache verdeutlicht werden, dass es um Katastrophenhilfe ginge (vgl. Art. 122 Abs. 2 AEUV). Letztlich werden an jeden Staat nach einem recht willkürlichen Verteilungsschlüssel Mittel für die verschiedensten Projekte ausgeschüttet, an Deutschland auch für „militärische Luftfahrtforschung“.[90] Nur böswillige Kritiker dieses neuen Verteilungs- und Schuldenkarussells in der Europäischen Union werden fragen, was dies mit einem „Wiederaufbau“ zu tun hat.

III. Neue Muster im „schnellen Denken“?

Für den rechtswissenschaftlichen Betrachter stellt sich eine interessante Frage an die Psychologie: Ist die Bewertung von Situationen und die Reaktion hierauf durch die neuen Ideale in unserer Gesellschaft so verändert worden, dass diese Leitbilder neue spontane Urteile und Reaktionen zulasten komplexer Einschätzungsprozesse fördern? Dieser Frage liegt die Unterscheidung von „schnellem“ und „langsamem Denken“ wie sie Daniel Kahnemann („Thinking, Fast and Slow“)[91] und seine Mitstreiter entwickelt haben, zugrunde. Die Überführung neuer idealer Leitbilder von gesellschaftlichem Zusammenleben und Staatsaufgaben in schnelles, unreflektiertes Denken könnte die Tendenz erklären, bestimmte Werturteile in einer selektiven Realitätswahrnehmung zu fällen und dabei auch rechtliche oder tatsächliche Zusammenhänge zu verkürzen.

Ähnlich fördert ganz verständliche Empathie oft die Tendenz, Einzelereignisse zu Grundfragen der Gerechtigkeit oder Mitmenschlichkeit hochzustufen. Die Bilder eines vor der Bundeskanzlerin in Tränen ausbrechenden Mädchens einer palästinensischen Flüchtlingsfamilie aus dem Libanon haben mit beachtlicher politischer Wucht auf die deutsche Flüchtlingspolitik eingewirkt (mit der Folge einer unkontrollierten Folgemigration, aber nicht einer besseren Integration der hier schon aufgenommenen Flüchtlinge).[92]

Zum (vor-)schnellen, rational nicht abgesicherten Denken gehört die mediale Verführung zu übersteigerten Risikoannahmen durch einzelne, an sich keine neuen Kausalzusammenhänge vermittelnde, oft an sich unbedeutende Ereignisse. Dies gilt dann, wenn solche Ereignisse rasch und unreflektiert in einer medialen Aufregungsspirale in der breiten Öffentlichkeit zu Indizien für neue, große Gefahren gemacht werden und so überstürzte politische Reaktionen erzwingen (die von Kuran und Sunstein beschriebene „availability cascade“).[93] Ein solcher Effekt verstärkt oft die menschliche Neigung, aus irrationaler Übergewichtung bestimmter Belange oder aus emotionaler Aufwallung die Wahrscheinlichkeit des Schadenseintritts oder die bilanzierende Gewichtung von Chancen und möglichen Gefahren bei der Risikobewertung auszublenden. In einer Demokratie kann sich Politik von diesen Neigungen und hiervon bestimmten Reaktionen in der Bevölkerung nicht einfach emanzipieren. In den letzten Jahren haben Rechtsentwicklung und Politik hierfür reiches Anschauungsmaterial geliefert.

Beispielhaft für eine medial fehlgesteuerte Risikobewertung ist die von Greenpeace entfachte Entrüstung gegen die Entsorgung der Bohrinsel Brent Spar auf Hoher See (1995), die bei Shell-Tankstellen in Deutschland Umsatzeinbußen von bis zu 50 % verursachte[94] und dann zur viel umweltschädlicheren Demontage der Insel auf Land geführt hat. Die in sozialen Medien geschürte Hysterie über angeblich dramatische Nebenwirkungen der Corona-Impfstoffe und andere Folgen staatlicher Pandemiebekämpfung hat in Deutschland Widerstände gegen eine angebliche Corona-Diktatur befördert und letztlich mit anderen Ursachen eine allgemeine Impfpflicht verhindert.

Auch umgekehrt lassen sich bestimmte Haltungen in Politik und Recht nur durch die Neigung erklären, bestimmte Risiken nicht ihrer Wahrscheinlichkeit und ihrem Gewicht entsprechend wahrnehmen zu wollen oder Handlungsoptionen auszugrenzen, weil sie nicht in das Bild einer behüteten Welt passen. Hierher gehört die langwährende Vernachlässigung der inneren und äußeren Sicherheit in Abwägung mit Freiheitsrechten, bei der Definition des Verteidigungsauftrages oder bei der Erfüllung von Bündniszusagen. Auch die Rechtsprechung liefert Beispiele für solch schnelles Denken bei Bedrohungsszenarien. So verkürzt das Bundesverfassungsgericht mit dem absoluten Verbot des Abschusses eines von Terroristen entführten Flugzeuges[95] unter Bestreiten einer verlässlichen Diagnose eines Terroranschlages[96] wirksame Handlungsoptionen. Es deutet die Tötung „Unschuldiger" (nämlich der Passagiere und der Crew) einfach als Instrumentalisierung menschlichen Lebens und daher als Verletzung der Menschenwürde.[97] Dabei verkennt das Gericht, dass der Abschuss nicht wegen, sondern trotz der Tötung dieser Personen als unerwünschte, aber unvermeidbare Folge des Abschusses erfolgt. Wäre die Tötung „Unschuldiger" stets ein Verstoß gegen die Menschenwürde, bräuchte sich Deutschland um Streitkräfte und Krieg keine Gedanken mehr zu machen, weil auch fremde Soldaten keine „schuldigen" Menschen sind und „Kollateralschäden" unter zivilen Opfern eine regelmäßige Folge bewaffneter Konflikte bilden. Hier triumphiert das unterkomplexe, schnelle Denken, das von der tragischen Abwägung zwischen Menschenleben nichts wissen will.

Immerhin ist kein deutscher Richter, auch nicht das Bundesverfassungsgericht, auf den Gedanken gekommen, im Zusammenhang mit dem alliierten Luftschlag an der Flussbiegung von Kundus nach der Entführung eines deutschen Tanklastzuges 2009 dem verantwortlichen deutschen Kommandeur deswegen eine Verletzung der Menschenwürde vorzuwerfen, weil zivile Opfer nicht mit Sicherheit ausgeschlossen werden konnten.[98] Gerade der Fall

Kundus zeigt aber in anderem Kontext die Gefahren reflexhaften, „schnellen Denkens" in der Rekonstruktion von Wirklichkeit. Bis heute herrscht in der deutschen Öffentlichkeit die Annahme vor, bei dem Militäreinsatz in Kundus sei eine hohe Zahl ziviler Opfer einschließlich Kinder zu beklagen. Zwei Richter des Bundesgerichtshofs haben mittlerweile dargelegt, dass dies nichts anderes als ein großer Propagandaerfolg der Taliban ist.[99] Selbst eine gerichtliche Beweisaufnahme (nach der es offenbar überhaupt keine zivilen Opfer gab) konnte offenbar nicht mehr in das schnelle Denken vordringen, das sich bei jeder Verstrickung Deutschlands in Kampfeinsätze möglichst vor eigener Reflexion scheut. Diese Form der verkürzenden Wahrnehmung hat in Deutschland allerdings eine lange Tradition, die im Trauma des Zweiten Weltkrieges und der tiefen Skepsis gegenüber bewaffneter Macht wurzelt.

Der deutsche Streitkräfteeinsatz in Afghanistan liefert auch ein weiteres Lehrstück zum schnellen Denken. Die deutsche Politik hat sich wie erwähnt lange Jahre geweigert, in der blutigen Auseinandersetzung der gewählten afghanischen Regierung und ihrer NATO-Alliierter mit den Taliban einen „Krieg" zu sehen, selbst nachdem eine erschreckend hohe Zahl deutscher Soldaten in diesem Konflikt gefallen war. Eine Folge dieser semantischen Verschleierung rechtlicher und tatsächlicher Zusammenhänge war, dass man den eigenen Streitkräften das eigentlich erforderliche „Kriegs-"Material versagt hat, weil der Einsatz schwerer Panzer die fromme Legende eines niedrigschwelligen Konfliktes natürlich schon im Ansatz entlarvt hätte.

Auch sonst hat in der Öffentlichkeit das neue „schnelle", unreflektierte Denken Einzug gehalten. So wird heute in den Medien die gewaltsame Verhinderung des rechtswidrigen Grenzübertritts an den EU-Außengrenzen (*„push-backs"*) durchweg als „illegal" oder als Menschenrechtsverletzung bezeichnet. Damit wird einfach unterstellt, dass eine physische Grenzsicherung bei Flüchtlingen vor politischer Verfolgung oder Gewalt grundsätzlich verboten sei.

Schnelles Denken ist oft mit einer gewissen Empörungskultur gekoppelt, die ihre Auslöser in bestimmten gesellschaftlichen oder politischen Streitfragen findet. Dies gibt dem schnellen Denken dann eine nationale Prägung. So berühren in den USA anders als in Deutschland die Feinabstimmung von Sozialleistungen, der Ausgleich bestimmter Lasten oder massive Verteidigungsausgaben weite Teile der Gesellschaft nur am Rande. Umgekehrt haben die Gesellschaften des „alten" Europas anders als in den USA mit dem geltenden Rechtszustand bei der Abtreibung ihren Frieden geschlossen, während hier etwa in Osteuropa noch ein beachtliches Konfliktpotential besteht. Dies schließt aber Reflexe der (Fremd-)Empörung auf Entwicklungen in anderen Kontinenten nicht aus.

Die europäische Empörung über den Schwenk der amerikanischen Rechtsprechung zur Abtreibung

Ein Beispiel, welches das grenzüberschreitende Empörungspotential und die Verkürzung rechtlicher Zusammenhänge zeigt, ist die aufgeregte europäische Reaktion auf das Urteil des amerikanischen Supreme Courts im Fall *Dobbs v. Jackson Women's Health Organization*,[100] welches das im Jahre 1973 konstruierte Grundrecht auf Abtreibung in einem radikalen Schwenk wieder aberkennt. Diese Empörung ist auch insoweit ein Beispiel für schnelles Denken, weil mit diesem Urteil die amerikanische Grundrechtsarchitektur – anders als vorher – dem Verfassungsrecht der meisten europäischen Staaten entspricht. Denn in den europäischen Verfassungsordnungen gibt es überwiegend überhaupt kein Recht auf Abtreibung, sondern nur eine mehr oder weniger eingeschränkte Option des Gesetzgebers, Abtreibung in einem bestimmten Rahmen zu erlauben oder wenigstens von Strafe freizustellen. Auch der amerikanische Supreme Court hat mit seiner neuen Entscheidung die Freiheit zur Abtreibung wieder in die Hände des Gesetzgebers der einzelnen Bundesstaaten zurückgegeben und damit dem demokratischen Prozess überantwortet. Natürlich lässt sich immer auch für eine grundrechtliche Freiheit von Frauen zur Selbstbestimmung über den Schwangerschaftsabbruch argumentieren. Dies setzt aber in den meisten Staaten Europas eine Verfassungsänderung voraus, wie sie erst jetzt etwa in Frankreich in Gang gesetzt werden soll.[101] Auch das Verfassungsreferendum in Irland von 2018 begründete kein Recht auf Abtreibung, sondern überlässt die Regelung des Schwangerschaftsabbruches der Entscheidung des Gesetzgebers unter der Relativierung des Schutzes des ungeborenen Lebens.[102] Aber zum schnellen Denken gehört eben oft auch der vorschnelle Schluss vom fehlenden Grundrecht auf ein Verbot. Besondere – auch grundrechtlich überwölbte – Fragen stellen sich natürlich auf beiden Seiten des Atlantiks bei einer schweren Gesundheitsgefährdung der Mutter durch die Schwangerschaft oder im Falle einer Vergewaltigung und begründen die Sorge vor einer restriktiven Gesetzgebung oder Anwendungspraxis. So befinden sich etwa ukrainische Vergewaltigungsopfer russischer Soldaten in Polen wegen der schwierigen Beweislage in einer Zwangssituation.

IV. Heile Welt ohne Rücksicht auf die Folgen?

Ein zentrales Problem des modernen Idealismus liegt weniger in der Hochstufung und Übergewichtung bestimmter Belange wie Klimaschutz, Datenschutz oder Öffnung der Grenzen für Verfolgte und Flüchtlinge aus schwierigen Lebensbedingungen. Völlig zurecht werden diese Belange jedenfalls in den westlichen Gesellschaften ganz überwiegend als wichtig und legitim eingestuft. Zu Verwerfungen kommt es aber dann, wenn diese Belange ohne eine angemessene Folgenabschätzung zu Leitplanken einer politisch-rechtlichen Agenda gemacht werden.

Wer aus einem bestimmten Verständnis der unantastbaren Schöpfungsordnung oder der Menschenwürde auch für die Zukunft jede medizinisch beherrschbare Form der Keimbahntherapie (also einer Veränderung des Erbgutes mit Wirkung für künftige Generationen) ablehnt, optiert letztlich nicht nur gegen eine zurecht abgelehnte Verbesserung von genetischen Eigenschaften (*enhancement*), sondern auch für den Bestand von schweren Erbkrankheiten. Eine kategorische Absage an gentechnisch veränderte Nutzpflanzen versperrt einen wichtigen Weg zur Ernährung der Weltbevölkerung. Erinnert sei hier an den offenen Brief von Nobelpreisträgern und anderen Wissenschaftlern an Greenpeace aus dem Jahr 2016, welcher der Kampagne gegen die grüne Gentechnik die Verantwortung für den Hungertod von unzähligen Kindern zuschiebt.[103]

Wer jede Differenzierung bei Arbeitsverträgen nach dem Alter (etwa bei Urlaub, Lohn oder der Befristung von Verträgen) ablehnt, erhöht die Schwellen für die Beschäftigung von Jüngeren oder Älteren. Auch in der steten Ausweitung menschenrechtlicher Verantwortung wegen humanitären Engagements etwa bei der Seenotrettung liegen negative Anreize, diesen Einsatz einfach einzustellen.

V. Gutes Gewissen durch Lastenauslagerung

Der große ethische, moralische oder ökologische Impetus verstrickt das westliche Europa immer wieder in innere Widersprüche, die zuweilen in die Nähe ethischer Heuchelei geraten. Deutschland verbietet auch aus Rücksicht auf die Menschenwürde die Herstellung von Stammzellen aus überzähligen Embryonen (die aus einer künstlichen Befruchtung übrigbleiben); gleichzeitig dürfen sich Wissenschaftler in Deutschland zu Forschungszwecken unter bestimmten Bedingungen aus anderen Ländern importierter Stammzellen bedienen.[104] Hier wird gewissermaßen das schlechte Gewissen ins Ausland ausgelagert. Wir unterwerfen in Europa zunehmend private Unternehmen bei in Entwicklungs- und Schwellenländer führenden Lieferketten Sorgfaltspflichten im Hinblick auf eine lange Kaskade von menschen- und umweltrechtlichen Verträgen (wie im deutschen Lieferkettengesetz); gleichzeitig umwerben unsere Regierungen autokratische Regime, um die Versorgung mit Rohstoffen oder wichtigen Zwischenprodukten zu sichern oder Absatzmärkte zu fördern.

VI. Der Überfall auf die Ukraine: Veränderungen unseres Denkens?

Der russische Überfall auf die Ukraine und die Drohungen aus dem Kreml mit Massenvernichtungswaffen haben uns allen gezeigt, wie verletzlich unsere liberale Ordnung ist. Dass der schmerzliche Erkenntnisfortschritt für eine realistische, machtpolitisch sensibilisierte Sicht geringer ist als für eine idealistische Perspektive, ist kein Anlass zu Häme.

Die Lehren aus diesem Angriff und allen deutlichen Vorzeichen umfassen nicht nur einen frischen strategischen Blick auf andere Bedrohungen und eine zu stärkende Resilienz der freiheitlichen Staaten der westlichen Welt und der Systeme kollektiver Sicherheit weit über die militärische Komponente hinaus. Zu diesen Lehren gehört auch eine Bereitschaft zur Abwägung, gegen die sich ein idealistischer Ansatz ebenso gesperrt hat wie gegen eine Rückbesinnung auf existentielle Fragen und eine situationsbezogene Gewichtung von bestimmten Anliegen. Die Gewähr einer stabilen Energieversorgung zu sozial vertretbaren Bedingungen stellt jetzt bisherige Prioritäten wie die CO_2-Bespreisung oder den raschen Ausstieg aus Kern- und Kohleenergie infrage. Auch sonst schieben sich neue Prioritäten in den Vordergrund: Die Sorge um Hundertausende von Flüchtlingen aus der Ukraine verdrängt feingesponnene Auseinandersetzungen über die Voraussetzungen von *„push-backs"* an den südlichen Außengrenzen der Europäischen Union. Das Streben nach Haushaltsdisziplin muss sich namentlich in Deutschland massiven Investitionen in endlich funktionsfähige Streitkräfte stellen. Bei alledem stellen sich auch Fragen der Intergenerationen-Gerechtigkeit beim Klimaschutz und staatlicher Schuldenlast in neuem Lichte dar und erzwingen unbehagliche Abwägungen, die sich für manche als Tabubrüche darstellen werden.

Kapitel III

Der Siegeszug des neuen Idealismus im Recht

I. Die Auslegung: das große Tor der Bedeutungsverschiebungen

Vorschriften in Rechtstexten (Verfassungen, Gesetze, internationale Verträge) transportieren einen Inhalt, der sich aus dem Wortlaut und anderen Elementen, wie insbesondere dem Zweck, systematischen Zusammenhang oder historischen Willen der Urheber (Verfassungsgeber, Gesetzgeber oder Vertragsparteien) erschließt. Im günstigsten Fall vermittelt schon der Wortlaut im Sinne des anerkannten Sprachgebrauchs (der Allgemeinheit oder der Juristengemeinschaft) einen ganz bestimmten, allgemein anerkannten Inhalt. Aber oft eröffnet schon der mehrdeutige Wortlaut einen Interpretationskorridor oder bringt den Zweck einer Norm, vielleicht auch den historischen Willen der Urheber, nicht oder nur unvollkommen zum Ausdruck.

Ein Beispiel liefert Art. 87a Abs. 2 des Grundgesetzes.[105] Danach können die Streitkräfte – außer in den im Grundgesetz ausdrücklich vorgesehenen Fällen – nur zur Verteidigung eingesetzt werden. Der Begriff „Verteidigung" erfasst als unstreitigen Inhalt und Begriffskern jedenfalls die Landesverteidigung und nach völlig herrschender Meinung auch die Verteidigung von Bündnispartnern in der NATO. Meint der Begriff „Verteidigung" aber auch die militärische Rettung von deutschen Staatsangehörigen im Ausland oder die militärische Sicherung von Seewegen? Wegen des Streites über den Einsatz der Bundesmarine gegen Piraten ist bereits ein deutscher Bundespräsident zurückgetreten.[106] Das Völkerrecht erlaubt einem Staat, einem anderen Land gegen einen Angriff militärisch Beistand zu leisten (sog. kollektive Selbstverteidigung).[107] Aber in Deutschland ist höchst umstritten, ob ein solcher Beistand auch „Verteidigung" im Sinne des Grundgesetzes bedeutet.[108] So besteht in Deutschland als wohl einzigem Staat in der westlichen Gemeinschaft keine Klarheit darüber, ob ihm seine eigene Verfassung den völkerrechtskonformen militärischen Beistand eines angegriffenen Staates außerhalb der NATO wie der Ukraine erlauben würde. Bei all dem wissen wir nicht einmal sicher, ob die Vorschrift des Art. 87a Abs. 2 GG überhaupt Begrenzungen für Auslandseinsätze aufstellt oder nur für Inlandseinsätze gilt. Die ganz überwiegende Meinung nimmt die Vorschrift beim Wort und erstreckt sie auf alle Einsätze, also auch und insbesondere auf die Einsätze im Ausland.[109]

Der ganze Streit um Art. 87a Abs. 2 GG wird gerade in Deutschland deswegen mit so viel Leidenschaft geführt, weil hierzulande das Ideal einer Konfliktlösung mit friedlichen Mitteln wenig Raum für Optionen außerhalb von UN-Missionen lässt. Ein möglichst enger rechtlicher Rahmen für den Einsatz der Bundeswehr erspart von vornherein eine politische Entscheidung – man dürfte ja nicht, selbst wenn man wollte. Mit dieser Begründung hat sich Deutschland selbst von der US-geführten Allianz zur Befreiung Kuwaits im Jahre 1990 – obwohl ein Mandat des UN-Sicherheitsrates vorlag – ausgenommen (und stattdessen im Sinne eines modernen Ablasshandels einen großen Geldbetrag gezahlt). Mittlerweile hat sich in Deutschland immerhin die Auffassung durchgesetzt, dass ein Militäreinsatz auf der Grundlage eines Mandats des UN-Sicherheitsrates aufgrund des Bekenntnisses zu einem System kollektiver Sicherheit (Zulässigkeit der Mitgliedschaft nach Art. 24 Abs. 2 GG) in Gestalt der Vereinten Nationen eine Ermächtigung im Grundgesetz findet.[110] Interessanterweise hat sich die rot-grüne Koalition im Frühjahr 1999 von all diesen verfassungsrechtlichen Fragen nicht davon abhalten lassen, Deutschland wegen der Gräueltaten im Kosovo zum ersten Mal nach 1945 wieder in einen Krieg zu führen – ohne Mandat des UN-Sicherheitsrates. Hier hat sich das Ideal einer bewaffneten Sicherung elementarer Menschenrechte und des Schutzes vor genozidartigen Verfolgungen gegen das Ideal einer ausschließlich friedlichen Lösung von Konflikten durchgesetzt. Die Frage nach der Verfassungsauslegung geriet völlig an den Rand, weil auch die bürgerliche Opposition mit an Bord war.

Ein besonders infames Beispiel des „Hinweginterpretierens“ eines klaren Verfassungsinhalts liefert das Urteil des amerikanischen Supreme Courts im Fall *Dred Scott v. Sanford* aus dem Jahre 1857,[111] in dem das Gericht afroamerikanischen Sklaven selbst bei Aufenthalt in einem Bundesstaat ohne Sklaverei den Status als gleichberechtigte Bürger der Vereinigten Staaten abgesprochen hat.[112] Dabei hat sich das Gericht auch geweigert, den Begriff der „Menschen“ in der amerikanischen Unabhängigkeitserklärung (*„all men are born equal“*) auf diese Personengruppe zu erstrecken.[113]

Im berühmten Fall des preußischen Verfassungskonfliktes (1859–1866) bediente sich der preußische Ministerpräsident Otto von Bismarck kühner

Verfassungsinterpretation für einen verkappten Staatsstreich. Die preußische Verfassung von 1851 verlangte für den Staatshaushalt die Zustimmung des (gewählten) Abgeordnetenhauses und des (konservativen und stark monarchistisch gesinnten) Herrenhauses. Nach dem das Abgeordnetenhaus den Haushaltsentwurf Bismarcks mit stark erhöhten Militärausgaben abgelehnt, das Herrenhaus aber zugestimmt hatte, erfand Bismarck die sog. „Lückentheorie", nach der die Verfassung diesen Fall der Ablehnung durch die eine und der Zustimmung durch die andere Kammer nicht geregelt habe. Dann sei der König als Souverän dazu aufgerufen, diese Regelungslücke mit seiner Entscheidung auszufüllen. Bismarck hatte aber offenbar wenig Vertrauen in seine eigene Theorie, fürchtete die persönliche Haftung für seinen offensichtlichen Verfassungsbruch und ließ schließlich die Haushalte mit dem erhöhten Militärbudget vom Abgeordnetenhaus nachträglich absegnen.

Frühere Generationen hatten bis in die Nachkriegszeit meist ein unbefangenes Verhältnis zur körperlichen Züchtigung als pädagogische Maßnahme oder Strafe. In den 1970er Jahren hat dann der Europäische Gerichtshof für Menschenrechte die Prügelstrafe zwar nicht als „unmenschliche", wohl aber als „erniedrigende" Behandlung angesehen und damit als nach Art. 3 EMRK kategorisch verboten eingestuft.[114] Dagegen hat das Verfassungsgericht von Kolumbien 1997 die körperliche Züchtigung in indigenen Gemeinschaften nach indigenem Gewohnheitsrecht bei einer ähnlichen Textlage in Auseinandersetzung mit der europäischen Rechtsprechung für zulässig angesehen. Dabei hat sich das Verfassungsgericht auch auf die Autonomie indigener Gemeinschaften und die ethnisch-kulturelle Diversität gestützt.[115]

In den USA ist der Widerstreit zwischen einer am historischen Willen der Verfassungsgeber orientierten Auslegung (*originalism*) und einer für neue Entwicklungen aufgeschlossenen Auslegung (*textualism*) eine der großen Streitfragen des Verfassungsrechts.[116] Bei der Nominierung neuer Kandidaten für den Obersten Gerichtshof durch den amerikanischen Präsidenten steht deren mutmaßliche Haltung zu umstrittenen Auslegungsfragen im Mittelpunkt der öffentlichen Diskussion und des Anhörungs- und Entscheidungsprozesses im Senat. Ein immer wiederkehrendes Thema ist dabei das Recht von Frauen, über den Abbruch der Schwangerschaft zu entscheiden. Die Verfassung der Vereinigten Staaten spricht weder das Recht auf Leben noch die Selbstbestimmung von Frauen im Hinblick auf eine Abtreibung ausdrücklich an. Der U.S. Supreme Court hat im Zusammenhang mit einem Recht auf Abtreibung im berühmten Fall *Roe v. Wade*[117] (mit einer Mehrheit von sieben zu zwei Richtern) entschieden, dass die verfassungsrechtliche

Gewährleistung eines *„due process“* (14. Verfassungszusatz von 1868), also eines fairen Verfahrens, bei der Beschränkung bürgerlicher Freiheiten, auch einen materiellen Gehalt hat, nämlich ein „Recht auf Privatheit“ (*right to privacy*). Dieses Persönlichkeitsrecht der Mutter sei mit dem Lebensinteresse des Embryos abzuwägen. Hierzu hat der Supreme Court im Falle *Roe v. Wade* ein Stufenmodell entwickelt. Danach dürfen die Staaten die Abtreibung im ersten Trimester der Schwangerschaft überhaupt nicht und im zweiten Trimester nur im Interesse des Gesundheitsschutzes der Mutter verbieten; im dritten Schwangerschaftstrimester muss zumindest eine Abtreibung zum Schutz von Leib und Leben der Mutter zulässig sein. Eine spätere Entscheidung hat dieses Trimestermodell modifiziert, vor allem auf die Lebensfähigkeit des Embryos abgestellt und den Gesetzgebern der Bundesstaaten bei der Abwägung mehr Freiraum gegeben.[118] Seither flammt der Streit über die Zulässigkeit von Abtreibungsverboten immer wieder auf, wenn konservative Mehrheiten in einzelnen Staaten Schwangerschaften schon in einem relativ frühen Stadium verbieten wollen.

Jetzt hat der Supreme Court mit der endgültigen Abkehr von *Roe v. Wade* das Pendel in die andere Richtung schwenken lassen. Mit der Entscheidung im Fall *Dobbs v. Jackson Women's Health Organization* vom Juni 2022 überantwortet die konservative Richtermehrheit den Schutz des ungeborenen Lebens und die mögliche Strafbarkeit der Abtreibung wieder den politischen Mehrheiten in den einzelnen Bundesstaaten:

> „We hold that Roe and Casey must be overruled. The Constitution makes no reference to abortion, and no such right is implicitly protected by any constitutional provision, in- cluding the one on which the defenders of Roe and Casey now chiefly rely the Due Process Clause of the Fourteenth Amendment. […] It is time to heed the Constitution and return the issue of abortion to the people's elected representatives […].“[119]

Diese neue Entscheidung steht wohl nach den verschiedenen Auslegungsmethoden nicht auf schwächeren Füßen als die nunmehr aufgegebene Rechtsprechung von 1973. Die Problematik dieses Urteils liegt auf einer anderen Ebene. Sie bildet einen abrupten Bruch mit einer fast 50 Jahre durchgehaltenen Linie und wird mit einer unter Präsident Trump geschaffenen konservativen Mehrheit im Gericht und einer politischen Agenda assoziiert. Wie viele Kritiker nicht zu Unrecht befürchten, liegt es in der Konsequenz des neuen Urteils, dass es auch die Grundlage anderer, in jüngerer Zeit entwickelter unbenannter Freiheitsrechte erschüttert, die ebenfalls aus der Verfassungsgarantie des *due process* entwickelt wurden. Dies gilt insbesondere für das Recht auf gleichgeschlechtliche Ehe.[120]

In Deutschland nahm die Verfassungsauslegung zum Selbstbestimmungsrecht der Mutter und dem Schutz des ungeborenen Lebens einen ganz anderen Ausgangspunkt als in den Vereinigten Staaten. Hier hatten sich 1975 fast zweihundert Abgeordnete der CDU/CSU-Opposition im Bundestag und mehrere Landesregierungen gegen die strafrechtliche Liberalisierung des Schwangerschaftsabbruchs in den ersten zwölf Wochen nach der Empfängnis (Fristenregelung) gewandt.[121] Die verfassungsrechtliche Prüfung setzte am Schutz des Lebens (Art. 2 Abs. 2 Satz 1 GG) und der Menschenwürde (Art. 1 Abs. 1 GG) der Ungeborenen an, denen das Bundesverfassungsgericht grundsätzlichen Vorrang gegenüber dem Selbstbestimmungsrecht der Schwangeren einräumte. Jedoch gestand das Gericht dem Gesetzgeber beim gebotenen Schutz des ungeborenen Lebens einen weiten Gestaltungsspielraum und die Möglichkeit zu, auf eine Strafdrohung zu verzichten und stattdessen auf andere Schutzmaßnahmen zu setzen.[122] Allerdings hat das Gericht dem Gesetzgeber auferlegt, beim Schutz des ungeborenen Lebens nicht ganz auf die „rechtsbewusstseinsbildende Kraft der Strafnorm"[123] zu verzichten (also den Schwangerschaftsabbruch nicht völlig aus dem Strafgesetzbuch herauszunehmen) und auch an die flankierende Beratung von Schwangeren bestimmte Anforderungen gestellt.[124]

Bei der Abtreibung zeigt sich auch deutlich, wie unterschiedliche Idealvorstellungen um die Deutungshoheit ringen: auf der einen Seite die vor allem christlich geprägte Vorstellung eines starken Schutzes auch des ungeborenen Lebens (das schon an der Gottesebenbildlichkeit der menschlichen Person teilhat) und auf der anderen die eher liberale Betonung des Selbstbestimmungsrechts der schwangeren Frau.

Ausgehend vom Wortlaut der Verfassung liegt die Entscheidung des Bundesverfassungsgerichts näher am jeweiligen Verfassungstext als die jetzt aufgegebene Entscheidung des Obersten Gerichtshofs der USA im Fall *Roe v. Wade*. Denn es ist naheliegend, das ausdrücklich im Grundgesetz verankerte Grundrecht auf Leben (Art. 2 Abs. 2 GG) auf den Schutz des Embryos zu erstrecken und daraus Forderungen für die Abtreibungsgesetzgebung abzuleiten. Allerdings ist der Grad der Detailschärfe der vom Bundesverfassungsgericht formulierten Anforderungen an das Parlament aus rechtsvergleichender Sicht ganz außergewöhnlich. Dagegen ist der Schritt von der Garantie eines *„due process"* in der US-Verfassung zum Selbstbestimmungsrecht der schwangeren Frau methodisch ein großer Sprung, der immer höchst umstritten war. Hier hat das amerikanische Verfassungsrecht ohne eine ausdrückliche Änderung des 14. Verfassungszusatzes von 1868 gewissermaßen mit dem Urteil *Roe v. Wade* einen „Quantensprung" durch Richterspruch vollzogen, den der Supreme Court im Fall *Dobbs v. Jackson Women's Health Organization*[125] rückgängig gemacht hat. Für die meisten Europäer ist die Anerkennung des Selbstbestimmungsrechts der schwangeren Frau und die Abwägung mit dem Lebensinteresse des Embryos ebenso wie ein liberales Abtreibungsrecht in den ersten Schwangerschaftsmonaten dagegen längst in die rechtliche Normalität eingegangen.

Das Zauberwort für neue Rechte: „evolutive Auslegung"

Bei internationalen Abkommen, insbesondere bei regionalen Menschenrechtsverträgen, liegt der Schlüssel für eine Gewichtsverschiebung zwischen konkurrierenden Belangen im Sinne neuer Leitbilder in der sog. „evolutiven" Auslegung. Dabei geht es um die dynamische Fortentwicklung von Vertragsinhalten zum einen im Lichte neuer tatsächlicher Entwicklungen und neuer gesellschaftlicher Anschauungen und zum anderen um die Berücksichtigung neuer Tendenzen in der Staatengemeinschaft oder speziell in den Vertragsstaaten. Die evolutive Auslegung spielt eine prägende Rolle in der Rechtsprechung des Europäischen Gerichtshofs für Menschenrechte in Straßburg und seinem amerikanischen Gegenstück, dem Interamerikanischen Gerichtshof für Menschenrechte in San José.[126]

Die Problematik dieser dynamisch-progressiven Auslegung liegt darin, dass sie oft nicht nur den Schutz des Einzelnen durch neue Rechte oder verstärkte Schranken für Eingriffe gegenüber dem Staat ausbaut und aufwertet, sondern gleichzeitig auch gegenläufige Interessen der Allgemeinheit oder anderer Personen schwächt. Ein Ausbau der Meinungsfreiheit geht oft zu Lasten der Persönlichkeitsrechte anderer Personen, der Schutz der privaten Lebensgestaltung von Arbeitnehmern in Krankenhäusern und anderen Einrichtungen in kirchlicher Trägerschaft tritt in Widerstreit mit dem Selbstbestimmungsrecht der Kirchen und deren Interesse, kirchliche Verhaltensstandards auch im Arbeitsleben durchzusetzen.[127]

Diese dynamische Auslegung erscheint am ehesten dann plausibel, wenn sie sich auf einen breiten Konsens unter den Vertragsstaaten stützen kann, so als Nachvollzug eines bereits anerkannten Rechtsverständnisses erscheint und nicht als Aufbruch in eine neue politische Richtung. Ein Beispiel ist etwa eine Auslegung, die das Recht auf Familienleben (Art. 8 EMRK) auch auf homosexuelle Lebensgemeinschaften erstreckt.[128] Diese Auslegung hat auch in Verbindung mit dem Diskriminierungsverbot (Art. 14 EMRK) eine beachtliche praktische Wirkung entfaltet. Mittlerweile hat der Europäische Gerichtshof für Menschenrechte eine reiche Rechtsprechung zu LGBTQ-Rechten entfaltet.[129] Sie reicht vom Schutz von Demonstranten für LGBTQ-Rechte hin zu Ansprüchen auf eine gesetzlich anerkannte Lebensgemeinschaft gleichgeschlechtlicher Paare und Gleichbehandlung bei der Adoption. Diese Entwicklung lässt sich als Beitrag der Integration von Minderheiten in einer pluralistischen Gesellschaft begrüßen. Diese Einschätzung herrscht aber nur im „alten Europa" vor. Wie eine frühere Vize-Präsidentin des Europäischen Gerichtshofs für Menschenrechte und herausragende Kennerin des Rechts der osteuropäischen Staaten deutlich gemacht hat, ist diese Rechtsprechung in Osteuropa weithin als eine Art Bevormundung empfunden worden und hat so zu einer Entfremdung vom europäischen Menschenrechtssystem insgesamt geführt.[130] Hier zeigt sich die Gefahr einer fortschreitenden Aus- und Überdehnung menschenrechtlicher Standards, die die Legitimität und Akzeptanz des Menschenrechtsschutzes in seinem traditionellen Kernbereich gefährden kann. Damit droht insbesondere die Sensibilität für „elementare" Menschenrechte wie dem Schutz vor willkürlicher Verhaftung und Einschüchterung politischer Kritik Schaden zu nehmen, etwa weil der Schutz von Kernstandards in den Hintergrund rückt und in der Wahrnehmung mancher Staaten der internationale Menschenrechtsschutz allzu sehr auf erst in jüngerer Zeit überhaupt als Problem erkannte Felder bezogen wird. So ringen die Opfer systematischer Verfolgung oder willkürlicher Verhaftung um Aufmerksamkeit mit Kindern oder Senioren, die sich gerade als Angehörige einer besonders verletzlichen Gruppe vor internationalen Menschenrechtsinstanzen über unzureichenden Klimaschutz beschweren.[131]

Die fortschreitende Begründung neuer Verpflichtungen von Staaten durch Auslegung bewegt sich auf einem sehr schmalen Grat zwischen methodisch begründeter, vorhersehbarer Rechtsanwendung einerseits und dem Aufbruch zu einer neuen politischen Agenda andererseits. Schon vor Jahrzehnten hat der Richter des Europäischen Gerichtshofs für Menschenrechte Sir Gerald Fitzmaurice in einem abweichenden Votum im Fall *Marckx v. Belgium* davor gewarnt, mit einer progressiven Auslegung die Verpflichtungen der Vertragsstaaten zu überdehnen:

> „In my opinion, it is quite wrong and a misuse of the Convention – virtually an abuse of the powers given to the Court in relation to it – to hold a Government, or the executives or judicial authorities of a country, guilty of a breach of the Convention merely by virtue of the existence, or application, of a law which is not itself unreasonable or manifestly unjust, and which can even be represented as desirable in certain respects. [...] breaches of the Convention should be held to exist only when they are clear and not when they can only be established by complex and recondite arguments, at best highly controversial, – as much liable to be wrong as right [...].“[132]

Allerdings ging es in diesem Fall um etwas aus heutiger Sicht ganz Selbstverständliches: nämlich die Gleichbehandlung nichtehelicher Kinder im Erbrecht. Dies belegt auch, wie zeitgebunden unsere Werturteile und unsere Vorstellungen von europäischem Gemeingut sind.

Auf heikles Terrain begibt sich die dynamische Auslegung, wenn sie sich nur auf mehr oder weniger vag erkennbare Tendenzen stützt. So beruft sich der Europäische Gerichtshof für Menschenrechte gerne auf einen – oft noch gar nicht verlässlich belegbaren – *„emerging consensus“*, selbst in Fällen, in denen eine Mehrheit der Vertragsstaaten ein neu konstruiertes Recht offensichtlich nicht als eine vertragliche Verpflichtung anerkennen wollte.

Ein Beispiel ist das Recht auf einen gesetzlichen Mechanismus zur Überprüfung der lebenslangen Freiheitsstrafe, mit der jeder Verurteilte zumindest eine ernsthafte Chance zur Wiedererlangung der Freiheit erhalten soll. Ein solches Recht hat der Straßburger Gerichtshof im Fall *Vinter v. United Kingdom*[133] 2013 aus dem Verbot einer unmenschlichen Behandlung (Art. 3 EMRK) abgeleitet. Es hat sich vor allem auf eine Entscheidung des Bundesverfassungsgerichts aus dem Jahre 1977,[134] Urteile des italienischen Verfassungsgerichts[135] und gesetzliche Regelungen in einer Minderheit der Vertragsstaaten und unverbindliche Empfehlungen des Europarates berufen und all dies in eine breite völker- und europarechtliche Unterstützung zugunsten seiner progressiven Auslegung umgemünzt.[136] Spätestens seit dem Urteil des Bundesverfassungsgerichts zur Überprüfung und möglichen Aussetzung der lebenslangen Freiheitsstrafe wissen wir von dem drohenden Persönlichkeitsverfall nach jahrzehntelanger Freiheitsstrafe. Aber eine solche Entscheidung eines nationalen Gerichts oder auch einzelne gesetzliche Vorkehrungen zur Überprüfung der lebenslangen Freiheitsstrafe nach einer bestimmten Zeit begründen keineswegs das Bewusstsein, hierzu auch völkerrechtlich verpflichtet zu sein. Es ist schlicht eine Entscheidung der jeweiligen Staaten (nach Verfassungsrecht oder dem Willen parlamentarischer Mehrheiten), ob sie diesen Weg gehen wollen oder nicht. In der britischen Politik und Öffentlichkeit hat das Urteil des Straßburger Gerichtshofs einen Aufschrei ausgelöst und ist dort weithin als grober Übergriff in die Gestaltungsfreiheit des Gesetzgebers verstanden worden.[137] Dieser Unmut hat neben vielen anderen Entwicklungen Wasser auf die Mühlen der Kritik im Vereinigten Königreich an den europäischen Institutionen gespült, die dann letztlich im *Brexit* gemündet ist.[138] Ein späteres Urteil, das den Staaten einen sehr weiten Einschätzungsspielraum (*margin of appreciation*) bei der Umsetzung der *Vinter*-Rechtsprechung einräumt,[139] lässt sich wohl auch als eine Reaktion auf diese scharfe Kritik verstehen.

Klimaschutz durch Rechtsprechung

Im verfassungsrechtlichen Rahmen ist die Rechtsprechung verschiedener Gerichte zum Klimaschutz ein Paradebeispiel evolutiver Auslegung. Unproblematisch ist dabei die Überprüfung von Regierungshandeln am Maßstab von Gesetzen, wie sie der Oberste Gerichtshof von Irland im Fall *Friends of the Irish Environment v. The Governement of Ireland and the Attorney Justice*[140] vorgenommen hat. Hier geht es lediglich um die Durchsetzung des gesetzlich artikulierten Mehrheitswillens. Auf einer ganz anderen Ebene liegt die Konstruktion von Klimaschutzstandards, die dem Gesetzgeber durch Richterspruch auferlegt werden. Hier drohen erhebliche Eingriffe in den Gestaltungsspielraum des demokratisch legitimierten Gesetzgebers durch eigenen klimapolitischen Ehrgeiz seitens der Justiz. Dabei geht es nicht um die Frage, ob es aus Sicht des Klimaschutzes wünschenswert ist, den Gesetzgeber zu energischeren Maßnahmen zu drängen. Die maßgebliche Frage ist vielmehr, wer in einem demokratischen System über die Grundzüge der Klimapolitik entscheiden soll (Begrenzung der Erderwärmung bis zu einem bestimmten Zeitpunkt, Reduktion der Treibhausgasemissionen innerhalb bestimmter Zeiträume und Umfang der Belastungen für den einzelnen Bürger und die Volkswirtschaft in diesen Zeiträumen). Das Grundgesetz gibt für diese Grundentscheidungen keine verlässliche Anleitung. Es spricht vom Recht auf Leben und körperliche Unversehrtheit (Art. 2 Abs. 2 GG), der Eigentumsgarantie (Art. 14 Abs. 1 GG) und anderen Freiheitsrechten; daneben schützt der Staat nach Art. 20a GG „auch in Verantwortung für die künftigen Generationen die natürlichen Lebengrundlagen […] durch die Gesetzgebung und nach Maßgabe von Gesetz und Recht durch die vollziehende Gewalt und die Rechtsprechung“. Das Maß des Umweltschutzes gibt danach in erster Linie der Gesetzgeber vor. Der Gesetzgeber muss sicher erkennen lassen, dass er sich seiner Verantwortung für die „natürlichen Lebensgrundlagen" bewusst ist. Aber die erforderliche Abwägung des CO_2-Reduktionszieles mit der Belastungswirkung der einzelnen Maßnahmen ist Teil eines demokratischen Entscheidungsprozesses. Diesen Prozess hat das Bundesverfassungsgericht in seiner umstrittenen, aber in weiten Teilen der Öffentlichkeit zustimmend aufgenommenen Klima-Entscheidung radikal verkürzt, indem es den parlamentarischen Gesetzgeber auf ein bestimmtes Klimaziel festgelegt und zu einer angemessenen Aufteilung des verbleibenden *„Carbon-Budgets"* (anders gewendet: der Reduktionslasten) auf der Zeitschiene mit einem anspruchsvolleren Reduktionsprogramm für die nächsten Jahre verpflichtet hat. Darauf wird noch zurückzukommen sein.

Politik durch Richterspruch

In seinem bereits erwähnten Gutachten zur Rechtsstellung gleichgeschlechtlicher Paare hat der Interamerikanische Gerichtshof ein Recht gleichgeschlechtlicher Paare aus dem Schutz des Familienlebens (Art. 17 AMRK) mittels des allgemeinen Gleichbehandlungsgebots im Rahmen der Rechte der Amerikanischen Menschenrechtskonvention (Art. 1 AMRK) auf völlige Gleichstellung hinsichtlich der Ehe (von deren Geltung nichts in der Amerikanischen Menschenrechtskonvention steht) gefordert und den Zugang zu einer bloß eheähnlichen Gemeinschaft als unzureichend eingestuft.[141] Interessanterweise spricht Art. 17 Abs. 2 der Konvention vom Recht von Männern und Frauen auf Eheschließung und spiegelt damit ein traditionelles Bild der Ehe wieder. Der Interamerikanische Gerichtshof geht damit viel weiter als der Europäische Gerichtshof für Menschenrechte, der nur eine zivilrechtliche Anerkennung gleichgeschlechtlicher Lebensgemeinschaften im Rahmen des Schutzes der Familie fordert.[142] Dabei verfolgt der Interamerikanische Gerichtshof mehr oder weniger unverhüllt eine politische Programmatik und verwirft das Argument, unter den Vertragsparteien gäbe es gerade keinen Konsens über ein Menschenrecht gleichgeschlechtlicher Paare auf vollständige Gleichbehandlung bei der Eheschließung. In diesem Argument sah der Gerichtshof nur den untauglichen Versuch, ihn an einer diskriminierenden Praxis gewissermaßen zurückgebliebener Staaten festzuhalten und ihn von seinem Fortschrittspfad abzubringen.[143] Stattdessen begnügte sich der Interamerikanische Gerichtshof für Menschenrechte mit einem mehr oder weniger willkürlich zusammengeklaubten Sammelsurium aus nationalen Rechtsakten. Ein Sondervotum des Richters Vio Grossi zu dieser Entscheidung legt die methodischen Schwächen dieses selektiven Vorgehens schonungslos auf.

An dieser Stelle geht es nicht darum, inwieweit gute rechtspolitische Gründe für ein Menschenrecht von gleichgeschlechtlichen Paaren auf weitgehende oder völlige Gleichstellung mit heterosexuellen Paaren im Familien- oder Erbrecht sprechen.[144] Hier interessiert nur die Frage, ob ein regionaler Menschenrechtsgerichthof im Sinne einer rechtspolitischen Mission ein solches Recht ohne plausible Begründung konstruieren und den Parteien eines menschenrechtlichen Vertrages als eine völkerrechtliche Verpflichtung auferlegen darf. Die heftige Gegenreaktion einiger lateinamerikanischer Staaten zeigt, wie die voreilige Verengung politischer und damit demokratischer Gestaltungsspielräume die Autorität eines Gerichtes erschüttern kann.[145]

Die Problematik einer überschießenden, methodisch nicht plausibel begründbaren und nicht vorhersehbaren Überdehnung von Verfassung und internationalen Verträgen liegt darin, dass damit nicht nur mehr oder weniger verhüllt eine politische Entscheidung gesetzt wird und damit demokratische Prozesse blockiert werden. Sondern eine solche Überdehnung von Verfassungs- und Vertragsrecht führt dazu, dass der Gestaltungsspielraum von den eigentlich zuständigen Organen auch nur sehr schwer wieder zurückgewonnen werden kann. Verfassungen und Verträge lassen sich grundsätzlich nur unter erschwerten Bedingungen wieder ändern. Von einer überschießenden Vertragsauslegung durch ein internationales Gericht kann sich ein Staat auf „sauberem Wege“ nur dann befreien, wenn er den gesamten Vertrag kündigt, was in vielen Fällen gar nicht mit sofortiger Wirkung möglich ist und weitgehende Folgen in den internationalen Beziehungen zeitigen kann.

Daneben kann ein Staat nur noch versuchen, eine allzu weitgehende Vertragsauslegung mit dem Argument als unwirksam zurückzuweisen, sie sei unvertretbar und das internationale Gericht habe so seine Kompetenzen überschritten. Diese Argumentationsfigur hat das Bundesverfassungsgericht mit seiner *ultra-vires*-Kontrolle im Hinblick auf das EU-Recht und seine Auslegung durch den Europäischen Gerichtshof entwickelt. Aber hierbei handelt es sich um einen Griff in den juristischen Giftschrank, den man nur höchst sparsam und nur in ganz außergewöhnlichen Fällen wagen sollte. Dies zeigt schon die Aufregung um den Fall des Anleihekaufprogramms *PSPP,* in dem das Bundesverfassungsgericht dem Europäischen Gerichtshof im Zusammenhang mit der Geldpolitik der Europäischen Zentralbank (Ankauf von Staatsanleihen) die Gefolgschaft versagt hat.[146]

Zum Gesamtbild gehört auch, dass bei aller Entscheidungsfreude in politischen Angelegenheiten Gerichte in Deutschland und in anderen Staaten nicht selten gerne darauf hinweisen, dass sie nicht dem für den Umbau der Rechtsordnung zuständigen Gesetzgeber vorgreifen wollen. In Deutschland ist hierfür die Figur des gesetzgeberischen Einschätzungsspielraums[147] geprägt worden. Der Europäische Gerichtshof für Menschenrechte schützt in ähnlicher Weise den Entscheidungsspielraum der Mitgliedstaaten bei der Einschränkung von Rechten aus der Europäischen Menschrechtskonvention oder deren Schutz durch einen *„margin of appreciation"*.[148]

Der Erfolg des lauten Auftritts

In jüngerer Zeit haben internationale Gerichte und andere internationale Instanzen zunehmend in feingesponnener Weise politische Optionen beschränkt und damit auch demokratische Entscheidungsprozesse verengt. Hier scheint es eine erfolgreiche Strategie für nationale Regierungen zu sein, in möglichst forcierter Weise deutlich zu machen, wie wichtig ein bestimmtes Interesse eines Landes oder seine gewachsene Rechtskultur sind. Damit wird unterschwellig mit einem Konflikt gedroht, der die Autorität des internationalen Organes beschädigen kann. Die einstimmige Resolution des französischen Parlaments, welche die völlige Verschleierung der muslimischen Frau als „radikale Praxis" und Verstoß gegen die Grundwerte der französischen Republik gegeißelt hat, ist ein solcher Elefantenauftritt. Dieser Auftritt hat dann auch beim Europäischen Gerichtshof für Menschenrechte im Fall *S.A.S. v. France* seine Wirkung nicht verfehlt und Frankreich eine sehr wohlwollende Prüfung dieses Eingriffs in die Glaubensfreiheit gesichert. Dem Europäischen Gerichtshof für Menschenrechte war bewusst, dass er bei einer Verurteilung Frankreichs in eine schwere Konfrontation mit der französischen Regierung und dem gesamten politischen Spektrum gesegelt wäre. Vom Aufschrei weiter Teile der britischen Politik gegen die Rechtsprechung des Europäischen Gerichtshofs für Menschenrechte zur Aussetzung der lebenslangen Freiheitsstrafe, der dazu beigetragen haben dürfte, dass der Gerichtshof später den Konventionsstaaten einen beachtlichen Gestaltungsspielraum bei der Überprüfung der Haftdauer eingeräumt hat,[149] war bereits die Rede. Man darf gespannt sein, wie der Europäische Gerichtshof für Menschenrechte bei einer möglichen Individualbeschwerde gegen das Minarettverbot reagieren wird, das aufgrund einer Volksabstimmung in die Schweizerische Bundesverfassung aufgenommen worden ist. In Deutschland hat das Bundesverfassungsgericht schon einmal die laute

Begleitmusik zugunsten des Streikverbots für Beamte intoniert, als es dieses Verbot – methodisch durchaus zweifelhaft – als tragenden Grundsatz der deutschen Verfassung ausgeflaggt hat.[150]

Haushaltsdisziplin im Widerstreit der Vertragsauslegungen

In der Europäischen Union, die gerne als „Rechtsgemeinschaft" auch im Sinne eines beschränkten Handlungsradius verstanden wird,[151] sind vor allem die Regeln über den „Stabilitäts- und Wachstumspakt" (Haushaltsdisziplin)[152] und den Haushalt der Europäischen Union längst Wachs in den Händen nationaler und europäischer Ausgabenpolitik geworden. Hier kämpfen seit längerem zwei Idealvorstellungen miteinander. Auf der einen Seite steht das Ideal einer Währungsunion, das die Geldwertstabilität ganz wesentlich durch die Haushaltsdisziplin der Euro-Staaten sichern möchte. Dieses Ideal steht hinter dem Vertrag von Maastricht und dem darauf aufbauenden „Stabilitäts- und Wachstumspakt" mit der Überwachung der Staatsverschuldung durch empfindliche Sanktionen. Auf der anderen Seite steht das Ideal einer Haushaltspolitik der Euro-Staaten ohne unbequeme Fesseln, verbunden mit der Hoffnung, dass die Solidarität der anderen Mitglieder einen völlig überschuldeten Euro-Staat vor dem Staatsbankrott schützen möge. Mittlerweile wird das Beharren auf festen Regeln vor allem im südlichen Europa gerne als Versuch eines „germanischen" Diktats diskreditiert und in einen Gegensatz zu einer flexibleren, „romanischen" Deutung der Verträge und der Europäischen Union gerückt.[153] Dabei ist die vom Bundesverfassungsgericht in seinem *Maastricht*-Urteil beschworene „Stabilitätsgemeinschaft" der Eurozone wohl längst Geschichte. Die Warn- und Sanktionsmechanismen des Stabilitätspaktes sind Makulatur. Bei völliger Überschuldung muss ein Euro-Staat nicht mit dem Versiegen des weiteren Kreditflusses und dem Staatsbankrott rechnen, sondern kann die institutionalisierte Solidarität der Europäischen Union und der anderen Mitglieder der Währungsunion erwarten. Die Corona-Krise, welche gerade die bereits überschuldeten Länder des Mittelmeerraumes besonders hart getroffen hat, hat dem Stabilitätsregime für die Währungsunion den entscheidenden Schlag versetzt. Die Verschuldungsspirale dreht sich weiter – verbunden mit der revolutionären Neuerung, dass jetzt auch die Europäische Union selbst Geld leiht, um es nach einem eigenartigen Schlüssel unter ihren Mitgliedstaaten im Rahmen ihres „Wiederaufbaufonds" zu verteilen.[154]

II. Neue Magie im Dienst des Idealismus: „Konstitutionalismus" und „Konstitutionalisierung" von Rechtsordnungen

Was bedeutet „Konstitutionalismus"?

Der „Konstitutionalismus" gehört zu den unscharfen Rechtsbegriffen, die zwar weit verbreitet sind, für die es aber noch keine allgemein anerkannte Definition gibt.[155] Der Begriff „Konstitutionalismus" umfasst eine ganze Reihe unterschiedlicher Modelle für einen hoch entwickelten verfassungsrechtlichen Rahmen, der die Architektur eines Staates als rechtlich verfasstes Gemeinwesen regelt: Aufbau und die Funktionen der Regierung auf der Grundlage der Selbstbestimmung des Volkes als letzter Quelle der Legitimität, Gewaltenteilung mit einer starken Judikative und bestimmte Grundrechte. Die politische Entscheidungsfindung unterliegt einer Reihe komplexer formaler Anforderungen und materieller Normen; in der Hierarchie der Rechtsgrundsätze und -regeln hat die Verfassung Vorrang vor allen anderen Vorgaben des nationalen Rechtssystems.

Der Konstitutionalismus umfasst jedoch mehr als nur einen rechtlichen und institutionellen Rahmen. Er beruht auf dem Zusammenspiel einer Reihe von rechtlichen, politischen und sozialen Faktoren. Die Hauptmerkmale des Konstitutionalismus sind nur in der Verfassungskultur und -praxis erkennbar, die sich aus diesen Regelungen und normativen Grundlagen ergeben.

In einem „konstitutionalistischen" Modell schränkt die Verfassung den Ermessensspielraum für die demokratische Entscheidungsfindung stärker ein als nach traditionellen, liberalen Verfassungsmodellen. Der Konstitutionalismus beruht in der Regel auf einem Zusammenspiel zwischen einem komplexen Verfassungstext und der zugrundeliegenden Verfassungserzählung, was eine „evolutive" Auslegung erforderlich macht. Am markantesten kommt er in Staaten zum Ausdruck, in denen gerichtliche Instanzen die verfassungsrechtlichen Beschränkungen für parlamentarische Entscheidungen extensiv auslegen und die Rolle des Parlaments als Erstadressat – und Erstinterpret[156] – der Verfassung in Frage stellen. Dadurch konkurriert die demokratische Legitimität parlamentarischer Entscheidungen mit einer verfassungsrechtlichen Legitimität, die sich oft erst aus richterlicher Kontrolle ergibt.

In manchen Staaten schließt der Gesetzgebungsprozess eine Verfassungsprüfung ein, die mitunter erhebliche Anpassungen der Gesetzgebung nach sich zieht (verfassungskonforme Auslegung durch die Judikative oder sogar richterliche Paragesetzgebung zur Ergänzung von Parlaments- oder Kongressgesetzen). Die richterliche Überprüfung von Gesetzen wird so zum Teil des Gesetzgebungsverfahrens. Das kann auch einen diskursiven „Mehrwert" bieten, nämlich in den Fällen, in denen das parlamentarische Verfahren gar nicht die Komplexität eines Vorhabens abbildet oder nur einen oberflächlichen Diskurs geboten hat. Ein Beispiel ist die Zustimmung des Deutschen Bundestages zum Vertrag von Maastricht, der die Europäische Währungsunion begründete und damit eine der wichtigsten Weichenstellungen in der europäischen Geschichte der Nachkriegszeit darstellt. Während in Frankreich damals Präsident François Mitterand und der gaullistische Vertragsgegner Philippe Séguin sich vor laufenden Fernsehkameras ein Duell in der Sorbonne über den Vertrag lieferten, fand im deutschen Parlament keine nennenswerte Debatte statt (die deutsche Politik und die deutsche Öffentlichkeit sind eigentlich erst aufgewacht, als es um den Eintritt Italiens in die neue Eurozone ging). Hier hat das Verfahren vor dem Bundesverfassungsgericht an Diskussion nachgeholt, was das Parlament versäumt hatte. Ein ähnliches Bild ergibt sich für die Zustimmung zum schuldenfinanzierten EU-Wiederaufbauprogramm im Frühjahr 2021. Hier haben der Druck der Fraktionsführungen und die Angst mancher Kritiker aus Regierungs- und Oppositionsparteien, als unsolidarisch gegenüber den Ländern des Mittelmeerraumes oder gar als europafeindlich zu gelten, eine echte parlamentarische Debatte und eine breite Auseinandersetzung in der Öffentlichkeit vereitelt. Auch hier mag die verfassungsgerichtliche Überprüfung eine nachholende Auseinandersetzung ermöglichen.

Die Ursprünge des Konstitutionalismus liegen in der westlichen Rechtstradition. Er umfasst ein weites Spektrum von Varianten, die alle die Machtausübung auf einen verfassungsmäßigen Rahmen als Quelle der Legitimität und der politischen Selbstbestimmung des Volkes stützen. Seine historischen und humanistischen Grundlagen lassen sich auf die Aufklärung, die verfassungsrechtlichen Entwicklungen in den nordamerikanischen Kolonien, die *Federalist Papers*, die Französische Revolution und den politischen Liberalismus des neunzehnten Jahrhunderts zurückführen. Da es keine nicht-westliche Antithese zum Konstitutionalismus gibt, grenzt der Begriff „westlich" den Begriff nicht ein, sondern erklärt ihn vielmehr. Der Konstitutionalismus ist „westlich" im Sinne des historischen Einflusses der Verfassungsentwicklung in Westeuropa und Nordamerika. Als Modell für eine grundlegende Rechtsordnung hat er in Lateinamerika (wo er eine besonders reiche Tradition genießt), im südlichen Afrika, in Israel, Indien und vielen anderen Staaten des *Commonwealth of Nations* sowie in Ostasien (z. B. Japan und Taiwan) starke Unterstützung gefunden. Diese Ausbreitung wirft letztlich die Frage auf, ob der Konstitutionalismus noch als ein „westliches" Konzept angesehen werden kann.

Konstitutionalisierung des Völkerrechts

Seit einiger Zeit lässt sich im internationalen Recht eine Tendenz beobachten, über das Zusammenspiel einiger völkerrechtlicher Grundsätze eine mehr oder weniger geschlossene und in sich stimmige internationale Normenordnung zu entwickeln.[157] Diese Bewegung baut auf einer steten Fortentwicklung und Vernetzung von menschenrechtlichen Grundsätzen und anderen Prinzipien des Völkerrechts auf, die dann wieder zu neuen Regeln führt. Ähnlich wie die Rechtstheorie von Ronald Dworkin[158] sieht die Theorie der Konstitutionalisierung das Völkerrecht mehr als die Summe der in der Staatenwelt anerkannten oder vertraglich fixierten Regeln: Das Völkerrecht soll eine Fülle von neu zu entdeckenden Regeln enthalten, die sich aus dem Zusammenspiel etablierter Rechtsgrundsätze ergeben. Rechtsanwendung wird so auch im internationalen Recht zur Entdeckungsfahrt.

In diesem Sinne werden etwa Menschenrechte (die eigentlich nur Staaten binden) mit unverbindlichen Standards des Klimaschutzes (Forderungen des Weltklimarates) und der Unternehmensverantwortlichkeit (wie den OECD-Richtlinien für multinationale Unternehmen) zusammengerührt; diese Mischung mündet dann unter weiterer Verflechtung mit nationalem Deliktsrecht in einklagbare Verpflichtungen für multinationale Unternehmen, ihre CO_2-Emissionen radikal zu reduzieren (wie im spektakulären Fall *Milieudefensie v. Royal Dutch Shell*)[159]. Ein anderes Beispiel ist der Versuch, die Staatenimmunität (Befreiung eines Staates von der Gerichtsbarkeit eines anderen Staates) oder die Immunität von Amtsträgern und Soldaten bei schweren Menschenrechtsverletzungen oder Kriegsverbrechen zu durchbrechen, damit vor nationalen Gerichten die Opfer Entschädigung verlangen können oder die Täter strafrechtlich zur Verantwortung gezogen werden dürfen.

Anhänger dieser Sicht finden sich vor allem in Kontinentaleuropa, in anderen Teilen der Welt hat die Konstitutionalisierung des Völkerrechts dagegen nicht viel Gefolgschaft gefunden. Dies ist aber auch nicht erstaunlich, denn die Entdeckung neuer Regeln mit neuen Verpflichtungen für die Staaten oder die Beschränkung ihrer Souveränität höhlt das grundlegende Konsensprinzip im Völkerrecht aus und macht die Rechtsanwendung schwer vorhersehbar.

Keine Gefolgschaft bei den großen Mächten

Vor allem Großmächte wie die Russische Föderation und China beschwören schon seit einiger Zeit die hergebrachte Souveränität und das Verbot der Einmischung in die inneren Angelegenheiten der Staaten.[160] Sie betonen bei den Menschenrechten die Rücksicht auf die nationalen Besonderheiten und wehren sich gegen eine politische Instrumentalisierung der Menschenrechte durch den Westen:

> „All human rights are universal, indivisible and interrelated. Sustainable development is the basis for improving the standard of living and quality of life of the population of each state, and thus contributes to respect for all human rights. The development and implementation of human rights and fundamental freedoms are interdependent. Relying on this, and taking into account their national specifics, all states should protect and implement human rights in the political and socioeconomic spheres, and in such fields as culture and the environment; they should promote a comprehensive development of the individual and improve the wellbeing of their peoples. The promotion and protection of human rights is a common task for the international community, which means its members should pay equal attention to a systematic implementation of all categories of human rights. It is time to stop attaching a political agenda to the topic of human rights and abandon the practice of using it as a pretext for interfering in the internal affairs of other states and applying double standards. […]“[161]

Nach dem Überfall auf die Ukraine hat sich Russland im März 2022 aus dem System des Europarates und der Europäischen Menschenrechtskonvention herauskatapultiert. Bei der Verfolgung von Regimegegnern muss Russland damit künftig noch weniger Rücksicht auf menschenrechtliche Standards nehmen.

Aber auch in den westlichen Großmächten besteht wenig Neigung, sich unter Berufung auf nicht klar vereinbarte Grundprinzipien im Wege der Auslegung ständig neue Verpflichtungen aufzwingen zu lassen, die politische Optionen verkürzen. Dies erklärt auch wie schon erwähnt die Zurückhaltung der USA bei der Unterwerfung unter eine internationale Gerichtsbarkeit. Von den größeren Mächten hat nur noch das Vereinigte Königreich die allgemeine Zuständigkeit des Internationalen Gerichtshofes anerkannt und auch diese Anerkennung im Jahr 2017 im Hinblick auf Streitigkeiten über Atomwaffen eingeschränkt.

Staatenimmunität bei Kriegsverbrechen und Menschenrechtsverletzungen?

Im Fall *Jurisdictional Immunities of the State (Italy v. Germany)* hat Italien im Streit mit der Bundesrepublik Deutschland über die Staatenimmunität Deutschlands vor italienischen Gerichten wegen schwerer Völkerrechtsverletzungen des Dritten Reiches (Verschleppung und Zwangsarbeit, Geiselerschießungen) ein Argument der „Konstitutionalisierung" vorgebracht: die Achtung der Menschenrechte und der Schutz der Zivilbevölkerung vor schweren Kriegsverbrechen drängten zu einer Durchbrechung der Staatenimmunität, so dass italienische Gerichte über Klagen der Opfer gegen Deutschland entscheiden können sollten. Der Internationale Gerichtshof hat diesem Versuch, bei solchen Verbrechen oder anderen Menschenrechtsverletzungen die Staatenimmunität zu durchbrechen, eine Absage erteilt; denn die Verletzung von Menschenrechten und anderen völkerrechtlichen Kernprinzipien liege auf einer anderen Ebene als die Befreiung eines Staates von fremder Gerichtsbarkeit.[162] Hier setzt sich eine eher statische Deutung des Völkerrechts (welche die meisten Staaten der Welt teilen) durch. Interessanterweise hat der italienische Verfassungsgerichtshof unter Verweis auf Grundwerte der italienischen Verfassung der Rechtsprechung des Internationalen Gerichtshofs die Gefolgschaft versagt.[163]

In einem Fall der Misshandlung britischer Staatsbürger durch saudi-arabische Sicherheitskräfte hat das *House of Lords* eine Klage gegen Saudi-Arabien an der Staatenimmunität scheitern lassen. Dabei hat sich das britische Gericht klar gegen die „konstitutionalisierende" Argumentation gewandt. Auf das Völkerrecht ließen sich Entdeckungsmodelle wie die Rechtstheorie von Dworkin einfach nicht übertragen:

> „As Professor Dworkin demonstrated in *Law's Empire* (1986), the ordering of competing principles according to the importance of the values which they embody is a basic technique of adjudication. But the same approach cannot be adopted in international law, which is based upon the common consent of nations. It is not for a national court

> to ‚develop' international law by unilaterally adopting a version of that law which, however desirable, forward-looking and reflective of values it may be, is simply not accepted by other states."[164]

Der afghanische Leutnant vor deutschen Gerichten

Dagegen hat der Bundesgerichtshof jüngst eine Durchbrechung der Immunität von Soldaten für Kriegsverbrechen angenommen, soweit es sich nicht um militärisches Führungspersonal handelt.[165] Im konkreten Fall ging es um Gewaltanwendung „leichter bis mittelschwerer" Intensität und Drohungen gegen gefangene Taliban-Kämpfer durch einen afghanischen Leutnant, der Informationen erpressen wollte. Dabei hat sich der Bundesgerichtshof darüber hinweggesetzt, dass die meisten Staaten – darunter die Bundesrepublik Deutschland selbst – eine solche Unterwerfung von Amtsträgern und Soldaten unter fremde Gerichtsbarkeit nicht anerkennen wollen. Im Übrigen wird man nur bei einzelnen Übergriffen gegen die Zivilbevölkerung oder Kriegsgefangene nachgeordnete Soldaten oder Amtsträger identifizieren können, während bei systematischen Verbrechen das verantwortliche Führungspersonal leichter auszumachen ist. Das Ergebnis dieses halbherzigen Versuchs des Bundesgerichtshofes, Immunität und humanitäres Völkerrecht (Schutz von Gefangenen und der Zivilbevölkerung) bei nachgeordneten Funktionären und Soldaten zu verknüpfen, ist irritierend. Denn gerade das für Massaker und ähnliche Kriegsverbrechen verantwortliche Führungspersonal soll dann immer noch Verfolgungsschutz vor ausländischen Gerichten genießen: „Die Kleinen hängt man, ..."

Kapitel IV

Der westliche Konstitutionalismus und die demokratische Ordnung

I. Wesentliche Bauteile des Konstitutionalismus

Der Konstitutionalismus hat eine Vielzahl von Wurzeln. Ihm liegt in der Regel der Wunsch nach Stabilität zugrunde, den das Parlament und andere politische Institutionen allein nicht erfüllen können. Dies mag daran liegen, dass es ihnen an anerkannter Autorität und Vertrauen in ihre politische Interessenabwägung fehlt, sie den Wunsch nach Rechtskontinuität nicht bedienen oder die Fragmentierung der politischen Landschaft den Eindruck einer kurzatmigen Klientelpolitik fördert oder Entscheidungsunfähigkeit auslöst. Das führt zu einer Suche nach metademokratischer Legitimität. Obwohl die meisten Ausprägungen des Konstitutionalismus dieses Ziel teilen, sind Verallgemeinerungen über „den" Konstitutionalismus mit Vorsicht zu genießen. Genau das macht es schwer, den Konstitutionalismus mit einer griffigen Definition zu erfassen. Einfacher ist es, sich ihm über einige gemeinsame Merkmale zu nähern, welche seine meisten Formen teilen. Zu diesen Merkmalen gehören die unmittelbare Anwendung von Verfassungsnormen (d. h., Verfassungsbestimmungen haben unmittelbare Rechtswirkung und bedürfen keiner gesetzlichen Ausgestaltung, um die Grundlage für Rechte und Pflichten zu bilden), die Gewaltenteilung mit einem komplexen institutionellen System von *„checks and balances"*, ein ausgeklügeltes System von Grundrechten, eine robuste Verfassungsgerichtsbarkeit, die häufig mit richterlichem Aktivismus einhergeht, eine hohe Empfänglichkeit für internationale Instrumente und das Mikromanagement sozialer, wirtschaftlicher und politischer Fragen durch verfassungsrechtliche Instrumente.

Direkte Anwendung der Verfassungsnormen

Der erste Faktor, der den Konstitutionalismus katalysiert, ist die Anerkennung des direkten normativen Charakters der Verfassung. Der Einzelne kann sich direkt auf Verfassungsnormen berufen, unabhängig davon, ob die Legislative diese Verfassungsbestimmungen in einfaches Recht umgesetzt hat. Die unmittelbare Anwendung von Verfassungsnormen kann durch verschiedene Mechanismen erfolgen. In der Regel sind es jedoch Verfassungsklagen und eine starke Verfassungsgerichtsbarkeit, die den Verfassungstext zu einer unmittelbaren Quelle von Rechten und Pflichten für den Einzelnen machen können. Zu diesen Klagen gehören die Verfassungsbeschwerde zum Schutz der Grundrechte und die öffentliche Klage, mit der die Verfassungsmäßigkeit von Rechtsvorschriften auf abstrakter Ebene angefochten werden kann (*„Popularklage“*).

Dieser verfahrensrechtliche Rahmen ermöglicht es, dass individuelle Anliegen und Streitigkeiten in die Verfassungsgerichtsbarkeit einfließen. Die Verfassung wird damit justiziabel und zu einem grundlegenden Element des täglichen Lebens, das einerseits veränderten gesellschaftlichen Vorstellungen folgt, andererseits aber auch die kulturelle Identität prägt.

Rechte gleichgeschlechtlicher Paare in Kolumbien

Außerhalb Europas hat sich eine besonders starke Verfassungsgerichtsbarkeit in Kolumbien etabliert. Die Rechtsprechung des kolumbianischen Verfassungsgerichtshofes ist durch einen sehr selbstbewussten Aktivismus geprägt, welcher dem Land (neben Costa Rica) eine Sonderstellung in der verfassungsrechtlichen Entwicklung in ganz Lateinamerika verleiht. Dieser Aktivismus hat sich etwa bei Rechten gleichgeschlechtiger Paare markant entfaltet. In einer Entscheidung aus dem Jahr 2011 erkannte das Verfassungsgericht an, dass der Kongress Kolumbiens über einen weiten Ermessensspielraum bei der Regelung der Bindung gleichgeschlechtlicher Paare sowie bei der Festlegung der Bezeichnung einer solchen vertraglichen Bindung verfügt.[166] Gleichzeitig setzte das Gericht dem Kongress jedoch eine Frist, um ein Gesetz zum Schutz der Rechte dieser Paare zu erlassen. Dabei beschloss das Verfassungsgericht:

> „[...] den Kongress der Republik AUFZUFORDERN, vor dem 20. Juni 2013 ein Gesetz über die Rechte gleichgeschlechtlicher Paare in systematischer und organsierter Weise erlassen, um das Schutzdefizit zu beseitigen, von dem die genannten Paare im Sinne dieser Entscheidung betroffen sind.

[...] Sollte der Kongress der Republik bis zum 20. Juni 2013 kein entsprechendes Gesetz erlassen haben, können gleichgeschlechtliche Paare ihre vertragliche Bindung vor einem Notar oder einem Richter formalisieren und feierlich beurkunden."[167]

Da der Kongress es versäumte, das erforderliche Gesetz innerhalb der vom Gerichtshof gesetzten Frist zu erlassen, begannen homosexuelle Paare, ihre Ehen vor Richtern und Notaren eintragen zu lassen. Ihren Anträgen wurde in einigen Fällen stattgegeben, in anderen wurden sie abgelehnt. Die Generalstaatsanwaltschaft (*Procuraduría General*) erhob Einspruch gegen Entscheidungen, mit denen solche Ehen genehmigt wurden, da sie diese als verfassungswidrig ansah. Mehrere Paare reichten Verfassungsbeschwerden gegen die Verweigerung der Eintragung ihrer Ehen ein. Diese Ungereimtheiten und die Rechtsunsicherheit führten zu einer neuen Entscheidung des Verfassungsgerichts. Das Gericht erklärte ausdrücklich, dass die Verfassung die Anerkennung der Verbindung eines gleichgeschlechtlichen Paares als eine Form der Ehe nicht verbietet.[168] Es führte weiter aus:

„Die juristische Auslegung ist evolutionär und bezieht sich als solche auf eine kontextuelle Realität. Eine systemische Auslegung, die sich auf das „lebendige Recht" stützt und Minderheitenrechte anstrebt, lässt nicht zu, dass es zwei Klassen von Ehen gibt, was für einige Personen ein Signal der Minderwertigkeit darstellt. Denn dies führt zu einer unterschiedlichen und unverhältnismäßigen Behandlung aufgrund der sexuellen Ausrichtung und verletzt somit die Rechte auf Freiheit, Menschenwürde und Gleichbehandlung."[169]

Der Gerichtshof stellte ferner fest, dass „zivile Ehen von gleichgeschlechtlichen Paaren, die in Kolumbien nach dem 20. Juni 2013 geschlossen wurden, volle Rechtsgültigkeit genießen, da sie mit der plausiblen verfassungsrechtlichen Auslegung der Entscheidung C-577 vom 20. Juni 2011 übereinstimmen."[170]

Sozialhilfe und Menschenwürde

Die unmittelbare Anwendung von Verfassungsnormen kann auch zu verfassungsrechtlichen Entscheidungen in Angelegenheiten führen, die die Finanzen des Staates erheblich beeinflussen. So bestimmen zum Beispiel in einigen Ländern Verfassungsnormen den Umfang von Sozialleistungen. In Deutschland erklärte das Bundesverfassungsgericht, dass jeder Mensch als Ausfluss der Menschenwürde und des Sozialstaatsprinzips Anspruch auf diejenigen materiellen Voraussetzungen habe, die „für seine physische Existenz und für ein Mindestmaß an Teilhabe am gesellschaftlichen, kulturellen und politischen Leben unerlässlich sind".[171] Das Gericht entschied ferner, dass das Parlament die genaue Höhe der Arbeitslosenunterstützung unter Berücksichtigung der sozialen Gegebenheiten festlegen muss.[172] Für 2022 wurde der Betrag auf 449 Euro pro Monat für alleinstehende Erwachsene festgelegt.[173] Diese verfassungsrechtliche Entscheidung hat weitreichende Auswirkungen auf die Staatsfinanzen. Das Thema hat auch in den politischen und rechtlichen Debatten über die Zuwanderung und die Flüchtlingsströme eine wichtige Rolle gespielt, da der Anspruch auf Sozialhilfe, der sich aus der Menschenwürde ergibt, keine Unterscheidung aufgrund der Nationalität oder des Einwanderungsstatus erlaubt.[174]

Gewaltenteilung

Die Gewaltenteilung ist ein Eckpfeiler für den Konstitutionalismus. Ronald Dworkin verstand den Konstitutionalismus als „ein System, das individuelle Rechtsansprüche festlegt, die der herrschende Gesetzgeber nicht außer Kraft setzen oder abschwächen kann".[175] Die Trennung und damit die Begrenzung der verschiedenen Gewalten – einschließlich der Legislative – ist eines der wichtigsten Merkmale des Konstitutionalismus.

Verschiedene Ausprägungen des Konstitutionalismus haben den Parlamentsakten einschließlich Gesetzen, Zustimmung zu Referenden oder anderen Entscheidungen der Legislative eine unterschiedliche Rolle zugeschrieben. In Deutschland hat die Legislative einen starken Einfluss auf die Verwaltung, nicht nur bei der Gefahrenabwehr und der Aufrechterhaltung der Ordnung, sondern auch bei der Entwicklungspolitik und den sozialen Dienstleistungen. Die Gesetze des Parlaments sind nach wie vor das dominierende Instrument der Rechtskontrolle im deutschen Öffentlichen Recht. Diese Dominanz ist zum Teil eine Folge des Erfordernisses eines Parlamentsgesetzes für Regelungen, die für die Grundrechte oder die politische Ordnung von Bedeutung sind (sog. „Wesentlichkeitstheorie").[176] Darüber hinaus hat die Rechtsprechung eine Reihe von Vorbehalten entwickelt, die eine parlamentarische Zustimmung z. B. bei militärischen Einsätzen[177] oder finanziellen Verpflichtungen im völkerrechtlichen Rahmen erfordern.[178]

Im Gegensatz dazu ist in den Vereinigten Staaten die gerichtliche Kontrolle von Exekutivakten des Präsidenten und zahlreicher Regulierungsbehörden durch eine große Ehrerbietung gegenüber der Exekutive gekennzeichnet.[179]

In Frankreich verleiht die Verfassung der Regierung eine autonome Kompetenz zur Umsetzung der Gesetze durch Dekrete.[180] Die Legislative darf nur Vorschriften zu Themen erlassen, die in der Verfassung erschöpfend aufgelistet sind.[181] Eine der ursprünglichen Funktionen des französischen Verfassungsrates bestand gerade darin, die Regierung vor möglichen Versuchen der Legislative zu schützen, ihre Autorität zu untergraben.[182]

In konstitutionalistischen Kulturen gewinnt die Judikative in der Regel erheblichen Einfluss auf die Entwicklung des Rechts. Deutschland mag als Lehrbuchbeispiel für dieses Phänomen dienen. Wenn es eine westliche Verfassungsordnung gibt, in der der Begriff *gouvernement des juges* der Realität nahekommt, dann in Deutschland. Es gibt einen umfassenden Rechtsschutz gegen Handlungen und Unterlassungen der Exekutive, die subjektive Rechte beeinträchtigen.[183] Ermessensspielräume der Verwaltung unterliegen einer umfassenden gerichtlichen Kontrolle.[184] Ungeachtet des häufigen Hinweises auf die Anerkennung eines parlamentarischen Ermessensspielraums hat sich die verfassungsrechtliche Kontrolle der Gesetzgebung der Überprüfung von Verwaltungsentscheidungen im Hinblick auf Vernünftigkeit und Konsistenz (d. h. auf die Abwesenheit von Widersprüchen) angenähert.[185] Anders als der U.S. Supreme Court hat das deutsche Öffentliche Recht keine Doktrin der „politischen Fragen" in Bezug auf Streitigkeiten zwischen Verfassungsorganen entwickelt.[186]

In Ländern wie Deutschland können durch die Auslegung von Verfassungsbestimmungen auch ganze Rechtsregime mit weitreichenden sozialen und wirtschaftlichen Implikationen entwickelt werden. Die Entscheidungen des Bundesverfassungsgerichts zum Rundfunk sind ein hervorragendes Beispiel für dieses Phänomen.[187] In jedem Fall kann auch in Verfassungsmodellen mit einer sehr engen normativen Struktur Raum für weitreichende Maßnahmen sein, denen eine klare verfassungsrechtliche Legitimation fehlt. Der Verzicht auf die Schließung der deutschen Grenzen allein aufgrund eines Entschlusses der Bundeskanzlerin aus dem Jahr 2015 ist ein gutes Beispiel. Diese Regierungsentscheidung stellt jedoch keinen Rechtsakt dar, der nach deutschem Verfassungsrecht der Zustimmung des Parlaments im Sinne der „Wesentlichkeitstheorie" bedarf.

Grundrechte

Die Grundrechte sind eines der typischen Merkmale des westlichen Konstitutionalismus. Es wurde festgestellt, dass „die Rechte, die durch die gerichtliche Kontrolle aufrechterhalten werden, den Hauptbestandteil des Konstitutionalismus ausmachen".[188] Das deutsche Öffentliche Recht charakterisiert die Grundrechte sowohl als subjektive Rechte als auch als objektive Wertordnung.[189] Dieses Verständnis ist die Grundlage für Pflichten zum aktiven Schutz der Grundrechte durch die Legislative,[190] die Exekutive,[191] und die Judikative.[192] Das Bundesverfassungsgericht hat die Lehre entwickelt, dass die Grundrechte mittelbar auf die Rechtsbeziehungen zwischen Privaten einwirken.[193] Diese mittelbare Anwendung der Grundrechte kann als ein Mittel bezeichnet werden, mit dem der Staat – durch seine Justiz – seine Schutzpflichten im Rahmen privatrechtlicher Streitigkeiten erfüllt.[194]

Nur wenige Rechtsordnungen haben den Einfluss der Grundrechte auf das Privatrecht in ähnlichem Maße erfahren wie das deutsche Recht. Aus der Perspektive des deutschen Verfassungsrechts wird der Streit um die Kündigung eines Wohnraummietvertrags als Konflikt zwischen zwei Eigentumspositionen an demselben Objekt betrachtet.[195] Eine Person, die von einem privaten Fußballverein aus einem Stadion verbannt wird, kann sich auf den Gleichbehandlungsgrundsatz berufen, um ihre „Teilhabe am gesellschaftlichen Leben" zu schützen.[196] Konflikte zwischen Prominenten und der Presse erscheinen verfassungsrechtlich als Kollision zwischen der Pressefreiheit und dem Recht auf Privatsphäre.[197]

Diese Beispiele zeigen, dass der Konstitutionalismus zu einer spürbaren Ausstrahlung der Verfassungswerte nicht nur auf die politischen Angelegenheiten, sondern auch auf das tägliche Leben führt: Die Verfassung durchdringt die gesamte Rechtsordnung. Rechtsverhältnisse, die früher im Bereich des Privatrechts angesiedelt waren, erscheinen nun in einem verfassungsrechtlichen Gewand.

Starke Verfassungsgerichtsbarkeit und richterlicher Aktivismus

Konstitutionalismus kann es nur dort geben, wo es eine starke Verfassungsgerichtsbarkeit gibt, die entweder durch den Obersten Gerichtshof, ein autonomes Verfassungsgericht oder sogar durch untergeordnete Gerichte ausgeübt wird. Dies ist der Fall in den Vereinigten Staaten, in europäischen Staaten wie Deutschland und in lateinamerikanischen Staaten wie Kolumbien und Costa Rica. Die Autorität von unabhängigen Verfassungsrichtern ist ein starkes Mittel gegen autoritäre Entwicklungen. Aus diesem Grund hat die

Europäische Union so empfindlich auf die Absichten der polnischen und ungarischen Regierungen reagiert, die Justiz durch Zwangspensionierungen und die Ernennung neuer Richter umzugestalten.[198] Despotische Regime neigen dazu, die Justiz ihrem Willen zu unterwerfen und Marionettengerichte zu schaffen, die nicht in der Lage sind, ihre Aufgaben neutral und autonom zu erfüllen. Die „bolivarische" Diktatur in Venezuela ist ein trauriges Beispiel für dieses Phänomen.

Die Verfassungsgerichtsbarkeit braucht einen verfahrensrechtlichen Rahmen, der sie handlungsfähig macht. Nur eine Justiz mit niederschwelligem Zugang kann sicherstellen, dass die Verfassung ihre volle Wirksamkeit im gesellschaftlichen Leben entfalten kann. Es ist daher wenig überraschend, wenn konstitutionalistische Systeme verfahrensrechtliche Mechanismen zur gerichtlichen Durchsetzung von Verfassungsrechten schaffen. Die verfassungsrechtliche Konfliktbewältigung wird durch ein breites Spektrum von Rechtsbehelfen katalysiert. Dazu gehören die abstrakte Normenkontrolle, die Richtervorlage, der Rechtsschutz für Verfassungsorgane, die Verfassungsbeschwerde und andere Formen des gerichtlichen Grundrechtsschutzes wie der *„amparo"* in Mexiko und die *„acción de tutela"* in Kolumbien.

Diese Mechanismen werden in einer Vielzahl von Szenarien eingesetzt. In Deutschland eröffnet die als Grundrecht[199] anerkannte allgemeine Handlungsfreiheit die Möglichkeit, gegen jede Einschränkung der individuellen Freiheit Verfassungsbeschwerde zu erheben, darunter so bemerkenswerte Beispiele wie die Freiheit, Tauben zu füttern[200] oder auf einem Pferd durch den Wald zu reiten.[201] Die in Art. 1 Abs. 1 des Grundgesetzes verankerte Menschenwürde erlaubt Verfassungsbeschwerden gegen eine vermeintlich unzureichende Gewährleistung des „Existenzminimums" im Rahmen der Sozialhilfe.[202] In seiner Entscheidung zum Vertrag von Maastricht hat das Bundesverfassungsgericht politische Mitwirkungsrechte wie das Wahlrecht bei Bundestagswahlen[203] zum Anker einer umfassenden Kontrolle der Übertragung von Hoheitsrechten auf die Europäische Union gemacht, die die Befugnisse des Parlaments beschneiden.[204] Damit hat das Gericht eine Art Popularklage für deutsche Staatsangehörige geschaffen. Andere Verfassungsbeschwerden betrafen die Auslieferung auf der Grundlage eines europäischen Haftbefehls,[205] die angebliche Aushöhlung des Wahlrechts als Folge des Europäischen Stabilitätsmechanismus[206] und die Verantwortung von Regierung und Parlament im Hinblick auf die geldpolitischen Befugnisse der Europäischen Zentralbank.[207] Klagen von Fraktionen im Bundestag können sich nicht nur auf unmittelbare Eingriffe in ihre Stellung beziehen, sondern auch den Anspruch erheben, die Interessen des Parlaments als Ganzes zu verteidigen. So war es einer Fraktion möglich, Rettungseinsätze der Bundeswehr in Libyen ohne Zustimmung des Parlaments anzufechten.[208]

In Kolumbien sind Klagen zum Schutz der Grundrechte in einer Vielzahl von Fällen eingereicht worden. Unter bestimmten Umständen kann die *„acción de tutela"* auch gegen Privatpersonen erhoben werden.[209] So ging es beispielsweise um angebliche Eingriffe in die persönliche und familiäre Intimsphäre durch die Veröffentlichung eines Buches.[210] In Costa Rica hatte eine Popularklage gegen die Unterstützung der Regierung zugunsten einer Koalition im Irak im Zusammenhang mit dem zweiten Golfkrieg beim Obersten Gerichtshof Erfolg.[211]

In einer konstitutionalistischen Rechtskultur kanalisieren verfassungsrechtliche Konzepte die politischen Debatten. Die Justiz spielt eine zentrale Rolle bei der Entwicklung einer Rechtsordnung, auch wenn diese Entwicklung typischerweise nicht in Begriffen der „policy", sondern des „principle" ausgedrückt wird.[212] Der Konstitutionalismus dreht sich zu einem großen Teil um die richterliche Interpretation.[213] Dabei öffnet die Interpretation von Verfassungstexten oft die Tür für richterlichen Aktivismus. Der Begriff des „richterlichen Aktivismus" erfordert aber ein Wort der Vorsicht. Ein Auslegungskorridor ist inhärentes Merkmal vieler, wenn nicht der meisten Verfassungsnormen, die sich nicht auf verfahrensrechtliche und formale Details beschränken. So bietet der Erste Zusatzartikel der US-Verfassung einen breiten Interpretationsspielraum, wenn es heißt:

> „Congress shall make no law respecting an establishment of religion, or prohibiting the free exercise thereof; or abridging the freedom of speech, or of the press; or the right of the people peaceably to assemble, and to petition the Government for a redress of grievances."[214]

Selbst wenn man sich auf die Absichten der jeweiligen Urheber der Verfassung und den begrenzten Kontext, der ihnen vorschwebte, verlässt, bleibt oft Raum für Mehrdeutigkeit. Darüber hinaus ist eine Verfassung ein dauerhafter Rahmen und in vielerlei Hinsicht ein Kompromiss zwischen widersprüchlichen Ansätzen.[215] Dies macht eine evolutionäre Auslegung unvermeidlich.[216] Gleichwohl ist der Begriff des richterlichen Aktivismus in nicht wenigen politischen Kontexten negativ konnotiert.[217] Vorliegend soll er daher zurückhaltend auf einen Umgang mit Verfassungsnormen bezogen werden, der sehr weit von einem gemeinsamen Verständnis abweicht und nicht nur im Lichte der Sichtweise der Verfassungsgeber, sondern auch der bereits bestehenden Auslegung überraschend ist.

In Deutschland findet der richterliche Aktivismus seinen Ausdruck in der „kreativen Herangehensweise" von Verfassungsrichtern an komplexe politische Fragen. Ein klassisches Beispiel ist die bereits angesprochene Entwicklung der Lehre von der Drittwirkung von Grundrechten zwischen Privaten, die auf den Fall *Lüth* aus dem Jahr 1958 (mit dem Streit über einen Boykottaufruf gegen die Filme des NS-Propagandaregisseurs des Veit Harlan) zurückgeht.[218] Ein neueres Beispiel für gerichtlichen Aktivismus liefert die Forderung, dass jeder bewaffneter Einsatz deutscher Streitkräfte im Ausland der Zustimmung des Parlaments bedarf.[219]

In seiner Entscheidung zum Schwangerschaftsabbruch ging das Gericht so weit, dass es ein Gesetzgebungsprogramm für die Entkriminalisierung des Schwangerschaftsabbruchs entwarf, in dem es die Bedingungen für eine solche Entkriminalisierung sehr detailliert darlegte.[220]

Das Verfassungsgericht von Kolumbien kam mit einer anderen Technik zu einem ähnlichen Ergebnis: Das Gericht befand, dass Art. 122 des Strafgesetzbuches (Verbot der Abtreibung) mit der kolumbianischen Verfassung vereinbar ist. Das Gericht machte diese Erklärung jedoch von einer spezifischen Auslegung des Art. 122 abhängig, die zur Folge hatte, dass eine Ausnahme für drei Fälle festgelegt wurde (nämlich eine Bedrohung des Lebens oder der Gesundheit der Mutter durch die Fortsetzung der Schwangerschaft, eine Missbildung des Fötus und die Tatsache, dass die Mutter Opfer eines sexuellen Missbrauchs ist).[221]

Offenheit für internationale Normen

Der Konstitutionalismus wird durch die Einbeziehung des Völkerrechts als „normatives Reservoir" gestärkt. In vielen Fällen findet die Brücke zwischen Verfassungs- und Völkerrecht ihre Grundlage im Verfassungstext selbst (z. B. Art. 25 des Grundgesetzes oder Art. 93 der kolumbianischen Verfassung).

Das deutsche Recht anerkennt in diesem Sinne die sog. „Völkerrechtsfreundlichkeit" als verfassungsrechtlichen Grundsatz.[222] Die Europäische Menschenrechtskonvention ist Richtschnur für die Auslegung der Grundrechte und der Rechtsstaatlichkeit und erlangt damit fast Verfassungsrang.[223] Neue

Entscheidungen des Europäischen Gerichtshofs für Menschenrechte können sogar zu einer Revision abweichender Entscheidungen des deutschen Bundesverfassungsgerichts führen.[224]

In einigen lateinamerikanischen Staaten haben die Amerikanische Menschenrechtskonvention und die evolutive Auslegung ihrer Bestimmungen durch den Interamerikanischen Gerichtshof eine wichtige Rolle bei der Entwicklung von Verfassungsnormen gespielt. Eine dem Völkerrecht – und insbesondere den Menschenrechten – gegenüber aufgeschlossene Rechtsprechung ist vor diesem Hintergrund ein wichtiger Faktor für die Entwicklung der Verfassungsordnung.[225]

In Kolumbien hat das Verfassungsgericht das Konzept des „Verfassungsblocks" entwickelt.[226] Der Gerichtshof verwendet die Formulierung „Verfassungsblock *stricto sensu*", um sich auf Normen mit Verfassungsrang zu beziehen,[227] die nicht nur den Text der Verfassung umfassen, sondern auch Verträge, die territoriale Grenzen festlegen, vom Kongress ratifizierte Menschenrechtsverträge, die im Kriegsfall nicht ausgesetzt werden können, Verträge zum humanitären Völkerrecht, bestimmte Konventionen der Internationalen Arbeitsorganisation und andere mehr.[228]

Diese Offenheit für internationale Instrumente bedeutet, dass die evolutionäre Auslegung von Menschenrechtsverträgen,[229] wie sie insbesondere vom Europäischen Gerichtshof für Menschenrechte[230] und vom Interamerikanischen Gerichtshof für Menschenrechte[231] betrieben wird, oft einen Einfluss auf die Auslegung der Verfassung hat. Der innerstaatliche richterliche Aktivismus wirkt sich somit auf den richterlichen Aktivismus auf der internationalen Ebene aus. Das gleiche gilt auch umgekehrt.

„Mikromanagement" durch Verfassungsänderungen

Da der Konstitutionalismus die Verfassung zur primären Quelle von Rechten und Pflichten macht, bleibt eine bloße Gesetzesänderung oft fragil, es sei denn, dass der Verfassungstext selbst geändert wird. Dies führt dazu, dass politische Gruppierungen dazu neigen, etwa konjunkturpolitische Maßnahmen durch eine Verfassungsänderung in den Verfassungstext aufzunehmen – mit der Folge, dass diese konjunkturpolitischen Entscheidungen als Verfassungsnormen im Grunde eingefroren werden. Diese Praxis drückt auch ein gewisses Misstrauen gegenüber künftigen Mehrheiten aus und stellt allzu oft einen bewussten Versuch dar, spätere politische Änderungen zu verhindern. Der unbeabsichtigte Effekt einer detaillierten Gesetzgebung durch Verfassungsänderungen ist die Neigung zu weiteren Verfassungsreformen, sobald sich hinreichend starke neue Mehrheiten für eine Änderung finden. Die Zahlen sprechen für sich: Während es in den Vereinigten Staaten nur siebenundzwanzig Änderungen der Verfassung von 1787 gab, wurde das deutsche Grundgesetz von 1949 fünfundsechzig Mal, die kolumbianische Verfassung von 1991 bereits sogar zweiundvierzig Mal geändert. Zu den Änderungen des deutschen Grundgesetzes gehörten z. B. umfangreiche Modifikationen des Schutzes der Wohnung (Art. 13), des Asylrechts (Art. 16a), eine neue Grundlage für die europäische Integration (Art. 23) und wiederholte Reformen der Verteilung der Gesetzgebungskompetenzen und des föderalen Finanzsystems. In Kolumbien wurden beispielsweise Reformen durchgeführt, um die institutionelle Struktur zu ändern und die Umsetzung des *Friedensabkommens von Habana* mit den FARC-Rebellen zu gewährleisten.

Der Konstitutionalismus führt typischerweise auch zu einem Mikromanagement durch Gerichtsentscheidungen. In Deutschland sind die bereits angesprochenen Entscheidungen des Bundesverfassungsgerichts über die Kündigung von Mietverträgen[232] oder das Stadionverbot für Hooligans[233] deutliche Beispiele dieser Praxis. Dabei ist das Mikromanagement in der (Verfassungs-) Rechtsprechung keineswegs ein ausschließlich deutsches Phänomen. In Costa Rica hat sich die Verfassungskammer mit Individualbeschwerden über Staubemissionen von einer öffentlichen Straße befasst, die angeblich die Wäsche des Klägers verschmutzten.[234] Der Gerichtshof ordnete die zuständigen Behörden an, die Straße zu asphaltieren und setzte hierfür eine Frist von achtzehn Monaten. In Kolumbien entschied das Verfassungsgericht über die Verweigerung des Zutritts zu Diskotheken in Fällen, in denen es um den Vorwurf der versteckten Rassendiskriminierung ging.[235] In anderen Fällen befasste sich der Gerichtshof mit Fragen von vitalem Interesse für die Gesundheit der Beschwerdeführer, etwa dem Recht von Patienten auf einen Zugang zu bestimmten medizinischen Behandlungen von HIV.[236] All diese Entscheidungen zeigen, dass sich das richterliche Mikromanagement sowohl auf eher periphere Interessen wie auf existenzielle Fragen erstrecken kann.

Das Mikromanagement durch die Gerichte erfordert eine differenzierte Bewertung. In vielen Fällen erscheint es als eine angemessene Reaktion auf Versagen eines untätigen Gesetzgebers oder einer ineffektiven Verwaltung. Dennoch besteht die Gefahr einer Art „Rechtsdarwinismus“, der die wenigen privilegiert, die bereit und in der Lage sind, ihren mehr oder weniger suggestiven Fall vor Gericht zu bringen. Dabei geht es insbesondere in Entwicklungsländern mit von vornerein beschränkten Mitteln auch um die Verteilung von Behandlungschancen. Die knappen medizinischen Ressourcen, die sich ein Kläger erstreitet, stehen dann anderen Patienten nicht mehr zur Verfügung. Das können wir uns im glücklichen Europa oft gar nicht vorstellen.

Die Verfassung als „juristisches Weltenei"?

Ernst Forsthoff warnte 1971 davor, die Verfassung als *„juristisches Weltenei"* zu betrachten:

> „Nun ist ein beträchtlicher Unterschied, ob man annimmt, daß der Gesetzgeber an die Verfassung gebunden ist, oder ob man der Meinung ist, daß der Gesetzgeber die Verfassung zu vollziehen habe – eine Meinung im übrigen, zu deren Widerlegung ein Blick auf die Verfassung genügen sollte. Nichtsdestoweniger ist die Auffassung einigermaßen verbreitet, daß die Gesetze, wie z. B. die Strafprozeßordnung, die nähere Ausführung und somit die Vollziehung dessen seien, was in der Verfassung vorgeformt und angelegt sei. – Die Verfassung als juristisches Weltenei, aus dem alles hervorgeht vom Strafgesetzbuch bis zum Gesetz über die Herstellung von Fieberthermometer."[237]

Forsthoffs Warnung hat für die Europäische Union und insbesondere in Staaten wie Deutschland erhebliche Bedeutung erlangt, wo die Verfassung als eine Art Bauplan für die gesamte Struktur des innerstaatlichen Rechts verstanden wird, der nahezu alle Aspekte der Rechts- und Gesellschaftsordnung erfasst und regelt. Das Gegenmodell einer sehr rudimentären Grundordnung, die zentrale politische Fragen demokratischen Prozessen überlässt, hat dagegen in den Vereinigten Staaten, der Schweiz und auch in Frankreich Konjunktur.

II. Auswirkungen des Konstitutionalismus

Mehrheitsfeindliche Tendenz?

Eine der kontroversesten Diskussionen betreffend den Konstitutionalismus ist die Debatte über die angebliche Voreingenommenheit von Verfassungsrichtern gegenüber Mehrheiten. Die Entscheidungsfindung auf gerichtlicher

Ebene durch nicht gewählte Richter kann leicht als ein an sich undemokratischer Prozess wahrgenommen werden. So stand beispielsweise der *High Court of England* unmittelbar nach seiner Entscheidung zum „Brexit" im Rampenlicht, als er in der Rechtssache *R (Miller) v. Secretary of State for Exiting the European Union* entschied, dass eine Entscheidung zum Austritt aus der Europäischen Union der Zustimmung des Parlaments bedürfe.[238] Der Gerichtshof erklärte, dass das Referendumsgesetz von 2015 „im Lichte der grundlegenden Verfassungsprinzipien der parlamentarischen Souveränität und der repräsentativen parlamentarischen Demokratie auszulegen ist".[239] Nach Ansicht des Gerichtshofs bedeutet dies, dass „ein Referendum über jedes Thema nur beratenden Charakter für die Gesetzgeber im Parlament haben kann, es sei denn, dass eine gegenteilige Formulierung in der fraglichen Referendumsgesetzgebung verwendet wird".[240] Der High Court kam daher zu dem Schluss, dass „der Secretary of State nach dem Vorrecht der Krone keine Befugnis hat, gemäß Artikel 50 EUV eine Mitteilung zu machen den Austritt des Vereinigten Königreichs aus der Europäischen Union anzukündigen".[241] Später entschied der Supreme Court, dass ein Austritt aus der Europäischen Union ein Gesetz des Parlaments erfordert, da er das System der Rechtsquellen tiefgreifend verändert.[242]

Unmittelbar nach dem Urteil des Obersten Gerichtshofs titelte die *Daily Mail* vom 4. November 2016, die Schlagzeile „Enemies of the People" (Feinde des Volkes), gefolgt von Bildern der Richter des High Court.[243] Der Artikel sprach von der „Wut über ‚abgehobenen' Richter, die ‚den Krieg gegen die Demokratie' erklärt haben, indem sie sich über 17,4 Millionen Brexit-Wähler hinweggesetzt haben und eine Verfassungskrise auslösen könnten".[244] Die Titelseite der *Daily Mail* an diesem Tag bietet ein anschauliches Beispiel für die Kritik am Konstitutionalismus als Motor angeblich undemokratischer Entscheidungsprozesse. Diese Kritik wirft dem Konstitutionalismus und insbesondere dem richterlichen Aktivismus vor, der Gesellschaft die Möglichkeit offener politischer Debatten über sensible Fragen zu nehmen. Dieser Einwand ist in der Verfassungs- und politischen Theorie keineswegs neu. In *The Future of Freedom* stellt Fareed Zakaria eine „Spannung zwischen konstitutionellem Liberalismus und Demokratie" fest.[245] Zakaria zufolge ist der Kern dieser Spannung „der Umfang der Regierungsautorität".[246] Er erklärt:

> „Constitutional liberalism is about the limitation of power; democracy is about its accumulation and use. For this reason, many eighteenth- and nineteenth-century liberals saw democracy as a force that could undermine liberty. The tendency for a democratic government to believe it has absolute sovereignty (that is, power) can result in the cen-

> tralization of authority, often by extraconstitutional means and with grim results. What you end up with is little different from a dictatorship, albeit one that has greater legitimacy."[247]

Auch Ronald Dworkin ist sensibel für die Idee, dass der Konstitutionalismus „die Demokratie untergräbt oder kompromittiert", da er „das demokratische Recht der Mehrheit auf das von ihr gewünschte Recht schmälert".[248] Für Dworkin ist dieses „böse Problem die Schlange im Garten" des Verfassungsrechts.[249] Er betont jedoch, dass der Einwand weitgehend „illusorisch" ist, weil Demokratie nicht dasselbe wie einfache Mehrheitsherrschaft sei.[250] Demokratie bedeute „*legitime* Mehrheitsherrschaft".[251] Für Dworkin muss eine Grenze zwischen zwei Konzepten gezogen werden: Auf der einen Seite gebe es den Begriff der „statistischen Demokratie", die davon ausgeht, dass demokratische Entscheidungsfindung bedeutet, Entscheidungen durch die Summe der einzelnen Stimmen treffen zu können.[252] Nach einem solchen Verständnis von Demokratie wäre eine „mehrheitliche Tyrannei" einwandfrei demokratisch.[253] Andererseits gibt es die Idee einer „kommunalen Demokratie", in der die Menschen „ihre Nation als eine kollektive Verantwortungseinheit behandeln".[254] In einer solchen Demokratie seien die Bürger für das Regierungshandeln mitverantwortlich.[255] Zur Rolle der Justiz bemerkt Dworkin:

> „When constitutions declare limits on the majority's power (...) decisions are not supposed to reflect the will of the majority then. Every official swears loyalty to the constitution, and therefore has a responsibility to defy popular will when the constitution's guarantees are in play. But that responsibility is most vivid when judges are asked to test legislation that has already been enacted, and so tacitly certified as constitutional, by other officials. Judges then claim a right and duty to stand in the way of what the majority's representatives think proper and in the interests of the community as a whole."[256]

Der Einfluss der regionalen Menschenrechtsgerichte

Die Offenheit der modernen Verfassung für das Völkerrecht ermöglicht zwangsläufig, die Entscheidungsfindung auf nationaler Ebene und insbesondere auf Verfassungsebene zu beeinflussen.[257] Dieser Effekt kann einen „Schock" für einige Teile der Bevölkerung auslösen. In der jüngsten Vergangenheit gab es in einigen Staaten aktiven Widerstand gegen den Einfluss internationaler Gremien auf die nationale Rechtsordnung. Ein repräsentatives Beispiel ist die Schweizer Volksabstimmung über die „Selbstbestimmungsinitiative – Schweizer Recht statt fremde Richter“.[258] Obwohl die Initiative abgelehnt wurde, ist es bezeichnend, dass 33,7 % der Abstimmenden für sie gestimmt haben.[259] Eine ähnliche Ablehnung eines internationalen Rechtsprechungsmechanismus steht hinter dem weit verbreiteten Widerstand gegenüber der Beilegung von Investitionsstreitigkeiten durch internationale Schiedsgerichte in Kontinentaleuropa, vor allem im Zusammenhang mit dem Vertrag zwischen der Europäischen Union und Kanada (CETA) und den Verhandlungen über eine Transatlantische Handels- und Investitionspartnerschaft zwischen der Europäischen Union und den Vereinigten Staaten (TTIP).

III. „Kreativer Konstitutionalismus“

Ein Zeichen des modernen Konstitutionalismus ist die große Projektionsfläche, die er einem kreativen Umgang mit Verfassungsprinzipien für Gerichte und die Staatsrechtslehre bietet. Oft mündet diese Kreativität in eine Entwicklung, in der in mehreren Schritten der Bestand an Verfassungsregeln ausgeweitet wird. In kreativer Fortentwicklung wird gewissermaßen das Sprungbrett für den nächsten Satz in bislang unerschlossenes Terrain gebaut. Dieser Prozess ähnelt einer Kette von Sprüngen von Stein zu Stein im Wasser.

Deutschland

Reiches Anschauungsmaterial für einen kreativen Konstitutionalismus bietet Deutschland. So binden die Grundrechte in Deutschland grundsätzlich nur die gesetzgebende, vollziehende und rechtsprechende Gewalt (Art. 1 Abs. 3 GG). Seit den fünfziger Jahren hat aber die Rechtsprechung wie bereits erwähnt den Grundrechten eine mittelbare Wirkung auf Rechtsbeziehungen unter Privaten zugesprochen (sogenannte „mittelbare Drittwirkung“).[260] Dies bedeutet, dass die Grundrechte keine Verpflichtungen für private Akteure begründen, sondern die grundrechtlich geschützten Interessen bei Rechtsbeziehungen unter Privaten zu berücksichtigen sind und insbesondere allgemeine Grundsätze des Privatrechts inhaltlich konkretisieren. Diese durch Auslegung des Grundgesetzes gewonnene „Drittwirkung“ ist dann in Fragen der „gesellschaftlichen Teilhabe“ zum Sprungbrett für eine Bindung privater Veranstalter oder Anbieter geworden, die einer unmittelbaren Verpflichtung des Staates sehr nahekommt. Dies zeigen die verfassungsgerichtlichen Vorgaben, die ein Fußballverein beim Stadionverbot für Hooligans[261] oder Facebook bei der Kontrolle von Meinungsäußerungen[262] beachten müssen. Hierin liegt eine empfindliche Beschränkung privater Freiheit, etwa des Hausrechts eines Stadioneigentümers oder des virtuellen Hausrechts sozialer Medien. Anderseits trägt die grundrechtliche Bindung mächtiger Akteure und deren Herrschaft über den Zugang Einzelfällen des gesellschaftlichen Lebens Rechnung. Dabei geht die gerichtliche Kreativität in Deutschland sicher weiter als in den meisten westlichen Ländern, in denen solchen Fragen doch eher dem Gesetzgeber überantwortet werden.

„Constitutional Moments" im anglo-amerikanischen Recht

Anders als in Kontinentaleuropa entwickelt sich der Konstitutionalismus in den Vereinigten Staaten und in den Commonwealth-Ländern erst allmählich aus der anglo-amerikanischen Rechtstradition heraus. Dennoch flammen auch in diesen Rechtsordnungen „Constitutional Moments" auf.

Ein frühes Beispiel ist die Rechtsprechung des amerikanischen Supreme Courts, welche die Prüfung von Gesetzen auf ihre Verfassungsmäßigkeit reklamiert, obwohl die US-Verfassung ein solches Prüfungsrecht nicht ausdrücklich anerkennt.[263]

Ein recht aktuelles und markantes Beispiel für eine Anreicherung der Verfassungsordnung durch neue Regeln liefert das bereits diskutierte Urteil des Supreme Courts des Vereinigten Königreichs im Fall *R* v. *Secretary of State for Exiting the European Union* zu den Auswirkungen des *Brexits* auf die britische Rechtsordnung. Hier entschied der britische Supreme Court, dass die Regierung nicht aus eigener Kraft den Austritt des Vereinigten Königreiches aus der Europäischen Union erklären könne. Hierfür bedürfte es vielmehr eines förmlichen Gesetzes, welches das EU-Recht aus der innerstaatlichen Rechtsordnung verbannt und so das britische Gesetz von 1972 zum EU-Beitritt gewissermaßen umkehrt. Nur so lasse sich der Wandel der Rechtsquellen klar organisieren und darstellen:

> „One of the most fundamental functions of the constitution of any state is to identify the sources of its law. [...], the 1972 Act effectively constitutes EU law as an entirely new, independent and overriding source of domestic law, and the Court of Justice as a source of binding judicial decisions about its meaning [...]. Upon the United Kingdom's withdrawal from the European Union, EU law will cease to be a source

> of domestic law for the future [...]. Even those legal rules derived from EU law and transposed into UK law by domestic legislation will have a different status. They will no longer be paramount, but will be open to domestic repeal or amendment in ways that may be inconsistent with EU law.“[264]

In Südafrika hat die Rechtsprechung ebenfalls die Kündigung eines internationalen Vertrags durch die Regierung an eine parlamentarische Ermächtigung gebunden, wenn das Parlament früher dem Vertrag zugestimmt hatte. Im konkreten Fall ging es um die Kündigung des Römischen Statuts über den Internationalen Strafgerichtshof, dem vor Jahren das südafrikanische Parlament im Zuge des Beitritts zugestimmt hatte.[265] Hintergrund der Kündigung bildete der Streit um den Vollzug von Haftbefehlen, die der Internationale Strafgerichtshof gegen den damaligen Staatspräsidenten des Sudan und Angehörige anderer afrikanischen Regierungen wegen Verbrechen gegen die Menschlichkeit erlassen hatte. Bei der damaligen südafrikanischen Regierung hat die erwartete Rechtshilfe sichtbares Unbehagen ausgelöst, das einer gewissen Kumpanei sehr nahekam (sie hat den sudanischen Präsidenten Al Bashir trotz des Haftbefehls heimlich ausreisen lassen). Das Erfordernis einer parlamentarischen Zustimmung zur Kündigung erschwert diese Form von Diplomatie.

Irland erlebte im April 1987 eine verfassungsrechtliche Sternstunde, als der Oberste Gerichtshof in der Rechtssache *Crotty v. An Taoiseach* entschied, dass die Ratifizierung der Einheitlichen Europäischen Akte eine Änderung der irischen Verfassung erfordere:

> „The State is not yet bound by this Treaty [...] because its binding effect depends upon ratification in accordance with Irish ›constitutional requirements‹. The question therefore is whether the State in attempting to ratify this Treaty is endeavouring to act free from the restraints of the Constitution [...]. I do not accept the submission made on behalf of the defendants that unless and until the terms of the Treaty are translated into domestic legislation the Court has no competence in the matter. In international law the State in entering into a treaty must act in good faith. That is why the provision in the Treaty itself for ratification in accordance with the constitutional requirements of this State is so important. If some part or all of the Treaty were subsequently translated into domestic legislation and found to be unconstitutional it would avail the State nothing in its obligations to its fellow members. It would still be bound by the Treaty. Therefore if the ratification of this Treaty under the Irish Constitution requires a referendum to

> amend the Constitution to give effect to it, the fact that the State did not hold a referendum would not prevent the State from being bound in international law by the Treaty.“[266]

Kolumbien: keine dritte Amtszeit für Präsidenten

In Kolumbien scheiterte eine Verfassungsänderung, die dem Präsidenten eine zweite Wiederwahl ermöglichen sollte, am Verfassungsgericht. Das Gericht griff auf eine Theorie zurück, die eine Ersetzung grundlegender Verfassungsstrukturen durch neue Bestimmungen verbietet (Doktrin der Substitution). Dies ist deshalb eine sehr kreative Konstruktion, weil die kolumbianische Verfassung – anders als das Grundgesetz mit Art. 79 Abs. 3 GG – gerade keine „Ewigkeitsgarantie“ für bestimmte Prinzipien kennt, die auch einer Änderung mit verfassungsändernden Mehrheiten entzogen sind.[267] Letztlich baut das Verbot der Substitution auf eine Lehre von Carl Schmitt aus der Weimarer Zeit auf, die Änderungen der Verfassungsidentität unter dem Dach der geltenden Verfassung (gewissermaßen als eine Verfälschung der Marke „Verfassung“) für unzulässig ansah.[268] Seine eigene Lehre hinderte Carl Schmitt bei der Aushöhlung der Weimarer Verfassung durch das sog. „Ermächtigungsgesetz“ von 1933 nicht daran zu schweigen und sich auch später als willfähriger Advokat des nationalsozialistischen Verfassungsbruchs zu exponieren. Im Falle Kolumbiens kann man darüber streiten, ob eine dritte Amtszeit wegen der „Prämie auf den legalen Machtbesitz“ (erneut eine Formel Carl Schmitts[269]) und der anhaltenden Störung der Gewaltenbalance durch die Einflussmöglichkeiten des Staatspräsidenten eine Gefährdung der Verfassungsidentität bedeutet oder nicht. In den USA hatte George Washington auf eine dritte Amtszeit in einer berühmten Rede verzichtet und nur Franklin D. Roosevelt ist viermal zum Präsidenten gewählt worden. Erst der 22. Verfassungszusatz aus dem Jahre 1947 hat dann die Amtszeit des Präsidenten auf zwei Wahlperioden begrenzt.

Streitkräfte Japans: die fromme Verfassungslüge

Eine ganz eigene Form der Kreativität zeigt die japanische Staatspraxis. In Art. 9 der von den USA mitbestimmten Verfassung von 1947 verzichtet das japanische Volk „im Streben nach internationalem Frieden“ für alle Zeit auf Krieg und militärische Gewalt (Abs. 1). Daher soll Japan keine Streitkräfte unterhalten (Abs. 2). Seit langem hat die japanische Regierungspraxis eine

Umdeutung der Verfassung im Sinne einer Ausnahme für die Zwecke der Selbstverteidigung vorgenommen und auf dieser Grundlage starke Streitkräfte mit der viertgrößten Kriegsflotte der Welt aufgebaut. Im Jahr 2014 hat die Regierung diese kreative Verfassungsauslegung auf den militärischen Beistand von Bündnispartnern erstreckt, ein Jahr später hat das Parlament die gesetzliche Grundlage für diesen Beistand geschaffen. Der Wortlaut der Verfassung ist dabei als inhaltsleere Proklamation einer heilen Welt des Friedens unangetastet geblieben.

IV. Ist der Konstitutionalismus ein westliches Konzept?

Der Konstitutionalismus hat seinen Ursprung im soziokulturellen „Westen". Er war und ist eine besonders starke Kraft in Kontinentaleuropa und insbesondere in Deutschland. Man könnte daher versucht sein, ihn als ein „westliches Konzept" zu bezeichnen. Die Diskussion über die westlichen Grundlagen des Konstitutionalismus erinnert in gewisser Weise an die Debatten darüber, ob Menschenrechte, wie etwa die persönliche Freiheit, „westliche" Werte seien.[270]

Anders als der Kern der Menschenrechte kann der Konstitutionalismus keinen universellen Charakter beanspruchen, auch wenn er einige Rechte oder Werte stärken kann, die ihrerseits wohl eine universelle Geltung beanspruchen können. Doch trotz seiner westlichen Ursprünge ist der Konstitutionalismus zu einem weit verbreiteten Phänomen geworden, das weit über seine geografische Wiege hinausreicht. Wie Fareed Zakaria zu Recht bemerkt, bedeutet die Tatsache, dass sich liberale Demokratien historisch gesehen hauptsächlich im Westen entwickelt haben, nicht, dass „Kultur Schicksal ist" oder dass „jedes Land, das hofft, eine liberale Demokratie zu werden, wahrscheinlich in den Westen umziehen sollte".[271] Zakaria zufolge ist es nicht immer möglich, „eine einfache Antwort auf die Frage zu finden, warum bestimmte Gesellschaften zu bestimmten Zeiten erfolgreich sind".[272] Anders als etwa Max Weber steht er Analysen skeptisch gegenüber, die wirtschaftlichen Erfolg oder sozialen Fortschritt auf bestimmte kulturelle Merkmale zurückführen:

> „When a society does succeed it often seems inevitable in retrospect. So we examine successful societies and search within their cultures for the seeds of success. But cultures are complex; one finds in them what

> one wants. If one wants to find cultural traits of hard work and thrift within East Asia, they are there. If you want instead to find a tendency toward blind obedience and nepotism, these too exist. Look hard enough and you will find all these traits in most cultures."[273]

Dennoch sollte die Kultur als treibende Kraft bei der Entwicklung von Verfassungsmustern nicht unterschätzt werden. Die Entwicklung der politischen und juristischen Institutionen und Grundregeln, die den Status des Einzelnen innerhalb einer rechtlich strukturierten Gemeinschaft regeln, ist ein direkter Spiegel der soziokulturellen Bedingungen und gleichzeitig ein wesentlicher Bestandteil der Kultur selbst. Auch Fareed Zakaria räumt ein:

> „The West's real advantage is that its history led to the creation of institutions and practices that, although in no sense bound up with Western genes, are hard to replicate from scratch in other societies. But it can be done."[274]

Der Konstitutionalismus ist bis zu einem gewissen Grad zu einem globalen Phänomen geworden. Dennoch ist ein vollwertiger Konstitutionalismus mit all seinen Bestandteilen immer noch auf das „alte", kontinentale Westeuropa und einige lateinamerikanische Länder begrenzt. Konstitutionalismus ist ein Phänomen, das sich in vielen Staaten noch im Entstehen oder in der Entwicklung befindet. Selbst in Europa befindet sich der Konstitutionalismus in einem ständigen Wandlungsprozess. So ist beispielsweise eine neue Form des Konstitutionalismus auf europäischer Ebene innerhalb der Europäischen Union aufgetaucht.[275] Durch die Umsetzung und den Schutz der Grundrechte und Marktfreiheiten haben der Gerichtshof der Europäischen Union und neben der Europäischen Union der Europäische Gerichtshof für Menschenrechte eine Rolle übernommen, die den Funktionen von Verfassungsgerichten in anderen Rechtsordnungen ähneln.

Schaffung von Identität und innerer Befriedung durch Recht

Ein wichtiger Aspekt des modernen Konstitutionalismus liegt im Beitrag der verfassungsmäßigen Ordnung für die Aufrechterhaltung der rechtlichen und politischen Integrität des Staates und den inneren Frieden. Diese Rolle der Verfassung hat mindestens zwei Dimensionen: Erstens erscheint die Verfassung als definierendes Element und prägender Faktor der nationalen Identität. Die meisten Staaten definieren ihre politische Identität – zumindest auch – über eine Institution (etwa das britische Parlament, den US-amerikanischen Kongress, die britische, belgische oder spanische Krone), ein historisches Ereignis (z. B. die Französische Revolution), ein Symbol (die Flagge) oder eine Kombination aus einer oder mehreren dieser Komponenten. In Staaten mit einer ausgeprägten konstitutionellen Kultur definiert die Verfassung die nationale Identität in höherem Maße als jeder andere Faktor. Dieses Phänomen lässt sich in Deutschland mit größter Deutlichkeit beobachten. Weder die deutsche Flagge noch ein anderes Symbol oder eine bestimmte Institution sind für die deutsche nationale Identität so relevant wie das Grundgesetz. Die Politikwissenschaft hat den Begriff *„Verfassungspatriotismus“* geprägt, um die moderne deutsche Identität zu beschreiben.[276]

Die zweite Dimension der Rolle der Verfassung im politischen Leben bezieht sich auf ihre Bedeutung für die Aufrechterhaltung der rechtlichen und politischen Integrität des Staates.[277] In konstitutionalistischen Kontexten kann die Verfassung eine außerordentlich wichtige Rolle in der Politik spielen. So hat beispielsweise der guatemaltekische Präsident José Antonio Serrano 1993 einen Staatsstreich inszeniert, indem er die Auflösung des Kongresses und anderer Verfassungsorgane anordnete.[278] Das Verfassungsgericht blockierte diesen Versuch, gegen die verfassungsmäßige Ordnung zu verstoßen, *motu proprio* und erklärte alle entsprechenden Handlungen des Präsidenten für null und nichtig.[279] Die Entscheidung des Gerichts erklärte den Bruch der verfassungsmäßigen Ordnung wie folgt:

> „Mit dem Dekret, das die ‚Vorläufigen Regierungsbestimmungen‘ enthält, lässt der Präsident der Republik die in der politischen Verfassung enthaltenen Bestimmungen außer Kraft, was einen Akt darstellt, der gegen die verfassungsmäßige Ordnung verstößt […]. Die genannten Handlungen des Präsidenten der Republik und die sich daraus ergebenden Handlungen verstoßen nicht nur gegen bestimmte Verfassungsartikel, sondern stellen auch einen Verstoß gegen die verfassungsmäßige Ordnung dar, was dem Gericht, dessen wesentliche Aufgabe es ist, die verfassungsmäßige Ordnung zu verteidigen, nicht unbemerkt bleiben kann […].“[280]

Als Präsident Serrano versuchte, seine Handlungen durch eine Volksabstimmung zu legitimieren, lehnte das Oberste Wahlgericht die Durchführung eines Referendums ab.[281] Wenige Tage später kündigte der Verteidigungsminister an, dass die Armee der Entscheidung des Verfassungsgerichts nachkommen und für deren Einhaltung sorgen werde.[282] In der Presse hieß es, Präsident Serrano habe beschlossen, sein Amt „aufzugeben“.[283] Vizepräsident Gustavo Espina Salguero erklärte sich zum Präsidenten der Republik.[284] Das

Verfassungsgericht reagierte jedoch wiederum schnell und erklärte, Espina sei ein Komplize des Putsches gewesen und dürfe daher weder das Amt des Vizepräsidenten noch das des Präsidenten ausüben.[285] Diese Entscheidung stützte sich auf Art. 186 (a) der Verfassung, der die Ausübung des Präsidentenamtes durch Personen verbietet, die einen Staatsstreich oder bewaffnete Aufstände anführen.[286] Das Gericht stützte sich auch auf Art. 190 (c), wonach der Vizepräsident für die politische Leitung der Regierung „mitverantwortlich" ist.[287] Außerdem forderte es den Kongress auf, einen neuen Chef der Exekutive zu ernennen.[288] Der Kongress ernannte am 6. Juni einen neuen Präsidenten und am 18. Juni einen neuen Vizepräsidenten und beendete damit die durch Serrano verursachte Verfassungskrise.[289]

Die Bedeutung der Verfassung für die Erhaltung des Friedens lässt sich auch in konstitutionalistischen Gesellschaften beobachten, die große politische Veränderungen durchlaufen. Angesichts eines tief verwurzelten Konstitutionalismus erfordern neue politische Arrangements eine direkte verfassungsrechtliche Grundlage. In Kolumbien wurde im Anschluss an den Friedensprozess zwischen der Guerillagruppe „M-19" und der Regierung eine verfassungsgebende Versammlung einberufen. Obwohl der Friedensprozess nur eines von vielen Motiven für eine neue Verfassung war, nahmen Mitglieder der M-19-Gruppe aktiv an der Verfassungsversammlung teil.[290] Die verfassungsrechtliche Dimension des kolumbianischen Friedensprozesses zeigte sich auch in den Friedensgesprächen mit der Guerillaorganisation FARC, die 2016 abgeschlossen wurden. Der Friedensprozess führte trotz eines ablehnenden Referendums zu einer Reihe von Verfassungsänderungen und zur Schaffung einer speziellen Übergangsjustiz (*Justicia Especial para la Paz* – JEP), die eine Art verfassungsmäßig verankerte Sondergerichtsbarkeit darstellt.[291] Aber dieser zweite Friedensprozess hat wegen massiver, von vielen als unerträglich empfundenen strafrechtlicher und politischer Privilegien der Guerillabewegung sowie wegen der Fortführung des bewaffneten Kampfes und des Drogenhandels durch große Teile der Guerilla, tiefe Gräben in der Gesellschaft aufgerissen.

Dagegen hat in anderen Staaten die Transformationswirkung von Verfassungsrecht zu einem hohem Maß an innerer Befriedung von Staat und Gesellschaft geführt, wie das Beispiel der südafrikanischen Verfassungsgebung und die Aufarbeitung der Apartheid zeigt.[292]

Kapitel V

Der gesellschaftliche und kulturelle Nährboden des neuen Idealismus

Als soziales und kulturelles Phänomen können die idealistischen Bewegungen und der moderne Konstitutionalismus nicht losgelöst von den politischen, wirtschaftlichen und sozialen Realitäten in der Welt und den einzelnen Gesellschaften betrachtet werden. Erst eine bestimmte rechtskulturelle Tradition und gesellschaftliche Akzentverschiebungen liefern dem Konstitutionalismus als Rahmen für ein idealistisches Modell in seinen verschiedenen Ausprägungen das Fundament.

I. Soziokulturelle Grundlagen einer freiheitlichen Ordnung

Veränderungen der soziokulturellen und wirtschaftlichen Gegebenheiten können einen Wandel der politischen Institutionen auslösen.[293] Der Wandel kann zugunsten einer demokratischen und freiheitlichen Ordnung ausschlagen oder aber im Gegenteil ein demokratisches System aushöhlen und der Diktatur den Boden bereiten. Viele europäische Länder haben beide Prozesse erlebt. Deutschland erfuhr 1933 den raschen und vollständigen Untergang der Weimarer Verfassungsordnung innerhalb weniger Wochen.[294] Die Islamische Revolution im Iran konnte auf dem schon immer bestehenden Einfluss des schiitischen Klerus auf weite Teile der Bevölkerung aufbauen, der schon im Protest gegen die Reformen von 1963 als erster Vorbote des Mullah-Regimes zutage getreten war. Nach dem Aufkommen von Glasnost in der Sowjetunion vollzog sich in weiten Teilen des postkommunistischen Osteuropas ein rascher Wandel hin zu Konstitutionalismus und demokratischer Regierungsführung.[295]

Auch die unterschiedlichen Formen einer Annäherung an demokratische Entwicklungen haben soziokulturelle Bedingtheiten. In den USA wurde die Unabhängigkeitsbewegung von einer Schicht getragen, die mehr als

Repräsentation in einem eigenen Staatsverband verlangte. Sie drängte auf die rechtsstaatliche Sicherung der individuellen Freiheiten. In den Grundrechtskatalogen der ehemaligen nordamerikanischen Kolonien waren vor allem die Meinungs- und Glaubensfreiheit und die Gewährleistung von Eigentumsrechten bestimmend. Mit Blick auf die Erfolgsgeschichte der nordamerikanischen Staaten argumentiert Niall Ferguson, dass „es eine Idee war, die den entscheidenden Unterschied zwischen dem britischen und dem iberischen Amerika ausmachte – eine Idee über die Art und Weise, wie die Menschen sich selbst regieren sollten“.[296] Dabei sei dahingestellt, ob diese Sicht noch der aktuellen Entwicklung der amerikanischen Politik, die in Teilen der Gesellschaft ein verstörendes Misstrauen gegenüber demokratischen Prozessen aufscheinen lässt, gerecht wird. Nach Ansicht von Ferguson darf diese Idee nicht mit der Demokratie als solcher und dem formalen Akt der Organisation von Wahlen verwechselt werden.[297] Vielmehr sei der Schlüssel zum Erfolg nicht die Demokratie als formales Konzept, sondern die Rechtsstaatlichkeit der Verfassung:

> „In reality, democracy was the capstone of an edifice that had as its foundation the rule of law – to be precise, the sanctity of individual freedom and the security of private property rights, ensured by a representative, constitutional government.“[298]

Eine erfolgreiche und anhaltende Transformation der Verfassungsordnung setzt eine Gesellschaft voraus, die sich die neuen Grundwerte anhaltend zu eigen macht. All dies bestätigt die Bedeutung der Rechtssoziologie und ihrer Analyseinstrumente.

Historisch gewachsener Konsens

In Deutschland ist das Grundgesetz eine Antwort auf die Schrecken des Dritten Reiches. So sind der Schutz historischer Wahrheiten und die Kriminalisierung nationalsozialistischer Propaganda ein wesentlicher Bestandteil der deutschen Staatsräson, aber auch des gesellschaftlichen Konsenses. Das Bundesverfassungsgericht hat diesen identitätsbildenden Konsens als Verfassungsvoraussetzung wie folgt beschrieben:

> „Das menschenverachtende Regime dieser Zeit, das über Europa und die Welt in unermesslichem Ausmaß Leid, Tod und Unterdrückung gebracht hat, hat für die verfassungsrechtliche Ordnung der Bundesrepublik Deutschland eine gegenbildlich identitätsprägende Bedeutung, die einzigartig ist und allein auf der Grundlage allgemeiner gesetz-

licher Bestimmungen nicht eingefangen werden kann. Das bewusste Absetzen von der Unrechtsherrschaft des Nationalsozialismus war historisch zentrales Anliegen aller an der Entstehung wie Inkraftsetzung des Grundgesetzes beteiligten Kräfte."[299]

Das Gericht stellte weiter fest, dass die Verherrlichung des Nationalsozialismus einen „Angriff auf die Identität des Gemeinwesens" darstellt.[300] Die geschichtlichen Grundlagen des Grundgesetzes und des heutigen deutschen Staates bleiben somit wichtige Elemente des Verfassungsdiskurses.

Erinnerung an die französische Revolution und andere Wegmarken der Geschichte

Ähnliches gilt für die sozio-kulturellen Grundlagen anderer Rechtsordnungen, zuweilen mit ganz anderen Ergebnissen. Frankreich hat eine längere Tradition von Freiheitsrechten und bürgerlicher Gleichheit, die auch und gerade Minderheiten schützt. Aber bei „radikalen Praktiken" aus religiösen Gründen wie der Ganzkörperverschleierung hat der historisch gewachsene Konsens in der Politik wie bereits erwähnt zu einem einhellig beschlossenen Verbot der Verhüllung in der Öffentlichkeit geführt.[301] Die rechtliche Begründung verweist auf einen Verstoß gegen die in der Revolution von 1789 wurzelnden „Werte der französischen Republik" (Menschenwürde, Gleichheit von Männern und Frauen).[302] Auch für die politischen Mehrheiten in Belgien und in einzelnen Schweizer Kantonen reibt sich die Vollverschleierung muslimischer Frauen offenbar mit der Vorstellung einer heilen Welt. In Deutschland würde eine erdrückende parlamentarische und gesellschaftliche Mehrheit mit dem Trauma der NS-Diktatur und der historischen Verfolgung von Minderheiten gegen ein solches Verbot argumentieren und in dem Verbot ein verstörendes Zeichen von Intoleranz sehen. So führen die soziokulturellen Bedingungen selbst in Kerneuropa in einzelnen Fragen zu unterschiedlichen Idealen von gesellschaftlichem Zusammenleben und Würde.

Eine soziokulturelle Dimension hat auch das Verhältnis zu militärischen Optionen bei der Verteidigung nationaler Interessen gegen äußere Bedrohungen. In Deutschland haben sich lange Zeit starke politische Kräfte unter dem fortwirkenden Eindruck der militaristischen Verstrickungen des Deutschen Kaiserreiches und insbesondere der Kriegsschuld des Dritten Reiches gegen Militäreinsätze im Ausland gestemmt. Dafür haben sie sich dann gerne auf ein angebliches Verfassungsverbot von Streitkräfteeinsätzen zum

Schutz von elementaren Menschenrechten (humanitäre Intervention), zur Sicherung maritimer Transportwege oder zur Rettung eigener Staatsbürger berufen; früher (bis zu einer klärenden Entscheidung des Bundesverfassungsgerichts[303]) ist sogar die Mitwirkung an bewaffneten Einsätzen mit einem UN-Mandat oder einer Ermächtigung des UN-Sicherheitsrates umstritten gewesen. Die größere Unbefangenheit gegenüber militärischen Maßnahmen in den USA erklärt sich nicht nur aus der amerikanischen Weltmachtstellung, sondern auch aus einem anderen geschichtlichen Selbstbewusstsein (genährt durch den Bürgerkrieg zur Sklavenbefreiung sowie der Befreiung Europas und Südostasiens vom Joch des Dritten Reiches und der japanischen Herrschaft). Die Erschütterung durch den russischen Überfall auf die Ukraine hat in Deutschland in vielen Köpfen auch die Vorbehalte gegen die eigenen Streitkräfte erschüttert und unter dem weiteren Eindruck der westlichen Geschlossenheit sogar der Lieferung schwerer Waffen außerhalb des nordatlantischen Bündnisses breite Zustimmung in Politik und Gesellschaft gesichert.

II. Die offene Gesellschaft und ihre Verwundbarkeit

Die Grundvoraussetzung einer liberalen Rechtsordnung, in der sich der neue Idealismus und kosmopolitische Sehnsüchte entwickeln können, ist eine offene Gesellschaft, die auch außerhalb der staatlichen Institutionen der öffentlichen Auseinandersetzung breiten Raum gibt. Dazu gehört, dass Minderheiten ohne Risiko ihre Interessen und Vorstellungen über klassische Kanäle und neue soziale Medien zu Gehör bringen können.

Zugleich wissen wir – bereits vor Karl Poppers Werk „Die offene Gesellschaft und ihre Feinde“[304] –, dass eine offene Gesellschaft in hohem Maße verwundbar ist. Dies bedeutet auch, dass die Wunschvorstellung einer steten, gewissermaßen selbsttragenden Aufwärtsbewegung der Gesellschaft mit einem hohen Grad an persönlicher Freiheit, sozialem Frieden und Wohlstand trügerisch ist. Dies zeigt schon die rückwärtsgewandte Entwicklung in der Russischen Föderation oder in der Türkei. Fake News in sozialen Netzwerken bilden neben gezielter Desorientierung durch autokratische Regierungen eine stete Herausforderung für ein freiheitliches, pluralistisches Gesellschaftsmodell. Die Regulierungsbehörden der Europäischen Union bemühen sich, durch Kontrolle der Algorithmen der sozialen Medien die Verbreitung von Fehlinformationen oder grob diskriminierenden und aufhetzenden Äußerungen einzudämmen. Daneben liegt ein zentrales Problem von Internetplattformen in der Auswahl bestimmter Themen- und Problemfelder, die dann ihrerseits die Verbreitung von Nachrichten und Bilder steuert.[305]

Dabei drohen einer offenen Gesellschaft nicht nur von ihren Feinden Gefahren. Eine offene Gesellschaft lebt vom Konsens über die Legitimität von Entscheidungen, die direkt oder indirekt demokratisch abgestützt sind. Diese Legitimität ist vor allem durch bestehende (allgemein anerkannte) Verfahren und Zuständigkeiten begründet, nicht durch inhaltliche „Richtigkeit“ wie einer Vereinbarkeit mit religiösen Geboten oder einer wie auch immer definierten Moral. Das ist das Vermächtnis von Thomas Hobbes: Die anerkannte Entscheidungsmacht, nicht ein Wahrheitsanspruch, begründet die Geltung und den Gehorsamsanspruch des Gesetzes – *„auctoritas, non veritas facet legem“*. Thomas Hobbes ging es um die innere Befriedung einer Gesellschaft durch die Abkopplung vom Gehorsam gegenüber der Obrigkeit, von religiösen Botschaften und anderen überzeitlichen Wahrheiten. Diese Säkularisierung des Rechtsgehorsams ist eine der großen Errungenschaften der abendländischen Staatslehre. Sie umschreibt eine Grundvoraussetzung des pluralistischen, weltanschaulich neutralen Staates, ohne dabei auf den demokratischen Rechtsstaat gemünzt gewesen zu sein. Inhaltlich ist die Legitimität von Entscheidungen in einem solchen Staat nur dann angreifbar, wenn sie mit der Rechtsordnung, insbesondere der Verfassung, nicht in Einklang stehen.

Wenn aber einzelne Parteien, Gruppen oder ganze Bevölkerungsteile Institutionen, Gesetzen oder anderen Entscheidungen die Legitimität deshalb absprechen, weil sie mit einer besonderen Weltsicht im Konflikt stehen, droht der innere Zusammenhalt der Gesellschaft und die Akzeptanz von Regeln zu zerbrechen. Wenn die Sehnsucht nach einer bestimmten heilen Welt in eine aggressive Mission mündet, droht die nachhaltige Erschütterung einer weltanschaulich neutralen Ordnung, die sich nicht durch überzeitliche Wahrheitsansprüche definiert. Wie zerbrechlich der Konsens über die Legitimität von Institutionen und verfassungsmäßig erlassenen Regelungen ist, zeigt der Kampf von Donald Trump als Kandidat und Präsident gegen das politische „Establishment“ in Washington und am Ende seiner Amtszeit gegen seine Abwahl. Der von Trump angestachelte Sturm auf das Kapitol im Januar 2021 ist der schärfste Angriff gegen die Autorität von Verfassungsorganen in der Geschichte der USA seit dem amerikanischen Bürgerkrieg.

Auch die Corona-Krise hat diese Gefahr immer wieder aufscheinen lassen, wie etwa (verbotene) Großdemonstrationen gegen bestimmte Schutzmaßnahmen oder massenhafte Regelverstöße belegen. Dabei geht es um die Konstruktion einer eigenen, persönlichen oder gruppenspezifischen „Wirklichkeit", wie sie etwa in einem Beharren auf einer bestimmten Form von Selbstbestimmung Ausdruck findet, die den eigenen Körper zur Tabuzone für rechtliche Regeln erklärt. Hier verbindet sich eine paradiesische Wunsch-Welt ohne existentielle Bedrohungen etwa durch Pandemien mit der unbelasteten Verfügungsgewalt des Einzelnen über seinen Körper und die unbelastete Entscheidungsfreiheit über die eigene physische Interaktion mit anderen Menschen. Die lange im westlichen Europa herrschende Angst der Politik vor einer ernsthaften Diskussion über die Impfpflicht ist eine falsche Rücksicht auf diese Sehnsüchte. In Deutschland haben allzu lange „verfassungsrechtliche" Bedenken (die offenbar kaum jemand bei der Impfung gegen Kinderlähmung oder Masern hat) letztlich in Deutschland zunächst eine allgemeine Pflicht zur Impfung gegen das Coronavirus verhindert; sodann war die von der Regierung gewollte Impflicht unter Beschränkung auf ältere Personen (die dann nur noch mit dem Selbstschutz der Geimpften begründbar war) nicht mehr zu halten.

III. „Heiße" und „kalte" Gesellschaften

Neben dem historischen Hintergrund der Verfassungsordnung ist die sozioökonomische Realität von großer Bedeutung für eine Kultur des Konstitutionalismus. Offene Gesellschaften erfordern einen verlässlichen Verfassungsrahmen mit einem Mindestmaß an Grundfreiheiten und einem wirksamen gerichtlichen Schutz der körperlichen Freiheit, der Redefreiheit und der Eigentumsrechte. Es ist diese Kombination aus sozialen und normativen Faktoren, die nach Ansicht von Historikern wie Niall Ferguson den Unternehmergeist, die Wettbewerbsfähigkeit und den wissenschaftlichen und technischen Aufstieg der westlichen Gesellschaften begünstigt hat.[306]

Claude Lévi-Strauss unterscheidet zwischen „kalten" und „heißen" Gesellschaften, die – wie er es ausdrückt – zueinander stehen wie „Uhren im Vergleich zu Dampfmaschinen"[307]. In *La Pénsee Sauvage* (1962) erklärt Lévi-Strauss die Unterscheidung zwischen den beiden Gesellschaftstypen mit der Sehnsucht „kalter Gesellschaften" nach Stabilität, Ausgleich und Besitzstandssicherung auf der einen Seite sowie der Bereitschaft „heißer

Gesellschaften", sich unter Auseinandersetzung mit den Produkten der Vergangenheit selbstbewusst an die Spitze der Entwicklung zu setzen.[308]

Die westlichen Gesellschaften sind in ganz unterschiedlichem Maße seit jeher von einer Sehnsucht nach Fortschritt und Veränderung geprägt. Diese Offenheit für Veränderungen wird je nach den vorherrschenden gesellschaftlichen Einstellungen durch die demokratischen Prozesse katalysiert oder behindert. In vielen europäischen Gesellschaften wirken sozioökologische „Biotope", die Sorge um erworbene Rechte, eine starke Risikoaversion mit Skepsis gegenüber neuen Technologien wie der Gentechnik und der Wunsch nach einem Höchstmaß an gerichtlicher Kontrolle der öffentlichen Gewalt und gerichtlicher Konfliktlösung als bremsende Faktoren und fördern den Widerstand gegen Veränderungen. Auch Einschränkungen der Grundfreiheiten – oft inspiriert durch die Konfrontation mit „fremden" Kulturen wie das Burkaverbot in Frankreich oder das Minarettverbot in der Schweiz – verdeutlichen die verbreitete Sorge in Europa um den Wandel der Gesellschaften. Der starke Wunsch nach dem Schutz der persönlichen Daten vor Ausforschung und der Bewahrung des ökologischen Gleichgewichts und die Ablehnung einer Veränderung des Erbgutes von Pflanzen durch Gentechnik etwa im Bereich der Landwirtschaft sind Zeichen einer „kalten", veränderungsresistenten Gesellschaft. Auf der anderen Seite zielt das Drängen auf einen wirksamen Klimaschutz und eine massive Reduktion des CO_2-Ausstoßes auf die Veränderung hergebrachter Wirtschafts- und Lebensformen, allerdings im Sinne der Bewahrung bestehender Klimaverhältnisse (Beschränkung der Erderwärmung).

IV. Risikoaversion

In dieses Bild fügt sich eine allgemeine Scheu vor selbst entlegenen oder wissenschaftlich gar nicht belegten Risiken bestimmter Technologien. Oft vermengt sich diese Risikoaversion mit Konspirationstheorien, die staatliche Warnungen oder Eingriffe zur Gefahrenabwehr zum Instrument der politischen Täuschung und Unterdrückung stilisieren. Das Phänomen der „Corona-Leugner" oder grundsätzlicher Impfgegner sind aktuelle Beispiele. Unter dem Dach des „Vorsorgeprinzips" haben sich bei der europäischen Gesetzgebung nicht selten wissenschaftlich nicht begründbare Widerstände gegen bestimmte Technologien gezeigt. Die Europäische Union und vorher die Europäische Gemeinschaft hat sich beim Gesundheits- und Umweltschutz immer wieder von einer Regulierungsphilosophie leiten lassen, die bloßen Phantomrisiken geschuldet ist. In den USA und vielen anderen Ländern dominiert dagegen ein streng wissenschaftlicher Ansatz bei der Kontrolle von Lebensmitteln, Saatgut und anderen Produkten.[309] Diese Entwicklungen verdeutlichen, wie „heiße" und „kalte" Elemente ganz unterschiedlich in westlichen Gesellschaften auftreten und wirken.

Das Risiko der Untätigkeit

Im Bereich der Sicherheitspolitik hat sich in Deutschland und einigen Nachbarländern in der Nachkriegszeit eine durchaus verständliche Ablehnung gegenüber militärischer Gewalt als Option zur Abwehr von Bedrohungen durch fremde Staaten und andere Akteure wie internationale Terrororganisationen organsiert. Flankiert wird diese Ablehnung durch eine Völkerrechtslehre, die gerade im westlichen Kontinentaleuropa die Zulässigkeit von militärischen Optionen sehr eng gefasst hat und insbesondere präventives Vorgehen gegen Vernichtungspotentiale ausschließen will.[310] Hier hat etwa die Sicherheitsdoktrin der Administration von George W. Bush (2002) eindringlich die Frage nach dem „Risiko der Untätigkeit" im Angesicht von Massenvernichtungswaffen in Händen aggressiver, unberechenbarer Regime oder von Terrororganisationen gestellt.[311] Diese Frage haben in der deutschen Politik und Völkerrechtswissenschaft nur vereinzelte Stimmen aufgegriffen, wohl gerade auch im Vertrauen, die Vereinigten Staaten würden hierauf schon eine auch uns schützende Antwort finden.

Ganz anders ist die Sorge vor einer Untätigkeit oder einem unzureichenden Engagement in der Europäischen Union beim Kampf gegen die Erderwärmung ausgeprägt. Treibende Kraft ist auch hier ein konservatives Moment, nämlich die Angst vor einer Veränderung durch eine nicht mehr kontrollierbare Erderwärmung mit einer einschneidenden Veränderung unserer Umwelt. Hier setzt sich in zuweilen sprunghafter Weise ein fast verzweifelter Aktionismus durch, der in Deutschland von starken Inkonsistenzen bestimmt wird (wie dem Ausstieg aus der Atomenergie) und eine unterstützende Einwirkung auf Länder wie Indien vernachlässigt.

V. Saturierte Gesellschaften: Sehnsucht nach Besitzwahrung und Berechenbarkeit

In Kontinentaleuropa hat die Rechtsstaatlichkeit den wirtschaftlichen Fortschritt begünstigt. Gleichzeitig sind die materiell saturierten europäischen Gesellschaften typischerweise durch einen hohen Grad an „Verrechtlichung" politischer Entscheidungen gekennzeichnet. Damit verbindet sich ein allgegenwärtiger Widerstand gegen Veränderungen materieller Positionen bei gleichzeitiger Prävalenz bereits bestehender Besitzstände. Auch die erwähnte Risikoaversion gegenüber der Gentechnik und anderen Hochtechnologien ist ein typisches Zeichen materiell gesättigter Gesellschaften, deren Wohlstandsniveau den Verzicht auf diese Technologien erlaubt oder zu erlauben scheint.

Aufschlussreich für diese Abkopplung von der Wirklichkeit ist die sog. Energiewende in Deutschland. In der Bundestagswahl im Jahre 2009 hatten die späteren Koalitionsparteien (CDU/CSU und FDP) für einen weiteren Einsatz der Atomenergie als Brückentechnologie geworben und dann im Herbst 2010 die Laufzeit der Kernkraftwerke um durchschnittlich 12 Jahre gesetzlich verlängert. Wenige Monate später beschloss die Koalition unter dem Eindruck der Reaktorkatastrophe in Fukushima im März 2011 den „Atomausstieg". Vorher hatte eine naturwissenschaftliche Kommission – wenig überraschend – bekundet, dass sich aus dem Unglück in Japan und seinen Ursachen (Erdbeben, Tsunami und schwere Konstruktionsmängel) kein Anlass für eine Neubewertung deutscher Atomreaktoren ergäbe,[312] während eine „ethische" Begutachtung einen Politikwechsel nahelegte. Das Bundesverfassungsgericht hat die Energiewende ganz zutreffend nicht auf eine wissenschaftliche, von frischen Erkenntnissen aufgrund des Unglücks getragene Neubewertung nuklearer Risiken zurückgeführt; entscheidend war vielmehr eine Änderung der subjektiven Wahrnehmung des Risikos beim Großteil der Bevölkerung und in der Politik.[313] Auch die von internationalen Klimaschützern angeprangerten, schwerwiegenden Folgen für die CO_2-Bilanz und die Erderwärmung spielten für den Atomausstieg keine wesentliche Rolle, noch weniger die uns heute umtreibende Sicherheit der Energieversorgung. Nur eine wohlhabende, nicht von Fragen der Energieknappheit geplagte Gesellschaft wird sich den Luxus leisten, sich allein von einem neuen subjektiven Bild in einem zentralen Politikbereich zu einer derartigen Kehrwende ohne größere Kontroverse treiben zu lassen.

VI. Fragmentierte und heterogene Gesellschaften: Idealismus der Vielfalt

Der neue Idealismus findet seine Wurzeln in stark fragmentierten Gesellschaften, bei denen nur noch in bestimmten Biotopen ein hohes Maß an Homogenität besteht. Die Heterogenität führt in Teilen der Gesellschaft, die sich nicht mehr in klar sichtbaren und in politischen Prozessen wirksamen Mehrheitspositionen wiederfinden, zu einem gesteigerten Bedürfnis nach Schutz vor Veränderung. Das vom amerikanischen Supreme Court entwickelte „Recht, allein gelassen zu werden“ (*the right to be let alone*)[314] konkurriert weit mehr als früher mit berechtigten oder unberechtigten Forderungen nach gesellschaftlicher Solidarität, wie das Phänomen der Impfgegner in der Corona-Pandemie zeigt.

Die Fragmentierung der Gesellschaft hat politische und rechtliche Folgen. Früher konnten in vielen Ländern Kontinentaleuropas Volksparteien großen Teilen der Bevölkerung erfolgreich ein inhaltliches Angebot machen und über viele Jahre mit Aussicht auf eine eigene Mehrheit für sich allein oder zusammen mit einem kleinen Partner werben. Heute sind diese Volksparteien alten Stils weitgehend auf dem Rückzug oder ganz verschwunden. Der Zerfall der Volksparteien hat kleineren Parteien mit einer mehr oder weniger klar definierten Klientel und einer inhaltlich überschaubaren, aber umso energischer vertretenen Programmatik eine Regierungsperspektive gegeben und so Minderheitspositionen Einfluss auf die Gesetzgebung verschafft. Auch die früher dominanten Parteien haben einen Teil dieser Programmatik aus Überzeugung oder Opportunismus aufgegriffen. Die neuen parlamentarischen Mehrheiten mit drei oder vier Koalitionspartnern sind dann oft einem Nebeneinander partikulärer Ideale verpflichtet, hinter denen keine klare Mehrheit steht.

Dabei leistet die Resonanz auf Forderungen politischer Minderheiten etwa auf dem Gebiet der Gleichstellung und von Diskriminierungsverboten einen wichtigen Beitrag zur politischen und gesellschaftlichen Integration auch kleiner Gruppen. Dieser integrative, bewusstseinsstiftende Beitrag weist über die oft sozial beschränkte Bedeutung einer bestimmten Regelung hinaus. In

Ländern mit relativ homogenen Mehrheiten finden sich aber auch Gegenmodelle, wie etwa die Gesetzgebung Ungarns zum strafrechtlichen Verbot der Darstellung von Homosexualität und Geschlechtsumwandlung in für Kinder zugänglichen Medien[315] zeigt. Hier scheint eine andere Vorstellung von „heiler" Welt auf, die nahe an den Vorstellungen des vermeintlich „Normalen" liegt, wie sie auch in Deutschland und vielen anderen Ländern vor vier oder fünf Jahrzehnten in Gesetzgebung und Gesellschaft herrschten (und eben noch heute in Osteuropa weithin zu finden sind).[316]

Diskriminierungsschutz von Minderheiten

Alte und sich neu formierende Minderheiten drängen auf einen stetig fortentwickelten Schutz vor Diskriminierung aus Gründen der sexuellen Ausrichtung (LGBTIQ), ethnischen Zugehörigkeit oder der Religion, auf Gleichstellung beim Zugang zu bestimmten Institutionen (wie Ehe oder Adoption) oder die Schaffung neuer Formen des rechtlich geschützten Zusammenlebens. Der Koalitionsvertrag der deutschen „Ampelkoalition" vom November 2021 widmet sich nicht zuletzt in stärkerem Maße auch Anliegen vor allem sexueller Minderheiten. Mittlerweile ist die hohe Sensibilität für die verschiedenen möglichen Formen der Ungleichbehandlung bis hin zu eher fernliegenden Diskriminierungsvorwürfen zu einer Herausforderung für die Meinungs- und Wissenschaftsfreiheit geworden, wie die Angriffe gegen die britische Professorin Kathleen Stock[317] und andere zeigen. Dabei geht es nicht nur um Überreaktionen interessierter Kreise in sozialen Netzwerken. In der Entscheidung *TBB-Turkish Union in Berlin/Brandenburg v. Germany* hat der Ausschuss nach dem UN-Übereinkommen gegen Rassismus im Fall des islamkritischen und höchst umstrittenen Buchs des ehemaligen SPD-Finanzsenators Thilo Sarrazin der Bundesrepublik Deutschland vorgeworfen, hier zu Unrecht die Meinungsfreiheit zu schützen, statt den Autor strafrechtlich zu verfolgen.[318] Die unter der Flagge des Diskriminierungsschutzes segelnde Empörungskultur ist damit bei den Organen des internationalen Menschenrechtsschutzes angekommen. Hier geht es um die Abkehr vom aufklärerischen Ideal des *„marketplace of ideas"*[319] mit seiner wettbewerblichen Auseinandersetzung über Behauptungen und Werturteile und die Hinwendung zu einem neuen Ideal eines sorgsam gefilterten Meinungsforums, in dem Vorurteile, irrationale überzogene oder unhaltbar verallgemeinernde Ansichten von oben kontrolliert werden.

VII. Soziale Netzwerke

Soziale Netzwerke sind nicht nur Forum politischer, religiöser und anderer gesellschaftlicher Minderheiten und Gruppen. Sie sind auch wichtige Kanäle für den Aufbau und Weitertransport bestimmter Weltbilder, Verschwörungstheorien, politischer Missionen oder die Konstruktion neuer Gemeinschaften. So sind soziale Netzwerke ein ganzer Kosmos von unterschiedlichen, oft gegensätzlichen Leitbildern einer heilen Welt.

Eine Kultur der gruppeninternen wechselseitigen Bestätigung stabilisiert viele Meinungsnetzwerke auch über Staatsgrenzen hinaus, wie die Kampagnen für den Klimaschutz (*„Fridays for Future"*) oder für LGBTIQ-Rechte in der ganzen westlichen Welt (und darüber hinaus) und die Bewegungen von *„wokeness"* sowie „identitäre" Strömungen der rechten Szene und die Warnungen vor einer „Corona-Diktatur" zeigen. Auch die bereits erwähnte Wahrnehmung von Risiken lebt in den westlichen Gesellschaften sehr stark von der Kommunikation in sozialen Netzwerken. Geopolitische Bedrohungen oder Versorgungsrisiken spielten dort jedenfalls bis zum russischen Einfall in der Ukraine keine große Rolle – ganz im Gegensatz zur Sorge um den Klimaschutz oder die Angst vor Atomenergie, Gentechnik oder anderen Hochtechnologien. Auch soziale Netzwerke haben ihren Anteil daran, dass einzelne Segmente der Gesellschaft Risiken in sehr spezieller Weise wahrnehmen und sehr speziell darauf reagieren. Ein Beispiel ist die verbreitete Leugnung massiver Gesundheitsrisiken während der Corona-Pandemie, die in manchen Netzwerken als Phantasiegeburt einer Corona-Diktatur ausgeflaggt werden.

VIII. Die politische Ordnung aus soziokultureller Sicht

Das Parlament und andere politische Organe: Stufen der Autorität

Bestimmte Ausprägungen einer stark verrechtlichten politischen Ordnung, wie sie für den Konstitutionalismus kennzeichnend ist, können sich nur unter geeigneten politischen Bedingungen entwickeln. Zu den insoweit günstigen

Bedingungen gehören eine zersplitterte politische Landschaft ohne dominierende Einzelkraft und eine relativ „schwache" Volksvertretung (Parlament oder Kongress), die keine Autorität für die letztverbindliche Auslegung der Verfassung und die Entwicklung von Verfassungsgrundsätzen beansprucht. Dies erleichtert es einem Obersten Gerichtshof oder einem Verfassungsgericht diese Funktion zu übernehmen und vielfach in die Rolle eines Ersatzgesetzgebers einzurücken. Dieses Phänomen des richterlichen Aktivismus in Verbindung mit schwindender parlamentarischer Autorität ist in einzelnen europäischen Ländern wie Deutschland und lateinamerikanischen Ländern wie Kolumbien zu beobachten.

Respekt vor dem direkten Ausdruck des Volkswillens

Ein etwas anderer Trend hat sich in Rechtsordnungen wie dem Vereinigten Königreich und den Vereinigten Staaten herausgebildet, wo politische Institutionen eine herausragende Rolle bei der Entwicklung verfassungsrechtlicher Werte spielen und wo die Gerichte dem Parlament oder dem Kongress oder sogar der Exekutive gegenüber eine größere Zurückhaltung zeigen. Das schweizerische Modell der teils repräsentativen, teils direkten Demokratie (mit der Möglichkeit des Verfassungsreferendums auf Bundesebene) stellt einen weiteren Ansatz dar, der den gerichtlichen Aktivismus einschränkt.[320] In Frankreich hat der *Conseil Constitutionnel* Mechanismen der direkten Demokratie als unmittelbaren Ausdruck der nationalen Souveränität (*„expression directe de la souveraineté nationale"*) qualifiziert, die keiner gerichtlichen Überprüfung unterliegt.[321] Referenden, Volksabstimmungen und ähnliche Mechanismen haben das Potenzial, Regeln aufzustellen, die einen Fremdkörper in der bisherigen Rechtsordnung oder einen Bruch mit dem bestehenden Verfassungsrahmen (wie das Verbot von Minaretten in der Schweizer Verfassung)[322] darstellen oder sogar tiefgreifende Veränderungen herbeizuführen, die die vom Konstitutionalismus angestrebten und geschützten rechtlichen und institutionellen Regelungen aufbrechen können.

Kapitel VI

Chancen und Fallstricke des neuen Idealismus

Der neue Idealismus, wie er für Recht und Politik vieler westlicher Staaten prägend ist, bündelt eine Reihe von Chancen, weist aber auch eine Fülle von Fallstricken auf, die sich als Belastung sowohl für die individuelle Freiheit als auch für eine lebendige Politikgestaltung erweisen können.

I. Sensibilisierung für neue Herausforderungen

Der Siegeszug neuer Leitprinzipien oder hochgestufter Belange wie Klima- und Datenschutz ist oft eine Reaktion auf natürliche, technische oder sonst menschengemachte Veränderungen, die zu neuen Gefährdungslagen führen. Dies kann die Resilienz einer Gesellschaft stärken, wenn diese Belange bisher untergewichtet waren. Aber diese Gewichtsverschiebungen können auch durch Unterkomplexität, also den Verzicht auf angemessene Abwägung, zu neuer Unwucht in der Rechts- und Gesellschaftsordnung führen. Dies gilt insbesondere dann, wenn ein und dieselbe Interessengruppe Richtungsentscheidungen erzwingt, die in neues Dilemma führen. Ein Beispiel ist der überhastete Ausstieg aus der Atomenergie, den Deutschland im Jahre 2011 beschlossen hat. Diese Entscheidung blockiert jedenfalls in näherer Zeit einen erfolgreichen Klimaschutz, weil er zu einem längeren Festhalten an verschiedenen fossilen Energiequellen zwingt. Hätte man diese Folgen bedacht, wäre wohl auch die Intervention des Bundesverfassungsgerichts bei der Klimaschutzgesetzgebung wegen der gehäuften Folgelasten in späteren Jahren (also der „eingriffsähnlichen Vorwirkung“ des zu zögerlichen Klimaschutzes)[323] anders ausgefallen. Beim Konflikt zwischen Datenschutz und innerer oder äußerer Sicherheit unterwerfen das Recht der Europäischen Union oder die deutsche Verfassungsrechtsprechung den Zugriff auf Daten im Interesse dieser Sicherheit sehr weitgehenden Beschränkungen, die in einem scharfen Kontrast zu den Zugriffsrechten der Sicherheitsbehörden etwa in den USA stehen.[324] Dies hängt vielleicht auch damit zusammen, dass in den Vereinigten Staaten auf dem Staat weniger Erwartungen im Hinblick auf die Sicherung der „Daseinsvorsorge“ lasten als in den meisten europäischen Staaten, innere und äußere Sicherheit dagegen hohe Priorität genießen.

II. Individuelle Selbstbestimmung und Inklusion

Der neue Idealismus weitet mit der Anerkennung von Minderheiten in ihrem So-Sein den Schutz vor Diskriminierung und stärkt die Gleichstellung etwa bei familienrechtlichen Optionen (Heirat oder anerkannte Lebensgemeinschaft gleichgeschlechtlicher Paare, Adoption) und damit die individuelle Selbstbestimmung in einem Maß, das vor wenigen Jahrzehnten auch in den freiheitlichen Rechtsstaaten vielen schwer vorstellbar erschien. Die Inklusion von Menschen mit Behinderung und staatliche Ausgleichsmaßnahmen erweitern die Chance auf ein selbstbestimmtes Leben und längst sichern viele Rechtsordnungen diese Inklusion auch grundrechtlich ab. Viele Menschen werden die Auswirkungen des in das Grundgesetz aufgenommenen Diskriminierungsschutzes (Art. 3 Abs. 3 Satz 2 GG)[325] bei der schulischen Eingliederung und in anderen Bereichen, bei denen heute Inklusion selbstverständlich ist, in positivem Sinne als nachhaltige Veränderung erlebt haben. Eine angemessene Teilhabe am gesellschaftlichen Leben ist jedenfalls in Deutschland auch als Teil des Existenzminimums anerkannt, auf das sich die Gewährleistung der Menschenwürde erstreckt.[326]

Das Stadionverbot für den Hooligan als Verfassungsfrage?

Auch in einem weiteren Sinne leistet die neue Werteordnung einen Beitrag zur Integration. So unterwirft das Bundesverfassungsgericht einen Fußballverein beim Ausschluss eines Hooligans vom Stadionbesuch einem sachlichen Begründungszwang hinsichtlich möglicherweise zu erwartender künftiger Störungen.[327] Hier wird aus dem allgemeinen Gleichbehandlungsgebot (Art. 3 Abs. 1 GG) ein Diskriminierungsverbot in rein privatrechtlichen Beziehungen konstruiert, welches das Hausrecht deutlich einschränkt. Außerdem verlangt das Bundesverfassungsgericht, dass der Betroffene vor einem Stadionverbot angehört wird.[328] Anders als das Bundesverfassungsgericht meint, ist jedoch nicht einzusehen, weshalb das Hausrecht eines privaten Fußballvereins gegenüber gewaltbereiten Fans gleich zur Verfassungsfrage werden soll. Im Ausgangspunkt binden die Grundrechte nur die Träger von Hoheitsgewalt (Art. 1 Abs. 3 GG). Die „Ausstrahlung" der Grundrechte hat aber in Deutschland längst zu einer Aufladung der Rechtsbeziehung zwischen Privaten mit grundrechtlichen Gehalten geführt (sog. „mittelbare Drittwirkung" der Grundrechte).[329] Das bedeutet, dass die eigentlich auf die Staat-Bürger-Beziehung zugeschnittenen Grundrechte als Ausdruck einer verfassungsrechtlichen Wertentscheidung viele Bereiche des Zivilrechts (wie das Arbeitsrecht oder das Mietrecht) prägen. Gleichwohl kann der bloße Verweis auf eine „objektive Wertordnung" aber nicht genügen, allein unter Verweis auf die Grundrechte anderer[330] die Verfügung über das eigene Eigentum – und damit das Hausrecht – an sachliche Begründungen zu binden. Hier läge die Aufgabe beim Gesetzgeber, die Eigentumsordnung entsprechend zu gestalten. Private haben auch nicht die Aufgabe, einem Anderen den Zugang zum gesellschaftlichen Leben mithilfe ihres Eigentums zu ermöglichen. Dagegen stünde es dem Staat frei, neben Theatern und Opernhäusern auch Sportveranstaltungen zu organisieren, bei denen er dann voll an die Grundrechte gebunden wäre.

In den meisten Rechtsordnungen wäre der Ausschluss eines Randalierers vom Stadionbesuch keine Grundrechtsfrage und auch in Deutschland hätte die Staatsrechtslehre vor der Entscheidung des Bundesverfassungsgerichts jedenfalls überwiegend keinen Anspruch des Hooligans auf eine Begründung mit Gefährdungsprognose angenommen. Der grundrechtliche Schutz der Teilhabe am gesellschaftlichen Leben hinterlässt einen zwiespältigen Eindruck. In dem vom Bundesverfassungsgericht entschiedenen Fall hatte der FC Bayern München nach gewaltsamen Auseinandersetzungen mit Anhängern des MSV Duisburg im Anschluss an ein Bundesligaspiel gegen einen Hooligan ein Stadionverbot auch im Namen sämtlicher anderer Bundesligavereine und des deutschen Fußballbundes ausgesprochen. Dabei hat der Verein dem Hooligan auch die Jahreskarte gekündigt. Dies wird den Betroffenen sicher in seiner Lebensgestaltung sowie seinem privaten Umfeld empfindlich berührt haben – und sollte es auch.

Zugang zu sozialen Netzwerken

Deutlich wichtiger als der Stadionbesuch am Wochenende ist für viele Menschen eine andere Form der Beteiligung am öffentlichen Leben, nämlich der

Zugang zu sozialen Netzwerken. Hier geht es immer wieder um die Grenzen von verfälschenden Tatsachenbehauptungen und Werturteilen, die andere verletzen oder bestimmte Gruppen attackieren und zu einer Löschung von Nachrichten und Kommentaren bis hin zur Sperrung des Accounts führen können. Hinzu kommt das immaterielle „Eigentum" der Netzwerkgiganten, das ähnlich wie bei einem privaten Grundstückseigentümer eine Art Hausrecht vermittelt, also die Freiheit, von vornherein über den Zutritt Anderer zu entscheiden.

Das Problem sozialer und technischer Überlegenheit der Internetgiganten gegenüber dem einzelnen Nutzer geht klassisch-liberales Denken über den Wettbewerb und die Bändigung marktbeherrschender Stellungen an, die dem einzelnen Nutzer die Wahl zwischen mehreren Anbietern sichert oder bei einem Monopol einen Zwang zur Zugangseröffnung begründet. Für die Anhänger einer grundrechtlichen Absicherung der Teilhabe am gesellschaftlichen Leben reicht dieser marktliberale Ansatz aber nicht mehr aus. Hier entsteht ein Konflikt zwischen der mittelbaren Drittwirkung der Meinungsfreiheit der Nutzer einerseits und der unternehmerischen Freiheit des Netzwerkbetreibers (Eigentum und Berufsfreiheit andererseits). Wenn es sich um ein Netzwerk mit einer bestimmten politischen, religiösen oder weltanschaulichen Ausrichtung handelt („Tendenzbetrieb"), kämen auch auf dieser Seite die Meinungsfreiheit, Glaubensfreiheit oder Weltanschauungsfreiheit hinzu. Überwölbt wird das Ganze noch von den Grenzen der Meinungsfreiheit, die sich aus dem Schutz Einzelner oder dem friedlichen Zusammenleben bei Angriffen gegen Bevölkerungsgruppen ergeben. Der Bundesgerichtshof hat in einer aufsehenerregenden Entscheidung Facebook (heute Meta) zugebilligt, dass der Betreiber eines sozialen Netzwerks sein „Hausrecht" bei Vorliegen einer „Hausordnung" etwa im Falle herabwürdigender Angriffe gegenüber Migranten durch die Löschung von Beiträgen und die Sperrung des Zugangs durchsetzen kann, aber dem Nutzer vor dem Ausschluss Gelegenheit zur Äußerung geben und ihn nach Löschung eines Beitrags hierüber informieren muss.[331] Unter dem Gesichtspunkt gesellschaftlicher Integration leuchtet diese behutsame Einschränkung des „Hausrechts" eines Netzwerkbetreibers sehr viel mehr ein als die Position des Bundesverfassungsgerichts, das von einem Fußballverein für den Ausschluss eines Hooligans auch noch eine Gefährdungsprognose verlangt.

III. Aushöhlung der Privatautonomie?

Ein immer weiter ausgebauter Diskriminierungsschutz und neue Ansprüche auf Teilhabe am gesellschaftlichen Leben haben das Potential, die Privatautonomie, also die vertragliche Gestaltungsfreiheit privater Akteure, zu beschneiden. Die Privatautonomie schützt grundsätzlich auch Optionen, hinter denen Vorurteile oder andere Präferenzen stehen, die dem Staat verwehrt sind.

Eine Regulierung der Gestaltungsmacht privater Akteure lässt sich am ehesten noch bei Unternehmen mit einer starken Marktstellung wie bei Google, Meta und Co. begründen. Bei diesen Unternehmen steht nicht die private Lebensgestaltung im Vordergrund, sondern vielmehr wirtschaftliche Interessen. Google und Co. haben keine politische oder weltanschauliche Mission. Diese großen Internetunternehmen steuern aber über ihre Algorithmen die Verbreitung bestimmter Inhalte und können damit auch einer selektiven Wahrnehmung und Darstellung von Realität Vorschub leisten. Hier setzt der Versuch der Europäischen Union an, mit dem Gesetz für digitale Dienste (*digital services act*), die ganz großen Internetplattformen in Verantwortung zu nehmen. Dabei geht es darum, dass bestimmte Empfehlungs-Algorithmen einer Kontrolle unterworfen werden, die der Verbreitung von Hetzbotschaften und Unwahrheiten oder gesundheitsgefährdenden Leitbildern entgegenwirken soll.[332]

Immer wieder neue Konflikte treten bei Unternehmen in kirchlicher Trägerschaft oder anderen „Tendenzbetrieben" auf, die gegenüber ihren Arbeitnehmern religiöse oder andere unternehmenseigenen Standards durchsetzen wollen. Hier räumt die deutsche Rechtsprechung gestützt auf das kirchliche Selbstbestimmungsrecht nach Art. 137 Abs. 3 WRV i. V. m. Art. 140 GG kirchlichen Einrichtungen einen weit größeren Spielraum ein als der Europäische Gerichtshof.[333]

Wenn private Akteure ebenso zur Gleichbehandlung im Hinblick auf Glauben, Geschlecht, Alter und andere persönliche Kriterien gezwungen werden wie der Staat, liegt hierin eine gefährliche Angleichung der Privatsphäre an die Ausübung staatlicher Gewalt, welche die Grenzen zwischen Staat und Gesellschaft einreißt. Die Grenzen zwischen Staat und Gesellschaft lösen sich auf, weil auch die individuellen Vorlieben in frei gewählten Rechtsbeziehungen ständig staatlicher Kontrolle unterworfen werden, wenn es um

Ungleichbehandlungen oder den Ausschluss von Nutzungsrechten wegen eines missbilligten Verhaltens geht.

Im Falle *Mangold* hat sich der Europäische Gerichtshof mit einem deutschen Gesetz der damaligen rot-grünen Parlamentsmehrheit befasst, welches bei der Einstellung von älteren Arbeitnehmern die Befristung des Arbeitsvertrages erleichterte, um ältere Arbeitssuchende leichter in den Arbeitsmarkt zu integrieren. Der Europäische Gerichtshof sah hierin eine mit dem EU-Recht unvereinbare Diskriminierung aus Gründen des Alters.[334] Die Folge ist, dass Arbeitgeber nur noch die Wahl haben, ältere Personen unter allgemeinen Befristungsbedingungen einzustellen oder aber auf ihre Beschäftigung ganz zu verzichten. Dem betroffenen Personenkreis erweist das Verbot der Altersdiskriminierung hier wohl eher einen Bärendienst. Wegen der grundsätzlich verbotenen Altersdiskriminierung sind auch Beschäftigungsangebote speziell für Jüngere unzulässig, hinter denen eine geringere Entlohnung für Berufsanfänger steht.[335] Der Eingriff in die Vertragsfreiheit wiegt um so schwerer, je mehr er mit persönlichen Nähebeziehungen und der engeren Lebenssphäre verbunden ist.

IV. Integration von parlamentarischer und außerparlamentarischer Kritik

Für viele gehört zur Vorstellung einer heilen rechtlichen Welt, dass verfassungsrechtliche Vorschriften und auch völkerrechtliche Regeln einklagbare „Ansprüche“ verbürgen, mit denen die Einhaltung des objektiven Rechts durchgesetzt werden kann. Diese starke Aufladung der Rechtsordnung mit subjektiven Rechten ist geradezu ein Markenzeichen des modernen Konstitutionalismus und rechtlichen Idealismus, wie sie sich vor allem in Kontinentaleuropa, aber auch in einigen Ländern Lateinamerikas entwickelt haben.

Costa Rica und der Irak-Krieg

Die Republik Costa Rica folgt einer langen Tradition der Neutralität in internationalen Konflikten, auch ein eigenes Militär unterhält das Land nicht. Nach dem Einmarsch der alliierten Streitkräfte in den Irak im März 2003 wollte die Regierung von Costa Rica mit den ihr zu Verfügung stehenden kargen Mitteln ein Signal der Unterstützung senden und erklärte, dass sie auf

Seiten der USA, des Vereinigten Königsreichs, Spaniens und ihrer Verbündeten stehe. Hiergegen richtete sich eine erfolgreiche Verfassungsbeschwerde einiger Bürger von Costa Rica. Der Verfassungssenat des Obersten Gerichtshofs von Costa Rica entschied, dass die Erklärung der Regierung als semantische Einreihung in die Koalition gegen den irakischen Diktator das Recht auf Frieden berühre. Die Verletzung dieses Rechts könne jeder Bürger von Costa Rica als geschütztes Recht der nationalen Gemeinschaft auch gerichtlich geltend machen.[336] Dabei hat der Gerichtshof das Recht auf Frieden aus der Verfassung als einem „lebendigen" Instrument (*„constitución viva"*) ganz im Sinne einer dynamischen Auslegung herausgelesen und sich auch auf die UN-Charta, die Charta der Organisation Amerikanischer Staaten (OAS) und verschiedene Erklärungen der UN-Generalversammlung berufen. Hiermit ermöglicht die Rechtsprechung von Costa Rica in einer wohl beispiellosen Weise dem einzelnen Bürger die Überprüfung außenpolitischen Handelns. Dies ist selbst aus der Sicht des Verfassungsrechts Deutschlands und anderer europäischer Länder ganz außergewöhnlich.

Beschwerden gegen den Euro, die Politik der Europäischen Zentralbank und die Europäische Schuldenunion

In Deutschland sind ebenso wie in anderen EU-Mitgliedstaaten die Einführung des Euro im Rahmen des Vertrags von Maastricht und andere Weichenstellungen in der Europäischen Währungsunion vom Parlament mit breiten Mehrheiten durchgewunken worden. In seinem bahnbrechenden Urteil zum Maastricht-Vertrag hat das Bundesverfassungsgericht die Tür für Verfassungsbeschwerden gegen einzelne Entwicklungsstufen der europäischen Integration aufgemacht.[337] Türöffner ist dabei das aktive Recht auf Teilnahmen an den Wahlen zum Deutschen Bundestag (Art. 38 Abs. 1 GG). Jeder Bürger kann geltend machen, dass dieses Recht dadurch inhaltlich ausgehöhlt werde, dass der Gesetzgeber seine Aufgaben und Befugnisse auf die Europäische Union überträgt.[338] Zudem kann jeder Bürger mit der Verfassungsbeschwerde geltend machen, dass durch die Europäische Union und ihre Organe die von Deutschland übertragenen Kompetenzen in schwerwiegender Weise (offensichtlich und erheblich) überschritten werden (*ultra-vires*-Kontrolle).[339] Dies bildet auch den Hintergrund der wiederholten Verfassungsbeschwerden gegen den großzügigen Ankauf von Staatsanleihen durch die Europäische Zentralbank, die neben anderen Faktoren zu einer schleichenden Entwertung des Geldvermögens führt. Diesen Verfassungsbeschwerden steht nach Auffassung des Bundesverfassungsgerichts auch nicht entgegen, dass es bei den Ankaufprogrammen gar nicht um deutsches Staatshandeln geht, wie es Art. 93 Abs. 1 Nr. 4a GG für die Beschwerde fordert (im Gegensatz zu der deutschen Zustimmung zu den Verträgen von Maastricht und Lissabon).[340] So kann ein Beschwerdeführer beanstanden, dass etwa Bundesregierung und Bundestag vermeintlich kompetenzwidrigem Handeln von EZB und Europäischem Gerichtshof nicht entgegengetreten sind und so ihre „Integrationsverantwortung“ verletzt haben.[341] Im sogenannten *PSPP*-Fall hatte der Europäische Gerichtshof die umstrittene Ankaufpolitik der Europäischen Zentralbank für rechtmäßig erklärt. Daraufhin hat das Bundesverfassungsgericht die Entscheidung des Europäischen Gerichtshofs für schlechthin „unvertretbar“ erklärt; es hat festgestellt, dass die Bundesregierung und der Bundestag ihrer Integrationsverantwortung bei der Kontrolle des Handelns der Europäischen Zentralbank nicht nachgekommen seien und gefordert, dass die Europäische Zentralbank eine rechtfertigende Erklärung abgibt.[342]

Das bereits erwähnte EU-Wiederaufbauprogramm *„NextGenerationEU“* überschreitet eine ganze Reihe „roter Linien“ europäischen Rechts.[343] Dennoch hat dieser Einstieg in die „Europäische Fiskalunion“ im Deutschen Bundestag eine breite Mehrheit gefunden, die sich von den rechtlichen Einwendungen nicht beeindrucken lassen wollte. Auch hiergegen konnte Verfassungsbeschwerde eingereicht werden. Die Ausdehnung der Rechtsschutzmöglichkeiten des einzelnen Bürgers lässt sich kontrovers diskutieren; unbestreitbar ist jedoch, dass das verfassungsgerichtliche Verfahren Defizite des politischen Entscheidungsprozesses kompensieren und plausiblen Widerständen in einem öffentlichen Verfahren eine Stimme geben kann, die sich nicht oder nur unvollkommen im parlamentarischen Verfahren wiedergefunden haben.[344]

Gerade die Verfahren zum Vertrag von Maastricht aufgrund der unübersehbaren Folgen der Übertragung neuer Kompetenzen auf die Europäische Union und der Gefährdungen der Geldwertstabilität durch die im Vertrag begründete Europäische Währungsunion zeigen, wie der (verfassungs-) gerichtliche Rechtsschutz Schwächen im politischen System ausgleichen kann. Denn viele Bürger hatten nicht den Eindruck, dass der Deutsche Bundestag sich in angemessener Weise mit all diesen Bedenken auseinandergesetzt hatte. Vieles (auch meine Gespräche mit Politikern) legen nahe, dass sich ein Großteil der Abgeordneten über die Folgen des Vertrages und die Risiken der neuen europäischen Währung überhaupt nicht im Klaren war und sich auch in einer gewissen europaseligen Euphorie damit nicht näher auseinandersetzen wollte. Ganz anders war die politische Situation etwa in Frankreich.

Dort hatten sich der französische Staatspräsident François Mitterand und sein Opponent Philippe Séguin vor laufenden Kameras ein eindrucksvolles Duell in der Pariser Universität Sorbonne geliefert. Diese Debatte hatte den französischen Bürgern den Eindruck vermittelt, dass die beiden Politiker in der Tat sehr genau wussten, worüber sie sprachen. Meine Erfahrung lehrt mich, dass sich auch bei späteren Integrationsschritten wie dem schuldenfinanzierten EU-Wiederaufbauprogramm mit einem Volumen von fast 800 Milliarden Euro viele der Abgeordneten aus dem Regierungslager wenig Gedanken darüber gemacht hatten, ob hier nicht die beschriebenen roten Linien in den Europäischen Verträgen überschritten worden sind. Die damalige schwarz-rote Regierungskoalition folgte dabei auch ganz unterschiedlichen Vorstellungen von einer einmaligen Stützungsaktion (CDU/CSU) und dem dauerhaften Einstieg in eine „europäische Fiskalunion“, wie sie der damalige SPD-Finanzminister bejubelt hatte.

V. Mikromanagement durch Gerichte

Die ständige Verfeinerung von Grundrechten oder anderen Belangen mit Verfassungsrang, von Menschenrechten, und die zunehmende Feinziselierung dieses Schutzes führen dazu, dass nicht nur grundsätzliche Konflikte, sondern auch kleinformatige Abwägungsfragen, ja sogar Bagatellfälle, auf verfassungsrechtliche Ebene gehoben oder zur Menschenrechtsfrage hochstilisiert werden. Die Folge ist dann eine Art „Mikromanagement“ von rechtlichen Interessenkonflikten im Detail durch nationale Höchstgerichte oder internationale Menschenrechtsgerichtshöfe. Dieses Mikromanagement erklärt auch, weshalb die Entscheidungssammlungen von hohen Gerichten mittlerweile stark aufgebläht sind und sich Verfassungsgerichte und internationale Gerichtshöfe immer wieder mit Fragen beschäftigen, die früher von einem Amtsgericht oder sonst einem erstinstanzlichen Richter abschließend entschieden worden wären.

In Costa Rica hat sich der Verfassungsrat des Obersten Gerichtshofs eingehend mit der Verschmutzung von Wäsche über eine schlecht gewordene, staubige Straße befasst,[345] in Deutschland hat die Anerkennung des Mietbesitzes als „Eigentum“ im verfassungsrechtlichen Sinne (Art. 14 GG) jede Kündigung zur Kollision von Eigentumsrechten des Mieters und des Vermieters gemacht und zu einer Reihe von verfassungsgerichtlichen Entscheidungen geführt.[346] Die Beschränkung des Reitens im Walde[347] hat das deutsche Bundesverfassungsgericht ebenso beschäftigt wie das Verbot des Taubenfütterns[348].

Andere Formen des Mikromanagements durch Höchstgerichte sind etwa in Kolumbien durch Verfassungsbeschwerden betreffend die Versorgung mit lebenswichtigen Medikamenten oder den Zugang zu Krankenhausbehandlung ausgelöst worden.[349] Diese Fälle zeigen, dass gerichtliches Mikromanagement sich nicht allein auf Bagatellfälle beschränkt, sondern auch existentielle Fragen zum Gegenstand haben kann, wenn die eigentlich zuständigen Instanzen versagen oder schlicht nicht genügend Ressourcen für alle schwer Erkrankten zur Verfügung stehen.

Hier wird einmal mehr deutlich, dass eine hypertrophe Entwicklung der Justiz ihren Grund also nicht immer nur in einem selbstgewählten richterlichen Aktivismus, sondern sehr oft in einer komplexen Ausgangslage mit einem Versagen anderer Staatsorgane oder allgemein unzureichenden staatlichen Mitteln hat. Sollte es in der Corona-Pandemie noch zu einer radikalen Verknappung des Zugangs zur lebensrettenden Intensivmedizin kommen und Ärzte über Überlebenschancen konkurrierender schwer Erkrankter entscheiden müssen (sog. Triage), würde das verfassungsrichterliche Mikromanagement noch einmal eine ganz neue Dimension gewinnen.

VI. Aushöhlung demokratischer Entscheidungsprozesse

Der neue Idealismus ist ein treibender Faktor hinter einer expansiven Auslegung von Grundrechten, anderen Verfassungsbestimmungen und internationalen Verträgen, welche an den Parlamenten vorbei zu neuen Weichenstellungen führt oder den Gesetzgeber in ein enges rechtliches Korsett zwängt. In diesen Fällen hätte der Gesetzgeber ohne die von einem rechtspolitischen Aktivismus getriebene Auslegung oder die Überspannung geltender Vorschriften ein weites Spektrum von Gestaltungsmöglichkeiten, die ihm nun abgeschnitten werden. Beispiele hierfür liefert die Rechtsprechung des deutschen Bundesverfassungsgerichts und des Europäischen Gerichtshofs zum Datenschutz (etwa zur Vorratsdatenspeicherung),[350] die am Ende die erfolgreiche Verfolgung von Straftaten verhindert haben könnte.[351] Beim Abkommen zwischen der Europäischen Union und den USA zum Schutz von in die USA übertragenen Daten (*safe-harbor*-Abkommen) hat der Europäische Gerichtshof wesentlich strengere Maßstäbe angelegt als die Europäische Kommission.[352] Auch hier wird wieder deutlich, dass zumindest in der europäischen Justiz ganz andere Vorstellungen von einem angemessenen Datenschutz herrschen als in den Vereinigten Staaten, wo beachtliche Zugriffsmöglichkeiten des Staates im Hinblick auf Kriminalitätsbekämpfung und andere Belange der inneren und äußeren Sicherheit bestehen. Auch die erwähnte Rechtsprechung des deutschen Bundesverfassungsgerichts zur Klimaschutzgesetzgebung hat eine Reihe neuer Maßstäbe „erfunden", die politische Gestaltungsspielräume des Gesetzgebers stark verkürzen.

Der Eingriff in demokratische Prozesse erreicht dann seinen Gipfelpunkt, wenn nationale Höchstgerichte dem Staat (der Gesetzgebung oder der Exekutive) einen bestimmten Weg vorschreiben und ein internationales Gericht eben diesen Weg blockiert oder umgekehrt, ein oberstes Gericht oder Verfassungsgericht etwas verbietet und ein internationales Gericht den Staat genau zu diesem verbotenen Handeln zwingt. Für demokratische Entscheidungsprozesse ist dann kein Raum. Ein fast bizarr anmutendes Beispiel liefert der Konflikt zwischen dem Obersten Gerichtshof von Costa Rica und dem Interamerikanischen Menschenrechtsgerichtshof über den Zugang kinderloser Paare zu bestimmten Formen der Reproduktionsmedizin, hier zur künstlichen Befruchtung (*In-Vitro*-Fertilisation). Der Verfassungssenat des Obersten Gerichtshofs von Costa Rica sah in diesem Verfahren wegen des Schicksals der „überzähligen" (nicht implantierten) Embryonen einen Verstoß gegen die Amerikanische Menschrechtskonvention (nämlich den Schutz des Lebens) sowie den Lebensschutz nach der Verfassung von Costa Rica.[353] Der Interamerikanische Gerichtshof für Menschenrechte las dagegen aus der Amerikanischen Menschenrechtskonvention das umgekehrte Ergebnis heraus, nämlich ein Recht kinderloser Paare auf die künstliche Befruchtung als Weg zur Erfüllung des Kinderwunsches (im Rahmen des Schutzes der Familie).[354] Gute Gründe sprechen dafür, dass weder die Verfassung von Costa Rica noch die Amerikanische Menschenrechtskonvention den Zugang zur künstlichen Befruchtung überhaupt regelt, also weder ein Verbot dieser Form der Reproduktionsmedizin noch einen Anspruch hierauf begründet. Jedoch hat weder der Oberste Gerichtshof von Costa Rica noch der Interamerikanische Gerichtshof offenbar ernsthaft erwogen, dass die Frage des Zugangs zur künstlichen Befruchtung in einer Demokratie durch den Gesetzgeber zu beantworten sein könnte.

Für Deutschland stellt der Streit über das Bestehen eines Streikrechts von Beamten ein Beispiel für einen möglichen Übergriff extensiver

Vertragsauslegung in Verfassungsstrukturen dar, mit dem über Jahrzehnte hinweg niemand rechnen konnte. In Deutschland gehört das Verbot des Streikes zu den hergebrachten Grundsätzen des Berufsbeamtentums, die ihrerseits in der Verfassung verankert sind (Art. 33 Abs. 5 GG).[355] Auf der anderen Seite hat der Europäische Gerichtshof für Menschenrechte aus dem Recht auf Vereinigungsfreiheit (Art. 11 EMRK) ein Recht auf Streik und andere Arbeitskampfmaßnahmen abgeleitet, das grundsätzlich für den gesamten Öffentlichen Dienst gelten soll.[356] Dies ist eine wiederum sehr extensive Auslegung der Europäischen Menschrechtskonvention, die den Besonderheiten des Beamtenstatus etwa im deutschen Recht überhaupt nicht Rechnung trägt. Das Bundesverfassungsgericht hat daher bereits vorsorglich angedeutet, dass das Streikverbot für Beamte zu den identitätsbildenden Merkmalen der deutschen Verfassung gehören soll, die sich aus der deutschen Innensicht im Konfliktfall gegen Verpflichtungen aus der Europäischen Menschenrechtskonvention durchsetzen.[357] Auch das ist ein methodisch kühner Schritt, denn es ist überhaupt nicht ersichtlich, weshalb gerade das Streikverbot für Beamte innerhalb des Grundgesetzes einen besonderen Rang haben soll. Hier zeigt sich eine gewisse Maßlosigkeit sowohl auf Seiten des Europäischen Gerichtshofs für Menschenrechte, der sich der besonderen, wechselseitigen Loyalitätspflichten öffentlicher Funktionsträger offenbar nicht bewusst ist, als auch auf Seiten des Bundesverfassungsgerichts, das sehr freihändig das Streikverbot für Beamte zum Eckpfeiler der gesamten Verfassung macht, möglicherweise sogar dem änderungsfesten Kern des Grundgesetzes (Art. 79 Abs. 3) zuschlagen will.

VII. Strategische Fehlsteuerung durch eine individuelle Ausrichtung

Der neue Idealismus birgt die Gefahr, bei großen politischen Weichenstellungen eine strategische Fehlsteuerung zu bewirken. Diese Gefahr liegt in der starken Ausrichtung auf die Rechte des Einzelnen und individuelle Schicksale. Die Entscheidungen von nationalen Höchstgerichten und internationalen Menschenrechtsinstanzen sind wesentlich vom Blick auf den Einzelnen und seine Lebenssituation bestimmt. Dies prägt dann auch den rechtlichen Pfad, den die Gerichte zunehmend der Politik vorgeben. Dabei entfaltet sich in besonderer Weise die suggestive Kraft einer persönlichen Lebenslage, die dann einen ganzen Politikbereich bestimmen kann.

Ein anschauliches Beispiel für die suggestive Kraft persönlicher Lebensdramatik bildet das Urteil des Europäischen Gerichtshofes für Menschenrechte im Fall *D. v. United Kingdom*:[358] Die britische Regierung beabsichtigte, einen verurteilten Drogenkurier aus dem Karibik-Staat St. Kitts in sein Heimatland abzuschieben. Der verurteilte Beschwerdeführer war an AIDS erkrankt und hatte in der britischen Haft ärztliche Betreuung erhalten. Da in seinem Heimatland die schlechte medizinische Versorgung die Lebenserwartung des Erkrankten weiter verkürzen und ihn weiteren Leiden aussetzen würde, hielt der Europäische Gerichtshof für Menschenrechte die drohende Abschiebung für eine unmenschliche Behandlung im Sinne von Art. 3 EMRK. Der Gerichtshof sah das Vereinigte Königreich in der Verantwortung für den Beschwerdeführer, weil es die medizinische und psychische Betreuung in der Haft übernommen hatte. Solche Entscheidungen sichern Straftätern einen dauerhaften Aufenthalt in Europa, wenn die allgemeinen Lebensbedingungen in ihrem jeweiligen Heimatstaat für Kranke und Schwache allgemein hinreichend schlecht sind. Damit wird eine wirksame Abschiebungspolitik in Länder mit gravierenden Defiziten in medizinischen und sozialen Standards vereitelt. Das Bundesverwaltungsgericht hat die Umdeutung von Art. 3 EMRK in eine „völkerrechtliche Generalklausel für die Gewährung eines einheitlichen Flüchtlingsschutzes" dann auch scharf kritisiert.[359] Hinzu kommen die Hürden, die der Europäische Gerichtshof für Menschenrechte bei der Rückführung von Flüchtlingen nach erfolgter Seenotrettung an die afrikanische Küste aufgestellt hat. Darin liegt für manche europäische Mittelmeerstaaten ein wesentlicher Anreiz, auf eine organisierte Seenotrettung durch die Mittelmeerstaaten ganz zu verzichten – ein Ergebnis, das nicht zuletzt auch den hinter einer Erweiterung des Schutzes durch Art. 3 EMRK stehenden Erwägungen widersprechen muss.

Kapitel VII

Die romantische Selbstentwaffnung des Staates und das jähe Erwachen

Der neue Idealismus einer harmonischen Weltsicht hallt vielleicht am stärksten im Verhältnis zur bewaffneten Macht wider. Er stellt sich oft wirksamen Reaktionen auf Bedrohungen des eigenen Staates oder Aggressionen gegen Partner und andere Länder in ebenso gutgemeinter wie fataler Weise in den Weg. Während autokratische Großmächte wie China und Russland schon seit langem ihre geopolitische Stellung im Wesentlichen ganz unverhüllt auf ihre militärische Macht stützen und deren Einsatz nach innen und außen kaum rechtlichen Schranken unterwerfen, zeichnet die westliche Staatengemeinschaft ein weites Spektrum der unterschiedlichen Gewichtung von Sicherheit und militärischen Optionen sowohl im Recht wie in der Politik aus.

So ist die russische Invasion in die Ukraine im Februar 2022 vor allem im westlichen Kontinentaleuropa als Einbruch in eine heile Vorstellungswelt empfunden worden. Mit plötzlicher Wucht hat der Angriff Russlands die Ideale von multilateraler Ordnung und internationaler Kooperation mit wohlmeinenden Partnern in aller Welt als naive Phantasie entlarvt. Trotz mahnender Vorzeichen, warnender Partner in Osteuropa und einer schon seit langem mit militärischer Gewalt operierenden offenen Großmachtpolitik des Kremls hat der russische Eroberungsfeldzug weite Teile der politischen Klasse in vielen Ländern Europas völlig überrascht. Dies wird an der mangelnden Einsatzfähigkeit großer Teile des deutschen Streitkräftearsenals ebenso deutlich wie an der Abhängigkeit von russischem Gas und Öl, welche die deutsche Energiepolitik in den letzten Jahren mit dem Atomausstieg noch einmal massiv verschärft hat. Ebenso überraschend waren allerdings für den Kreml der Zusammenhalt der NATO und das Maß der wirtschaftlichen Sanktionen der westlichen Staaten, die Russland allmählich in die Zahlungsunfähigkeit treiben. Dies zeigt eine beachtliche Resilienz demokratischer Ordnungen, jedenfalls unter der Bedingung einer klaren wirtschaftlichen Überlegenheit und hinreichender Substituierbarkeit von Lieferungen der Gegenseite.

Deutschland nimmt dabei unter allen Staaten seiner Gewichtsklasse eine Sonderstellung ein. Hier wirken das Trauma der deutschen Verantwortung für die Verwüstungen des Zweiten Weltkrieges, vielleicht auch noch das militaristische Gepräge des wilhelminischen Kaiserreiches und die Schrecken von Flandern und Verdun fort. Die sozialliberale Regierung Helmut Schmidts ist letztlich auch am Streit um eine glaubwürdige nukleare Abschreckung bei gleichzeitigem Angebot zur Abrüstung („NATO-Doppelbeschluss") gescheitert. Viele haben es mit Carl Sandburgs Spruch gehalten „Stell Dir vor, es ist Krieg und keiner geht hin" (*„Sometime they'll give a war and nobody will come"*[360]). Bertolt Brechts Gegenposition hat wohl (trotz der Untertöne eines sozialistischen Kampfgeistes) jetzt dem Verteidigungswillen der Ukraine zu breitem Anklang verholfen:

> „Wer zu Hause bleibt, wenn der Kampf beginnt
> Und läßt andere kämpfen für seine Sache
> Der muß sich vorsehen: denn
> Wer den Kampf nicht geteilt hat
> Der wird teilen die Niederlage.
> Nicht einmal den Kampf vermeidet
> Wer den Kampf vermeiden will; denn
> Es wird kämpfen für die Sache des Feinds
> Wer für seine eigene Sache nicht gekämpft hat."[361]

Die Beteiligung Deutschlands am Kosovo-Krieg im Jahre 1999 unter rotgrüner Führung ist verblasst und hat die stete Beschwichtigung selbst bei akuter Bedrohung als fast schon Pawlowsches Reaktionsmuster nicht anhaltend verdrängt. Dies zeigt die deutsche Diskussion im Ukraine-Konflikt bis in die Tage nach der Invasion, ebenso wie die Lieferung von 5000 Helmen an die Ukraine als „militärische" Erst-Unterstützung bei einer Drohkulisse von 100.000 russischen Soldaten. Immerhin haben aber im weiteren Kriegsverlauf und im Rahmen einer massiven westlichen Unterstützung die deutschen Lieferungen von militärischen Gütern deutlich an Qualität gewonnen. Obwohl längst bewaffnete Drohnen eine zentrale Bedeutung in bewaffneten Konflikten (zuletzt im Krieg zwischen Armenien und Aserbaidschan sowie jetzt in der Ukraine) haben, stemmen sich Teile der politischen Führung Deutschlands nach wie vor mit kuriosen Argumenten gegen diese Waffensysteme. Zum geschichtlichen Trauma kommt ein weiteres hinzu: Allzu lange hat sich Deutschland recht kommod unter dem US-amerikanischen Schutzschirm eingerichtet, ganz zum Nachteil einer intellektuellen Beweglichkeit im Hinblick auf die Diagnose von Bedrohungen und die Entwicklung einer eigenen Reaktionsfähigkeit.

Der französische Präsident Macron hat im Jahre 2020 vor der École Militaire Interarmes erklärt, dass Demokratie und Recht ohne Stärke nicht lange überleben können.[362] So einen Satz hätte man gerne vom deutschen Führungspersonal in den letzten Jahren gehört.

I. Strategie und Recht

Vor wenigen Jahren hat auf einer Berliner Tagung (Deutsches Forum Sicherheitspolitik 2019) eine kluge Beobachterin der sicherheitspolitischen Entwicklung und Mitglied des *European Council on Foreign Relations* beklagt, dass ihre (jüngere) Generation keinen Zugang zu strategischem Denken habe.[363] Diese Distanz gegenüber einem Denken in größeren geopolitischen Zusammenhängen[364] prägt auch den Umgang mit dem Recht. Lange hat sich die deutsche Politik selbst bei UN-Einsätzen hinter angeblichen Hindernissen des Grundgesetzes versteckt – bis sich die Bundesregierung bei Marinemissionen vor der Küste Somalias ein Herz gefasst und das Bundesverfassungsgericht den Weg für solche Einsätze bei einem Mandat des UN-Sicherheitsrates freigemacht hat.[365]

Aufschrei gegen Schutz der Seewege durch die Bundesmarine

Die Distanz zu jedem strategischen Denken und die Pawlowschen Reflexe gegen jede Form von militärischem Schutz elementarer Sicherheitsinteressen sind weiterhin lebendig und setzen sich auch an anderer Stelle fort. Noch heute denken manche deutschen Wissenschaftler in der warmen Studierstube bei jedem Schiff oder Flugzeug der Bundesmarine an kriegslüsterne Monarchen in Paradeuniform. In einem Buch zur Weltordnung[366] habe ich – wie schon ein Bundespräsident vor mir[367] – die Sicherung der für unsere Volkswirtschaft lebenswichtigen Seewege zum Verteidigungsauftrag der deutschen Bundeswehr gerechnet. Vereinzelte Stimmen hat schon die bloße Idee empört, eine Flotte könne auch zum Schutz von Handelsschiffen und maritimen Transportwegen dienen.[368] Wenn das der alte Störtebeker oder die modernen Piraten in der Straße von Malakka lesen würden... Der erwähnte Bundespräsident ist wegen der medialen Angriffe auf seine mehr als plausiblen Vorstellungen vom Sinn einer Kriegsmarine zurückgetreten.[369] Diese Zeit des politischen Biedermeier ist auch in Deutschland heute zunächst einmal vorbei, auch wenn sein Wiederkehren eine latente Gefahr ist. Immerhin hat der jetzige Bundespräsident wegen eingeräumter Unterschätzung des russischen Aggressionsdrangs Asche auf sein Haupt gehäuft, anderen Teilen des (ehemaligen) Führungspersonals geht diese lobenswerte Reflexion ab.

Europa lernt dazu: vom erhabenen Idealismus eines Immanuel Kant zum harten Realismus von Hobbes

Schon vor einiger Zeit, noch vor dem russischen Überfall auf die Ukraine, hat selbst der stets freundliche Außenbeauftragte der Europäischen Union Joseph Borrell erkannt, dass in der Staatengemeinschaft nicht jede Umarmung gutgemeint ist und nicht die ganze Welt die hehren europäischen Ideale teilt:

> „Uns gefällt die Welt von Kant, aber wir werden uns darauf einstellen, in der Welt von Hobbes zu leben."[370]

Wahrscheinlich hat dem EU-Vertreter zu dieser Einsicht auch der wenig freundliche russische Außenminister Lawrow verholfen, der Borrell vor laufenden Kameras brutal und ohne jede Gegenwehr abgekanzelt und gedemütigt hatte.[371] Ganz allmählich gewinnen die Stimmen für ein neues Narrativ in der Europäischen Union an Boden. Schon vor einigen Jahren hat der französische Präsident Macron eine „europäische Souveränität" gefordert, deren Kernaufgabe die Gewährleistung von Sicherheit sei.[372] Jetzt hat der brutale Angriff der Russischen Föderation auf die Ukraine zu einer bislang unvorstellbaren Reaktionsfähigkeit der Europäischen Union mit scharfen Wirtschaftssanktionen geführt. Auch die Waffenlieferungen durch Deutschland und andere EU-Staaten wären bislang so kaum denkbar gewesen.

Von Kant, dem großen Vordenker einer internationalen Friedensordnung mit demokratisch verfassten Staaten,[373] ist es ein großer Sprung zurück zu Thomas Hobbes, für den erst der Staat mit seinem Gewaltmonopol dafür sorgt, dass sich die Menschen nicht wie Wölfe an die Gurgel gehen.[374] Ganz unrealistisch war aber auch Kant nicht; ihm verdanken wir die Urforderung der liberalen Theorie in den internationalen Beziehungen nach einer demokratischen Ordnung der einzelnen Staaten, weil dann die Folgen von kriegerischen Verwüstungen für das Volk von den Regierenden vorab bedacht werden.[375] In Deutschland scheint immerhin weithin die Maxime von Jacob Burckhardt zu gelten: „Macht an sich ist böse"[376] – und militärische Macht ganz besonders. Aber vielleicht lernen auch wir dazu.

II. Nähe und Distanz zu bewaffneter Macht

In den USA und den meisten westlichen Ländern herrscht ein eher unbefangenes Verhältnis zu bewaffneter Macht. Dort thematisiert die Verfassungsordnung beim Einsatz von Streitkräften allenfalls die Frage: „Wer entscheidet" – und nicht die Frage: „Wozu?"[377]

Schwieriges Deutschland

Ganz anders liegen die Dinge in Deutschland. Hier spiegelt sich die grundsätzliche Skepsis gegen militärische Optionen in einem dichten Geflecht von geschriebenen und ungeschriebenen Bedingungen und Barrieren, um das sich oft noch ein dichter Nebel rechtlicher Unsicherheit legt.

Schon die Wiederbewaffnung (1955) hatte heftige Auseinandersetzungen mit scharfen Protesten (gerade auch von ehemaligen Soldaten der deutschen Wehrmacht) ausgelöst. Das dann im Zusammenhang mit der Aufstellung deutscher Streitkräfte geänderte Grundgesetz äußert sich zwar zum Auftrag der Streitkräfte, regelt aber wesentliche Fragen zumindest nicht ausdrücklich und öffnet so dem Deutungsstreit ein weites Tor. Hier setzen die bereits angesprochenen Probleme bei der Auslegung etwa von Art. 87a Abs. 2 GG an (was bedeutet „Verteidigung", gilt die Vorschrift auch für Einsätze im Ausland?).[378]

Zustimmung des Parlaments auch für kleine und kleinste Operationen notwendig

Auch die im Grundgesetztext gar nicht angesprochene Mitwirkung des Parlaments musste erst geklärt werden. Hierfür hat das Bundesverfassungsgericht in recht kreativer Rechtsschöpfung den „wehrrechtlichen Parlamentsvorbehalt" geschaffen. Danach muss der Bundestag grundsätzlich im Voraus militärische Unternehmungen im Ausland absegnen, bei denen die Verstrickung in bewaffnete Auseinandersetzungen droht (mit Ausnahmen für dringliche oder zunächst geheim zu haltende Einsätze).[379] Diese Zustimmung stellt sicher, dass die Regierung eine Parlamentsmehrheit für den

Einsatz hinter sich hat und gibt den Soldaten für ihre Mission eine breite demokratische Legitimation.

Das macht insoweit Sinn, als es um „Krieg und Frieden" oder einen echten bewaffneten Konflikt geht, in den Deutschland mit dem Einsatz verwickelt wird oder werden kann. Aber die deutsche Rechtsprechung fordert auch dann die Billigung des Parlaments, wenn es um wenige Feldjäger mit leichter Bewaffnung zur Begleitung einer Evakuierung aus der Luft in der Wüste geht, wo nach Nachrichtenlage keine Verstrickung Deutschlands in einen bewaffneten Konflikt droht oder allenfalls die vermutlich risikofreie Begegnung mit einigen Berbern zu erwarten ist;[380] eine Ausnahme gilt nur bei besonderer Dringlichkeit.[381] Plausibler wäre es, bei solchen bloß polizeiähnlichen Einsätzen auf die Zustimmungspflicht des Parlaments zu verzichten und die Zustimmung nur dann zu verlangen, wenn Deutschland durch einen bewaffneten Einsatz Konfliktpartei zu werden droht.

Unklar ist auch die rechtliche Bewertung logistischer oder medizinischer Unterstützung von Partnern in militärischen Konflikten (Luftbetankung, Bereitstellung von Lazarettflugzeugen) oder der Beteiligung einzelner deutscher Soldaten an NATO-Stäben im Fall eines bewaffneten Konflikts.[382] In der Bundestagskommission aus Politikern, Juristen und Militärsoffizieren zum Einsatz der Streitkräfte konnte der Verfasser erleben, wie schwer sich die deutsche Politik selbst mit einer behutsamen Verschlankung des Parlamentsvorbehaltes im Interesse der deutschen Bündnisfähigkeit tut. Am Ende sind auch die eher zaghaften Vorschläge der Kommission[383] ohne gesetzliche Umsetzung verpufft.

Dominanz der Regierung

In den westlichen Rechtsordnungen liegt die Entscheidung über Militäreinsätze wie selbstverständlich bei der Exekutive mit mehr oder weniger klaren und umfangreichen Mitwirkungsrechten des Parlaments. So ist etwa in den USA verfassungsrechtlich unsicher, inwieweit der Präsident als Oberkommandierender für längere Militäreinsätze die Zustimmung des Kongresses benötigt.[384] Im Vereinigten Königreich gehört der Einsatz der Streitkräfte traditionell zur Domäne der Exekutive (*„royal prerogative"*). Jedoch hat sich hier in der jüngeren Vergangenheit eine Art Verfassungsbrauch (*„convention"*) zur Parlamentsbeteiligung herausgebildet.[385] Danach unterrichtet die Regierung möglichst im Voraus das Parlament und bittet jedenfalls bei massiven

Militäreinsätzen wie im Irakkrieg von 2003 das Unterhaus um Zustimmung. In Frankreich gehört es zu den zentralen Aufgaben des Staatspräsidenten, „die Garantie der nationalen Unabhängigkeit und die Integrität des Territoriums" zu wahren.[386] Bei deren Bedrohung „ergreift der Präsident die nach den Umständen erforderlichen Maßnahmen".[387] Erst durch eine Verfassungsänderung wurden 2008 längere Einsätze (über vier Monate hinaus) an die Zustimmung des Parlaments gebunden; unterhalb dieses Zeitraums darf das Parlament über einen Einsatz debattieren, aber nicht beschließen.[388]

Der deutsche Streit über die „Verteidigung"

Das deutsche Grundgesetz beschränkt in Art. 87a Einsätze der Streitkräfte als solche (also als bewaffnete Macht) auf die Verteidigung und besondere Ermächtigungen. Dabei streiten sich die Verfassungsjuristen, ob die Vorschrift nur für den Einsatz im Inneren Deutschlands (weil dort die Missbrauchsgefahr besonders groß ist) oder auch für Einsätze im Ausland gilt. In jedem Falle muss die Regierung die Regeln des Völkerrechtes zum Gewaltverbot und seine Ausnahmen wie die Selbstverteidigung (für Deutschland selbst oder zugunsten eines angegriffenen Partnerlandes) beachten. Der Angriffskrieg ist im Grundgesetz ohnehin geächtet.[389] Manche Stimmen verfechten ein möglichst enges Verwendungsspektrum, weil sie an die Verirrungen der Kaiserzeit mit der leichtfertigen Verstrickung in Kriege oder die verbrecherischen Angriffskriege des Dritten Reiches denken. Andere meinen, dass Deutschland schon so erwachsen sei, dass alle militärischen Optionen offenstehen müssten, die das Völkerrecht einem Staat erlaubt. Auf diese Auslegung hat sich auch die rot-grüne Koalition eingelassen, als sie sich mit anderen NATO-Staaten am Kosovo-Krieg im Jahre 1999 beteiligt hat. In diesem Krieg ging es nicht um einen klassischen Fall der staatlichen Selbstverteidigung, sondern um die Wahrung der Menschenrechte und den Schutz der kosovarischen Zivilbevölkerung vor ethnischen Säuberungen. Ein UN-Mandat gab es für diesen Einsatz nicht. Einsätze unter UN-Mandat sind vom Verfassungsauftrag der deutschen Beteiligung am System kollektiver Sicherheit der Vereinten Nationen (Art. 24 Abs. 2 GG) gedeckt.[390] Dagegen fallen die Unterstützung für angegriffene Partnerländer außerhalb der NATO und der EU, der Kampf gegen terroristische Anschläge, der Schutz der Seewege und die Evakuierung von Staatsbürgern und anderen Personen (wie im Falle Libyen) alle in eine verfassungsrechtliche Grauzone. Überzeugende Gründe sprechen dafür, all diese Einsatzzwecke als „Verteidigung" einzustufen, soweit sie auch im Völkerrecht als Selbstverteidigung oder sonst als zulässige Gewaltanwendung gerechtfertigt sind.[391] Der militärische Schutz von verfolgten Minderheiten und anderen Bevölkerungsgruppen („humanitäre Intervention") ohne UN-Mandat wie im Kosovokrieg von 1999 ist dann unter dem Grundgesetz möglich, wenn man Art. 87a Abs. 2 GG nur auf Inlandseinsätze bezieht (wofür sehr vieles spricht)[392] oder aber – recht gewagt – einen Fall der „Verteidigung" (nämlich der drangsalierten Bevölkerung) annehmen will.[393] Für die Gegenmeinungen dürften all diese Fälle nicht eintreten, weil sie das Grundgesetz nicht bedacht hat.

Andere Länder haben diese Probleme nicht. Nach dem 11. September 2001 hat die Regierung von Präsident George W. Bush den „Krieg gegen den Terror" („*War on Terror*") ausgerufen.[394] Der UN-Sicherheitsrat und die NATO haben in den Anschlägen von New York und Washington einen „bewaffneten Angriff" gesehenen, der nach der UN-Charta (Art. 51) das Recht auf Selbstverteidigung und nach dem NATO-Vertrag (Art. 5) die Beistandsverpflichtung der anderen NATO-Partner auslöst.[395] Nach den Terroranschlägen vom 13. November 2015 hat Frankreich im EU-Ministerrat zum ersten Mal einen „bewaffneten Angriff" geltend gemacht und den deshalb geschuldeten Beistand der anderen EU-Mitgliedstaaten (Art. 42 Abs. 7 AEUV) eingefordert.[396] Dies ist die allererste Aktvierung der vertraglichen Beistandsverpflichtung innerhalb der Europäischen Union. Im Jahre 2018 haben die USA, Frankreich und das Vereinigte Königreich als Reaktion auf die der syrischen Regierung angelasteten Giftgasangriffe koordinierte Luftschläge durchgeführt und sich mit unterschiedlichen Erklärungen auf die internationale Sicherheit, die Durchsetzung des humanitären Völkerrechts und den Schutz der syrischen Zivilbevölkerung berufen.[397] Keines dieser Länder hatte oder hätte je verfassungsrechtliche Schwierigkeiten bei der militärischen Unterstützung angegriffener Partner, dem Schutz der Handelsflotte oder der Evakuierung seiner Staatsbürger durch die eigenen Streitkräfte. Hier entscheidet die Politik nach freiem Ermessen.

Die Menschenwürde und die Resignation des Rechtsstaates vor dem Terror

Wie lebendig der Bezug zu Immanuel Kant ist, zeigen die Diskussionen um die Menschenwürde in Deutschland. Stets wird dabei eine berühmte Forderung Kants beschwört:

> „Handle so, dass du die Menschheit sowohl in deiner Person, als in der Person eines jeden andern jederzeit zugleich als Zweck, niemals bloß als Mittel brauchest.“[398]

Diese, sich der Beliebtheit einer Gebetsmühle erfreuende, Formel muss oft für ganz gegensätzliche Argumentationen (etwa für und gegen das Verbot einer Vollverschleierung von Frauen) herhalten. So hat schon Arthur Schopenhauer spöttisch bemerkt:

> „Aber dieser von allen Kantianern so unermüdlich nachgesprochene Satz, ‚man dürfe den Menschen immer nur als Zweck, nie als Mittel behandeln‘ ist zwar ein bedeutend klingender und daher für alle die, welche gern eine Formel haben mögen, die sie alles fernern Denkens überhebt, überaus geeigneter Satz; aber beim Lichte betrachtet ist es ein höchst vager, unbestimmter, seine Absicht ganz indirekt erreichender Ausspruch, der für jeden Fall seiner Anwendung erst besonderer Erklärung, Bestimmung und Modifikation bedarf; so allgemein genommen aber ungenügend, wenig sagend und noch dazu problematisch ist.“[399]

Sehr an Schopenhauer denken lässt die berühmte und bereits erwähnte Entscheidung des Bundesverfassungsgerichts von 2006 zum Luftsicherheitsgesetz und zum Abschuss eines von Terroristen zum Zwecke eines Anschlages entführten Flugzeuges.[400] Hier erreicht das sehr eigenwillige deutsche Verhältnis zum Einsatz physischer Machtmittel einen Höhepunkt. In einer Situation wie dem Anschlag auf die New Yorker Zwillingstürme vom 11. September 2001 sieht das Gericht in dem Abschuss eines entführten Flugzeuges eine Verletzung der Menschenwürde der entführten Passagiere und der Besatzung: Der Staat benutze ihre Tötung, da der Staat diese Menschen als „Mittel zur Rettung anderer“ (nämlich der durch den Anschlag bedrohten Menschen am Boden) einsetze. Mit diesem Vorgehen würden die Betroffenen „verdinglicht und zugleich entrechtet“; so würde ihnen der Wert als Mensch abgesprochen.[401] Wesentlich stellt das Gericht darauf ab, dass der Staat hier „unschuldige Menschen“ in einer ausweglosen Lage töte.[402]

Hier ist schon falsch, dass der Staat die entführten Flugzeuginsassen „benutzt“: Nicht ihr Tod, sondern der Abschuss des Flugzeugs ist das Mittel zur Rettung der Menschen am Boden. Der Tod der entführten Menschen ist gewissermaßen die tragische Folge des staatlichen Vorgehens. Diese tragische Folge ist auch unter dem Grundgesetz hinnehmbar, weil die Flugzeuginsassen ohnehin dem Tod geweiht sind. „Verdinglicht“ werden sie allein von den Entführern. Hier geht es um das Leben (zum einen der Entführten und zum anderen der Menschen am Boden) und nicht um Würde. Auch für Kant hätte es fern gelegen, hier eine Instrumentalisierung der Opfer zu sehen, welche ihnen den Wert als Mensch abspricht.

Wenig zielführend ist auch die Beschwörung der „Unschuld" der Insassen. Mit dem Argument der Unschuld dürften selbst im Krieg nie militärische Maßnahmen ergriffen werden, die Zivilpersonen an Leib oder Leben (als „Kollateralschäden") in Mitleidenschaft zu ziehen drohen. Auch hier geht es nicht um Menschenwürde, sondern um möglichste Vermeidung von Schäden an Leib, Leben und Eigentum. Schließlich könnte man auch fragen, weshalb der Staat in einem bewaffneten Konflikt fremde Soldaten angreifen darf – doch sicher nicht deshalb, weil sie „schuldig" wären.

So hat diese Entscheidung bereits in Deutschland zurecht viel Unverständnis ausgelöst und wird im Ausland als eine sehr eigenwillige Form des deutschen Idealismus angesehen. Der Verfasser erinnert sich an eine Diskussion in Washington, in der ein an der Entscheidung beteiligter deutscher Richter für das Verbot des Abschusses reichlich den Idealismus Immanuel Kants strapazierte – so lange, bis ein Richter des amerikanischen Supreme Courts ausrief: *„Mein Gott, hier geht es um den Abschuss einer fliegenden Bombe!" – „My God, this plane is a bomb!"*. Manchem im Saal konnte man den Gedanken vom Gesicht ablesen: So sind sie halt, die Deutschen, philosophisch sehr belesen, vom Dritten Reich bis heute traumatisiert und ein bisschen naiv.

Jedoch bedarf dieser Eindruck eines im Terror gelähmten Staatswesens auch der Nuancierung. Dies zeigt die Reaktion des damaligen deutschen Verteidigungsministers auf das Urteil: Der Minister wollte im Fall eines Terroranschlages wie auf die Zwillingstürme in New York einen Abschuss mit einem „übergesetzlichen Notstand" rechtfertigen.[403] Es ist aber höchst ungewiss, ob deutsche Kampfpiloten in einem solchen Szenario im Widerspruch zum Bundesverfassungsgericht handeln und einem Befehl zum Abschuss folgen würden, um Tausende von Menschenleben am Boden zu retten. In Paris, London oder Washington lägen die Dinge natürlich wieder ganz anders.

In Deutschland herrscht stets das ängstliche Bemühen um Einhegung und parlamentarische Kontrolle der Exekutive beim Einsatz bewaffneter Macht vor. Ein für manchen deutschen Betrachter verstörendes Kontrastprogramm liefert die Staatspraxis der Vereinigten Staaten. Ein prägnantes Beispiel ist die Reaktion des US-Kongresses auf die Terroranschläge vom 11. September 2001. Die Gemeinsame Resolution beider Kammern des Kongresses vom 18. September 2001 gab der US-Regierung weitgehend freie Hand, mit militärischer Gewalt die notwendigen Maßnahmen zur Terrorbekämpfung zu treffen:

> „Whereas, on September 11, 2001, acts of treacherous violence were committed against the United States and its citizens; and
>
> Whereas, such acts render it both necessary and appropriate that the United States exercise its rights to self-defense and to protect United States citizens both at home and abroad; and
>
> Whereas, in light of the threat to the national security and foreign policy of the United States posed by these grave acts of violence; and
>
> Whereas, such acts continue to pose an unusual and extraordinary threat to the national security and foreign policy of the United States; and
>
> Whereas, the President has authority under the Constitution to take action to deter and prevent acts of international terrorism against the United States: Now, therefore, be it [...]
>
> That the President is authorized to use all necessary and appropriate force against those nations, organizations, or persons he determines planned, authorized, committed, or aided the terrorist attacks that occurred on September 11, 2001, or harbored such organizations or persons, in order to prevent any future acts of international terrorism against the United States by such nations, organizations or persons."[404]

Bewaffnete Kampfdrohnen: ein deutsches Tabu?

Mit Waffen bestückte unbemannte Flugkörper („Drohnen") gehören längst zur Standardausrüstung der meisten modernen Streitkräfte. Sie spielen eine entscheidende Rolle nicht nur beim Kampf gegen Terrororganisationen, sondern auch bei zwischenstaatlichen Konflikten wie dem Krieg zwischen Armenien und Aserbaidschan um Bergkarabach (2021) oder bei der Verteidigung der Ukraine gegen den russischen Überfall.[405] In Deutschland stellt sich der Anschaffung von bewaffneten Drohnen für die Bundeswehr seit Jahren heftiger Widerstand entgegen, der vor allem mit „ethischen" Bedenken argumentiert.[406] Diese Argumentation trägt merkwürdige Züge. So geht es um die angebliche Senkung der Hemmschwelle bei ferngelenkten Waffen, als sei die unmittelbare Konfrontation im Nahkampf oder das klassische Luftbombardement menschlicher. Vom Kampf auf den Schlachtfeldern des ersten oder zweiten Weltkrieges haben die so argumentierenden Ethikapostel wohl nichts gehört. Ein anderes Argument sieht gerade in der Schonung eigener Soldaten ein Problem – als schulde der Staat dem Gegner die Gefährdung eigener Soldaten. Schließlich geistert auch hier die Menschenwürde wieder durch die Diskussion, etwa wegen der fehlenden Empathie autonomer Waffensysteme oder des fehlenden Respektes, wie er angeblich sonst auf dem Schlachtfeld herrscht. Dabei wird übersehen, dass es zum gegenwärtigen Zeitpunkt rein autonome Systeme nicht gibt und es immer um eine von Menschen gesteuerte (und beendbare) Aktion geht. Fragen wie die moralische und ethische Zulässigkeit von „gezielten Tötungen" (*„targeted killings"*) von Terrorführern oder Soldaten anderer Staaten, wie zum Beispiel des Vergeltungsangriffs der USA auf einen Kommandeur der iranischen Revolutionsgarden (2020), würden sich auch beim Einsatz herkömmlicher Waffensysteme stellen. Es ist richtig, dass eine beachtliche Zahl von Zivilpersonen Opfer von US-amerikanischen Drohnenangriffen geworden ist. Aber Drohnen haben eine höhere Zielgenauigkeit bei kleinerem Einwirkungsradius als alternative Waffen (wie weittragende Artillerie oder Bomben), dienen also auch einer Schonung der zivilen Bevölkerung.

Interessanterweise hat sich diese Analyse im Koalitionsvertrag der „Ampel" von November 2021 niedergeschlagen: Dort bekennen sich die Parteien zur Bewaffnung der Bundeswehr mit Drohnen.[407] Jedenfalls bei den Drohnen ist die Mahnung des EU-Außenbeauftragten, sich auf die Welt von Hobbes einzurichten, schon in Berlin angekommen. Die Ausschüsse für Verteidigung und Haushalt des Bundestages haben die Anschaffung nun beschlossen. Aber Deutschland wäre nicht das Land der politischen Romantik, wenn nicht doch kleine Hindernisse eingebaut wären: Der Bundestag muss ausdrücklich dem Einsatz dieser Waffen unter Berücksichtigung des konkret umrissenen Einsatzspektrums zustimmen. Es ist also leichter, die eigenen Soldaten ins Feuer zu schicken, als den Gegner unbemannt zu bekämpfen (der durch den Bundestag auch noch über die Einsatzoptionen unterrichtet wird). So ist der Abschied von einer romantischen heilen Welt hin zu einem neuen Willen wirksamer Verteidigung ein zäher Prozess, aber immerhin macht Deutschland damit auch als Bündnispartner einen großen Schritt nach vorne.

Kapitel VIII

Die Umarmung der Welt I: globale Menschen- und Grundrechtsmission

I. Europas Aufstieg zur Großmacht der Schutzverheißungen

Der neue Idealismus neigt in vielem dazu, der ganzen Welt nicht nur die Hand zu reichen, sondern nach Möglichkeit die ganze Welt zu umarmen. Zu dieser kosmopolitischen Ader gehören die Sorge um internationale Gemeinschaftsgüter und Gemeinschaftsbelange wie die Biodiversität oder der Klimaschutz (der natürlich auch eine ganz realistische Komponente mit unterschiedlichen Risiken für einzelne Regionen hat), ebenso wie die Rücksicht auf Menschen- und Grundrechte in fernen Ländern. Die Bereitschaft, Belange der Menschheit oder Rechte von Menschen weitab der Heimat in die eigene Rechtsordnung aufzunehmen oder die Rücksicht hierauf zur Richtschnur politischen Handelns zu machen, ist allerdings auf dem Globus und oft auch innerhalb eines Landes je nach Kontext sehr unterschiedlich ausgeprägt. Von der Identifikation mit Schicksalen getriebene Empathie in einer bestimmten Bedrohungslage und eine soziokulturelle Nähe spielen beachtliche Rollen, wie etwa die bereitwillige Aufnahme von unzähligen Flüchtlingen aus der Ukraine in Polen und anderen EU-Ländern (auch im Vergleich mit anderen Flüchtlingsbewegungen) nach dem russischen Überfall zeigt.

Staaten und Gesellschaften, in denen Grund- und Menschenrechte niedrig im Kurs stehen oder gar nicht existieren, werden sich dieser Rechte auch in anderen Kontinenten kaum annehmen. Viele Staaten wie die Großmächte China und Russland geben gerne Lippenbekenntnisse zur Universalität der Menschenrechte ab, betonen aber gleichzeitig, dass sich die menschenrechtlichen Standards auch nach den soziokulturellen Verhältnissen richten müssen, und verbitten sich eine Einmischung in das Innenleben des Landes von außen unter der Flagge des Menschenrechtsschutzes.[408] Selbst innerhalb der westlichen Welt haben Klimaschutz, internationale Gemeinschaftsgüter und die Rechte der Armen und Unterdrückten auf dieser Erde einen ganz unterschiedlichen Stellenwert. Im Bereich des Klimaschutzes lassen sich Deutschland, andere kontinentaleuropäische Staaten und die Europäische Union als Ganzes von keinem anderen Staat und kaum einer anderen internationalen Organisation übertreffen. Bei Rechten von Migranten sieht die Situation in der Europäischen Union schon sehr viel komplexer aus. Deutschland ist mit seiner auch im Ausland oft gepriesenen, nicht weniger oft mit einer Mischung aus Fassungslosigkeit und Bewunderung betrachteten „Willkommenskultur" nicht nur zum bevorzugten Hafen für Unterdrückte, sondern auch für ihre Unterdrücker geworden, wie die Strafprozesse wegen Völkermord, Verbrechen gegen die Menschlichkeit und Kriegsverbrechen zeigen.

Die Einforderung menschenrechtlicher Standards etwa durch die Europäische Union ist oft nur wenig mehr als zahnlose Rhetorik. Dies zeigt schon das Rahmenabkommen über Investitionen, das die Europäische Union mit der Volksrepublik China verhandelt hat.[409] Mit der humanitären Intervention, also dem militärischen Eingreifen zum Schutz verfolgter Menschen vor Genozid und anderen schwerwiegenden Menschenrechtsverletzungen, tun sich die meisten kontinentaleuropäischen Staaten schwer. Bei den Bürgerkriegen im früheren Jugoslawien haben sich die europäischen NATO-Partner selbst nach den Massakern in Bosnien-Herzegowina nicht zu einem militärischen Eingreifen entscheiden können, bis sich im Kosovo-Konflikt unter der Führung der USA eine Allianz formierte. Der lautstarken Mahnung, im syrischen Bürgerkrieg das humanitäre Völkerrecht zu achten, haben nach dem Einsatz von Giftgas gegen die Zivilbevölkerung im Jahre 2017 nur die USA und im Jahre 2018 die USA, Frankreich und das Vereinigte Königreich mit Militärschlägen Taten folgen lassen.

Die deutsche Regierung hat selbst nach dem gerichtlich bestätigten Staatsterrorismus Russlands auf deutschem Boden mit dem Auftragsmord an einem Georgier tschetschenischer Abstammung (der im Tschetschenien-Krieg gegen Russland gekämpft haben soll) im Berliner Tiergarten 2019 nur sehr vorsichtig reagiert und sich auf die Ausweisung zweier russischer Diplomaten beschränkt.[410] Dagegen hat der amerikanische Präsident Trump auf die Haft eines amerikanischen Pfarrers unter dem Diktat des türkischen Präsidenten Erdoğan im Jahre 2016 hin die Türkei mit Sanktionsdrohungen an den Rand des wirtschaftlichen Abgrundes gebracht.[411]

Auch auf die gewaltsame Annexion der Krim hat der gesamte Westen mit nur schwachen Gegenmaßnahmen reagiert, ebenso wie auf den anschließend von Russland angeheizten Konflikt in der Ostukraine. Damit hat der Westen ungewollt Anreize für das russische Regime gesetzt, die nach dem Kalten Krieg geschaffene territoriale Ordnung noch weiter gewaltsam im Sinne alten Großmachtstrebens zu verändern. Im unmittelbaren Vorfeld des sich ankündigenden Überfalls von Russland auf die Ukraine im Februar 2022 haben die westlichen Staaten keine überzeugende Drohkulisse aufgebaut. Erst der russische Überfall selbst hat mit den Angriffen gegen die Zivilbevölkerung und anderen Gräueltaten eine radikale Wende in der Europäischen Union von einer durch vage Sanktionsdrohungen begleiteten Beschwichtigungsdiplomatie hin zu drastischen Wirtschaftssanktionen (im Verbund mit den USA) und der späten Bereitschaft auch Deutschlands zu zunächst eher bescheidenen, dann massiven Waffenlieferungen herbeigeführt. Aber auch nach dem Überfall haben die USA und die NATO immer wieder ausdrücklich zugesagt, sich nicht selbst militärisch für die Verteidigung der Ukraine engagieren zu wollen.

Idealismus und Machtinteressen

Die Umarmung der Welt ist keine Erfindung des modernen Idealismus. Aber in der Vergangenheit gingen Heilsversprechen und Schutzgewährungen für fremde Völker und Minderheiten regelmäßig Hand in Hand mit machtpolitischem Realismus, festen Vorstellungen von der internationalen Ordnung und einem Mächtegleichgewicht. Der neue Idealismus koppelt sich dagegen oft von den eigenen Macht-, Sicherheits- und Wirtschaftsinteressen ab. Der Überfall auf die Ukraine hat aber auch im friedlichen Kontinentaleuropa einen Umschwung im politischen Denken gebracht, von dem wir noch nicht wissen, wie nachhaltig er sein wird.

Freiheit und nationale Sicherheit

In den USA müssen wir zur Beobachtung massiver Eingriffe in die persönliche Freiheit im Interesse der nationalen Sicherheit nicht bis in den Zweiten Weltkrieg mit der Internierung tausender US-Staatsbürger japanischer Herkunft zurückgehen, die der Supreme Court in einem berüchtigten Urteil gebilligt hatte.[412] Es genügt der Hinweis auf das Gefangenenlager in Guantánamo, das schon Präsident Obama schließen wollte, aber nicht konnte (auch weil sich bei manchen Insassen kein Staat zur Aufnahme bereitfand). Häftlinge in Guantánamo Bay haben zwar das Recht auf Überprüfung ihrer Haft (*habeas corpus*),[413] ihnen stehen aber nach wohl überwiegender US-amerikanischer Ansicht keine Grundrechte wie das Recht auf ein faires Verfahren (*due process*) zu.[414] Auch konnte Präsident Trump seine Einreisebeschränkungen für Personen aus überwiegend muslimischen Ländern nach Auffassung des Supreme Courts auf das „nationale Interesse" stützen.[415]

Migranten, deren Asylanträge zunächst keinen Erfolg haben und die deshalb zügig in Abschiebungshaft kommen, können in den USA nicht einmal elementare Verfahrensrechte nach der Verfassung in Anspruch nehmen, um einen Verbleib im Land während des weiteren Asylverfahrens zu erreichen; sie sind vorbehaltlich der Gesetzgebung der Exekutive im Rahmen der ihr vom Kongresses übertragenen Befugnisse ausgeliefert.[416] Wie der Supreme Court bemerkt, steht ihnen aber jederzeit nach einer negativen Gefährdungsprognose und anschließender Haft eine Freiheit offen: der Weg im Flugzeug zurück in das Herkunftsland.[417] Die britische Regierung hat mit Ruanda ein „Asylpartnerschaftsabkommen" geschlossen; irregulär eingereiste Asylbewerber sollen mit einem Flugticket nach Ruanda geschickt werden, wo sie nach Anerkennung ihres Antrages Asyl erhalten können.[418] Australien hat Asylzwischenlager für Bootsflüchtlinge und Asylbewerber in benachbarten pazifischen Staaten (Nauru und früher auch in Papua-Neuguinea) errichtet, um dort „offshore"-Prüfungsverfahren durchzuführen.[419] Einem deutschen Beobachter mag all das zynisch oder im Gegenteil als eine naheliegende, im Vergleich mit der deutschen Rechtspraxis pragmatische Lösung erscheinen – je nachdem, ob er an die Einzelschicksale oder an die unendliche, mitunter als faktische Abschiebeblockade wirkende Verfahrensspirale und die vielen am Ende abgelehnten Asylanträgen in Deutschland denkt.

Empathie und Altruismus im westlichen Europa

Echtem Altruismus nähert man sich allerdings nur auf einigen kosmopolitischen Inseln im westlichen Europa. Die rechtlichen Hindernisse für eine Abschottung der EU-Außengrenzen, die sozialpolitischen Anreize für viele Migranten oder die sehr deutsche „Willkommenskultur" für Menschen auf der Flucht vor Gewalt oder auf der Suche nach einem besseren Leben haben mit internationaler Ordnungspolitik wenig zu tun. Diese Faktoren nehmen eher den Druck von brutalen, undemokratischen Regimen oder entziehen armen Ländern gerade die Menschen, die sie für ihre Entwicklung besonders benötigen.

Diese Erwägung berührt nicht den Schutz vor politischer Verfolgung oder kriegerischer Gewalt, der aber im vergangenen Jahrzehnt nur zu einem kleineren Teil die Migrationswellen nach Europa ausgelöst hat. Im Jahre 2021 ist weniger als ein Prozent der Entscheidungen über Asylanträge positiv als Anerkennung der Asylberechtigung ausgefallen.[420] Seit Jahren stehen viele Länder in Zentralafrika oder in der Nachbarschaft von Myanmar, Afghanistan und Venezuela vor weit größeren Herausforderungen als bislang Europa, da in diesen Ländern Hundertausende vor Gewalt und Unterdrückung Schutz suchen. In Europa hat jetzt aber der russische Überfall auf die Ukraine große Teile der Bevölkerung zur Flucht nach Polen und in andere EU-Staaten getrieben.

Selbstverständlich lässt sich die Schutzgewährung aus humanitären Gründen nicht an strategischen Maßstäben messen, aber auch hier gibt es kein völliges Entrinnen vor der Realpolitik. Dies zeigen der Einsatz von Flüchtlingsströmen als Mittel der politischen Erpressung durch die Autokraten in Belarus und der Türkei. Die gesellschaftlichen Veränderungen durch eine weithin unkontrollierte Einwanderung im Hinblick auf die der freiheitlichen Verfassung zugrundeliegenden Erwartungen und Grundwerte werden offen in Israel oder Frankreich diskutiert, spielen aber in der politischen Diskussion Deutschlands allenfalls am Rande eine Rolle. Auch das Koalitionspapier der „Ampel"-Regierung von November 2021 zeigt hier mehr Empathie als analytische Tiefenschärfe.[421] Für die Flüchtlinge, die vor dem russischen Überfall auf die Ukraine fliehen, gelten besondere Erwägungen. Sie sind Opfer einer Aggression Russlands und eines Angriffs auf die europäische Friedensordnung, der die westlichen Staaten (auch aus nachvollziehbaren Gründen) nicht mit allen verfügbaren Mitteln begegnen.

Auch in anderen Bereichen tritt eine gewisse Umarmung der Welt in Widerstreit mit den Belangen einer wirksamen Sicherheitspolitik und erschwert die internationale Zusammenarbeit oder militärische Einsätze. Wenn sich Journalisten oder Menschenrechtsaktivisten etwa aus Aserbaidschan, Guatemala oder Mexiko über eine rein hypothetische Telefonüberwachung durch den deutschen Geheimdienst vor deutschen Gerichten beschweren können, wird damit den durch staatliche oder nichtstaatliche Kräfte bedrohten bürgerlichen Freiheiten in fernen Ländern kein großer Dienst erwiesen.[422] Wenn sich ein vermeintlicher Heckenschütze in Basra gegen seine Festnahme durch britische Streitkräfte[423] auf die Europäische Menschrechtskonvention berufen kann und angeblich von US-amerikanischen Drohnenangriffen im Jemen bedrohte Personen wegen der Weiterleitung elektronischer Steuersignale über den Flughafenstützpunkt Ramstein gerichtlich von der Bundesregierung Rechenschaft verlangen können, mag dies je nach Standpunkt als

Gipfel der globalen Grundrechtssensibilität oder als naive Weltverbesserei erscheinen; in jedem Fall ist damit wenig für die menschenrechtliche Situation in diesen Konfliktzonen gewonnen. Damit wird selbst in Staaten mit einer hohen Sensibilität für völkerrechtliche Bindungen oft nur Distanz zu solchen wohlgemeinten Überprüfungsmechanismen überstaatlicher Gerichte oder anderer internationaler Organe geschaffen.

Außerhalb des westlichen Europas hat dieser Export von Grund- und Menschenrechten wenig Begeisterung und Gefolgschaft gefunden. Immerhin schärft eine Verknüpfung der völkerrechtlichen Regeln über die Art und Weise der Kriegsführung (das humanitäre Völkerrecht) mit den Grund- oder Menschenrechten und der darauf aufbauenden gerichtlichen Kontrolle das Bewusstsein für diese internationalen Regeln, auch wenn es um deren Einhaltung durch Bündnispartner geht. Aber die Regime, denen der rücksichtlose Machterhalt oder die Ausdehnung von Einflusszonen über alles geht, werden mit solchen menschenrechtlichen Anmahnungen nicht erreicht. Ein ganz anderes und oft wirksameres Instrument sind wirtschaftliche und militärische Druckmittel zum Schutz von geschundenen Bevölkerungsgruppen in anderen Staaten, wie ihn immer wieder die USA und zuweilen auch Frankreich oder das Vereinigte Königreich praktizieren – und seit dem brutalen Überfall auf die Ukraine die westliche Staatengemeinschaft insgesamt.

Corporate Social Responsibility

Anders als die Erstreckung nationaler Grundrechte in alle Ecken des Globus hat die rechtliche Verantwortung multinationaler Unternehmen für ihre Aktivitäten in anderen Staaten eine wichtige ordnungspolitische Funktion beim Kampf gegen Korruption, beim Schutz von Menschenrechten und der Umwelt sowie sozialen Standards. Dabei geht es weniger um die Arbeits- und Produktionsverhältnisse in den großen multinationalen Unternehmen und deren Tochtergesellschaften selbst als um das Verhalten ihrer Geschäftspartner in Entwicklungs- und Schwellenländern etwa im Hinblick auf Kinder- und Zwangsarbeit oder sichere Arbeitsbedingungen. Die Einwirkung von Unternehmen aus den westlichen Industrieländern soll die Schwächen und Defizite von Gesetzgebung und Administration in den Entwicklungs- und Schwellenländern soweit wie möglich und zumutbar kompensieren. Hierin liegt ein wichtiger Impuls für die rechtliche, wirtschaftliche und soziale Entwicklung mancher Staaten. Die Verantwortlichkeit multinationaler Unternehmen im Rahmen ihrer Lieferketten oder sonstiger Geschäftsbeziehungen in ärmeren Ländern hat auch aus ökonomischer Sicht einen ordnungspolitischen Effekt. Denn sie dämmt den Wettbewerb der Ausnutzung von niedrigen Standards sowohl zwischen den multinationalen Unternehmen als auch zwischen deren Geschäftspartnern in den Entwicklungsländern zugunsten bestimmter Mindeststandards ein. Hinzu kommt, dass bei der Gewinnung von Rohstoffen manche autokratische Regierung selbst in Menschenrechtsverletzungen und Schädigungen der Umwelt verstrickt oder Hort ungebremster Korruption ist. Allein die Verfahren wegen schwerer Übergriffe der früheren Militärregierung in Nigeria unter angeblicher Verstrickung westlicher Erdölunternehmen sprechen Bände.[424] Auch stellt die Kontrolle des Handels mit sog. „Konfliktmineralien" (insbesondere aus Zentralafrika)[425] ein Vehikel zur Befriedung innerer Konflikte dar, die durch den Abbau dieser Ressourcen immer wieder finanzielle Nahrung erhalten.

Bei den *OECD-Richtlinien für multinationale Unternehmen* und den *UN-Guiding Principles on Business and Human Rights* steht weniger das eigene Geschäfts- oder Produktionsverhalten im Vordergrund, als die Sorgfaltspflicht (*due diligence*) im Hinblick auf Menschenrechte, Arbeitnehmerschutz und Umweltauswirkungen bei Zulieferern und anderen Geschäftspartnern aus Entwicklungs- und Schwellenländern.[426] Das deutsche Lieferkettengesetz von 2021[427], ähnliche europäische Gesetze zur Sorgfaltspflicht[428] und die vorgeschlagene EU-Richtlinie zur Nachhaltigkeitsverantwortung von Unternehmen[429], zielen darauf ab, die internationalen *soft-law*-Standards in nationales Recht zu überführen. Dabei bestehen große Unterschiede im Hinblick auf den Kreis der erfassten Unternehmen, den Umfang der Unternehmenspflichten und die Folgen von Verstößen (zivilrechtliche Haftung oder strafrechtliche Sanktionen).

II. Grundrechte für die ganze Welt?

Eine zentrale Frage ist, inwieweit in einem bestimmten Staat subjektive Rechte, insbesondere Grundrechte oder Menschenrechte, auch Personen schützen, die vom Handeln dieses Staates irgendwo in der Welt betroffen sind. Vor allem Deutschland zeigt eine große Bereitschaft zum Export seiner Grundrechte auf fremdes Staatsgebiet. Aber bis jetzt sind die meisten anderen Rechtsordnungen diesbezüglich außerordentlich zurückhaltend.

Selbst in westlichen Staaten finden sich bis in die jüngste Zeit gerichtlich abgesegnete Maßnahmen, mit denen machtpolitische Interessen recht unverhüllt, ja geradezu kaltherzig gegen elementare Belange Einzelner oder ganzer Bevölkerungsgruppen durchgesetzt wurden, sei es auf fremdem oder eigenem Hoheitsgebiet. In seinem Klassiker *„Politics Among Nations"* schreibt Hans Morgenthau: *„International politics is a struggle for power"*.[430] Dieser Satz findet sich fast wörtlich in der Sicherheitsstrategie von Präsident Donald Trump von 2017 wieder.[431] Zugunsten der verteidigungspolitischen und militärischen Interessen des eigenen Staates scheinen amerikanische und britische Gerichte in der Abwägung mit Individualrechten deutlich aufgeschlossener zu sein als etwa die deutsche Rechtsprechung.[432]

Dabei geht es jedoch nicht einfach um den Gegensatz staatlicher Interessen und individueller Rechte. Denn im demokratischen Rechtsstaat sind bestimmte Werte, wie sie in den Grundrechten ihren Ausdruck finden, auch unverbrüchlicher Teil der Interessen des Staates. Für den demokratischen Rechtsstaat gibt es keine „Staatsräson", die sich ohne seine rechtlichen Grundpfeiler bestimmen ließe. Hier sei nochmals an Friedrich Meinecke und die zitierte Verbindung des Staatswohls mit Moralgesetz und Rechtsidee erinnert.[433]

Das House of Lords und die „brutalen Realitäten der Weltpolitik"

Im Fall *Bancoult*[434] hatte das House of Lords über eine Klage von Einwohnern des lange zur Kolonie von Mauritius gehörenden Chagos-Archipels mit der Insel Diego Garcia im Indischen Ozean zu entscheiden. Die britische Regierung hatte diesen Archipel vor der Unabhängigkeit von Mauritius als eigenes Kolonialgebiet abgetrennt, die Bevölkerung umgesiedelt und dann die Insel Diego Garcia an die USA als Luftwaffenbasis verpachtet. Eine Verordnung von 2004 erneuerte ein früher verhängtes Verbot der Wiederansiedelung. Das Leitvotum von Lord Hoffmann rechtfertigt diese Maßnahmen mit den „brutalen Realitäten der Weltpolitik", die in den 1960iger Jahren über die Inselbewohner hereingebrochen seien, und verwies dabei auf die militärischen Interessen der USA und des Vereinigten Königreiches im Kalten Krieg:

> „Into this innocent world there intruded, in the 1960s, the brutal realities of global politics. In the aftermath of the Cuban missile crisis and the early stages of the Vietnam War, the United States felt vulnerable without a land based military presence in the Indian Ocean. A survey

> of available sites suggested that Diego Garcia would be the most suitable. In 1964 it entered into discussions with Her Majesty's Government which agreed to provide the island for use as a base. At that time the independence of Mauritius and the Seychelles was foreseeable and the United States was unwilling that sovereignty over Diego Garcia should pass into the hands of an independent ‚non-aligned' government."[435]

Das Votum verkannte nicht die Härte des den Einwohnern aufgezwungen Schicksals, aber es betonte zugleich die Sorge der damaligen britischen Regierung, dass der Archipel im Rahmen des Selbstbestimmungsrechts zu einem kommunistischen Stützunkt im Indischen Ozean werden könnte.[436] Im Ergebnis hält es das House of Lords für legitim, dass die Regierung die Interessen des Vereinigten Königreichs über die Belange der Urbevölkerung stellt.[437]

Das Grundgesetz als „Weltordnung": Journalisten aus Aserbaidschan, Mexiko und der BND

Lange Zeit herrschte im deutschen Verfassungsrecht die Vorstellung, die Grundrechte gälten nur unter engen Voraussetzungen im Ausland und setzten etwa ähnlich wie die Europäische Menschenrechtskonvention die räumliche Kontrolle deutscher Staatsgewalt über das Geschehen voraus.[438] Hiervon hat sich das Bundesverfassungsgericht in den letzten Jahren gelöst. Dem Verfahren zum BND-Gesetz haben sich neben einer Nichtregierungsorganisation aus Frankreich unter anderem auch Journalisten aus Aserbaidschan und Mexiko sowie ein deutscher Rechtsanwalt mit Wohnsitz in Guatemala als Beschwerdeführer angeschlossen und die gesetzlichen Überwachungsmöglichkeiten durch die Auslands-Fernmeldeaufklärung des Bundesnachrichtendienstes (Überwachung der Telekommunikation von Ausländern im Ausland) als Verletzung ihrer Grundrechte angegriffen. Die Verfahrensäußerungen der Bundesregierung und anderer Stellen sahen die Grundrechtsgeltung als grundsätzlich auf das deutsche Volk und das deutsche Staatsgebiet beschränkt an; das Grundgesetz wolle keine „Weltordnung" errichten (so die Bayerische Staatsregierung).[439] Ganz anders das Bundesverfassungsgericht: Die Grundrechte steuerten die Ausübung deutscher Staatsgewalt nach Art. 1 Abs. 3 GG umfassend, seien also ohne territoriale Einschränkung auch für die deutsche Staatsgewalt gegenüber Ausländern im Ausland bindend.[440] Daher schützten die Grundrechte der Meinungsfreiheit (Art. 5 Abs. 1 GG) und auf Wahrung des Telekommunikationsgeheimnisses (Art. 10 Abs. 1 GG) auch vor einer

Überwachung außerhalb der Bundesrepublik. Die vom Gericht festgelegten Standards für den gesetzlichen Rahmen gelten damit auch für die Kommunikation zwischen Ausländern im Ausland. Daraus ergeben sich empfindliche Einschränkungen für die Übermittlung personenbezogener Daten durch den BND[441] und die Kooperation mit ausländischen Nachrichtendiensten.[442]

Dabei übergeht die Entscheidung des Bundesverfassungsgerichts die zentrale Frage, ob bestimmte Grundrechte überhaupt Ausländer im Ausland schützen sollen. Es ist kaum anzunehmen, dass die Schöpfer des Grundgesetzes bei der Meinungsfreiheit an einen von Deutschland zu schützenden Kommunikationsraum in Aserbaidschan oder beim Fernmeldegeheimnis an Guatemala gedacht haben. Bei anderen Grundrechten wie dem Recht auf Leben mag das anders zu beurteilen sein. Der Schutz durch die deutschen Grundrechte wird wenig für die Journalistenarbeit in Mexiko oder die Anwaltstätigkeit in fernen Ländern leisten; umso mehr werden östliche Geheimdienste oder internationale Terrorgruppen die grundrechtlichen Hemmnisse für den Bundesnachrichtendienst bei der Auslandsaufklärung zu schätzen wissen.

Nach Auffassung des Bundesverfassungsgerichts spricht ausgerechnet die internationale Kooperation für die Grundrechtsbindung der Auslandsaufklärung.[443] Die Gefahr einer empfindlichen Dämpfung der Kooperationsbereitschaft von Partnerdiensten sieht das Gericht offensichtlich nicht. Dass die Bundesrepublik Deutschland wesentlich mehr von dieser Kooperation profitiert als umgekehrt ihre wichtigsten Partner, hängt auch damit zusammen, dass andere westliche Geheimdienste nicht einem ähnlichen Schrankengefüge unterliegen wie der BND. Dies gilt nicht nur für die Aufklärung der USA (denen – wie wohl auch anderen Staaten – nicht einmal das Mobiltelefon deutscher Regierungschefs heilig ist), sondern auch für das Vereinigte Königreich, das etwa über das Anzapfen der transatlantischen Glasfaserkabel Zugriff auf gigantische Datenströme hat (die Erkenntnisse aber lieber mit den Partnern in den USA als mit dem BND teilen dürfte).[444]

Kapitel IX

Die Umarmung der Welt II: Migration

Die Sehnsucht nach einer heilen Welt zeigt sich in ihren ganzen Facetten und Widersprüchen im rechtlichen und politischen Umgang der Europäischen Union und ihrer Mitgliedstaaten mit der Migration über das Mittelmeer und Osteuropa. Es scheint, dass in Europa die Offenheit für Migration gelegentlich im Quadrat mit der Entfernung von den EU-Außengrenzen und dem Migrationsdruck auf das eigene Land gewachsen ist; der Ruf nach einer Öffnung für Flüchtlinge und die Mahnung stärkerer Solidarität unter den EU-Mitgliedstaaten mit warnendem Blick nach Polen, Tschechien und Ungarn ertönte mit besonderer Lautstärke vom Außenministerium eines Großherzogtums in der Mitte Europas (in das sich bislang nur wenige Migranten außerhalb des Bankensektors verirrt hatten).[445]

I. Die heile Welt Europas und ihre Widersprüche

Der starke humanitäre Impuls zugunsten eines Schutzes vor politischer Verfolgung und kriegerischer Gewalt und die Empathie gegenüber Migranten auf der Suche nach besseren Lebensbedingungen vermengen sich mit der Sorge vor einer unkontrollierten Zuwanderung, „Illiberalität" in der Gesellschaft oder gar mit der Gefährdung des sozialen Friedens. Die in Deutschland ausgerufene „Willkommenskultur" widerspricht praktisch vollkommen dem Ruf nach einer „Sicherung der Außengrenzen" in der Europäischen Union. Die französische Regierung hat immer wieder eine Verbindung zwischen unkontrollierter Migration und terroristischer Bedrohung hergestellt, ohne die beiden Phänomene vermengen zu wollen.[446] Den Verzicht auf effektive Grenzkontrollen durch die deutsche Regierung (mit der freiwilligen Übernahme der Zuständigkeit für Asylbegehren für aus EU-Nachbarländern einreisende Ausländer im Jahr 2015) haben die anderen Einwanderungsländer einerseits als Entlastung begrüßt, andererseits als Steigerung des Migrationsdrucks kritisiert. Die (Nicht-) Anwendung und Auslegung von nationalem Recht, EU-Regeln und menschenrechtlichen Verträgen spiegelt diese konfuse Lage und die widersprüchlichen Positionen innerhalb der Europäischen Union wider.[447] Die Auslegung europäischer Grundrechte und der europäischen Menschenrechtskonvention kommt der Suche nach einer heilen, empathischen Welt entgegen, erschwert aber eine Kontrolle von Migrationsflüssen. So kann es auch bei illegaler Einreise zu einem dauerhaften Aufenthalt kommen (etwa bei mangelnder Identifikation, fehlenden Papieren oder mangelnder Aufnahmebereitschaft des Herkunftslands). Diese Entwicklung erweist sich aus der Perspektive der Schutzgewährung manchmal auch als kontraproduktiv. Denn sie setzt politische Anreize dazu, das Betreten des eigenen Landes durch Migranten möglichst zu verhindern oder deren Weiterreise in ein anderes Land zu befördern, wie die Erfahrungen in der Europäischen Union immer wieder gezeigt haben.

Der ambivalente „Kampf gegen Schlepper“ als Instrument zur Eindämmung von Migration?

Zur Zweideutigkeit der europäischen Migrationspolitik gehört das lautstarke Bekenntnis zum Schutz des Lebens von Migranten auf Hoher See und dem „Kampf gegen Schlepper“. Die Flüchtlingsbewegungen über das Mittelmeer sind eng mit dem Schlepperunwesen verbunden. Gleichzeitig gehört beim Einsatz der nicht seetüchtigen Schlepperboote die Seenotrettung durch die Marine der europäischen Küstenstaaten oder Schiffe von Nichtregierungsorganisationen zum Geschäftsmodell der Schlepper. So ist eine Kontrolle der Migration unter der Flagge des Kampfes gegen Schlepper möglich. Dies hat aus menschenrechtlicher Sicht durchaus ambivalente Züge. Diese Ambivalenz zeigt sich auch in der Praxis des UN-Sicherheitsrates. So beschwört die Resolution 2240 (2015) bei der Ermächtigung von Staaten zur Inspektion und Beschlagnahme von Booten auf Hoher See vor der lybischen Küste den Kampf gegen Schlepper oder Menschenhändler und betont gleichzeitig die gebotene Achtung der Menschenrechte von Migranten:

> „10. Decides to authorise Member States acting nationally or through regional organisations to use all measures commensurate to the specific circumstances in confronting migrant smugglers or human traffickers in carrying out activities under paragraphs 7 and 8 and in full compliance with international human rights law [...]

> 11. Affirms that the authorisations provided in paragraphs 7 and 8 apply only with respect to the situation of migrant smuggling and human trafficking on the high seas off the coast of Libya and shall not affect the rights or obligations or responsibilities of Member States under international law, including any rights or obligations under UNCLOS, including the general principle of exclusive jurisdiction of a flag State over its vessels on the high seas, with respect to any other situation, and further affirms that the authorisation provided in paragraph 10 applies only in confronting migrant smugglers and human traffickers on the high seas off the coast of Libya;
>
> 12. Underscores that this resolution is intended to disrupt the organised criminal enterprises engaged in migrant smuggling and human trafficking and prevent loss of life and is not intended to undermine the human rights of individuals or prevent them from seeking protection under international human rights law and international refugee law;
>
> 13. Emphasises that all migrants, including asylum-seekers, should be treated with humanity and dignity and that their rights should be fully respected, and urges all States in this regard to comply with their obligations under international law, including international human rights law and international refugee law, as applicable [...]."

Seenotrettung im Mittelmeer: die Last der guten Tat

Ein anschauliches Beispiel für die unschönen Folgen des Gutgemeinten liefert die Rechtsprechung des Europäischen Gerichtshofs für Menschenrechte zur Rettung von Flüchtlingen durch die italienische Marine im Fall *Hirsi*.[448] Hier hatte die italienische Marine Flüchtlinge in der Nähe von Malta aus Seenot gerettet, auf eine italienische Insel verbracht und dort mit dem Nötigsten versorgt. Anschließend hatte die italienische Marine die Flüchtlinge nach Tripolis gebracht und den lybischen Behörden übergeben. Auf die Individualbeschwerde von geretteten Flüchtlingen (11 Somalis und 13 Eritreer) hin entschied der Europäische Gerichtshof für Menschenrechte, dass Italien den Geretteten Gelegenheit zu einem Antrag zum Schutz vor Verfolgung hätte geben müssen; daher stelle die Rückführung der Geretteten eine „kollektive Ausweisung" dar, die nach Art. 4 des 4. Zusatzprotokolls zur Europäischen Menschenrechtskonvention verboten ist.[449] Dies ist eine geradezu verwegene Auslegung des Verbots der kollektiven Ausweisung.[450] Denn das Verbot der Massenausweisung soll eigentlich, in Reaktion auf die Massenvertreibungen ganzer Bevölkerungsgruppen des 20. Jahrhunderts, Ausländer, die sich im Inland niedergelassen haben, nach Begründung des Inlandsaufenthaltes Aufenthalt davor schützen, Opfer einer diskriminierenden Vertreibung zu werden.[451] Die Rückführung nach einem sehr kurzen Aufenthalt in einem Land zu rein humanitären Zwecken hat mit einer solchen kollektiven Ausweisung nichts zu tun. Eine solch gut gemeinte Rechtsprechung gibt den Migranten in Seenot am Ende Steine statt Brot. Denn sie gefährdet die Bereitschaft von Staaten, spezielle Operationen zur Seenotrettung durchzuführen. Längst suchen weder italienische noch andere Flotten das Mittelmeer nach Flüchtlingen ab. Im Übrigen haben eine Reihe von Konventionsstaaten (wie Griechenland, Schweiz, Türkei und das Vereinigte Königreich) gar nicht ratifiziert. Die neuere europäische Rechtsprechung dürfte an diesem Fernbleiben wenig ändern.

Im Fall *A.S. et al. v. Italy*[452] hat der UN-Menschenrechtsausschuss bei einem tragischen Unglück eines Flüchtlingsbootes mit vielen Opfern im Mittelmeer Anrainerstaaten dafür in die Verantwortung genommen, dass sie mit anderen Staaten bei der Rettung zusammenarbeiten: Italienische Behörden waren von der Besatzung des Flüchtlingsbootes auf Hoher See zwischen Italien und Malta um Hilfe gebeten worden und hatten auf die für das Seegebiet zuständige Seenotrettung Maltas verwiesen. Erst nachdem Malta die italienischen Behörden vom Kentern des Bootes informiert hatte, lief ein italienisches Schiff zur Rettung aus. Die Mehrheit des Menschenrechtsausschusses verortete das Geschehen allein deswegen im Verantwortungsbereich Italiens, weil es im Rahmen der Kooperation mit Malta hätte eingreifen können, und gelangte so zu einer Verletzung der Schutzpflicht gegenüber dem Leben der Flüchtlinge.[453] Bei aller Empathie für die Opfer des Bootsunglückes überspannt der Menschenrechtsausschuss völlig die extraterritoriale Reichweite von Menschenrechten, die grundsätzlich nicht in Räumen außerhalb der Kontrolle eines Staates gelten. Denn die südeuropäischen Staaten haben mit dem UN-Pakt über bürgerliche und politische Rechte von 1966 keine vertragliche Verpflichtung übernommen, von der Küste aus Flüchtlinge überall auf dem Mittelmeer zu retten und damit das Geschäftsmodell von Schlepperorganisationen vollständig abzusichern. In der Diskussion mit jungen Rechtswissenschaftlern erkenne ich den verständlichen Einwand, so einfach lasse sich der Schutz vor menschlichem Leid nicht wegbügeln. Aber nicht jedes menschliche Leid begründet eine Menschenrechtsverletzung der Staaten, die es vielleicht durch extraterritoriales Handeln hätten verhindern können. Sonst wächst die Neigung der Staaten, Menschenrechtsverträgen ganz fernzubleiben oder ihnen nur mit Vorbehalten beizutreten. Im Übrigen liegt in einer ständig ausgeweiteten Verantwortlichkeit nicht gerade eine Ermutigung zur Kooperation bei der Seenotrettung, wenn diese einen Staat in immer neue menschenrechtliche Verstrickungen führt.

II. „Migranten“ und „Flüchtlinge“: Vermengung verschiedener Kategorien Aufenthalt suchender Personen

Sowohl ein strikter Schutz der Außengrenzen als auch eine allgemeine „Willkommenskultur“ für „Migranten“ führt zu einer Vermengung der unterschiedlichen Personengruppen, die Einreise und Aufenthalt begehren. Die Begriffe „Migranten“ oder „Flüchtlinge“ umschließen im medialen Sprachgebrauch oder im umgangssprachlichen Sinne die eng umgrenzte Gruppe der aus politischen, ethnischen oder ähnlichen personenbezogenen Gründen Asylberechtigten und Asylsuchenden, Flüchtlinge vor Gewalt im Krieg oder Bürgerkrieg – im deutschen Fachjargon „subsidiär Schutzberechtigte“ oder „Schutzsuchende“ genannt – und schließlich die große Menge all derer, die bessere Lebensbedingungen als in ihrem Heimatland suchen (oft mit einem gewissen Unterton als „Wirtschaftsflüchtlinge“ bezeichnet).

Die kleinste und eng umschriebenste Personengruppe bilden diejenigen, die aus politischen, ethnischen, religiösen oder anderen personenbezogenen Gründen der Verfolgung in ihrem Herkunftsland ausgesetzt sind. Das Grundgesetz gewährt „politisch Verfolgten“ das Asylrecht (Art. 16a GG). Die Genfer Flüchtlingskonvention von 1951 schützt Personen, die „infolge von Ereignissen, die vor dem 1. Januar 1951 eingetreten sind, und aus der begründeten Furcht vor Verfolgung wegen ihrer Rasse, Religion, Nationalität, Zugehörigkeit zu einer bestimmten sozialen Gruppe oder wegen ihrer politischen Überzeugung sich außerhalb des Landes befinde[n], dessen Staatsangehörigkeit sie besitzt, und den Schutz dieses Landes nicht in Anspruch nehmen [können] oder wegen dieser Befürchtungen nicht in Anspruch nehmen [wollen]“ (Art. 1 A.2. Genfer Flüchtlingskonvention). Kern des Flüchtlingsschutzes nach der Genfer Konvention ist das Gebot des *non-refoulement* (Art. 33 Genfer Flüchtlingskonvention). Danach ist es verboten, „einen Flüchtling auf irgendeine Weise über die Grenzen von Gebieten aus[zu]weisen oder zurück[zu]weisen, in denen sein Leben oder seine Freiheit wegen seiner Rasse, Religion, Staatsangehörigkeit, seiner Zugehörigkeit zu einer bestimmten sozialen Gruppe oder wegen seiner politischen Überzeugung bedroht sein würde“. Das Asylregime der Europäischen Union bezieht sich auf die Gewährung „internationalen Schutzes“ für politisch Verfolgte im Sinne der Genfer Flüchtlingskonvention und den subsidiären (an die Dauer der Gefährdungslage gebundenen) Schutz bei drohenden Menschenrechtsverletzungen oder Gefahren für Leib und Leben in bewaffneten Konflikten.[454] Einen Asylanspruch wegen politischer Verfolgung haben etwa Regimegegner aus Syrien, Venezuela oder Belarus und Menschen, die mit den NATO-Staaten in Afghanistan zusammengearbeitet haben. In Deutschland gilt das Asylrecht aber nicht für Personen, die über andere EU-Mitgliedstaaten oder über ein anderes „sicheres" Land eingereist sind (Art. 16a Abs. 2 GG). Hierbei ist Vieles umstritten, etwa, ob Marokko als „sicherer" Staat für Verfolgte gelten soll.[455] Die Gesamtzahl der erfolgreichen Asylbewerber ist gering.[456]

Flüchtlinge vor Gewalt

Die ebenfalls eher überschaubare Gruppe der Flüchtlinge vor Gewalt in Krieg oder Bürgerkrieg (etwa aus Syrien) genießt zunächst ein zeitlich befristetes Aufenthaltsrecht für die Dauer der Gefährdung. Dahinter steht auch der Schutz der Grundrechte auf Leib und Leben (Art. 2 Abs. 2 Satz 1 GG). Zudem hat der Europäische Gerichtshof für Menschenrechte aus Art. 3 der Europäischen Menschenrechtskonvention (Verbot unmenschlicher oder erniedrigender Behandlung) schon vor vielen Jahren ein Recht von Ausländern abgleitet, nicht in ihr Heimat- oder Herkunftsland abgeschoben zu werden, wenn ihnen dort Verfolgung oder unzumutbare Lebensbedingungen drohen. Ein solches „kleines Asylrecht" über den Schutz vor gewaltsamer Verfolgung (selbst für Drogenschmuggler und andere illegal Eingereiste)[457] hatten die Schöpfer der Europäischen Menschenrechtskonvention wohl nicht im Sinn. Eher ging es darum, einen absoluten Mindeststandard menschlicher und zumutbarer Behandlung durch die Konventionsstaaten selbst sicherzustellen. Hier geht es nicht um die humanitäre Sensibilität für einen Abschiebungsschutz, sondern um die Frage, ob die Konventionsstaaten Schutz nicht nur für das eigene Territorium, sondern auch vor den Verhältnissen in fremden Ländern gewähren wollten oder nicht. In manchen Konventionsstaaten wie Deutschland gilt ein Abschiebungsschutz schon über die nationalen Grundrechte, aber nicht unbedingt im Umfang der europäischen Rechtsprechung. Vor diesem Hintergrund hat das Bundesverwaltungsgericht vor Jahren die weite Auslegung von Art. 3 EMRK als methodisch unvertretbare Überdehnung der Europäischen Menschenrechtskonvention bezeichnet.[458] Heute ist dieser konventionsrechtliche Schutz vor Abschiebung bei schwerer Bedrohung oder völlig unzumutbaren Lebensbedingungen anerkannt. Auf ihn könnten sich Millionen von Menschen berufen, wenn sie es auf das Gebiet eines Konventionsstaates schaffen würden. Auch die über Libyen und das Mittelmeer nach Europa strebenden Migranten können wohl nicht mehr nach Libyen zurückgeschickt werden, soweit ihnen dort eine erniedrigende oder unmenschliche Behandlung in einem Lager droht. Selbst innerhalb der Europäischen Union hindern die Gewährleistungen der Europäischen Menschenrechtskonvention die Rückführung illegal weiterreisender Migranten, wenn ihnen im Land der ersten Einreise in die Europäische Union (etwa Griechenland) unzumutbare Bedingungen drohen.[459]

Flüchtlinge vor wirtschaftlicher Not

Der Umgang mit sog. „Wirtschaftsflüchtlingen“ obliegt bei der Einreise und dem Aufenthalt grundsätzlich dem Ermessen der einzelnen Staaten. Aber es genügt schon die Formulierung des Asylbegehrens, um auch bei ihnen die verfahrensrechtlichen Wirkungen des Asylrechts auszulösen, bis der Asylantrag endgültig beschieden ist. Hier kommt auch die umstrittene Auslegung des *non-refoulement* nach der Genfer Flüchtlingskonvention zum Tragen, die bei einer unmittelbaren Gefahr physischer Verfolgung schon bei Erreichen der Grenze eingreifen soll und den Staat zur Grenzöffnung verpflichtet. Nach dieser Auslegung, der auch der Europäische Gerichtshof für Menschenrechte folgt, kann ein Staat die Einreise nur dann verwehren, wenn er schon vorher die geltend gemachte Verfolgung prüft (etwa in einem Auffanglager in einem Transitstaat).

Dieses ganze Netzwerk komplexer Verpflichtungen erklärt, weshalb Belarus und die Türkei mit der Heranschleusung von Flüchtlingen (mit und ohne echte Verfolgungsgefahr im Herkunftsland) an die Außengrenzen der Europäischen Union (in Polen oder Griechenland) politischen Druck ausüben können. Denn eine hermetische Abschottung der „Festung Europa“ ist für die Europäische Union und ihre Mitgliedstaaten nach ihren selbst gesetzten Maßstäben nicht möglich. Für die USA dagegen ist die Kontrolle der Einwanderung aus Mexiko im Rahmen politischer Weichenstellung allein eine Frage der wirksamen Grenzsicherung. Der weite rechtliche Spielraum für die Exekutive in den USA wird schon in der deutlichen Umkehr der amerikanischen Immigrations- und Asylpolitik von der Administration Trump zur Präsidentschaft Bidens deutlich.[460]

Einige europäische Staaten wie Polen, Kroatien oder Ungarn haben sich mit ihrer Politik der Abschottung nach außen mit massiver Grenzsicherung und Abdrängung von Einwanderungswilligen (die zum Großteil ohnehin nach Deutschland wollen) heftige Kritik in Deutschland eingehandelt. Pikanterweise hat gerade die ungarische Politik der energischen Grenzsicherung (Schließung der Grenze zu Kroatien, Zaun an der Grenze zu Serbien) im Jahre 2015 den auf Deutschland lastenden, durch den spontanen Verzicht der Bundesregierung auf Einreisekontrollen weiter gesteigerten „Migrationsdruck" stark gemindert.

III. Die Durchlöcherung der Außengrenzen der Europäischen Union

Bei der Sicherung der Außengrenzen zeigen sich die ganzen Windungen der Europäischen Union und ihrer Mitgliedstaaten in Recht und Politik; bösartige Zungen mögen hier eine Art Schizophrenie erkennen. Die Europäische Union unterstützt die griechischen Ordnungskräfte bei der Grenzsicherung gegenüber illegalen Übertritten aus der Türkei. Die EU-Agentur Frontex steht dabei wegen der angeblichen Unterstützung der gewaltsamen Verhinderung von Grenzübertritten (sog. *„push-backs"*) in der Kritik.[461] Gleichzeitig verwehrt sich die Europäische Kommission im Ton der Empörung der Mitfinanzierung eines Grenzzaunes zwischen Polen und Belarus.[462] Auf der anderen Seite beschwören die europäischen Staats- und Regierungschefs die Solidarität mit Polen bei der Abwehr des vom belarussischen Diktator gezielt gesteuerten Grenzübertritts Tausender von Migranten.

„Push-backs" und der Europäische Gerichtshof für Menschenrechte

Spanien schützt seine Grenze zu Marokko mit aufwendigen Grenzanlagen und ist mit seinen Grenzschutzkräften dem Versuch gewaltsamer Grenzübertritte mit physischen Mitteln entgegengetreten. Die Individualbeschwerde derart zurückgedrängter Migranten hat der Europäische Gerichtshof für Menschenrechte im Fall *N.D. and N.T. v. Spain*[463] zurückgewiesen. Die kurvenreiche Begründung taucht die Grenzsicherung und *„push-backs"* in einen Grauschleier rechtlicher Unsicherheit. Der Europäische Gerichtshof für Menschenrechte verknüpft die Europäische Menschenrechtskonvention (Art. 4 des IV. Zusatzprotokolls zur Europäischen Menschenrechtskommission) mit dem Verbot der Zurückweisung bei unmittelbar drohender Verfolgung nach der Genfer Flüchtlingskonvention (*non-refoulement*[464]). Dieses

Verbot gilt aber nicht für alle Flüchtlinge, sondern nur bei der Verfolgung aus bestimmten (politischen und anderen personenbezogenen) Gründen und nur dann, wenn die Zurückweisung einen Flüchtling gerade in dem Staat, in den er zurückgeschickt werden soll, der Verfolgung aussetzt.

Das Gebot des *non-refoulement* soll nach der Auslegung des Europäischen Gerichtshofs für Menschenrechte (und anderer Interpreten) eine Verpflichtung des Zielstaates begründen, einen Flüchtling bei drohender Verfolgung durch den jeweiligen Nachbarstaat einreisen zu lassen. Genau dies ist aber in der Völkerrechtslehre äußerst umstritten.[465] Auf der anderen Seite spricht der Europäische Gerichtshof für Menschenrechte einem Flüchtling die Berufung auf die Europäische Menschenrechtskonvention ab, wenn er selbst gewaltsam die Grenze zu überschreiten versucht. Danach darf ein Staat seine Grenze auch mit physischen Mitteln gegen gewaltsame Grenzübertritte sichern. Jedoch schränkt der Gerichtshof dieses Recht zur Grenzsicherung wiederum dadurch ein, dass der Staat einen wirksamen Weg zu legalem Grenzübertritt für politisch Verfolgte und Opfern von Gewalt eröffnen muss.[466] Es ist aber nicht völlig klar, ob dies nur dann gilt, wenn dem Flüchtling Verfolgung gerade in dem Staat droht, aus dem er einreisen will. Im Fall *N.D. und N.T v. Spain* hat sich der Europäische Gerichtshof für Menschenrechte auch nicht näher damit auseinandergesetzt, ob die Beschwerdeführer (aus Marokko auf spanisches Hoheitsgebiet eindringende Migranten) gerade in Marokko politischer Verfolgung ausgesetzt waren, obwohl dies Voraussetzung für das Zurückweisungsrecht der Genfer Flüchtlingskonvention ist.

Selbst wenn man der kühnen Argumentation des Europäischen Menschenrechtsgerichtshofs folgt, ist es schlicht falsch, wenn deutsche und andere Medien von „verbotenen *push-backs*" sprechen; denn grundsätzlich hat jeder Staat das Recht zur physischen Sicherung seiner Außengrenzen.[467] Dies ist nur ein Zeichen der rechtlichen Konfusion, die in dieser Frage herrscht. Andererseits verknüpft der Gerichtshof die gewaltsame Grenzsicherung mit der Verpflichtung zur Eröffnung legaler Möglichkeiten, eine politische Verfolgung geltend zu machen. Auch in der Rechtswissenschaft ist völlig unklar, wie weit der Schutz der Außengrenzen gehen darf.[468] Wenig Klärung bringt insoweit eine weitere Entscheidung des Europäischen Gerichtshofs für Menschenrechte im Fall *M. N. v. Belgium*. Hier hatte ein syrisches Ehepaar Individualbeschwerde gegen Belgien erhoben, weil die belgische Botschaft in Beirut die Erteilung eines Visums abgelehnt hatte. Der Gerichtshof sah hier nicht die räumliche Anwendbarkeit der Europäischen Menschrechtskonvention eröffnet, da der belgische Staat über Beirut keine Kontrolle ausübe.[469]

Das deutsche Unwort des Jahres 2021

In Deutschland ist das Wort *„push-back“* (als Bezeichnung für das Verhindern eines illegalen Grenzübertritts mit physischer Gewalt) zum „Unwort des Jahres“ 2021 gewählt geworden.[470] Da Deutschland anders als Spanien, Polen oder Griechenland keine Außengrenzen der Europäischen Union zu sichern braucht, verbindet sich hier ein moralisches Urteil sehr schön mit der deutschen Beobachterperspektive, wobei Anlässe zu einer ähnlichen begrifflich-emotionalen Aufwallung im Inland offenbar fehlen.

IV. Deutschland und die Aushebelung des EU-Asylregimes

Nach EU-Recht liegt die Zuständigkeit für einen Asylantrag bei dem Staat, über den ein Asylsuchender erstmals in die Europäische Union eingereist ist.[471] Dies sind insbesondere Italien, Griechenland und Spanien, denen das EU-System damit eine besondere Last aufbürdet. In der sogenannten Flüchtlingskrise von 2015 hat die Bundesregierung die Prüfungszuständigkeit für aus anderen EU-Ländern eingereiste Bewerber an sich (also an Deutschland) gezogen. Die eigentlich nur für Einzelfälle vorgesehene Zuständigkeit eines Staates bei der Weiterreise (Art. 17 Abs. 1 Dublin III-Verordnung) ist so zur Regelzuständigkeit für Abertausende von Asylverfahren geworden. Italien und Ungarn haben seinerzeit die Flüchtlinge, die ohnehin in erster Linie nach Deutschland wollten, gerne weiterziehen lassen oder selbst an die Grenze befördert. Deutschland hat das Regime von Dublin, das wesentlich seinen Interessen diente (weil nur wenige Asylbewerber in die Europäische Union direkt auf dem Luftweg nach Deutschland eingereist sind) und im Wesentlichen auf sein Betreiben zustande gekommen war selbst mit erschüttert und ausgehöhlt.[472]

Daneben zeigen sich auch weitere Brüche im europäischen Asylregime. Wer in die Europäische Union zunächst über einen bestimmten Mitgliedstaat wie Italien oder Griechenland einreist (der dann für das Asylverfahren nach EU-Recht zuständig ist), aber einfach in einen anderen Staat weiterreist, kann von diesem wieder zurückgeschickt werden.[473] Dies gilt aber nach der Rechtsprechung dann nicht, wenn im (eigentlich zuständigen) Staat der Ersteinreise (wie Italien oder Griechenland) höchst mangelhafte Aufnahmebedingungen herrschen oder Familien auseinander gerissen werden und so der europäische Grundrechtsstandard verletzt wird.[474] Dann mindern unzumutbare Verhältnisse mittelbar die eigenen Lasten des Staates der erstmaligen Einreise, weil sie die Verantwortung auf andere, dann zuständige Staaten verlagert. Auch dies setzt Anreize zu einer Aushöhlung des europäischen Regelungssystems.

Statt auf eine neue europäische Asylordnung setzt die Europäische Union auf den Schutz der Außengrenzen, der zunächst einmal für alle Flüchtlinge und Migranten den Zugang nach Europa abriegelt, sofern sie nicht über ein Einreisevisum verfügen.

„Wir schaffen das“: die Freigabe der unkontrollierten Einreise in der Flüchtlingskrise im Jahr 2015

Im Spätsommer 2015 hat die deutsche Bundeskanzlerin mit ihrer Devise „Wir schaffen das“ die sog. „Grenzöffnung“ (d. h. den Verzicht auf Grenzkontrollen) ausgerufen und für aus Italien und andere Mitgliedstaaten über Österreich einreisende Flüchtlinge die eigentlich bei anderen EU-Staaten liegende Zuständigkeit für Asylverfahren an sich gezogen. So hat die Bundesregierung auch darauf verzichtet, die Schutz- und Asylsuchenden in das eigentlich zuständige Land der Ersteinreise in die Europäische Union (etwa Italien) zurückzuschicken. Am Ende sind im Jahr 2015 890.000 und 2016 280.000 Asylsuchende nach Deutschland eingereist.[475] Diese Politik hat auch das rechte Spektrum in der Bundesrepublik Deutschland (mit der in eine nationalistische Propaganda abdriftenden „Alternative für Deutschland“) gestärkt. Letztlich handelt es sich bei dieser Weichenstellung der deutschen Regierungsspitze nur um einen spontanen Positionswechsel nach scharfer Kritik an der bisherigen Position der Bundesregierung zur Abschiebung ohne Berechtigung zum Aufenthalt.[476] Mit ihr ist zunächst einmal für die Zwecke der Einreise die Trennung zwischen Asylsuchenden (Verfolgten aus politischen und anderen personenbezogenen Gründen), Flüchtlingen vor Gewalt und Migranten aus wirtschaftlichen Gründen aufgegeben worden.

Interessant ist, dass die Entscheidung zur Freigabe der unkontrollierten Einreise nicht vom Bundeskabinett, sondern allein von der Bundeskanzlerin getroffen worden ist. Dies ist die wohl schwerwiegendste politische Weichenstellung der Geschichte der Bundesrepublik Deutschland, an der das Parlament keinen Anteil hat. Hierin liegt aber gleichwohl kein Verstoß gegen die Gewaltenteilung, da das Grundgesetz hierfür schlicht keine Parlamentsbeteiligung vorsieht. Innerhalb der Bundesregierung trägt wohl die Richtlinienkompetenz des Bundeskanzlers (Art. 65 Satz 1 GG) die Entscheidung für die unkontrollierte Einreise.[477] Problematisch ist dagegen der Verzicht auf die rechtlich bestehenden Möglichkeiten zur Einreisekontrolle und die Ausfüllung der Zuständigkeit für Asylverfahren nach dem EU-Recht. Gute Gründe sprechen dafür, dass die Bundesregierung nicht ohne weiteres auf den Schutz des deutschen Territoriums vor unkontrollierter Einwanderung nach bestehenden Rechtsvorschriften verzichten darf und dass ein solcher Schritt auch die gebotene Rücksichtnahme auf die Belange der deutschen Länder verletzt.[478] Die Grenzöffnung hat seinerzeit der Ministerpräsident Bayerns in überspitzter Form als „Herrschaft des Unrechts"[479] gebrandmarkt und sich in einem Rechtsgutachten eine Missachtung des Grundgesetzes bescheinigen lassen.[480] Prominente Verfassungsrechtler haben die unkontrollierte Einwanderung als Gefährdung des Rechtsstaates kritisiert.[481] Ein ehemaliger Präsident des Bundesverfassungsgerichts hat in der Asylpolitik der deutschen Regierung gar die Verdrängung von Recht durch Mitgefühl gesehen.[482] Man muss sich diese scharfe Kritik nicht zu eigen machen. Aber ein vom Zeitgeist gedrängtes politisches Handeln hat hier ein komplexes rechtliches Regelungsregime ausgehöhlt, das Deutschland und andere EU-Staaten eigentlich in die Lage versetzen sollte, ohne große Erschütterungen die Flüchtlingsströme unter Beachtung der Menschen- und Grundrechte zu bewältigen. Im Übrigen erlaubt das EU-Recht zwar, dass Deutschland die Zuständigkeit für Asylverfahren bei der Einreise auf dem Landweg (die eigentlich bei dem Staat der Einreise liegt) in Einzelfällen an sich zieht (Art. 3 Absatz 1, 17 Abs. 1 der Dublin-III-Verordnung[483]); eine generelle Ermächtigung, die Zuständigkeit an sich zu ziehen, liegt hierin aber wohl nicht.[484]

Die Zweideutigkeit humanitärer Migrationspolitik: die Migrationspolitik und die Flucht ins *„soft law"*

Im Dezember 2018 hat eine Staatenkonferenz in Marrakesch den UN-Migrationspakt *(Global Compact for Migration)* – und kurz zuvor die UN-Generalversammlung[485] – förmlich angenommen.[486] In Deutschland hat eine klare Mehrheit des Bundestages den Pakt unterstützt.[487] Fern geblieben sind eine Reihe von Mitgliedstaaten der EU, die Vereinigten Staaten und Israel. In dem Pakt bekennen sich die Staaten zu einer langen Liste von Verpflichtungen, von einer sicheren Einreise bis hin zu erhöhter Rechtssicherheit bei Migrationsverfahren. Der Pakt versteht sich selbst nicht als ein völkerrechtlicher Vertrag und begründet auch keine bindenden Standards.[488] Auf der anderen Seite spricht der Pakt knapp dreißigmal von Verpflichtungen, welche die Staaten anerkennen („Wir verpflichten uns“ oder im englischen: „*we commit*“). Hier handelt es sich am Ende um eine bewusste Zweideutigkeit, die sich im Völkerrecht zunehmender Beliebtheit erfreut: Einerseits werden internationale Standards formuliert, zu denen sich die Staaten bekennen, andererseits wird eine ausdrückliche Bindungswirkung (wie bei einem völkerrechtlichen Vertrag) vermieden.

Diese zwischen anerkannten internationalen Standards und mangelnder Bindungswirkung hin und her schwankende Zweideutigkeit will der völkerrechtliche Begriff des „*soft law*“ einfangen.[489] Dieser Begriff zeigt auch an, dass hier eine Fortentwicklung des geltenden Völkerrechts angelegt ist, die sich aber noch im Fluss befindet. Bezeichnenderweise nimmt der UN-Migrationspakt auf bereits verbindliche Standards, insbesondere die Menschenrechte, Bezug. Damit liefert der Pakt Munition für eine Auslegung bereits geltender menschenrechtlicher Verpflichtungen. Schon jetzt greifen regionale Menschenrechtsgerichtshöfe immer wieder auf die Resolutionen der UN-Generalversammlung, Dokumente von Staatenkonferenzen und andere Instrumente des *soft law* zurück, um (hartes) Völkerrecht, also verbindliche vertragliche Regelungen wie die Europäische Menschenrechtskonvention, in einer dynamischen Auslegung zu „konkretisieren“ und damit fortzuentwickeln.[490] Auch deswegen ist der UN-Migrationspakt als Einfallstor für eine neue rechtliche Verpflichtung im Interesse der Migration kritisiert worden.[491] Der UN-Migrationspakt bezieht sich auf alle Menschen, die den Verhältnissen in ihrer Heimat entrinnen wollen und in einem anderen Staat nach sicheren oder besseren Lebensbedingungen suchen.[492] Er baut gewissermaßen auf der Empathie auf, die den Opfern politischer, ethnischer oder religiöser Verfolgung sowie den Flüchtlingen vor Gewalt entgegengebracht wird.

V. Die Insel der Seligen I: die Europäische Union und das in Belgien geborene Kind

Ein schönes Beispiel, wie sich die Europäische Union selbst als Insel der Seligen versteht, liefert die Rechtsprechung des Luxemburger Gerichtshofs zum Aufenthaltsrecht von Einwanderern aus Drittländern, das sich von der Unionsbürgerschaft eines Kindes herleitet. Im Fall *Ruiz Zambrano* hatte ein

Ehepaar aus Kolumbien nach mehrjährigem Aufenthalt in Belgien dort ein Kind bekommen, das wegen des Geburtsortes die belgische Staatsangehörigkeit innehatte und damit auch die von der belgischen Staatsangehörigkeit hergeleitete Unionsbürgerschaft. Diese Unionsbürgerschaft begründet ein Recht auf Freizügigkeit, also auf Einreise und Aufenthalt innerhalb der gesamten Europäischen Union (Art. 21 AEUV). Im Rahmen eines Rechtsstreits über die Berechtigung zum Aufenthalt und zur Arbeit der Eltern entschied der Europäische Gerichtshof, dass sich aus der Unionsbürgerschaft und dem Aufenthaltsrecht des Kindes ein Aufenthaltsrecht der Eltern ableite.[493] Dabei betonte der Europäische Gerichtshof die Freizügigkeit als zentrales Element der Unionsbürgerschaft und das Wohl des Kindes, das auf das Zusammenleben mit den Eltern ziele. Diese Argumentation ist alles andere als zwingend.[494] Denn zu keinem Zeitpunkt stand das Recht des Kindes in Frage, sich innerhalb der Europäischen Union zu bewegen. Das Zusammenleben von Eltern und Kind hätte sich auch in Lateinamerika verwirklichen lassen. Dies aber hatte der Europäische Gerichtshof überhaupt nicht erwogen. Der Grund hierfür mag wohl darin liegen, dass der Gerichtshof ein Familienleben außerhalb der Europäischen Union von vornherein als unzumutbar ansieht. Wenig überraschend fügt sich an die Entscheidung im Fall *Ruiz Zambrano* eine ganze Kette weiterer Urteile zum Aufenthaltsrecht eines Elternteils nach Trennung oder Scheidung.[495] Während es im Falle *Ruiz Zambrano* noch um das Bleiberecht beider Eltern eines in Belgien geborenen Kindes ging, ging es im Falle *Chavez Vilchez* um den Aufenthalt der Mutter als zentraler Bezugsperson aus Gründen des Kindeswohles.[496] Das Ganze ließe sich auch noch weiterspinnen bis hin zur engen Bindung eines Kindes mit Unionsbürgerschaft an entferntere Verwandte aus einem Drittstaat, deren weiterer Aufenthalt dem Kindeswohl dienlich ist. Hier wird wieder deutlich, wie die Erstreckung europäischer Segnungen aus verständlicher Empathie zu einer völligen Modifizierung rechtlicher Bestimmungen führt, die über den eigentlichen Regelungszweck hinaus immer weiter ausgedehnt werden.

Diese Rechtsprechung zum abgeleiteten Aufenthaltsrecht von Eltern in der Europäischen Union zeigt, wie sich die Kreation immer neuer Rechte wellenförmig fortbewegt. Das ursprüngliche Piloturteil strapazierte den Inhalt der Unionsbürgerschaft schon erheblich (weil es dabei um die Freizügigkeit innerhalb der Europäischen Union ging und nicht um den Verbleib im Geburtsland), hielt sich aber wohl noch im Rahmen einer vertretbaren Auslegung. Das Bleiberecht einer nicht zur Familie gehörenden Bezugsperson ist nur die konsequente Fortsetzung der Anknüpfung an das Kindeswohl, würde aber ohne die vorausgehenden Urteile zum Aufenthalt von Eltern oder Mutter als kapriziöse Form richterlicher Rechtsschöpfung erschienen, die sich kaum mehr auf die Zustimmung der Mitgliedstaaten zu den vertraglichen Regeln der Unionsbürgerschaft stützen ließe. So entstehen fortlaufend immer wieder neue Korridore für sich genommen plausibler Entwicklungen von Vertragsinhalten, die in der Summe auf einem brüchigen Fundament demokratischer Legitimation stehen.

VI. Die Insel der Seligen II: die Geburt in der Dominikanischen Republik

Für den Luxemburger Gerichtshof beschränkt sich das gelobte Land für das Zusammenleben von Eltern und Kindern offenbar allein auf die Europäische Union, weil ihm ein Leben in Kolumbien oder allgemein in Lateinamerika als dem Kindeswohl von vornherein abträglich erscheint. Aber auch innerhalb von Lateinamerika gibt es erstrebenswerte Inseln, selbst wenn dort der Lebensstandard um Lichtjahre von dem in Brüssel oder Luxemburg entfernt ist. Es ist eben alles eine Frage der Perspektive. Für viele Menschen in Haiti ist schon das Leben im Nachbarland Dominikanische Republik eine verlockende Perspektive (auch wenn dort der durchschnittliche Lebensstandard oder das Bildungsniveau wiederum niedriger sind als weithin etwa in Kolumbien). Nach der Verfassung der Dominkanischen Republik erlangen dort geborene Kinder ausländischer Eltern die dominikanische Staatsangehörigkeit, wenn sich die Eltern rechtmäßig im Land aufhalten (Art. 18 Nr. 3 der Verfassung). Danach bleibt Kindern „illegaler" Einwanderer die dominikanische Staatsangehörigkeit verwehrt. Dies spielt insbesondere bei der Immigration aus Haiti eine große Rolle. In einer argumentativ recht verwegenen Entscheidung hat der Interamerikanische Gerichtshof für Menschenrechte in der dominikanischen Staatsangehörigkeitsregelung eine unzulässige Diskriminierung der Kinder illegaler Einwanderer gesehen und die Dominkanische Republik generell zur Verleihung der Staatsangehörigkeit an Einwandererkinder verpflichtet.[497] Ein solcher Eingriff in das Staatsangehörigkeitsrecht schneidet tief in das staatsrechtliche Eigenleben eines jeden Staates ein. Es ist deswegen nicht verwunderlich, dass das Verfassungsgericht der Dominikanischen Republik dem Interamerikanischen Gerichtshof in dieser Frage rundweg die Gefolgschaft versagt hat.[498] Hier zeigt sich wieder einmal, wie die kühne Auslegung von Vertragsbestimmungen mit überspannten Anforderungen an die einzelnen Staaten die Autorität eines internationalen Gerichtshofs oder anderer internationaler Organe schwächt, weil die zugrundeliegende Auslegung nicht mehr als nachvollziehbar und legitim angesehen wird.

Kapitel X

Die Umarmung der Welt III: Klimaschutz für die ganze Welt

Der Kampf gegen die menschlichen Ursachen der Erderwärmung ist angesichts des wissenschaftlichen Befundes schlicht ein Grundanliegen jeder realistischen Politik und Rechtsentwicklung. Eine Frucht des neuen Idealismus ist dagegen ein Netzwerk globaler Rechtsbeziehungen, in denen einzelne Personen die Verantwortlichkeit für den Klimawandel oder künftige Schutzmaßnahmen gegenüber Privaten und Staaten geltend machen können. Die Dynamik einer solchen Globalisierung von Ansprüchen ist umso erstaunlicher, als selbst in westlichen Rechtsordnungen der Klimaschutz – wenn überhaupt – erst seit kurzer Zeit Verfassungsrang hat oder Gegenstand von Grundrechten der eigenen Einwohner ist. Auf völkerrechtlicher Ebene sind die Verpflichtungen zur Reduktion von Treibhausgasemissionen (bezogen auf das Niveau von 1990) mit dem Protokoll von Kyoto (Protokoll zum UN-Rahmenübereinkommen über Klimaänderungen von 1992 auf eine breite vertragliche Grundlage gestellt worden.[499] Das Pariser Abkommen zum Klimaschutz von 2015 sieht eine Begrenzung der Erderwärmung auf maximal 2 °C (möglichst 1,5 °C) über dem vorindustriellen Niveau vor (Art. 2 Abs. 1 lit. a).[500] Es ist mittlerweile von 195 Staaten ratifiziert worden. Die große Schwachstelle des Pariser Abkommens liegt darin, dass die Staaten selbst über ihren eigenen Beitrag zur Reduktion von CO_2-Emissionen entscheiden.[501] Der sog. „Weltklimarat" (IPCC, *„Intergovernmental Panel on Climate Change"*) hat für die angestrebte Begrenzung der Erderwärmung auf höchstens 1,5 °C gefordert, dass die CO_2-Emissionen bis 2030 um 45 % des Niveaus von 2010 gesenkt werden.[502] Die Erreichung dieses Ziels erscheint mittlerweile wenig wahrscheinlich.[503] Immerhin hat sich die Bundesrepublik im Nachgang zur Klima-Entscheidung des Bundesverfassungsgerichts das Minderungsziel von 65 % bis 2030 im Vergleich zu 1990 gesetzt, bis 2045 möchte sie klimaneutral werden.[504]

Auf der Staatenkonferenz von Glasgow (2021) haben sich die Vertragsstaaten zwar zu dem Ziel bekannt, die Erderwärmung unter 1,5 °C zu halten.[505] Die Volksrepublik China (mit einem Anteil von 30,65 % an den weltweiten CO_2-Emissionen in 2020)[506] und Indien (Anteil von 7,02 %)[507] stimmten einer Vereinbarung zum Kohleausstieg aber nicht zu.[508]

Beim Kampf gegen die menschenverursachte Erderwärmung spielen Umweltorganisationen in den westlichen Staaten eine entscheidende Rolle. Ohne sie hätten traditionelle Akteure den Zusammenhang zwischen CO_2-Emissionen sowie anderen Treibhausgasen einerseits und dem Klimawandel andererseits erst viel später verinnerlicht. Ohne das Engagement von Nichtregierungsorganisationen wären auch gesetzliche Regelungen zur Reduktion von Treibhausgasen und entsprechende völkerrechtliche Verträge wie zuletzt das Abkommen von Paris zum Klimaschutz überhaupt nicht denkbar.

Klimaaktivisten spielen aber auch eine wichtige Rolle bei der Durchsetzung gesetzlicher Standards vor nationalen Gerichten, wenn sich Regierungen nicht mehr an bindende Verpflichtungen erinnern wollen oder die Exekutive gesetzliche Regelungsaufträge beim Klimaschutz nicht ernst nimmt. Das Versagen von Regierungen und Verwaltungsbehörden hat in der letzten Zeit immer wieder ein Eingreifen von Gerichten provoziert, die die Einhaltung bestimmter gesetzlicher Standards einfordern. Eine neue Dimension ist mit einer Rechtsprechung erreicht, die selbst Rechtspolitik oder Gesetzgebung durch eine überspannte Auslegung von nationalen und internationalen Rechtsnormen oder gar unter Rückgriff auf eigentlich unverbindliches *„soft law"* betreibt.

I. Gerichte als neue Bühne zur Rettung des Weltklimas

Vor einigen Jahren haben gut organisierte Klimaaktivisten mit feinem Gespür für richterlichen Aktivismus und rechtspolitischem Ehrgeiz manche Gerichte als Chance erkannt, die Politik zum Handeln zu zwingen. Voraussetzung hierfür ist eine Rechtskultur, die politischen Weichenstellungen durch Richterspruch offen gegenübersteht oder sogar durch solche gerichtlichen Weichenstellungen programmiert ist, weil die extensive Auslegung von Verfassungs- und Völkerrecht ein anerkanntes Element im Rollenspiel von politischen Organen und Justiz ist. Unter diesen Voraussetzungen kann ein Gericht im günstigsten Falle eine internationale Entwicklung dadurch anstoßen, dass es die Institutionen in einem anderen Land animiert, bei der Rettung des Weltklimas Ehrgeiz zu zeigen. So sind Gerichtsverfahren zunächst in den Niederlanden und dann in Deutschland zu Katalysatoren einer im Vergleich mit den meisten anderen Industriestaaten ambitionierten Klimapolitik geworden. Rechtliche Ankerpunkte sind zum einen grund- und menschenrechtliche Verpflichtungen zum Schutz von Leben, Gesundheit und Eigentum (eventuell verstärkt durch das verfassungsrechtliche Bekenntnis zum Umweltschutz wie im Grundgesetz) und zum anderen das Pariser Abkommen zum Klimaschutz, das selbst aber keine „harten" Verpflichtungen enthält. Das Abkommen von Paris enthält jedoch mit der Begrenzung der Erderwärmung auf unter 2 °C (möglichst 1,5 °C) eine Einladung an die Gerichte, die nationale Klimapolitik an diesem Ziel zu orientieren, wenn nicht gar diesem Ziel alles politische Handeln unterzuordnen. In radikaler Form gilt dies allerdings nur für das Königreich Niederlande und die Bundesrepublik Deutschland – dank der Klagen von Klimaaktivisten. Auf Deutschland entfallen dabei aber nur etwa 2% der weltweiten Treibhausgasemissionen, auf die Niederlande weniger als 0,5%. Im Rest der Welt entscheidet die Politik (Gesetzgeber und Regierungen) über den konkreten Zeitplan und das konkrete Reduktionsmaß der Schadstoffemissionen, sofern sie dies nicht gleich ganz der Wirtschaft überlässt. Eine internationale Vorreiterrolle beim Klimaschutz strebt dagegen vor allem die Europäische Union an. Das sog. „Europäische Klimagesetz"[509] schreibt die Senkung der Treibhausgasemissionen bis 2030 um mindestens 55 % gegenüber dem Stand von 1990 und die Treibhausgasneutralität bis 2050 als verbindliches Ziel vor. In anderen Teilen der Welt ist man weit weniger ambitioniert.

Der U.S. Supreme Court als Wächter wissenschaftlicher Evidenz

Im Falle *Massachusetts v. Environmental Protection Agency*[510] klagten verschiedene Umweltschutzorganisationen mit späterer Unterstützung einzelner Bundesstaaten und Gemeinden gegen die Weigerung der Umweltschutzbehörde der USA (EPA), Vorschriften zur Begrenzung von Treibhausgasemissionen im Straßenverkehr zu erlassen. Nach Ansicht der EPA erfasste die gesetzliche Ermächtigung zur Regelung von „luftverschmutzenden Stoffen" (*„air pollutants"*) nicht auch Treibhausgase. Außerdem bezweifelte die EPA die Kausalbeziehung zwischen Treibhausgasemissionen und der Erderwärmung. Der U.S. Supreme Court anerkannte jedenfalls die Klagebefugnis des Staates Massachusetts (die Klagebefugnis der Umweltorganisationen blieb ungeklärt), erstreckte den Regelungsauftrag der EPA auch auf Treibhausgasemissionen und stufte die Zweifel an der kausalen Wirkung der Emissionen auf die Erderwärmung als willkürlich ein.

Das Schmelzen des Andengletschers vor deutschen Gerichten

Mit einer spektakulären Klage hat ein peruanischer Kleinbauer die Mitverantwortlichkeit des Energiekonzerns RWE für den Klimawandel geltend gemacht. Nach seinem Vorbringen führe die Erderwärmung zum Abschmelzen eines Gletschers und so zum Überlaufen eines Bergsees oberhalb seines Grundstücks. Dies zwinge ihn zu Schutzmaßnahmen, etwa den Bau einer Stützmauer gegen das Abrutschen des Berghanges. Er verlangt hierfür einen Kostenausgleich nach dem Anteil an den weltweiten CO_2-Emissionen, die auf die von RWE betriebenen Kraftwerke entfallen (0,47 %).[511] Die Klage hat es in sich. Wenn sich ein beachtlicher Verursachungsanteil von RWE an den weltweiten Emissionen quantifizieren lässt, dürfte eine zivilrechtliche Verantwortlichkeit wohl nicht daran scheitern, dass am Ende eine nicht überschaubare Zahl von großen und kleinen Emittenten an der Erderwärmung mitwirken.[512] Entscheidend kommt es darauf an, ob RWE überhaupt eine Art Sorgfaltsplicht im Hinblick auf Eigentum in fernen Kontinenten zu beachten und ob RWE aus deutscher Sicht unter Störung fremden Eigentums an der Erderwärmung mitgewirkt hat. Seine Kraftwerke hat RWE in Deutschland rechtmäßig mit der erforderlichen Genehmigung betrieben. Bislang ist kaum jemand auf den Gedanken gekommen, dass RWE durch sein Verhalten in Deutschland fremdes Grundeigentum in Peru rechtswidrig beeinträchtigt hätte oder die Menschen in Südamerika „Nachbarn" im Sinne von § 906 BGB (oder Begünstigte einer zivilrechtlichen Störerhaftung) wären. Auf der anderen Seite hat RWE ebenso wie andere Kraftwerksbetreiber mit der Energiegewinnung aus Kohle und Gas Profit zu Lasten des Weltklimas erwirtschaftet. Deswegen mag es auf den ersten Blick recht und billig erscheinen, dass hierfür auch ein Preis in Form eines Ausgleichs für Opfer des Klimawandels zu leisten ist.[513] Aber diese Perspektive greift wohl zu kurz. Denn die eigentlichen Profiteure der klimaschädlichen Energiegewinnung sind die Energiebezieher in den Industriegesellschaften, die lange nicht über die Energiepreise an den Umweltkosten in der Welt beteiligt worden sind. RWE vermag die Kosten für einen Ausgleich von Eigentumsbeeinträchtigungen auch nicht mehr rückwirkend auf seine Kunden umzulegen. Die deutschen Gerichte können auch nicht im Nachhinein eine weltumspannende Sorgfaltspflicht zur Vermeidung mittelbarer Eigentumsbeeinträchtigungen über die Erderwärmung auferlegen.[514] Dies ist Sache des Gesetzgebers, der in diesem Zusammenhang auch die Haftung ausländischer Unternehmen für Klimaschäden hierzulande regeln müsste. Bei alldem erscheint nur eine völkervertragliche Verständigung innerhalb der Staatengemeinschaft sinnvoll.

II. Weltweiter Rechtsschutz für die Opfer des Klimawandels

Ein deutsches Grundrecht auf Klimaschutz für Menschen in Bangladesch und Nepal?

Die Prozessregie für die Verfassungsbeschwerden gegen das deutsche Klimaschutzgesetz hat auch Menschen aus Bangladesch und Nepal für den Chor der Beschwerdeführer gewonnen. In beiden Ländern sind die Folgen des Klimawandels etwa durch Überschwemmungen, Stürme oder Trockenheit besonders spürbar und treffen viele Menschen in ihren Lebensgrundlagen.[515] Ohne sich abschließend festzulegen, sah das Bundesverfassungsgericht Ansätze für eine grundrechtliche Schutzpflicht der Bundesrepublik Deutschland aus dem Recht auf Leben (Art. 2 Abs. 2 Satz 1 GG) und der Eigentumsgarantie (Art. 14 Abs. 1 GG) auch gegenüber den in Bangladesch und Nepal lebenden Beschwerdeführern, die sich aus dem Anteil Deutschlands an den weltweiten Treibhausgasemissionen (knapp 2%) ergebe und die sich auf Maßnahmen gegen die Beeinträchtigungen durch den globalen Klimawandel beziehe.[516] Eine solche Schutzpflicht bedeute, dass wegen der globalen Wirkung von Treibhausgasen auch Deutschland die Emissionen auf ein klimaneutrales Maß reduzieren müsse.[517] Dabei beziehe sich eine mögliche Schutzpflicht gegenüber Menschen im Ausland nur auf Maßnahmen gegen die Erderwärmung, nicht auch auf Vorkehrungen gegen die durch den Klimawandel eingetretenen Schäden und Gefährdungen.[518] Unabhängig davon, ob eine solche Schutzpflicht wirklich angenommen werden könne, habe die Bundesrepublik Deutschland ihr im Ergebnis jedenfalls mit der Ratifikation des Übereinkommens von Paris zum Klimaschutz und dem Klimaschutzgesetz bereits in seiner damaligem Form Genüge getan.[519] Diese vom Bundesverfassungsgericht ernsthaft erwogene Schutzpflicht des deutschen Staates zur Herstellung von Klimaneutralität gegenüber Menschen in aller Welt gewinnt durch die globalen Auswirkungen der auf die einzelnen Staaten entfallenden Treibhausgasemissionen zunächst einmal Plausibilität. Hier scheint eine grundrechtlich konstruierte Weltgemeinschaft möglicher Opfer des Klimawandels auf, denen gegenüber sich die Bundesrepublik Deutschland selbst in eine gerichtlich überprüfbare Verantwortung nimmt. So weit ist bislang kaum ein anderer Staat auf der Welt gegangen. Der weite Spielraum bei den Selbstverpflichtungen nach dem Pariser Abkommen und das am Ende dürftige Ergebnis der Staatenkonferenz von Glasgow (mit einer bloßen Bemühenszusage hinsichtlich des Ziels der Begrenzung der Erderwärmung auf 1,5 °C im Vergleich zum vorindustriellen Zeitalter)[520] zeigen, dass sich außerhalb Europas die meisten Staaten nicht auf einen festen Pfad zur Reduktion der Treibhausgasemissionen festlegen wollen. Nicht nur in Bangladesch und Nepal, sondern auch in Indien und in der Volksrepublik China erscheint die Vorstellung einer Klage auf Klimaneutralität geradezu abenteuerlich. Dies ist natürlich noch kein Argument, dass die Bundesrepublik Deutschland sich selbst einer verfassungsrechtlichen Verpflichtung gegenüber den vom Klimawandel betroffenen Menschen auf diesem Globus enthält. Aber die Herstellung von Klimaneutralität innerhalb eines recht engen Zeitrahmens ist mit erheblichen Opfern und Einschnitten in das Wirtschaftsleben, möglicherweise auch in die finanzielle Leistungskraft des Staates verbunden. Dies spricht für eine Begrenzung der Schutzpflicht auf diejenigen, die diese Folgen auf dem Weg zur Klimaneutralität tragen müssen. Schließlich ist absehbar, dass eine Verfolgung der selbstgesetzten Klimaziele Deutschlands und der gesamten Europäischen Union wohl nicht ohne den Einsatz von Kernkraft glaubwürdig angesteuert werden kann. Bei einer global geltenden Pflicht Deutschlands aus den Grundrechten zum wirksamen Klimaschutz wäre es dann nur konsequent, wenn Menschen aus Bangladesch und Nepal auch den Einsatz der Nukleartechnologie einklagen könnten, wenn nur so die angestrebte Erderwärmung abzuwehren ist.

Kontrolle des Reduktionspfades

Den Regierungen ist es leichter gefallen, sich im Pariser Abkommen zur Begrenzung der Erderwärmung auf möglichst 1,5 °C und höchstens 2 °C gegenüber dem vorindustriellen Temperaturniveau zu verpflichten, als einen konkreten Zeitplan für die erforderlichen Reduktionen von Treibhausgasen für die einzelnen Länder zu vereinbaren. Nach den neuesten Berichten des Weltklimarates bedarf es für eine tragbare Begrenzung der Erderwärmung auf 1,5 °C einer Reduktion der Treibhausgase von 45 % gegenüber dem Niveau von 2010 bis zum Jahre 2030 (bzw. für eine Begrenzung auf 2 °C von 25 %) und eines Erreichens der Klimaneutralität im Jahre 2050 (bzw. 2070).[521] Aus diesem Zeitplan ergibt sich für vor allem für die Industriestaaten ein allmählich abschmelzendes „Emissionsbudget“. Je schneller dieses Budget aufgezehrt wird, desto steiler wird die Kurve der Reduktionslasten in den folgenden Jahren, da ein schwacher Rückgang der Emissionen durch gesteigerte Anstrengungen in den Folgejahren kompensiert werden muss. Daher besteht aus rechtlicher und politischer Sicht ein zentrales Problem darin, dass das Abkommen von Paris und auch das alte Protokoll von Kyoto keinen verbindlichen Reduktionspfad im Interesse einer begrenzten Erderwärmung festlegen und auch die Forderungen des Weltklimarates keine Verpflichtungen für die einzelnen Staaten begründen. An diesem Befund ändert sich auch nichts, wenn die völkerrechtlichen Abkommen durch Zustimmung der jeweiligen Gesetzgeber in innerstaatliches Recht überführt worden sind.

Anders ist die Rechtslage dann, wenn gesetzliche Bestimmungen bestehen, mit denen für bestimmte Zeiträume konkrete Reduktionsverpflichtungen festgelegt werden. Hieran lässt sich dann Regierungshandeln daraufhin überprüfen, ob es sich im jeweiligen Zielkorridor hält oder durch nachlassende Reduktionsbemühungen ein gesetzliches Reduktionsziel zu verfehlen droht. Beispiele für eine solche Kontrolle bildet die Rechtsprechung des französischen Conseil d'État etwa im Falle *Grande Synthe*[522] oder die Entscheidung des Obersten Gerichtshofs von Irland im Falle *Friends of the Irish Environment v. The Government of Ireland* (2020)[523]. Diese Entscheidungen bewegen sich noch ganz im traditionellen Korridor richterlicher Überprüfung politischen Handelns auf seine Gesetzmäßigkeit. Denn sie bauen auf der geltenden Gesetzeslage auf, ohne den Gesetzgeber in neu konstruierte Bahnen des Verfassungsrechts zu zwingen.

Jenseits dieser traditionellen Pfade bewegt sich der Versuch, unabhängig von gesetzlichen Standards ein neues Konstrukt quantifizierbarer Klimaschutzverpflichtungen aus völkerrechtlichen Zielvorgaben, Verfassungsgrundsätzen und Grund- oder Menschrechten zu entwickeln und sich damit letztlich an die Stelle des demokratischen Gesetzgebers zu setzen.

III. Klimagesetzgebung aus Richterhand

Menschenrechte auf Klimaschutz: der *Urgenda*-Fall

Einen Paukenschlag richterlicher Klimapolitik liefert der niederländische Fall *Urgenda Foundation v. The State of The Netherlands.* In diesem Fall hat der Oberste Gerichtshof der Niederlande (*Hoge Raad*) aus dem Protokoll von Kyoto und dem Pariser Abkommen zum Klimaschutz (wie bereits beschrieben zwei völkerrechtliche Abkommen ohne feste Reduktionsverpflichtungen) sowie dem Recht auf Leben und dem Schutz des Familienlebens nach der Europäischen Menschrechtskonvention (Art. 2 und Art. 8 EMRK) eine

Verpflichtung für den niederländischen Staat kreiert, bis Ende des Jahres 2020 die Emission von Treibhausgasen von seinem Gebiet um mindestens 25 % im Vergleich zum Niveau von 1990 zu senken.[524] Entscheidend hebt das Gericht dabei auf die Forderungen des Weltklimarates ab, die aber für keinen Staat verbindlich sind. Die Europäische Menschenrechtskonvention ist von den Vertragsstaaten nie als ein Instrument verstanden worden, Rechte auf Klimaschutzmaßnahmen zu begründen und so ein bestimmtes Reduktionsprogramm den Staaten aufzuerlegen. Dieses Urteil hat etwa große städtebauliche Projekte in Frage gestellt und um an diesen festhalten zu können, hat die niederländische Regierung das Tempolimit auf niederländischen Autobahnen auf 100 km/h gesenkt.[525]

Warnung vor richterlicher Gesetzgebung: Irland

Dagegen hat es der irische Supreme Court im Fall *Friends of the Irish Environment v. The Government of Ireland*[526] klar abgelehnt, aus den Garantien der Verfassung neue, nicht ausdrücklich genannte Rechte auf Klimaschutz abzuleiten. Dabei hat das Oberste Gericht auf die Gefahr hingewiesen, dass die Gewaltenteilung aufgelöst wird und sich die Justiz in die Funktionen anderer Staatsgewalten einmischt:

> „What needs to be guarded against is allowing for a blurring of the separation of powers by permitting issues which are more probably political and policy matters […] to impermissibly drift in the judicial spheres. Where […] judges are simply asked to identify rights which they consider might be ‚a good thing', then the separation of powers is truly blurred […]."[527]

Das Gericht betonte in diesem Zusammenhang auch, dass bei ausdrücklich in die Verfassung aufgenommenen Rechten des Einzelnen im Hinblick auf den Umwelt- und Klimaschutz ein politischer Entscheidungsprozess vorausgegangen sei und politische Weichenstellungen nicht zu den Aufgaben von Gerichten gehörten.[528]

Neue Standards aus Richterhand für den Gesetzgeber: Deutschland

Während im *Urgenda*-Fall die niederländischen Gerichte mit der Verpflichtung der Regierung zu Klimaschutzmaßnahmen „nur" selbst Gesetzgeber gespielt haben, ist das Bundesverfassungsgericht in seiner Entscheidung zum Klimaschutzgesetz von 2021 noch einen Schritt weitergegangen: Es hat in kühner Aus- und Umdeutung der Verfassung gewissermaßen das Grundgesetz ergänzt und so dem parlamentarischen Gesetzgeber ein Reduktionsprogramm vorgegeben.[529] Hierfür hat das Gericht – neben den bereits erwähnten Schutzpflichten – den Grundrechten des Grundgesetzes die Schutzwirkung einer „intertemporalen Freiheitssicherung“ entnommen, die eine „verhältnismäßige Verteilung von Freiheitschancen über die Generationen“ garantieren soll.[530] Daher sei der Gesetzgeber zur Festlegung eines verlässlichen Pfades von Maßnahmen gegen die Emission von Treibhausgasen verpflichtet, um nicht allein späteren Generationen die Lasten der Reduktion aufzuerlegen.[531] Damit hat das Bundesverfassungsgericht genau das gemacht, wovor der Oberste Gerichtshof Irlands mit guten Gründen gewarnt hatte, nämlich im Wege der Verfassungsauslegung Klimapolitik zu betreiben.[532] Dieser richterliche Übergriff in politische Weichenstellstellungen verstärkt sich dadurch, dass das Bundesverfassungsgericht nicht-verpflichtende Regelungen des Pariser Abkommens zur Begrenzung der Erderwärmung und den vom Weltklimarat vorgezeichneten Reduktionspfad gewissermaßen mit Verfassungsrang ausstattet und so dem Gesetzgeber aufzwingt.[533] Am Ende steht gewissermaßen ein grundrechtlicher Anspruch des Einzelnen auf Verwirklichung von Klimaneutralität der Bundesrepublik Deutschland. Mit einer bloßen Selbstbindung des einfachen Gesetzgebers lässt sich ein solcher Anspruch jedenfalls nicht begründen. Das Klimaziel des Pariser Abkommens wird damit zum Verfassungsgrundsatz, obwohl das Abkommen insoweit keine feste Verpflichtung der einzelnen Staaten enthält und im Übrigen auch nur im Range eines einfachen Bundesgesetzes gilt. Eine solche Hochzonung eines völkerrechtlichen Abkommens auf die verfassungsrechtliche Ebene mit der Bindung des Gesetzgebers ist methodisch unhaltbar.

Beim vom Gesetzgeber einzuhaltenden Reduktionspfad folgt das Bundesverfassungsgericht einer Argumentation, welche schon *Urgenda* vor den niederländischen Gerichten mit Erfolg vorgebracht hatte: Das bis zum Jahre 2050 verbleibende „Budget“ an Treibhausgasemissionen dürfe in den nächsten Jahren nicht so weit aufgezehrt werden, dass das Reduktionsziel bis zum Jah 2050 in der Folgezeit nur mit unverhältnismäßigen Anstrengungen zu erreichen sei.[534] In einer solchen Verschiebung sieht das Bundesverfassungsgericht eine „eingriffsähnliche Vorwirkung“ zulasten der Grundrechte der Beschwerdeführer[535] mit der Konsequenz, dass es dem Gesetzgeber eine deutliche Nachbesserung aufgibt. Diese Entscheidung des Bundesverfassungsgerichts ist damit nicht nur der unverhüllte Eintritt des Gerichts in die

Politik des Klimaschutzes und damit ein Übergriff in die Kernfunktionen des parlamentarischen Gesetzgebers. Die Entscheidung blendet zudem komplexe Abwägungen des Klimaschutzes mit konkurrierenden Belangen aus, indem es die Klimaneutralität zu einer Art absolut geltendem Verfassungsziel erhebt. Eine solche Absolutheit anerkennt das Grundgesetz aber nur bei der Achtung und dem Schutz der Menschenwürde als nicht relativierbarem Wert.[536] Im Übrigen sind absolute Werte der deutschen Verfassung fremd. Weder die Preisstabilität noch die innere oder äußere Sicherheit oder die Vollbeschäftigung sind Belange, die in unserer Rechtsordnung absolute Geltung hätten. Die Auseinandersetzungen auf der Staatenkonferenz von Glasgow und deren bescheidenes Resultat belegen deutlich, dass die Vorstellung einer absoluten Verpflichtung zur Herstellung von Klimaneutralität bis 2050 und einer gleichmäßigen Annäherung an dieses Ziel den meisten Staaten, insbesondere den großen Emittenten (nämlich der Volksrepublik China, Indien oder den USA) völlig fremd ist. Die Bundesrepublik Deutschland hat sich mit dem Atomausstieg im Jahre 2011 in eine Position gebracht, in der der vor Jahren angestrebte Reduktionsplan erheblich verfehlt und auch das Klimaziel bis 2050 kaum zu erreichen sein wird.[537] Auch in der Europäischen Union wächst die Einsicht, dass die eigenen Klimaziele überhaupt nur dann mit Aussicht auf Erfolg anvisiert werden können, wenn die Atomkraft als „grüne" (nachhaltige) Energie eingestuft wird.[538] Ganz unabhängig davon führt die Energiewende weg von den „fossilen Energieträgern" und die Bepreisung von karbonlastigem Energieverbrauch schon jetzt in weiten Teilen Europas mit exorbitanten Strompreisen bei vielen Bevölkerungsgruppen zu einer neuen „sozialen Frage".

Reduktionspflichten für private Unternehmen aus der Hand des Richters: der Fall *Shell*

Es gehört zu den Grundregeln des demokratischen Rechtsstaates, dass Eingriffe in die individuelle Freiheit vom parlamentarischen Gesetzgeber legitimiert sein müssen, also „durch oder aufgrund von Gesetzen" zu erfolgen haben. Unter dem Grundgesetz ist dieses Gebot einer gesetzlichen Grundlage als „Vorbehalt des Gesetzes" bekannt. Dieser Vorbehalt des Gesetzes dient einer demokratischen Legitimation von Verhaltenspflichten und anderen Eingriffen in die Rechte der Einzelnen. Er richtete sich ursprünglich gegen Ein- und Übergriffe der Exekutive, verbietet aber auch, dass Richter Verpflichtungen konstruieren, die in den geltenden Gesetzen nicht in vorsehbarer Weise angelegt sind. Der irische Oberste Gerichtshof hat daher ganz zu

Recht davor gewarnt, dass Richter freihändig ihnen gut und billig erscheinende Vorstellungen in neue, bislang nicht anerkannte Rechte ummünzen.[539] Diese Warnung gilt in verschärfter Weise dann, wenn Richter nach Gutdünken privaten Akteuren Verhaltenspflichten aufzwingen, um ein staatliches Ziel zu erreichen, ohne dass dem eine Entscheidung des Gesetzgebers für diese Pflichten vorausgegangen ist. Genau das hat das Bezirksgericht von Den Hag im Fall *Milieudefensie v. Royal Dutch Shell* in einem Urteil vom Mai 2021 getan.[540] Dabei hat das Bezirksgericht auf den Schutz des bekannten „Mix'" aus völkervertraglichen Klimazielen und Rechten aus der Europäischen Menschenrechtskonvention (Recht auf Leben nach Art. 2 EMRK und Achtung des Familienlebens nach Art. 8 EMRK) sowie die Feststellungen des Weltklimarats zurückgegriffen und betont, dass eine Begrenzung der Erderwärmung auf 1,5 °C eine Reduktion der Kohlendioxidemissionen um 45 % bis 2030 erfordere.[541] Daneben hat das Gericht auch auf das niederländische Klimagesetz von 2019 Bezug genommen, das bis 2030 eine Verringerung der Treibhausgasemissionen um 49 % anstrebt.[542] Bei alledem handelt es sich um Standards, die für Staaten und nicht für private Unternehmen gelten. Das hat das niederländische Gericht aber nicht daran gehindert, aus diesem Paket die Grundlage für eine erhebliche Reduktionsverpflichtung privater Unternehmen zu machen. Dabei hat das Gericht den rechtlichen Klimaschutz-„Cocktail" um eine weitere entscheidende Zutat ergänzt: nämlich den ungeschrieben Sorgfaltsstandard, der bei der gebotenen Rücksichtnahme auch gegenüber fremden Rechtsgütern zu beachten sei. Dies setzt natürlich voraus, dass das nationale Recht überhaupt einen Anspruch Privater auf angemessene Maßnahmen gegen die Erderwärmung begründet, der dann mit gebotener Sorgfalt zu erfüllen wäre. Wohl im Bewusstsein dieser Begründungsschwächen bemüht das niederländische Gericht noch die unverbindlichen Leitprinzipien der Vereinten Nation zu Menschenrechten im Wirtschaftsleben (*UN Guiding Principles on Business and Human Rights*).[543] Diese Leitlinien mit Empfehlungscharakter kreieren eine menschenrechtliche Sorgfaltspflicht (*human rights due diligence*), die sich insbesondere auf die Vermeidung und Eliminierung von Menschenrechtsbeeinträchtigungen in der Lieferkette oder sonst in den Beziehungen zu Geschäftspartnern erstreckt. Dieses Konzept bezieht sich also auf die Geschäftsbeziehungen eines Unternehmens zu anderen Akteuren im Hinblick auf zentrale Menschenrechte wie dem Verbot von Kinder- und Zwangsarbeit. Es ist schlicht fernliegend, aus dieser menschenrechtlichen Sorgfaltspflicht ein ganzes Reduktionsprogramm für Treibhausgasemissionen abzuleiten. Im Ergebnis verlangt das Gericht von Shell, die Emissionen von Kohlendioxid bis Ende des Jahres 2030 um 45 % zu reduzieren. Es geht sogar noch einen Schritt weiter und verlangt von Shell das Bemühen, bei seinen Geschäftspartnern auf eine

Reduktion der Emission von Kohlenstoffdioxid in gleichem Umfang hinzuwirken. Das Argument von Shell, die eingeklagten Reduktionsverpflichtungen überschritten die Funktionen der Rechtsprechung, lässt das Gericht unbeeindruckt. Es beruft sich auf einen „weit verbreiteten internationalen Konsens", dass Menschenrechte gegen die Auswirkungen des gefährlichen Klimawandels schützten und das Unternehmen Menschenrechte beachten müssten.[544] Genau ein solcher Konsens existiert in der Staatengemeinschaft aber nicht. Wenige Monate nach der Entscheidung des niederländischen Bezirksgerichts hat *Royal Dutch Shell* die Entscheidung bekannt gegeben, seine Konzernzentrale nach London zu verlegen. Auch wenn das Unternehmen hierfür keine rechtlichen Gründe anführt, war die Entscheidung des Bezirksgerichts von Den Haag für die weiteren Verbindungen von Shell zum niederländischen Königreich und das jetzt gekappte Attribut „Royal" wohl wenig förderlich, zumal von britischen Gerichten eine engagierte Klimapolitik nicht zu erwarten sein dürfte. Immerhin hat Shell mittlerweile selbst ein ambitiöses Klimaschutzprogramm angekündigt.[545]

Neue „Kreuzzüge"?

Zuweilen nimmt der neue Idealismus mit seiner Übersteigerung bestimmter Belange Züge einer Missionierungskampagne an. Ein anschauliches Beispiel ist die von Deutschland aus angestoßene Klimaschutzkampagne *„World Lawyers' Pledge on Climate"*[546]. Diese Kampagne zielt auf eine Selbstverpflichtung von Rechtswissenschaftlern und Praktikern einschließlich Richtern, den Klimaschutz in allen möglichen Bereichen ins Zentrum zu rücken und strategische Klimaklagen zu unterstützen. Hier scheint ein geradezu missionarischer Eifer auf, unter dem Mantel der Rechtsanwendung Klimaschutzpolitik zu betreiben und kollidierende Belange in den Hintergrund treten zu lassen. Das heißt in letzter Konsequenz auch, dass soziale und wirtschaftliche Verwerfungen hingenommen werden oder eben auch für die Atomkraft eine Lanze zu brechen ist, wenn sich sonst Klimaziele nicht erreichen lassen. Es ist erstaunlich, dass dieser Aufruf an Juristen, sich an jeder möglichen Front in den Dienst der Klimapolitik zu stellen, nicht von einer Umweltschutzorganisation oder einer grünen Partei ausgeht, sondern von dem Projekt *„Climate Mainstreaming"* eines rechtswissenschaftlichen Instituts der deutschen Max-Planck-Gesellschaft.[547] Weder die Initiatoren noch die sich der Kampagne anschließenden (internationalen) Richter scheint es zu stören, dass das Bekenntnis zum steten Klimaaktivismus in amtlicher Eigenschaft einen Richter wegen Befangenheit potentiell aus jedem Verfahren katapultieren kann.

Kapitel XI

Die Umarmung der Welt IV: bewaffnete Konflikte und der Schutz der Zivilbevölkerung vor nationalen Gerichten

I. Rechtsschutz bei Verletzungen des humanitären Völkerrechts und von Menschenrechten

Die menschliche Gemeinschaft hat es zwar nicht vermocht, Krieg und militärische Gewalt zu verbannen, aber das Völkerrecht beschränkt in Gestalt des humanitären Völkerrechts mit zunehmend engmaschigeren Regeln die Art und Weise der Kampfführung, insbesondere zum Schutz der Zivilbevölkerung.[548] Ein tragendes Prinzip des humanitären Völkerrechts ist die Beschränkung militärischer Gewalt auf den Kreis legitimer Ziele (gegnerische Streitkräfte und militärischen Zielen dienende Infrastruktur) und das Verbot von Angriffen gegen die Zivilbevölkerung (sog. Unterscheidungsgrundsatz).[549]

Die strafrechtliche Ahndung von Kriegsverbrechen an der eigenen und fremden Zivilbevölkerung entspricht nicht nur einer Völkerrechtsverpflichtung, sondern muss auch dem Selbstverständnis eines jeden Rechtsstaates entsprechen. Wie sieht es aber mit der strafrechtlichen Verfolgung und der zivilrechtlichen Haftung bei anderen – wirklichen und vermeintlichen – Verstößen gegen humanitäres Völkerrecht aus, etwa möglicherweise vermeidbaren oder unverhältnismäßigen Kollateralschäden bei der Zivilbevölkerung, oder bei Menschenrechtsverletzungen außerhalb von Kampfhandlungen? Diese Fragen haben seit der militärischen Intervention im Kosovo im Jahre 1999 und dem Afghanistaneinsatz der Bundeswehr auch die Bundesrepublik Deutschland erreicht.

Menschenrechtsverletzungen vor dem Straßburger Gerichtshof

Mit dem Krieg im Kosovo zwischen NATO-Staaten und Rest-Jugoslawien (Serbien und Montenegro) im Frühjahr 1999, beim alliierten Angriff auf den Irak und dem militärischen Engagement aufgrund von Mandaten des UN-Sicherheitsrates (etwa in Afghanistan oder im Kosovo) mussten sich europäische Staaten einer Reihe von Individualbeschwerden wegen Menschenrechtsverletzungen vor dem Europäischen Gerichtshof für Menschenrechte (beispielsweise Verhaftungen, versäumte Räumungen von Bomben oder Minen und Militärschläge mit zivilen Opfern) stellen. In Deutschland haben tatsächliche oder angebliche Opfer von Luftangriffen sehr öffentlichkeitswirksam Entschädigungsklagen gegen die Bundesrepublik erhoben (im Fall der *Brücke von Vavarin*[550] und im Fall des entführten Tanklastzuges an der Flussbiegung von *Kundus*[551]). Schon vorher mussten sich deutsche Gerichte mit der Haftung der Bundesrepublik Deutschland für Kriegsverbrechen im Zweiten Weltkrieg (*Distomo*-Massaker)[552] auseinandersetzen.

Im Falle *Georgia v. Russia (II)* entschied der Europäische Gerichtshof für Menschenrechte, dass Akte der Streitkräfte während der „aktiven Phase der Feindseligkeiten" nicht unter die Europäische Menschenrechtskonvention fallen.[553] Nach dieser Ansicht wäre die Europäische Menschrechtskonvention eigentlich nicht auf den von einem deutschen Oberst angeforderten Luftschlag gegen einen von Taliban entführten Tanklastzug am Fluss Kundus anwendbar. Dennoch entschied der Europäische Gerichtshof für Menschenrechte, dass die Bundesrepublik Deutschland bei der Untersuchung des Luftschlages im Hinblick auf die Tötung von Zivilpersonen an die Konvention gebunden gewesen sei und die aus dem Recht auf Leben (Art. 2 EMRK) folgende Pflicht zur Durchführung einer unabhängigen Untersuchung hätte.[554]

Der Europäische Gerichtshof verlangt im Allgemeinen für die Anwendbarkeit der Europäischen Menschenrechtskonvention außerhalb des Gebietes eines Konventionsstaates die wirksame räumliche Kontrolle, die bei Kampfhandlungen in einem bewaffneten Konflikt aber in der Regel fehlt. Dennoch hat der Gerichtshof eine Bindung Deutschlands im Falle des Luftschlags am Fluss Kundus angenommen. Seine Begründung mit dem Hinweis auf Untersuchungspflichten Deutschlands nach humanitärem Völkerrecht (insbesondere wegen Hindernissen für Untersuchungen durch die afghanischen Behörden)[555] ist dürftig. Sie führt durch eine Hintertür zur Überprüfung des militärischen Vorgehens auf fremdem Staatsgebiet durch den Europäischen

Gerichtshof für Menschenrechte.[556] Die in dem Verfahren intervenierenden Regierungen von Dänemark, Frankreich, Norwegen, Schweden und des Vereinigten Königreichs sowie drei Richter des Gerichtshofs sahen hierin eine Überdehnung des Anwendungsbereichs der Europäischen Menschenrechtskonvention. Im Ergebnis bescheinigte der Europäische Gerichtshof für Menschenrechte der Bundesrepublik Deutschland aber, konventionskonform gehandelt zu haben.[557]

Entschädigungsklagen gegen die Bundesrepublik

Der Bundesgerichtshof hat Einsprüche wegen der Schädigung ziviler Opfer durch Militäreinsätze gegen die Bundesrepublik Deutschland (in diesem Fall: der Luftangriff nahe Kundus) aus der Verletzung einer sog. „Amtspflicht" (§ 839 BGB in Verbindung mit Art. 34 GG) abgelehnt, weil der Gesetzgeber diese aus Amtspflichtverletzungen resultierenden Ansprüche überhaupt nicht auf militärische Konflikte bezogen habe.[558] Ein wichtiges Argument entnimmt der Bundesgerichtshof auch der Rücksicht auf die Bündnisfähigkeit Deutschlands und das Zusammenwirken mit Partnerstaaten insbesondere im Rahmen der NATO, die ihrerseits keine individuellen Ansprüche auf Schadensersatz wegen militärischen Einsätzen in bewaffneten Konflikten kennen.[559] So drohten bei einem Zusammenwirken mit Bündnispartnern eine gesamtschuldnerische Haftung Deutschlands (und damit auch die volle Inanspruchnahme beim Handeln eines Bündnispartners) und eine unmittelbare Überprüfung des hoheitlichen Handelns der Partner durch deutsche Gerichte, welche die Stellung Deutschlands erheblich beschädigen könne.[560] Gegenüber dieser Argumentation hat das Bundesverfassungsgericht deutliche Vorbehalte geäußert, da es anscheinend der Möglichkeit einer Geltendmachung deutscher Grundrechte durch ausländische Opfer deutscher Militäreinsätze und einer Haftung für völkerrechtswidriges Handeln der deutschen Streitkräfte im Ausland zuneigt.[561] Letztlich hat das Bundesverfassungsgericht aber darauf abgestellt, dass der Bundesgerichtshof von einem rechtmäßigen Verhalten des deutschen Kommandeurs in Afghanistan ausgehen konnte. Nur am Rande sei noch einmal darauf hingewiesen, dass die Behauptung einer Großzahl völlig unbeteiligter ziviler Opfer durch den Luftangriff nahe Kundus nach bisherigem Kenntnisstand und der gerichtlichen Beweisaufnahme widerlegt ist. Wie zwei am Verfahren beteiligte Bundesrichter klargestellt haben, flogen die vom deutschen Kommandeur angeforderten US-amerikanischen Kampfflugzeuge längere Zeit vor dem Luftschlag als Warnung über dem Tanklastzug und den dort versammelten

Menschen, die zum großen Teil dann auch die Szenerie verlassen hatten; dass die verbleibenden (30–40) Personen unbeteiligte Zivilisten oder gar Kinder gewesen seien, halten die beiden Richter für höchst fernliegend.[562]

Wie schon die genannten Entscheidungen des Bundesgerichtshofs und des Bundesverfassungsgerichts zeigen, ist die mögliche Berufung (tatsächlicher oder angeblicher) Opfer militärischen Handelns auf fremdem Staatsgebiet auf die Gewährleistungen der Europäischen Menschenrechtskonvention oder die deutschen Grundrechte vor Gerichten in Deutschland höchst umstritten. Eine mögliche Haftung für Streitkräfteeinsätze im Ausland gegenüber zivilen Opfern würde die Bundesrepublik Deutschland jedenfalls in eine Sonderrolle gegenüber ihren westlichen Bündnispartnern bringen.[563] Dennoch macht es das Trauma des Dritten Reiches und das nicht nur in der jüngeren Generation weitverbreitete Unbehagen gegenüber allen militärischen Einsätzen schwer, diese Sichtweise in Deutschland überzeugend zu vermitteln. Natürlich darf ein Rechtsstaat die gerichtliche Prüfung seines Verhaltens auch in militärischen Konflikten nach Völkerrecht, Europäischer Menschrechtskonvention und Verfassungsrecht nicht scheuen. Aber gerade der Fall *Kundus* zeigt, wie medienwirksam erhobene Klagen in einem rechtskulturellen Umfeld wie dem deutschen dem militärischen Gegner eine große Bühne bieten und ihm mit wirklichkeitsfremden Vorstellungen dauerhaft zu einem Propagandaerfolg verhelfen können.[564] Eine schwierige, aber interessante Frage ist, ob ein deutscher Kommandeur in Kenntnis der prozessualen Folgen des Luftschlages von Kundus noch einmal so handeln würde wie seinerzeit der deutsche Oberst oder ob er nicht trotz des Risikos eines verheerenden Anschlags mit dem entführten Tanklastzug auf ein deutsches Feldlager mit einem entschlossenen Eingreifen zögern würde. Es ist auch aufschlussreich, dass nach all den strafrechtlichen und disziplinarrechtlichen Verfahren, nach den Klagen in den verschiedenen Instanzen bis hin zum Bundesgerichtshof, Bundesverfassungsgericht und Europäischem Gerichtshof für Menschenrechte eine Satiresendung im öffentlich-rechtlichen Fernsehen das Verhalten des deutschen Obersten als „Kriegsverbrechen“ titulierte.[565] Folgenloser Rufmord als Konsequenz eines bis ins Letzte ausgeleuchteten, rechtmäßigen Handelns eines Kommandeurs unter äußerster Anspannung?

Die Überprüfung von extraterritorialen Militäreinsätzen durch den Europäischen Gerichtshof für Menschenrechte ist insbesondere in Großbritannien auf lebhafte Kritik gestoßen.[566] Aus US-amerikanischer Perspektive hat der frühere CIA-Chef und Oberbefehlshaber von ISAF (multinationale Sicherheitskräfte in Afghanistan) David Petraeus die Befürchtung geäußert, die

Überlagerung des humanitären Völkerrechts durch den europäischen Menschenrechtsschutz nach der Rechtsprechung des Straßburger Gerichtshofs könne die Funktionsfähigkeit der britischen Streitkräfte und die politische Bündnisfähigkeit erheblich beschädigen.[567] Auch hier brechen ganz unterschiedliche Sichtweisen innerhalb der westlichen Staatenwelt auf. Man muss sich diese Bedenken nicht zu eigen machen, doch stimmen die unterschiedlichen Perspektiven bereits innerhalb Europas und im transatlantischen Gefüge nachdenklich. Es wäre verhängnisvoll, wenn am Ende eine völlige Überspannung des Rechtschutzes im Dienste der Menschen- und Grundrechte ausgerechnet menschenverachtenden Diktatoren und Terrorregimen zu einem willfährigen rechtlichen Instrument für Propaganda und Demotivierung im Konflikt mit den westlichen Staaten verhelfen würde.

Ramstein und die deutsche Verantwortlichkeit für Drohneneinsätze im Jemen

In die Unsicherheiten über den Schutz von Ausländern in mehr oder weniger fernen Ländern spielt auch die gerichtliche Auseinandersetzung über die Verantwortlichkeit Deutschlands für die militärische Nutzung deutschen Staatsgebiets durch verbündete Staaten hinein. Im Fall der *Airbase Ramstein* haben jemenitische Staatsangehörige mit Wohnsitz im Jemen und in anderen Ländern gegen die Nutzung dieses US-amerikanischen Stützpunkts für eine Relaisstation und die Weiterleitung von Satellitensignalen zur Steuerung von Drohnen im Jemen geklagt. Der Stützpunkt wird auf der Grundlage des Vertrages über den Aufenthalt ausländischer Streitkräfte in der Bundesrepublik Deutschland von 1954, des NATO-Truppenstationsvertrags von 1951 sowie des Zusatzabkommens hierzu von 1959 von den amerikanischen Streitkräften genutzt. Nach Unterrichtung über den geplanten Bau einer Satellitenrelaisstation für die Steuerung von Drohnen im Ausland erklärte die Bundesregierung, dass hiergegen keine Bedenken bestünden. Die Kläger machten die Verletzung humanitären Völkerrechts wegen ziviler Opfer bei den amerikanischen Drohneneinsätzen geltend und beriefen sich auf die drohende Gefährdung von Leib und Leben (Art. 2 Abs. 2 Satz 1 GG). Das Oberverwaltungsgericht Münster sah Deutschland in einer Mitverantwortung für die amerikanischen Drohneneinsätze und verurteilte die Bundesrepublik Deutschland dazu, auf die Wahrung humanitären Völkerrechts im Hinblick auf die möglichst zu vermeidenden Opfer unter der Zivilbevölkerung hinzuwirken.[568] Das Bundesverwaltungsgericht verneinte dagegen einen der Bundesrepublik Deutschland zurechenbaren mittelbaren oder unmittelbaren Eingriff in die körperliche Unversehrtheit ziviler Opfer; es nahm eine grundrechtliche Pflicht der Bundesregierung aus Art. 2 Abs. 2 Satz 1 GG, im Ausland lebende Ausländer vor völkerrechtswidrigen Beeinträchtigungen durch fremde Militäreinsätze zu schützen, – nur – dann an, wenn ein „hinreichend enger Bezug" zum deutschen Staat bestehe, insbesondere wenn die Nutzung des deutschen Staatsgebietes wesentlich für die Militäreinsätze sei.[569] Am Ende verneinte das Bundesverwaltungsgericht einen solchen qualifizierten Bezug zur Bundesrepublik Deutschland bei der bloßen Weiterleitung von Daten über die Satellitenrelaisstation in Ramstein und verlangte im Übrigen für eine Verpflichtung zum Einschreiten des deutschen Staates eine systematische oder fortgesetzte Verletzung humanitären Völkerrechts; bei der Bewertung komme der Bundesregierung ein beachtlicher Spielraum zu.[570] Auch diese Entscheidung ist auf ein geteiltes Echo gestoßen.[571] Die grundsätzliche Geltung der deutschen Grundrechte für Ausländer im Ausland ist – wie bereits angesprochen – ausgesprochen zweifelhaft. Sie lässt sich am ehesten noch für die Achtung der Menschenwürde und den Schutz von Leib und Leben begründen.[572] Aber für die Einhaltung humanitären Völkerrechts und den dabei gewohnten Schutz der Zivilbevölkerung sind grundsätzlich nur die an dem unmittelbaren Konflikt Beteiligten verantwortlich. Etwas anderes mag dann gelten, wenn Deutschland sein Staatsgebiet gerade für Militäreinsätze zur Verfügung stellt, die von Anfang an in vorhersehbarer Weise völkerrechtswidrig sind.[573]

Andernfalls wäre Deutschland bei jeder irgendwie vorhersehbaren Schädigung durch die Verwendung von Material für militärische Zwecke, das mit Deutschlands Zustimmung an einen anderen Staat geliefert worden ist, für die Folgen den Opfern gegenüber verantwortlich. Im Übrigen verlangt auch das Völkerrecht für die Verantwortlichkeit des Staates aufgrund der Beihilfe zu Völkerrechtsverletzungen anderer Staaten objektiv einen beachtlichen Kausalbeitrag und die Kenntnis der relevanten Umstände.[574] Hier zeigt sich wieder einmal, dass der überspannte Grundrechtsschutz leicht dazu führen kann, dass deutsche Richter über die Rechtmäßigkeit fremden Staatshandelns zu Gericht sitzen und Anreize geschaffen werden, dass die Bundesrepublik Deutschland ihre Rolle als Bündnispartner immer weiter aus zivil- und grundrechtlichen Implikationen zurücknimmt.

Natürlich gibt es auch eine Gegenperspektive: Danach macht gerade die strenge Überwachung des Verhaltens von Bündnispartnern im Interesse völkerrechtlicher Standards den Charme einer möglichst weitgehenden Schutzwirkung der Grundrechte für die Menschen in aller Welt aus. Viel Zuspruch hat diese Sicht außerhalb Deutschlands jedoch nicht gefunden. Auch deutsche Regierungen haben nicht versucht, ihre Partner wegen der Verwendung gelieferter Waffen zur Rechenschaft zu ziehen.

Wohl aber sprechen unabhängig von grundrechtlichen Schutzpflichten gegenüber Ausländern im Ausland und von einer völkerrechtlichen Mitverantwortung gute Gründe dafür, bei wahrscheinlichen Verletzungen des humanitären Völkerrechts Waffenlieferungen an andere Staaten zu verweigern oder diese Möglichkeit jedenfalls zu berücksichtigen.[575] Im Fall *Campaign against Arms Trade v. Secretary of State for International Trade* hat der englische *Court of Appeal* verlangt, dass sich die britische Regierung bei der Genehmigung von Waffenlieferungen nach Saudi Arabien mit deren Verwendung im Jemen vor dem Hintergrund bekannter Verletzungen des humanitären Völkerrechts auseinandersetzt.[576] Im Vereinigten Königreich kann bei einem vom jeweiligen Gericht förmlich anerkannten „hinreichenden Interesse" auch ein nicht in eigenen Rechten betroffener Kläger, wie eine Nichtregierungsorganisation, Regierungshandeln überprüfen lassen.

II. Schutz vor Völkermord

Das Massaker von Srebrenica vor der niederländischen Justiz

Zu den schrecklichsten Kapiteln der europäischen Nachkriegsgeschichte gehören die Gräueltaten des Bürgerkrieges in Bosnien-Herzegowina mit dem Massaker von Srebrenica. Im Juli 1995 ermordeten bosnisch-serbische Einheiten in der UN-Schutzzone von Srebrenica etwa 8.000 Muslime. Ein Großteil der Opfer hatte sich in das Hauptquartier eines niederländischen Bataillons der UN-Schutztruppe (UNPROFOR) geflüchtet. Dabei spielte das in der Schutzzone stationierte niederländische Bataillon der UN-Schutztruppe (*Dutch Bat*) eine wenig rühmliche Rolle. Bei den nationalen Einheiten lag nur das operative Kommando, während die operative Kontrolle bei den Vereinten Nationen lag. Im Übrigen behielten die Entsendestaaten die Befehlsgewalt über ihre eigenen Truppen. Die bosnisch-serbischen Einheiten und die mit ihnen verbündeten paramilitärischen Kräfte überrannten bei zahlenmäßiger Überlegenheit die Schutzzone und deportierten eine große Zahl der dorthin Geflüchteten unter Missachtung einer Resolution des UN-

Sicherheitsrates. Schließlich wurden auch diejenigen bosnischen Muslime, die sich in eine engere Schutzzone um den eigentlichen niederländischen Stützpunkt geflüchtet hatten, deportiert und zum großen Teil getötet. Einzelne Flüchtlinge wurden von den niederländischen Blauhelmen des Stützpunkts verwiesen. Bei alldem kam es zu einer eigenartigen Kooperation zwischen den niederländischen UN-Streitkräften und den bosnisch-serbischen Einheiten. Dabei befand sich das niederländische Bataillon auch deswegen in einer schwierigen Lage, weil die angeforderte militärische Unterstützung (abgesehen von einem einmaligen Luftschlag) auch wegen der serbischen Drohungen mit der Exekution der Flüchtlinge ausblieb. Wie sich die bosnisch-serbischen Streitkräfte unter ihrem später als Kriegsverbrecher verurteilten Kommandeur bei einem energischen militärischen Widerstand verhalten und ob sie das Risiko einer massiven Eskalation in Kauf genommen hätten, ist bis heute ungewiss. In den Fällen *Mustafić v. The State of the Netherlands*[577] und *Nuhanović v. The State of the Netherlands*[578] verklagten die Angehörigen von ermordeten Muslimen den niederländischen Staat auf Schadensersatz, weil die niederländischen Einheiten ihre schutzsuchenden Familienangehörigen aus dem niederländischen Lager verwiesen und damit den serbischen Mörderbanden ausgeliefert hatten. Dabei bestätigte der Oberste Gerichtshof der Niederlande eine Verantwortlichkeit des Staates für das Versagen seiner an der UN-Schutzmission mitwirkenden Einheiten, die neben eine mögliche Mitverantwortung der Vereinten Nationen trete. Im Fall der Mütter von Srebenica (*Mothers of Srebrenica v. The State of the Netherlands*) klagten die Angehörigen ermordeter bosnischer Muslime und eine etwa 6.000 überlebende Familienangehörige von Opfern vertretende Stiftung gegen den niederländischen Staat und verlangten Schadensersatz, weil die niederländischen Einheiten die Aussonderung von männlichen Personen durch die serbischen Kräfte erleichtert und innerhalb des niederländischen Komplexes Geflüchteten nicht den weiteren Aufenthalt erlaubt hätten. Damit sei ihnen jede Chance auf ein Entrinnen aus den Händen der serbischen Verfolger genommen worden. Das Berufungsgericht nahm eine Verletzung der aus den Menschenrechten (Art. 2 und 3 EMRK), dem Internationalen Pakt über bürgerliche und politische Rechte sowie dem niederländischen Recht folgenden Pflicht zum Schutz von Leben und physischer Integrität an. Von diesem (in der Revisionsinstanz nicht angegriffenen) Ansatz ausgehend, nahm der Oberste Gerichtshof an, dass das niederländische Kommando von der Lebensgefahr für die männlichen Flüchtlinge wusste und angesichts der konkreten Umstände den etwa 350 männlichen Flüchtlingen innerhalb des niederländischen Komplexes den weiteren Aufenthalt hätte ermöglichen müssen.[579] Jedoch schätzte der *Hoge Raad* die Überlebenschance der männlichen Flüchtlinge in dem niederländischen Komplex selbst bei einem Widerstand des niederländischen Bataillons gegen die Deportierung durch die serbischen Kräfte (im Lichte der ausbleibenden militärischen Unterstützung einerseits und des Risikos einer Eskalation des Konflikts für die serbischen Einheiten anderseits) auf lediglich 10% ein.[580] Angesichts der komplexen Lage für das niederländische Bataillon fällt eine abschließende Bewertung schwer. Im Fall der *Mütter von Srebrenica* wies der Oberste Gerichtshof auf die Anweisungen des niederländischen Verteidigungsministers hin, bei der UN-Mission der Unversehrtheit von niederländischen Soldaten obersten Vorrang zu geben.[581] Vielleicht gehört auch diese Regierungsanweisung für die Schutztruppe in einen mit äußerster Brutalität geführten Bürgerkrieg zu einer speziell sehr europäischen Sehnsucht nach der heilen Welt. Bei einem US-amerikanischen Bataillon hätte ein Gericht die Überlebenschance der ihrem Schutz anvertrauten Personen wohl höher angesetzt als zehn Prozent.

Kapitel XII

Der Staat in der Krise

I. Verunsicherung der heilen Welt

Für den modernen Idealismus mit seinem Harmoniestreben ist jede Krise durch innere oder äußere Bedrohungen eine verstörende Entwicklung. Denn sie drängt zu massiven Abwehrmaßnahmen, die weit in die Rechte Einzelner einschneiden können oder zu erheblichen Gewichtsverschiebungen in der gewaltenteilenden Staatsorganisation führen. Manche Verfassungen verzichten ganz auf Notstands- und Krisenbefugnisse im Vertrauen darauf, dass die rechtliche Normallage auch die angemessene Reaktion auf ungewöhnliche Herausforderungen erlaubt. Wo dagegen Verfassungen Notstands- und Krisenbefugnisse gewähren, kann dies sehr unterschiedlich ausgestaltet sein: So gibt die Schweizerische Bundesverfassung dem Bundesrat zur Abwehr schwerer Störungen der öffentlichen Ordnung oder der inneren oder äußeren Sicherheit eine Art Notverordnungsrecht.[582] Von lapidarer Kürze ist auch die französische Verfassung von 1958 bei den Notstandsbefugnissen des Präsidenten: Danach kann der Präsident die „erforderlichen Maßnahmen" treffen, wenn die Französische Republik oder ihre Institutionen sowie die Funktionsfähigkeit der Verfassungsorgane massiv bedroht sind.[583] Bei den Notstandsmaßnahmen ist der Verfassungsrat zu konsultieren und kann nach 30 Tagen auch zur Überprüfung der fortdauernden Ermächtigungsvoraussetzungen angerufen werden. Ganz anders nehmen die mit der „Notstandsgesetzgebung" von 1968 in das Grundgesetz eingefügten Bestimmungen breiten Raum ein und sind so detailliert, dass ihre Bewährung in einer schweren Krise recht zweifelhaft erscheint. Während die Krise aus der Sicht von Gewaltenbalance und Freiheitsrechten als Gefährdung erscheint, gewinnen manche Verfassungsrechtler und Politikwissenschaftler dem Notstand und Ausnahmeregeln etwas irritierend Faszinierendes ab.[584] Der Weimarer Staatsrechtslehrer und spätere Apologet des NS-Staatsterrors Carl Schmitt sah im Ausnahmezustand geradezu die Chance zur maximalen Verdichtung von Staatsgewalt und äußerster Entscheidungskonzentration: „Souverän ist, wer über den Ausnahmezustand entscheidet"[585]. Von hier aus ist es nicht mehr weit bis zur Rechtfertigung des Staatsstreiches und zur grenzenlosen Selbstermächtigung, wie sie das sog. „Ermächtigungsgesetz“ von 1933 bedeutete. Letztlich steht dieses Denken in geistiger Nähe zu einem völkerrechtlichen Denken vor dem Ersten Weltkrieg, das bei friedlich nicht lösbaren Konflikten im Ausgang eines Krieges eine Art Gottesurteil sah.[586] All dies ist nichts anderes als reiner und roher „Realismus“ mit der Kapitulation vor Herrschaftswillen und überlegener Gewalt, die Verdrängung von Recht durch Macht. Umso wichtiger ist, dass die Rechtsordnung so viel Elastizität aufweist, um eine erfolgreiche Bewältigung schwerer Krisen zu ermöglichen, statt durch überzogene Starre zum Rechtsbruch einzuladen. Auf der anderen Seite bergen Krisen immer wieder die Versuchung, rechtliche Bindungen aufzuweichen oder sonst Recht umzudeuten und zu beugen. Diese Versuchung zeigt sich etwa im Umgang mit der Schuldenkrise in der Europäischen Währungsunion. Dabei bedienen sich die Verfechter nationaler Interessen gerne der Überhöhung bestimmter Ideale (wie der namentlich von überschuldeten Ländern geforderten Solidarität) oder ständiger finanzieller Unterstützung. Beistandswillige Kräfte beschwören das große Ideal fortschreitender Integration schlechthin („Scheitert der Euro, dann scheitert Europa“[587]).

Krisen bergen schließlich die Gefahr, dass naheliegende, aber umstrittene Krisenreaktionen von sensiblen Gemütern in Politik, Medien und Staatsrechtslehre in übersteigerter Weise gleich in die Nähe eines Abgleitens in eine Diktatur gerückt oder mit dem Ermächtigungsgesetz von 1933 verglichen werden. Hier bietet die Auseinandersetzung über die Corona-Maßnahmen reiches Anschauungsmaterial.[588]

Bitte erst die Bahnsteigkarte lösen ...

Nach einer Lenin zugeschriebenen Bemerkung taugen die Deutschen nicht als Revolutionäre, weil sie selbst beim Sturm auf einen Bahnhof noch brav ihre Bahnsteigkarte lösten. Solche Bahnsteigkarten finden sich auch heute noch, und das Wort lässt sich umkehren – in dem Sinne, dass deutsche Ordnungskräfte erst noch eine Bahnsteigkarte lösen würden, bevor sie einen führerlos heranrasenden oder von Terroristen gesteuerten Zug aufhalten. Dies ist ein nicht nur auf Deutschland beschränktes Phänomen, es findet sich in vielen demokratischen Rechtstaaten westlicher Prägung. So bedarf in Kolumbien die Vernichtung der Coca-Kulturen im Kampf gegen den Drogenhandel einer ausführlichen Beteiligung aller möglichen ethnischen Gemeinschaften.[589] In Deutschland verlangt das Bundesverfassungsgericht beim Einsatz der Streitkräfte zur Abwehr eines apokalyptischen Terroranschlags nach Art. 35 Abs. 3 Satz 1 GG die Zustimmung des gesamten Kabinetts.[590] Da kann man nur hoffen, dass die Attentäter ihren Terrorplan rechtzeitig vorher ankündigen werden, um einen Kabinettsbeschluss herbeiführen zu können.

Beim Staatsstreich des damaligen Präsidenten Serrano in Guatemala im Jahre 1993 hat sich das Verfassungsgericht des Landes nicht erst um eine Bahnsteigkarte gekümmert. Nachdem der Präsident den Kongress für aufgelöst erklärt hatte und ähnliche Schritte gegen andere Organe zu erwarten waren, hat es die Maßnahmen des Staatspräsidenten für unwirksam erklärt[591] – von sich aus, ohne einen entsprechenden Antrag. Der Verteidigungsminister hat diese Entscheidung dann über das Radio bekannt gemacht und so den Staatsstreich des Präsidenten zum Scheitern gebracht. Mit seinem mutigen Schritt hat das Gericht die Verfassungsordnung von Guatemala vor einem Sturz bewahrt und gewissermaßen in einer Art Geschäftsführung ohne Auftrag für andere Organe und das Staatsvolk gehandelt.[592]

Das Zerhäckseln von Parteienverboten

Die Erfahrungen aus der Weimarer Republik haben im modernen Verfassungsleben Spuren hinterlassen. Auf die Zersetzung einer rechtstaatlichen, demokratischen Ordnung von innen heraus durch offen verfassungsfeindliche Parteien haben die Schöpfer des Grundgesetzes mit der „wehrhaften Verfassung" reagiert, die sich gegen Verfassungsfeinde schützt. Hierzu gehört insbesondere die Möglichkeit, gegen die Grundstrukturen der Verfassung agierende Parteien zu verbieten (Art. 21 Abs. 2 und Abs. 4 GG). Nach Art. 21 Abs. 2 sind „Parteien, die nach ihren Zielen oder nach dem Verhalten ihrer Anhänger darauf ausgehen, die freiheitliche demokratische Grundordnung zu beeinträchtigen oder zu beseitigen oder den Bestand der Bundesrepublik Deutschland zu gefährden, [...] verfassungswidrig". Der Europäische Gerichtshof für Menschenrechte hat ein Parteiverbot einer strengen Verhältnismäßigkeitsprüfung unterworfen und für ein Verbot verlangt, dass ein „dringendes soziales Bedürfnis" hierfür bestehe; dies setze grundsätzlich voraus, dass die betroffene Partei eine reale Chance zur Verwirklichung ihrer verfassungsfeindlichen Bestrebungen habe.[593] Diese Rechtsprechung hat sich auch das Bundesverfassungsgericht zu eigen gemacht.[594] So ist am Ende das Verbot der NPD trotz festgestellter Nähe zum Nationalsozialismus am unzureichenden politischen Gewicht und den geringen Erfolgsaussichten der Partei gescheitert.[595]

Für diese Rechtsprechung scheint zu sprechen, dass sich der Einsatz schwerer Artillerie zur Verteidigung der Verfassung nur auf wichtige strategische Ziele richten sollte. Übersehen wird dabei aber, dass aus dem Rinnsal einer zunächst unbedeutenden Partei etwa durch die Vereinigung mit anderen gleichgerichteten Kräften rasch eine beachtliche Strömung entstehen kann, die sich dann mit dem schwerfälligen und zeitraubenden Instrument des Parteiverbots nicht mehr eindämmen lässt. Wenn verfassungsfeindliche Parteien erst einmal in die Parlamente gelangt sind, lässt sich ihr politisches Potential leicht in neue Organisationsformen überführen, denen die wehrhafte Demokratie dann immer hinterherlaufen muss. Von Winston Churchill stammt die (von ihm auf den Bolschewismus gemünzte) Maxime, man solle eine gefährliche Bewegung möglichst schon in der Wiege erwürgen.[596] Es wäre gut, wenn auch die wehrhafte Demokratie in diesem Sinne vorausschauend agieren könnte.

Die permanente Drogenkrise

In vielen Ländern Lateinamerikas (und anderer Kontinente) nährt der Drogenanbau eine permanente Krise in Staat und Gesellschaft, die staatliche Funktionen im Kern bedroht, die Politik erdrückt und erst recht den Rechtsstaat aushöhlt. Im schlimmsten Fall kommt es zu einer „Narco-Diktatur" wie in Venezuela. Seit Jahrzehnten sind der Anbau der Coca-Pflanze und der Kokainhandel für manche Länder Lateinamerikas die Geißel schlechthin. Die Drogenmafia hat immer wieder staatliche Institutionen unterwandert, Angehörige der Justiz bedroht und ermordet oder gefügig gemacht, Präsidentschaftswahlen mit Stimmenkauf entschieden und sonst stets von Neuem auf politische Entscheidungen eingewirkt. In nicht wenigen Regionen üben Drogenbarone die eigentliche Herrschaft aus. Gewalt, Drohung und wirtschaftliche Not bringen bis heute viele Kleinbauern, auch aus der indigenen Bevölkerung, in eine Art moderne Sklavenarbeit für Drogenkartelle.

In Kolumbien ist es in der Vergangenheit gelungen, den Coca-Anbau auch durch den Einsatz von Glyphosat massiv zu reduzieren.[597] Mittlerweile hat sich die Anbaufläche wieder vervielfacht. Ein wesentlicher Grund hierfür liegt darin, dass die größte Guerillaorganisation (FARC) im Rahmen eines Friedensabkommens mit der kolumbianischen Regierung erfolgreich gefordert hat, die Vernichtung von Coca-Kulturen durch Glyphosat einzustellen. Die FARC war nach dem Zusammenbruch der alten Drogenkartelle wohl zur größten Drogenorganisation in Südamerika aufgestiegen. Das mit der kolumbianischen Regierung geschlossene Friedensabkommen sichert ihr weitreichende politische Privilegien und Straffreiheit für die mit dem politischen Kampf verbundenen Verbrechen. Seither agiert der „offizielle" Teil der FARC als politische Kraft, während der andere Teil weiterhin als große Drogenorganisation den bewaffneten Kampf fortführt. Dieser Teil kontrolliert Landstriche mit indigenen Gemeinden, in denen Coca angebaut wird. Das ist der Hintergrund einer erstaunlichen Entscheidung des Verfassungsgerichts von Kolumbien. Das Gericht hat im November 2021 den Einsatz von Glyphosat zur Vernichtung des Coca-Anbaus in 104 Gemeinden blockiert und zuvor die Anhörung von ethnischen Gemeinschaften angeordnet.[598] Dieses Beteiligungsrecht entnimmt das Verfassungsgericht einem Abkommen der internationalen Arbeitsorganisation zum Schutz indigener Völker und der Rechtsprechung des interamerikanischen Menschenrechtsgerichtshofs zur soziokulturellen Bedeutung des Eigentums für indigene Gemeinschaften.[599] Die Regierung hatte vergebens geltend gemacht, dass sich die betroffenen Coca-Felder vielfach gar nicht auf dem Territorium der indigenen Gemeinschaften befanden. Schon vorher hatte das kolumbianische Verfassungsgericht die gebotene Anhörung auch damit begründet, dass Coca für viele indigene Völker eine heilige Pflanze sei und eine wichtige soziokulturelle Rolle für indigene Gemeinschaften spiele.[600] Dabei steht außer Frage, dass der Einsatz von Glyphosat wegen der möglicherweise krebserregenden Wirkung höchst kontrovers gerade bei der großflächigen Besprühung aus der Luft diskutiert wird. Doch ist Glyphosat in Kolumbien – ebenso wie in der Europäischen Union (dort bis Ende 2022) – zur Bekämpfung von Unkraut zugelassen. Hier sollte es also letztlich um eine konsistente Bewertung der gesundheitlichen Auswirkungen gehen, die in keinem speziellen Zusammenhang mit ethnischen Gemeinschaften stehen, weil sie die Gesundheit aller hiervon betroffenen Menschen berühren. Bei einem solchen allgemeinen Prüfungsstandard kann gar nicht der Eindruck entstehen, dass die Geltendmachung indigener Rechte letztlich den Interessen einer Drogenmafia (gewollt oder ungewollt) Vorschub leistet. Jenseits von Gesundheitsbedenken ist schwer erkennbar, inwieweit die Durchsetzung des Verbotes von Drogenanbau und die Vernichtung von Coca-Kulturen Mitspracherechte indigener oder anderer Gemeinschaften begründen können. Auch wenn der ungebremste Coca-Anbau für das von der Drogenkrise gezeichnete Land und alle Opfer des Kokainhandels eine Katastrophe bedeutet, bejubeln Umweltschützer, dass das kolumbianische Verfassungsgericht dem Einsatz von Glyphosat Einhalt gebietet – zwar nicht gegen erlaubte Pflanzenkulturen, wohl aber gegen den verbotenen Anbau von Drogen.

II. Die Corona-Pandemie und die bürgerlichen Freiheiten

Die seit der Jahreswende 2019/20 wütende Corona-Pandemie hat in europäischen Ländern zu Einschränkungen der bürgerlichen Freiheiten geführt, die in der Nachkriegszeit beispiellos sind. Die getroffenen Maßnahmen reichen in Deutschland von Ausgangsbeschränkungen über Quarantänepflichten für Infizierte sowie Kontaktpersonen und Versammlungsverbote bis hin zu weitgehender oder völliger Schließung des Wirtschafts-, kulturellen und sportlichen Lebens sowie der schulischen Ausbildung.[601] Sie betreffen die persönliche Fortbewegungsfreiheit, die Versammlungsfreiheit, die Religionsfreiheit ebenso wie die Berufsfreiheit und die Ausübung von Eigentumsrechten.[602] Daneben treffen Ausgangs- und Kontaktbeschränkungen auch das Grundrecht auf freie Entfaltung der Persönlichkeit (Art. 2 Abs. 1 GG), das auch die Begegnung mit anderen Menschen schützt.[603] Das Bundesverfassungsgericht hat im Zusammenhang mit Schulschließungen und Distanzunterricht darüber hinaus ein „Grundrecht auf schulische Bildung" kreiert (auch aus Art. 2 Abs. 1 in Verbindung mit Art. 7 Abs. 1 GG).[604] Hier zeigt sich wieder der Drang des neuen Idealismus, auf neue Herausforderungen in der Außenwelt mit neu gestrickten Grundrechten zu reagieren. Viele Eingriffe hat der parlamentarische Gesetzgeber auf eine neue oder erweiterte gesetzliche Grundlage gestellt. So hat der französische Gesetzgeber die Figur des Gesundheitsnotstandes geschaffen,[605] während in Deutschland das geänderte Infektionsschutzgesetz seit seiner Änderung von März 2020 die Feststellung einer „epidemischen Lage von nationaler Tragweite" durch den Bundestag vorsieht, an die sich mögliche Beschränkungen knüpfen.[606] Vielleicht noch mehr als in anderen Ländern müssen sich die Maßnahmen in Deutschland einer gerichtlichen Überprüfung stellen.

Triviale Prüfung der Verhältnismäßigkeit

Aus rechtlicher Sicht gebieten die Corona-Maßnahmen eine fast schon triviale Prüfung: Eingriffe in Freiheitsrechte sind unter Abwägung mit dem Schutz von Leben und Gesundheit (Schutz vor Übertragung und Erkrankung sowie Sicherung der Funktionsfähigkeit der medizinischen Versorgung) auf ihre Verhältnismäßigkeit im Rahmen eines *grosso modo* schlüssigen Konzepts zu überprüfen. In Deutschland verfügen Gesetz- und Verordnungsgeber angesichts des überragenden Ranges von Leben und Gesundheit in der verfassungsrechtlichen Werteskala bei möglichster Ausschöpfung des beschränkten Wissens über Wirkungszusammenhänge über einen beachtlichen Einschätzungs- und Gestaltungsspielraum.[607] Im Lichte dieser Kriterien hat das Bundesverfassungsgericht alle in den gesetzlichen Regelungen zu einer epidemischen Lage von nationaler Tragweite angelegten Beschränkungen für verfassungskonform erklärt.[608]

Ganz ähnlich – nur in lapidarer Kürze – hat auch der französische Verfassungsrat auf den politischen Gestaltungsspielraum des Gesetzgebers bei der Abwägung des Gesundheitsschutzes und den persönlichen Freiheitsrechten hingewiesen.[609]

Neue Kultur der Empörung

Aus rechtspolitischer und auch aus soziologischer Sicht ist interessant, wie die Kultur einer starken Betonung individueller Freiheitsrechte Wellen der Empörung über die Corona-Maßnahmen freigesetzt hat. Dies gilt für Deutschland vielleicht stärker als für andere Länder. In Italien konnte der Gesetzgeber selbst eine eher weitgehende Impfpflicht recht geräuschlos einführen.[610] Dagegen hat in Deutschland jede Beschränkung persönlicher Freiheiten lauteste Aufschreie ausgelöst. Die Folgen zeigten sich etwa bei der zögerlichen Annäherung an die später gescheiterte Impfpflicht, zu der sich die neue Ampel-Bundesregierung eigentlich schon im November 2021 bekannt hatte.[611] Dass der federführende Gesundheitsminister sich nicht als Ressortchef, sondern nur als Abgeordneter für die Impflicht aussprach,[612] erinnert an Verhältnisse in der Französischen Republik, in der Minister als Abgeordnete gegen eine Maßnahme stimmten, die sie vorher im Kabinett gebilligt hatten. Noch interessanter sind die diskursiven Verschiebungen in der Deutung von Grundrechten, wie sie während der Corona-Pandemie immer wieder aufschienen. Hier zeigt sich eine zuweilen kuriose Überhöhung persönlicher Freiheiten gegenüber dem Schutz von Leib und Leben anderer.

In Deutschland haben immer wieder Verwaltungsgerichte in erster Instanz, zuweilen aber auch Oberverwaltungsgerichte, Demonstrationen von Zehntausenden zugelassen, obwohl dabei nach bisherigen Erfahrungen massive Verstöße gegen Schutzvorgaben zu erwarten waren (und dann auch eingetreten sind).[613] Hier zeigt die schon vor Jahrzehnten vom Bundesverfassungsgericht in seinem „Brokdorf-Beschluss" eingeleitete Hochstufung der

Demonstrationsfreiheit (als Produkt von Meinungs- und Versammlungsfreiheit)[614] gewisse Nachwirkungen.

Im Sinne dieser Logik muss der Staat „Querdenkern“ und anderen Gegnern politischer Entscheidungen die Kundgabe ihrer Meinungen ermöglichen, auch wenn mit mehr oder weniger schweren Ausschreitungen zu rechnen ist, sofern nicht ein insgesamt gewaltsamer Verlauf der Demonstration erwartbar ist.[615] Jedoch lässt sich die vom Bundesverfassungsgericht für Demonstrationen entwickelte Brokdorf-Logik (unabhängig davon, ob man ihr folgen will oder nicht) mit der Hinnahme gewalttätiger Ausschreitungen der Minderheit einer Protestversammlung keinesfalls auf das naheliegende Risiko einer Masseninfektion in einer Pandemie durch das rechtswidrige Verhalten Tausender übertragen. Alles andere wäre auch mit dem Vorsorgegrundsatz bei weitaus geringeren Gefahren für Leib und Leben schlechthin nicht zu vereinbaren. Dort, wo der Einzelne bei seiner persönlichen Freiheit im Interesse des Gesundheitsschutzes Einschränkungen hinnehmen muss, hilft auch die Berufung auf die Versammlungsfreiheit nicht weiter.

Ganz im Sinne der bereits erwähnten Überhöhung einzelner rechtlicher Belange sind dann auch einzelne Stimmen aus der deutschen Staatsrechtslehre auf den Gedanken gekommen, bei Beschränkungen der persönlichen Fortbewegungsfreiheit einen argumentativen Rationalitätsverlust zu beklagen oder gar die Menschenwürde zu bemühen.[616] Ähnliche Argumentationen schienen bei der Impfpflicht auf. Hier zeigt sich wieder die Sehnsucht nach einer heilen Welt, in der die unbeschränkte – und unbeschränkbare – Bewegungsfreiheit des Einzelnen gewissermaßen zum grundrechtlichen Existenzminimum gehört. Dabei ist schon nicht einzusehen, weshalb in Ausgangs- und Quarantänebeschränkungen (oder auch einer Impfpflicht) eine Missachtung des persönlichen Achtungsanspruchs eines jeden Menschen liegen soll, wenn es um den Schutz (eigenen und fremden) Lebens geht. Im Übrigen tritt das Leben als ein Höchstgut unserer Verfassung hinter keinem anderen Grundrecht zurück. Auch die Menschenwürde begründet kein Recht des Einzelnen, sich selbst im Kern seines Selbstverständnisses auf Kosten der Lebenschancen anderer zu entfalten.

Hochstilisierung des Rechts am eigenen Körper

In der Corona-Krise hat auch die Diskussion um eine Impfpflicht im deutschen Staatsrecht merkwürdige Blüten getrieben. Dabei geht es nicht darum, wie effektiv eine Impfpflicht das Übertragungsrisiko mindert und inwieweit alternative Maßnahmen auf ihre Verhältnismäßigkeit einwirken. Vielmehr findet die Überhöhung der Selbstbestimmung über den eigenen Körper selbst bei minimal-invasiven, medizinisch weitgehend unbedenklichen Eingriffen eine verfassungsrechtliche Abstützung in dem Sinne, dass bei Grundrechtseingriffen besonders auf die Bewertung des Einzelnen abgestellt wird.[617] Über das Gewicht eines Grundrechtseingriffs soll so letztlich die subjektive Sicht des Einzelnen auf die Welt und sich selbst entscheiden. Eine rationale, generell-abstrakte Abwägung wäre damit ebenso unmöglich wie die jeder Gesetzgebung innewohnende Typisierung. Stattdessen müsste immer geprüft werden, welche Bedeutung der Einzelne dem Eindringen der Injektionsnadel und der Verabreichung eines Impfstoffes beimisst und an welchem Impfstoff er gerade Anstoß nimmt. Im Übrigen nimmt das Verfassungsrecht freiheitlicher Staaten seit jeher Rücksicht auf die subjektiven Empfindungen des Einzelnen und seine Vorstellungen von Gut und Böse, nämlich mit der Freiheit des Glaubens, der Weltanschauung und des Gewissens.[618] Aber selbst im Falle eines echten Gewissenskonfliktes (mit oder ohne „Gewissensqualen") reduziert sich der Lebens- und Gesundheitsschutz anderer Personen nicht nur deswegen, weil eine innere Stimme die Impfung verbietet. Wollte man das relative Gewicht eines Grundrechtseingriffs der subjektiven Einschätzung (dem „Gefühl") des Einzelnen überantworten, droht dies zu Rechtspflichten des Einzelnen à la carte zu führen.

Die (Auswahl-)Entscheidung über Leben und Tod

Zu den während der Corona-Pandemie lebhaft diskutierten Themen gehört die sogenannte Triage, d. h. die Auswahl unter mehreren Patienten bei allzu knappen medizinischen Ressourcen, insbesondere für die Behandlung auf Intensivstationen.[619] Medizinethische Leitlinien stellen bei der Verteilung nicht ausreichender Ressourcen in der Intensivmedizin auf den Maßstab der „klinischen Erfolgsaussicht" der Behandlung ab. Dabei besteht das Problem, dass hier nicht auf die konkrete Überlebenschance bei Behandlungen abgestellt wird, sondern auf die unabhängig von der Erkrankung bestehende Lebenserwartung, die im Falle einer Behinderung oft geringer ist als bei anderen Menschen. Das Bundesverfassungsgericht hat im Interesse des gebotenen Schutzes von Menschen mit Behinderung vor Diskriminierung (Art. 3 Abs. 3 Satz 1 GG) eine gesetzliche Regelung gefordert, die diesem Problem entgegenwirkt und wirksam eine Benachteiligung aufgrund der Behinderung bei der Bewertung der Behandlungsaussichten ausschließt.[620]

Hierin liegt ein wichtiger Beitrag zum Diskriminierungsschutz. Bei der schon erwähnten Frage der verfassungsrechtlichen Zulässigkeit des Abschusses eines entführten Flugzeugs, das als Werkzeug eines Terrorangriffes dienen soll, ist das Bundesverfassungsgericht einen anderen Weg gegangen: Dort hat es einen Vergleich der geringen Überlebenschancen (der wenigen) entführten Passagiere mit den Lebenschancen der (vielen) potentiellen Opfer am Boden abgelehnt.[621] Im Falle der Triage vereinfacht der Beschluss des Bundesverfassungsgerichts die Entscheidung über eine Auswahl bei beschränkten Kapazitäten in der Intensivmedizin. Denn der verantwortliche Arzt baucht nun nicht mehr eine komplexe Bewertung der Lebensverhältnisse des einzelnen Patienten vorzunehmen, sondern muss nur noch auf die klinischen Erfolgsaussichten im ganz konkreten Fall ohne Berücksichtigung der Lebenserwartung im Übrigen abstellen. Dabei sind rechtliche Standards streng von ethischen Verhaltenserwartungen zu trennen, wie sie soziokulturell verankert sein mögen. So ist es nobel und großherzig, wenn ein betagter männlicher Patient in guter Konstitution einer jungen Mutter mit schweren Vorerkrankungen den Vortritt lässt. Aber hier stößt die heile Welt an die Grenzen des Rechts. Eine weitere – und äußerst heikle – Frage ist die, ob ein Arzt bei *gleichen* klinischen Erfolgsaussichten der Behandlung einer jungen Mutter mit vier Kindern den Vorrang vor der eines älteren Patienten geben darf. Hier gerät man auf das Minenfeld einer Abwägung von Leben gegen Leben, die sich nie ganz verlässlich in ein abschließendes Raster objektiver Kriterien einfügen lässt. Vor allem besteht in kritischen Behandlungssituationen kein Raum für die komplexe Ausleuchtung der jeweiligen Lebensumstände. Hier mag man wohl gewisse Parallelen zu anderen Situationen ziehen, in denen das Recht schlicht auf die Verantwortung eines vernünftigen Entscheiders vertraut. So gilt im humanitären Völkerrecht bei der Verhältnismäßigkeit möglicher Kollateralschäden beim Angriff auf ein militärisches Ziel der Maßstab des *„reasonable commander"*, also eines mit Menschlichkeit abwägenden Entscheidungsträgers.[622] Nicht bis ins Letzte ausleuchtbare subjektive Prägungen von Entscheidungen finden sich trotz aller rationalen Begründungsanforderungen und Bemühungen um ein Höchstmaß an intersubjektiver Vermittelbarkeit der Entscheidung auch beim Grundsatz der richterlichen Beweiswürdigung (§ 261 StPO).[623] Wenn man bei der Triage solche subjektiven Elemente völlig ausschließen möchte, bleibt nur das Los.

III. EU-Schuldenkrise und Geldpolitik: Weichspüler im Recht der Europäischen Union

Die Europäische Union ist vielleicht das komplexeste Organisationskonstrukt, dass der Mensch in seiner Geschichte geschaffen und immer weiter ausgebaut hat. Sie beruht auf einem schwer überschaubaren Netzwerk von Verträgen und weiteren, auf der Grundlage dieser Verträge geschaffenen Regelwerken. Von Anfang an sind die (der Europäischen Union vorausgehenden) Europäischen Gemeinschaften als eine Form des Zusammenschlusses der Mitgliedstaaten unter Wahrung verbindlicher Regeln für sie und die europäischen Organe verstanden worden. Seit jeher wacht der Europäische Gerichtshof über die Einhaltung dieser Regeln europäischen Rechts. Zugleich hat der Europäische Gerichtshof in tausenden Verfahren die „richtige" Auslegung von europäischem Recht geklärt. Die nach Brüssel abgegebenen Kompetenzen sollen sich immer in einem bestimmbaren rechtlichen Rahmen halten (also keine Blanko-Ermächtigung oder eine „Kompetenz-Kompetenz" begründen). Zugleich müssen sich die Europäische Union, aber auch ihre Mitgliedstaaten und die Einzelnen darauf verlassen können, dass jeder Mitgliedstaat seine Verpflichtungen aus dem EU-Recht einhält. Auch das ist ein wichtiger Aspekt bei der Symmetrie von Rechten und Pflichten. Ein Mitgliedstaat, der sein eigenes Interesse über die Einhaltung seiner vertraglichen Verpflichtungen stellt (zugleich aber von der Vertragstreue anderer Mitgliedstaaten profitiert), handelt illoyal und unsolidarisch. Dieses Zusammenspiel von Solidarität und verlässlicher Vertragserfüllung findet im Selbstverständnis der Europäischen Union als „Rechtsgemeinschaft" Ausdruck, das die europäische Integration jahrzehntelang begleitet hat.[624] Die deutsche Ratspräsidentschaft hat im Jahre 2020 ihrem Programm das Bekenntnis zur Europäischen Union als „fortschrittliche Werte- und Rechtsgemeinschaft" vorangestellt.[625]

Die schleichende Aufweichung der Stabilitätsregeln

In besonderer Weise prägte die Idee einer Rechtsgemeinschaft die Vereinbarung über die Europäische Währungsunion mit der Ablösung der nationalen Währungen durch den Euro.[626] Kernstück dieser Regeln sind Standards für die Haushaltsdisziplin mit bestimmten Grenzwerten (maximales Haushaltsdefizit von 3% des BIP, maximaler Schuldenstand von 60% des BIP; Abweichungen nach oben werden nur in eng umgrenzten Ausnahmefällen gestattet). Der „Stabilitäts- und Wachstumspakt", ein komplexes Bündel von Rechtsvorschriften, sieht eine engmaschige Überwachung der Haushaltsdisziplin und eine Skala eskalierender Sanktionen vor. Flankiert werden diese Regeln vom Grundsatz der Alleinhaftung der Mitgliedstaaten für ihre Schulden mit dem Verbot der Haftungsübernahme durch die Europäische Union und andere Mitgliedstaaten (Grundsatz des *no-bail-out*)[627] und dem Verbot der monetären Haushaltsfinanzierung (kein unmittelbarer Erwerb von Schuldenanleihen eines Mitgliedstaates durch die Europäische Zentralbank).[628] Schließlich wird die Europäische Zentralbank auf die Preisstabilität als „vorrangiges Ziel" verpflichtet.[629] Die Euro-Staaten können mit einem kollektiven Beistandsmechanismus (europäischer Stabilitätsmechanismus) schwankende Mitgliedstaaten unterstützen, aber im Interesse der Haushaltsdisziplin nur unter „strengen Auflagen" (Art. 136 Abs. 3 AEUV). Dieses im Wesentlichen auf den Vertrag von Maastricht zurückgehende System setzt darauf, dass Mitgliedstaaten für eine unsolide Haushaltspolitik von den Kapitalmärkten mit hohen Zinsen bestraft werden und sich so schon im eigenen Interesse an die Haushaltskriterien halten werden.[630] Vor allem in Deutschland haben viele Ökonomen diesem System von Beginn an eine ausreichende Steuerungskraft in der praktischen Politik abgesprochen. Ich selbst sah in dem System von Maastricht den beispiellos ambitionierten Versuch, ökonomisches Erfahrungswissen in Rechtsregeln umzusetzen, äußerte aber Zweifel an der gebotenen Elastizität bei bestimmten Verwerfungen.[631] Nach zwei Jahrzehnten ist vom System von Maastricht nur noch ein Torso geblieben.

Lange vor der Corona-Krise hat eine Reihe von Mitgliedstaaten (darunter zeitweise auch Deutschland) die Haushaltsregeln missachtet und sich immer weiter von den vertraglichen Grenzwerten für Haushaltsdefizit und Schuldenstand entfernt. Nicht nur Griechenland, sondern auch große Volkswirtschaften des Mittelmeerraums (etwa Italien, weniger dramatisch Frankreich) haben sich in eine problematische Schuldendspirale treiben lassen. Großzügige Unterstützung durch Programme zum Ankauf von Staatsanleihen durch die Europäische Zentralbank und die einigen Euro-Staaten durch den europäischen Stabilitätsmechanismus gewährten gewaltigen Finanzspritzen sind nur von wenigen zu einer Haushaltskonsolidierung genutzt worden. So bewegte sich Italien im Jahre 2019 – also noch vor der Corona-Pandemie – mit einem Schuldenstand von 134,56% des BIP[632] zwar langsam, aber stetig auf einen Staatsbankrott zu.

Mit den gigantischen Programmen zum Ankauf von Staatsanleihen biegt die Europäische Zentralbank seit Jahren die Überschuldung von Ländern des Mittelmeerraumes ab und sediert so die Kapitalmärkte, die ja eigentlich die Wächter der Haushaltsdisziplin sein sollen. Da die Unterstützung strauchelnder Euro-Staaten einen der Europäischen Zentralbank verbotenen Übergriff in die Wirtschaftspolitik bedeuten würde, beruft sich die Europäische Zentralbank mit Billigung des Europäischen Gerichtshofs auf die Ziele, die Preisstabilität zu wahren und den „geldpolitischen Transmissionsmechanismus" durch Maßnahmen gegen ein allzu weites Auseinanderklaffen der Kapitalmarktzinsen für die Euroländer zu sichern.[633] Eine Folge der EZB-Politik (zu der auch ein niedriger Leitzins gehört) ist ein Zinsniveau, das unterhalb der Inflationsrate liegt und damit zu einer schleichenden Entwertung von Sparervermögen führt. Die gestiegenen Rohstoff-Preise und die Ukraine-Krise haben diese Auswirkungen noch dramatisch verschärft. Das Bundesverfassungsgericht hat insbesondere von der Europäischen Zentralbank eine hinreichende Auseinandersetzung mit diesen wirtschaftspolitischen Auswirkungen der Geldpolitik verlangt; in einem aufsehenerregenden Urteil vom Mai 2020 erklärte das Bundesverfassungsgericht, dass die Europäische Zentralbank mit ihrer Geldpolitik und der Europäische Gerichtshof mit seiner Billigung dieser offensichtlich und erheblich ihre Kompetenzen überschritten hätten.[634]

„Germanische Dominanz" gegen „romanische Elastizität"

Bei der Deutung der stabilisierenden Standards der Haushaltsdisziplin und der Geldpolitik scheint ein tiefer Riss in der Europäischen Union auf. Dieser Riss reicht weiter und tiefer als etwa der Konflikt zwischen dem Bundesverfassungsgericht und dem Europäischen Gerichtshof. Denn hier geht es um grundsätzlich verschiedene Sichtweisen auf das Recht in der Krise. Der italienische Philosoph Giorgio Agamben sieht im Beharren auf die strikte Einhaltung einmal vereinbarter Regeln den Versuch einer „germanischen" Dominanz, mit der ein gewissermaßen mechanistisches Ordnungsmodell vor allem von Deutschland und gleichgesinnten nördlichen Mitgliedstaaten durchgesetzt werden soll; diesem Modell stellt er ein weicheres, „lateinisches" Rechtsverständnis gegenüber, das ein hohes Maß an Elastizität bei den europäischen Stabilitätsregeln sichern soll.[635]

Diese Gegenüberstellung von „germanischer" und „lateinisch-romanischer" Sichtweise ist natürlich eine Vergröberung. Denn auch in Deutschland und seinen Nachbarländern gibt es rechtspolitische Strömungen, die einem „weichen", elastischen Verständnis folgen. In der Typik aber richtig ist, dass immer wieder „rote Linien" im Rahmen der europäischen Wirtschafts- und Währungsunion gerade von Seiten der deutschen Regierung und der deutschen Staats- und Europarechtslehre markiert worden sind (und oft danach mit deutscher Zustimmung überschritten wurden: keine gemeinsamen Staatsanleihen mit gesamtschuldnersicher Haftung („Eurobonds"), keine mehr oder weniger umfassende Übertragung der Bankenaufsicht auf die Europäische Zentralbank,[636] kein europäischer Bankenabwicklungsmechanismus,[637] keine Vergemeinschaftung der Einlagensicherung[638]).

Am Vorabend der Übernahme der Europäischen Ratspräsidentschaft hat der französische Staatspräsident Emmanuel Macron Ende 2021 erklärt, zur Krisenbewältigung durch neue Investitionen müsse man sich bei der Defizitgrenze von 3 % des BIP „von Tabus und alten Fetischen verabschieden".[639] In der romanischen Vorstellung, dass das Recht bei zutiefst politischen Fragen wie der Staatsverschuldung in kein starres Korsett gezwungen werden darf, berühren sich zwei Ideale: Zum einen geht es um das Vertrauen in den Staat, wirtschaftliche Krisen aus eigener Kraft mit den ihm angemessenen Instrumenten (wie der Finanzierung von Investitionen durch Schuldenaufnahme) bewältigen zu können, ohne sich von den für Schönwetterzeiten gemachten Vereinbarungen hindern zu lassen. Zum anderen wohl um den Anspruch demokratisch legitimierter politischer Führungen, sich in der Krise das Heft des Handelns nicht von juristischen Bedenkenträgern aus der Hand nehmen zu lassen. In der „romanischen" Absage an starre Regeln in der Krise schwingt wohl auch die Vorstellung mit, dass die Mitgliedstaaten (und ihre Regierungen) nicht nur „Herren der Verträge" sind, sondern auch Herren der Deutung und Flexibilisierung der Verträge unterhalb der Schwelle einer förmlichen Vertragsänderung.

Der Einstieg in die Europäische Schuldenunion: Triumph der elastischen Handhabung der EU-Verträge

Seit längerer Zeit schon wirbt die französische Regierung (im Schulterschluss mit anderen mediterranen Partnern) für gemeinsame Staatsanleihen („Eurobonds") oder eine vergemeinschaftete Kapitalbeschaffung unter dem Dach der Europäischen Union. Die Eurobonds sind an rechtlichen (und politischen) Widerständen gegen eine Mithaftung der leistungsfähigen Schuldnerstaaten beim Ausfall eines nicht mehr zahlungsfähigen Partners gescheitert.[640] Die

Corona-Krise hat dann aber zum entscheidenden Schub zugunsten einer Schuldenaufnahme durch die Europäische Union mit der Teilung der an den Kapitalmärkten eingesammelten Mittel unter den Mitgliedstaaten mit einer „Wiederaufbau- und Resilienzfazilität“ geführt:[641] Im Rahmen dieses Programmes nimmt die Europäische Union 750 Milliarden Euro über Anleihen auf den Kapitalmärkten auf. Die geliehenen Mittel fließen überwiegend den Mitgliedsstaaten zu, vorrangig als nichtrückzahlbare Zuwendungen, im Übrigen als Darlehen. Auch dieses Programm hat mehrere „rote Linien“ überschritten. Dazu gehört – nach einer vor allem in der deutschen Rechtswissenschaft wohl herrschenden Auffassung – das Verbot der Finanzierung des EU-Haushalts über Schulden.[642] Es ist auch völlig unklar, wie sich die Kreditaufnahme der Europäischen Union und die teilweise vorgesehenen Rückzahlungspflichten zu den Grenzwerten für das Haushaltsdefizit und den Schuldenstand der Euro-Staaten verhalten. Diesbezüglich hat etwa der Bundesrechnungshof deutliche Bedenken geäußert.[643] Die Beistandskompetenz der Europäischen Union für den Fall von Naturkatastrophen oder anderen unkontrollierbaren Krisen (Art. 122 Abs. 2 AEUV) greift jedenfalls nicht. Denn das Wiederaufbauprogramm dient nicht nur der Bewältigung der Corona-Pandemie, sondern soll auch den Klimaschutz und die Wahrnehmung anderer Modernisierungsaufgaben finanzieren; auch der Verteilungsschlüssel für die Zuwendungen an die Mitgliedstaaten hat nichts mit der Corona-Krise zu tun (sondern mit den Arbeitslosenzahlen). Mit dem Wiederaufbauprogramm wird die Europäische Union zu einer neuen (Um-)Verteilungsmacht in Europa und die Europäische Kommission zu einer Art europäischem Schatzamt. Mit der deutschen Zustimmung zu dem EU-Wiederaufbaupaket sind alle rechtlichen und politischen Widerstände gegen eine europäische Schuldenunion Geschichte, ohne dass die europäischen Verträge geändert worden wären. Der damalige deutsche Finanzminister und heutige Bundeskanzler hat das Wiederaufbauprogramm als Einstieg in die europäische Fiskalunion begrüßt und Parallelen zur Stärkung der amerikanischen Union durch die Politik des US-Finanzministers Alexander Hamilton gezogen, der Schulden der Einzelstaaten übernommen und damit einen wesentlichen Schritt zur finanzpolitischen Föderalisierung der USA gemacht hatte („Hamilton-Moment“).[644] Hinter diesen neuen Weichenstellungen steckt nicht nur eine Gemengelage nationaler Interessen (dabei hat auch Deutschland ein Eigeninteresse an einer Stabilisierung der schwankenden Partner in der Europäischen Union) und eine gewisse Integrationseuphorie, die in Deutschland grundsätzlich jede weitere Vertiefung der Europäischen Union als Fortschritt begreift[645]. Vielmehr zeigt sich hier auch eine Verbindung von Solidarität mit wirtschaftlich schwächeren Mitgliedstaaten und einer Sehnsucht nach europäischer Harmonie, die stärker wiegt als das Klärungsbedürfnis hinsichtlich sich aufdrängender Rechtsverstöße. So werden mit der Hinnahme einer galoppierenden Staatsverschuldung und einem durch gemeinsame Schulden finanzierten Programm schwächelnde Mitgliedstaaten der Europäischen Union zunächst einmal von den Folgen ihrer eigenen Schuldenpolitik verschont. Dieses ist letztlich nur eine vermeintlich heile Welt auf Kosten der nächsten Generation, die am Ende für die Rückzahlungsverpflichtungen aufkommen muss. Folgt diese dem gleichen Schema der Harmonie durch Schuldenaufnahme, wird eine Spirale der Geldaufnahme an den Kapitalmärkten in Gang gesetzt – die Schuldenunion wird verstetigt.

Diese Version von Harmonie und heiler Welt auf Kosten künftiger Generationen steht in einem eigenartigen Spannungsverhältnis mit der Rechtsprechung europäischer (insbesondere deutscher und niederländischer) Gerichte, die gerade eine Verschiebung der mit dem Klimaschutz verbundenen Lasten in die Zukunft entgegentritt. Der Unterschied hängt vielleicht damit zusammen, dass die Überschuldung keine existentielle physische Bedrohung darstellt und sich die Schuldenlast anders als die Erderwärmung theoretisch immer weiter in die Zukunft verschieben lässt. Aber auch diese weiter geschobene Rechnung muss irgendwann einmal bezahlt werden. Im Ergebnis dient die Corona-Krise als eine Art trojanisches Pferd für die wohl radikalste Umformung der Europäischen Union ohne eine Änderung ihrer Verträge. Die lange Zeit von Staaten des Mittelmeerraumes herbeigesehnte und von anderen Mitgliedstaaten bekämpfte Schulden- und Transferunion wird im Windschatten der Krise Wirklichkeit.

Kapitel XIII

Gerechtigkeit für die ganze Welt

Es ist die Aufgabe jedes einzelnen Staates, für Gerechtigkeit im eigenen Haus zu sorgen. Dazu gehört die Aufarbeitung von Rechtsverletzungen mit den Mitteln des Straf- und Zivilrechts und ein Ausgleich für die Opfer. Dabei sind viele Länder selbst von einem Mindeststandard an wirksamem Rechtsschutz weit entfernt. Das Deutsche Kaiserreich des ausgehenden 19. Jahrhunderts bot – bei allen Schattenseiten – seinen Bürgern eine unabhängige, funktionsfähige Justiz und eine gesetzmäßig arbeitende Verwaltung in einem Maß, das die meisten Menschen in der Welt von heute in ihren Ländern immer noch nicht erwarten können.

Auf der anderen Seite zeigt die Geschichte europäischer Kolonialherrschaft, wie spät der elementare Achtungsanspruch jedes Menschen als Person und der Schutz vor willkürlicher Gewalt in Recht und Politik auch im alten Kontinent Einzug gehalten haben. Der brutale Vernichtungsfeldzug bei der Niederschlagung der Revolte der Herero und anderer Stämme im damaligen Deutsch-Südwestafrika (dem die Regierung in Berlin viel zu spät Einhalt gebot) in den Jahren 1904–1908 und andere Gewaltexzesse europäischer Kolonialherrschaft stießen zwar weithin auf moralische Ablehnung (während die Niederschlagung des Maji-Maji-Aufstandes in Deutsch-Ostafrika 1905–1907 trotz seiner Verheerungen mit einer Taktik der verbrannten Erde bis heute im kollektiven Gedächtnis Deutschlands wenig präsent ist). Aber die rechtliche Ächtung des Völkermordes sowie von Kriegsverbrechen in internen Konflikten und der Schutz elementarer Menschenrechte sind erst die Früchte späterer Jahrzehnte. Die Klagen von Vertretern der Herero und Nama vor US-amerikanischen Gerichten sowie das lange Ringen um ein Versöhnungsabkommen zwischen der Bundesrepublik Deutschland und Namibia zeigen, wie die kollektive Erinnerung an manche Gräueltaten auch ein Jahrhundert überdauern kann.

Im internationalen und nationalen Recht haben sich vor allem unter dem Eindruck von Genozid, Verbrechen gegen die Menschlichkeit und Kriegsverbrechen verschiedene Mechanismen zur strafrechtlichen Ahndung schweren

Unrechts entwickelt. Die Konvention gegen Völkermord von 1948, die Genfer Rotkreuzabkommen von 1949, das UN-Übereinkommen gegen Folter von 1987 und andere völkerrechtliche Verträge zum Schutz der Menschenrechte und elementarer Regeln des humanitären Völkerrechts begründen eine Strafbarkeit für Menschenrechtsverletzungen und Kriegsverbrechen. Allzu oft sind die Staaten aber gerade bei Verbrechen, die in ihrem eigenen Namen, d. h. von oder im Namen der politischen und militärischen Führung, begangen worden sind, nicht willens oder nicht in der Lage, eine wirksame Strafverfolgung durchzuführen. Ähnliche Probleme können sich auch bei Verbrechen auf Seiten von Aufständischen und anderen Akteuren ergeben.

Die Prozesse vor den internationalen Militärgerichtshöfen von Nürnberg und Tokyo nach dem Zweiten Weltkrieg sind Wegmarken der internationalen Strafgerichtsbarkeit, die erst nach dem Ende des sog. Kalten Krieges mit der Schaffung des Internationalen Strafgerichtshofs für das frühere Jugoslawien (1993) und des Internationalen Strafgerichtshofs für Ruanda (1994) aufgrund von Resolutionen des UN-Sicherheitsrats wirklichen Aufschwung genommen hat.[646] Das Römische Statut des Internationalen Strafgerichtshofs von 1998 hat die Grundlage geschaffen, bei schwersten Verfehlungen gegen völkerrechtliche Grundpflichten (Völkermord, Verbrechen gegen die Menschlichkeit, Kriegsverbrechen) strafrechtlich verurteilen zu können.

I. Das Weltrechtsprinzip: von der Piraterie zu Verbrechen gegen die Menschlichkeit

Um Strafbarkeitslücken zu schließen, greift das internationale Recht auf eine Art stellvertretende Strafrechtspflege durch unbeteiligte Staaten zurück. Eine Reihe von Verträgen verpflichtet Staaten, in denen sich ein mutmaßlicher Straftäter aufhält, den Verdächtigen entweder selbst einem Strafverfahren zuzuführen oder aber ihn auszuliefern. Dahinter steht das sog. Weltrechtsprinzip (Universalitätsgrundsatz),[647] das bei bestimmten schweren Verbrechen völkerrechtlich jedem Staat die Strafverfolgung erlaubt. Dieses Weltrechtsprinzip galt schon vor Jahrhunderten für die Verfolgung von Piraten und greift heute bei Völkermord, Kriegsverbrechen und Verbrechen gegen die Menschlichkeit (einschließlich Folter) ein, möglicherweise auch bei terroristischen Gewalttaten.[648] Das Weltrechtsprinzip greift nicht nur bei der strafrechtlichen Verfolgung, sondern begründet völkerrechtlich für jeden Staat auch die mögliche Zuständigkeit für eine zivilgerichtliche Aufarbeitung dieser schweren Straftaten.

Die internationale Strafgerichtsbarkeit hat Beachtliches bei der Aufarbeitung von Verbrechen gegen die Menschlichkeit und Kriegsverbrechen geleistet, etwa mit dem vom UN-Sicherheitsrat geschaffenen Strafgerichtshof für das frühere Jugoslawien. Einer nachhaltigen Befriedung innerer Konflikte durch eine gerichtliche Aufarbeitung steht bis heute die Glorifizierung von verurteilten Kriegsverbrechern, wie sie beispielsweise in dem serbischen Landesteil von Bosnien-Herzegowina immer wieder vorkommt, entgegen. Die Bestrafung der Verharmlosung oder Verherrlichung von Völkermord, Kriegsverbrechen oder Verbrechen gegen die Menschlichkeit ist ein Mittel, das seinerseits nur beschränkte Wirksamkeit entfaltet, wie etwa die Auseinandersetzung über die Verschärfung des Strafrechts durch den Hohen Repräsentanten in Bosnien-Herzegowina vom August 2021 zeigt.[649] Die Funktionsfähigkeit des Internationalen Strafgerichtshofs in Den Haag wird nicht nur dadurch eingeschränkt, dass viele Staaten (wie die Volksrepublik China, die Russische Föderation oder die USA) das Römische Statut des Gerichtshofs nicht ratifiziert haben. Der Vollzug von Haftbefehlen des Internationalen Gerichtshofs gegen Staatsoberhäupter oder andere Regierungsmitglieder stieß in der Vergangenheit immer wieder auf Hindernisse, die in einer falschen Solidarität zwischen Regierungen wurzelt.[650] Südafrika (das den damaligen sudanesischen Staatspräsidenten Al-Bashir trotz eines internationalen Haftbefehls still und heimlich ausreisen ließ) hat unter der Regierung des korrupten Präsidenten Jacob Zuma das Römische Statut des Internationalen Strafgerichtshofs gekündigt und in seiner Erklärung wenig verhüllt durchblicken lassen, dass es in der Kooperation bei der Verfolgung von mehr oder weniger befreundeten politischen Führern anderer afrikanischer Länder eine Störung der harmonischen internationalen Beziehungen sieht.[651] Hier scheinen eigene Vorstellungen einer heilen Welt als internationale Kumpanei auf. Als Spielverderber hat sich dann die Justiz Südafrikas erwiesen, die die Kündigung des Römischen Statuts durch die Regierung für unwirksam erklärt hat, weil ihr die Zustimmung des Parlaments fehlte.[652] Die allzu oft bestehenden Schwächen bei der strafrechtlichen Verfolgung schwerer Menschenrechtsverletzungen und Kriegsverbrechen in Staaten mit Nähe zu Tatort und Tätern sowie die Verfolgungslücken bei der internationalen Gerichtsbarkeit lenken den Blick damit wieder zurück auf Strafverfahren durch unbeteiligte Staaten, also die Ausübung des Weltrechtsprinzips gewissermaßen für die gesamte Staatengemeinschaft.

II. Kriegsverbrechen und Folter vor deutschen Gerichten

Die Bundesrepublik hat sich wie andere Staaten in den Dienst der Völkerrechtsordnung gestellt und folgt dem Weltrechtsprinzip bei Völkermord, Verbrechen gegen die Menschlichkeit, Kriegsverbrechen und Verbrechen der Aggression.[653] Deutschland hat in Ausübung dieser Gerichtsbarkeit im Dienst der Staatengemeinschaft und Tausender von Opfern wesentlich zur Ausleuchtung und Aufarbeitung schwerer, systemischer Kriminalität auf Seiten von Regierungen, Aufständischen und Terrororganisationen wie dem IS beigetragen. Pionierarbeit hat die deutsche Strafjustiz etwa bei der Aufklärung der staatlichen Folterpraxis in Syrien geleistet: Ein Meilenstein in der Offenlegung der systematisch vom Assad-Regime orchestrierten Verbrechen gegen die Menschlichkeit mit Folter und anderen Misshandlungen sind die Urteile des Oberlandesgerichts Koblenz vom 24. Februar 2021 gegen einen untergeordneten Geheimdienstmitarbeiter[654] und vor allem das Urteil vom 13. Januar 2022 gegen einen Ex-Oberst des syrischen Geheimdienstes.[655] Sie haben ein helles Licht auf das äußerst brutale Vorgehen des Assad-Regimes gegen seine Gegner und weite Teile der Zivilbevölkerung geworfen. Eine andere Wegmarke unter Inanspruchnahme des Weltrechtsprinzips bildet die Verurteilung der Führer der „Demokratischen Kräfte zur Befreiung Ruandas", einer terroristischen Vereinigung von Hutu-Rebellen, unter anderem wegen Beihilfe zu Kriegsverbrechen;[656] die beiden Rebellenführer hatten von Deutschland aus (wo sie seit Jahren ihren Wohnsitz hatten) Massaker einer bewaffneten Miliz im Ost-Kongo gefördert. Andere Verfahren betreffen Greueltaten von Kämpfern des Islamischen Staates (wie den Völkermord an den Jesiden).[657] Die große räumliche Distanz zum Tatgeschehen, die logistischen Probleme bei der Beschaffung von Beweismitteln und der weitreichende Opferschutz machen solche Strafverfahren bei der Verfolgung von völkerrechtlichen Verbrechen zu einer großen Herausforderung, zuweilen zu einem Wagnis für die Gerechtigkeit. Dass dieses Wagnis nach einem langwierigen, komplexen und kostenträchtigen Verfahren gelingen kann, zeigen die genannten Urteile. Hinter diesen Urteilen steht eine großartige Leistung von Kriminalbeamten, Rechtsmedizinern und der Bundesanwaltschaft, aber auch die Aussagebereitschaft vieler Opfer. Bei der Verurteilung des syrischen Geheimdienst-Oberst spielten aus Syrien herausgeschmuggelte Bilder von Aufnahmen aus syrischen Foltergefängnissen („Caesar-Dateien") und die Aufklärungsarbeit von Menschenrechtsorganisationen[658] eine wesentliche Rolle.

In manchen Fällen steht die strafrechtliche Verfolgung von Verbrechen nach Völkerrecht in einem interessanten Zusammenhang von Migration, Schutz vor politischer Verfolgung und Gewalt und „deutscher Willkommenskultur". Der vom Oberlandesgericht Koblenz im Januar 2022 verurteilte ehemalige Oberst des syrischen Geheimdienstes war nach Deutschland geflohen, ebenso wie manche seiner Opfer und deren Angehörige. Dass der Folterchef des syrischen Regimes ausgerechnet die Bundesrepublik Deutschland als Zuflucht auserkoren hat, sagt einiges über die Signalwirkung der deutschen Migrationspolitik in aller Welt und die (später enttäuschte) Erwartung eines weitgehenden Kontrollverlustes auf Seiten der deutschen Behörden aus. Nachdenklich stimmt auch, dass die Führer der ruandischen „Befreiungskräfte" ihren deutschen Zufluchtsort für eine gute Basis für die Unterstützung ihrer Terrormiliz angesehen haben. In anderen Ländern mit geringeren grundrechtlichen Barrieren (die wir in der Europäischen Union mit guten Gründen schätzen) für Kommunikationsüberwachung wäre ihr Treiben vielleicht schon etwas früher aufgeflogen oder wäre ganz unterblieben.

So zeigen die Strafverfahren aufgrund des Weltrechtsprinzips in einem doppelten Sinne die Wechselwirkungen zwischen soziokulturellen Bedingungen und Erwartungen einerseits und Rechtsentwicklungen andererseits. Gewollte oder ungewollte Anreize für Migration (einschließlich der Erwartung der Straflosigkeit und lückenhafter Überwachung) führen auch die Führer und Schergen von Unterdrückungsapparaten und Terrororganisationen ins Land. Mit der Bereitschaft, Menschen aus Krisengebieten aufzunehmen und Asylverfahren durchzuführen, wurde andererseits die Möglichkeit geschaffen, Kriegsverbrecher zu entdecken und mithilfe anderer Geflüchteter als Zeugen zu überführen. Die Durchsetzung des Völkerstrafrechts setzt so ein warnendes Signal, das im günstigen Fall nicht nur aus Angst vor Verurteilung von der Einreise in Länder abhält, die nach dem Weltrechtsprinzip völkerrechtliche Straftaten verfolgen, sondern das bereits die Neigung zur Tat bremst und vor diesem Hintergrund die Bereitschaft, Strafverfahren durchzuführen, noch weiter verstärkt.

III. US-Amerikanische Gerichte als Welthafen der Wiedergutmachung?

Im Jahre 1789 hat der Kongress der noch jungen Vereinigten Staaten von Amerika den sog. *Alien Tort Claims Act* verabschiedet, der die Zuständigkeit amerikanischer Bundesgerichte für Zivilklagen wegen Verletzungen des Völkerrechts vorsieht.[659]

Dieses Gesetz fristete nach seiner Verabschiedung zunächst für lange Zeit eine völlig unscheinbare Existenz, ist aber vor einigen Jahrzehnten zu einem Leuchtfeuer für die Opfer von Menschenrechtsverletzungen in aller Welt geworden, die sich vor amerikanischen Bundesgerichten mit Ansprüchen auf Entschädigung eingefunden haben. Während viele Menschen – vor allem in Westeuropa – die Rolle der USA als „Weltpolizist" angeprangert haben, erschien vielen Verfolgten und Misshandelten dieser Welt (und ihren Angehörigen) die amerikanische Justiz als ein Tor zur Gerechtigkeit – zumindest in der kleinen Münze wenigstens materieller Wiedergutmachung. Die Klagen deckten ein weites Spektrum von wirklichen oder vermeintlichen Menschrechtsverletzungen ab.[660]

Eine ganze Reihe der geltend gemachten Ansprüche bezog sich auf die Verstrickung von Erdölkonzernen und anderen Rohstoffunternehmen in Menschenrechtsverletzungen von Ordnungskräften, etwa bei der Gewinnung von Erdöl und Erdgas in Nigeria zu Zeiten des brutal gegen die einheimische Bevölkerung vorgehenden Militärregimes. Diese Hoffnung auf Gerechtigkeit hatten viele der Kläger in ihren Heimatländern nicht, gerade weil Verfolgung und Menschenrechtsverletzungen von der eigenen Regierung und den staatlichen Ordnungskräften ausgingen. In anderen Fällen war die heimische Justiz vielleicht unabhängig, krankte aber an Verfahrensschwächen oder bot nicht die Aussicht auf Entschädigungshöhen wie in den USA.

Andere Klagen richteten sich gegen Industrieunternehmen oder Banken wegen Unterstützung des früheren Apartheid-Regimes in Südafrika. Lange Zeit schwankte die Rechtsprechung der amerikanischen Bundesgerichte zu den konkreten Voraussetzungen einer Klage nach dem *Alien Tort Claims Act* zum Grad der Verstrickung in Menschenrechtsverletzungen des Staatsapparates (bloßes Wissen oder zielgerichtete Unterstützung durch die beklagten Unternehmen?) hin und her.[661] Am Ende hat der Supreme Court im berühmten Fall *Kiobel v. Royal Dutch Petroleum* 2013 die Tür für ausländische

Kläger weitgehend geschlossen und verlangt, dass die Klage in einem engen Bezug zu den Vereinigten Staaten stehen müsse.[662] Der amerikanische Supreme Court will damit auch den Vereinigten Staaten selbst möglichst die Einmischung in Streitigkeiten ersparen, die die Belange ausländischer Staaten berühren, ohne zugleich Interessen der USA oder amerikanischer Bürger zu tangieren.

Diese restriktivere Rechtsprechung hat aber neue Klagen nicht verhindert. So haben Vertreter der Herero und Nama gegen die Bundesrepublik Deutschland Klage auf Entschädigung wegen des Vernichtungsfeldzugs der deutschen Kolonialtruppen im damaligen Deutsch-Südwestafrika erhoben; das zuständige Bundesgericht hat jedoch eine der Klagen aus Gründen der Staatenimmunität abgewiesen.[663] Denn nach allgemeinem Völkerrecht sind Staaten bei der Ausübung von Hoheitsgewalt grundsätzlich nicht der Gerichtsbarkeit fremder Länder unterworfen.[664]

Aus der Sicht des internationalen Menschenrechtsschutzes mag man die restriktive Entwicklung in der US-amerikanischen Rechtsprechung bedauern. Denn Verfahren vor den Gerichten der USA boten immerhin die Chance, eine sonst bestehende Lücke im Rechtsschutz wegen schwerwiegender Menschenrechtsverletzungen in den Fällen zu schließen, in denen die Opfer von der einheimischen Justiz keine Gerechtigkeit zu erwarten haben und die internationale Gerichtsbarkeit keine Abhilfe bietet.

Kapitel XIV

Plädoyer für abgewogene Rationalität

Die kritische Auseinandersetzung mit dem modernen, harmoniebedürftigen Idealismus kann und soll nicht zur Kapitulation vor einem kruden Realismus führen. Genau so wenig wäre es eine Alternative, in alte Vorstellungen von einer homogenen Gesellschaft unter einem vor allem großkirchlich geprägten Sittengesetz als Leitbild der Rechtsordnung zurückzufallen.

Vielmehr geht es um eine abgewogene Rationalität, die zu den Versuchungen einer bestimmten Heilslehre auf Distanz geht. Diese Rationalität verlangt nicht, den neuen „Grundwerten" wie dem Klimaschutz, der Freiheit vor Diskriminierung aus verschiedenen personenbezogenen Gründen, der freien Verfügung über den eigenen Körper, dem Schutz persönlicher Daten oder der Menschenrechte in fernen Ländern zugunsten eines traditionellen Kanons von Freiheitsrechten zu entsagen. Sie gebietet lediglich eine wirklichkeitsnahe, intersubjektiv nachvollziehbare und verhältnismäßige Abwägung. Ohne diese Abwägungsoffenheit könnten wir gleich auf einen effektiven Gesundheitsschutz bei Pandemien (mit Datenspeicherung zum Impfstatus oder mit Impfpflichten), auf eine Gewährleistung innerer oder äußerer Sicherheit unter Einschränkung persönlicher Freiheit oder einen Kern an Privatautonomie im engeren Lebensumfeld (etwa bei Kleinvermietern oder Kleinunternehmern) verzichten.

I. Folgenabwägung

Rationaler Umgang mit widerstreitenden Interessen bedeutet immer auch eine in sich schlüssige Folgenabwägung, die verfügbarem Erfahrungswissen und Maßstäben praktischer Vernunft folgt. Dies gilt sowohl für die Auslegung von verfassungsrechtlichen oder völkerrechtlichen Grundregeln wie für die Gesetzgebung.

Die Folgen der Energiewende für Weltklima und Wirtschaft

Beim (erneuten) Ausstieg Deutschlands aus der Kernenergie im Jahre 2011 konnte niemand erkennen, dass die Bundesregierung und die hinter ihr stehenden parlamentarischen Kräfte auch nur im Ansatz die Folgen für die Erderwärmung diskutiert hatten, obwohl viele Klimaschützer, insbesondere aus den USA, genau hiervor lautstark warnten.[665] Auch über die wirtschaftlichen Konsequenzen des Atomausstieges für den Strompreis, die Abhängigkeiten von Atomstrom aus europäischen Nachbarländern und die geopolitischen Implikationen der Erdgasversorgung aus Russland scheint man sich in Berlin wenig Gedanken gemacht zu haben. Der deutsche Atomausstieg ruht auf der Hoffnung, dass unter anderem französische Kernkraftwerke die Stabilität der Stromversorgung sichern werden. Hier wird nicht nur die Angst vor der Kernenergie ausgelagert. Die im Vergleich mit den deutschen Anlagen relativ hohe Störanfälligkeit französischer Kernkraftwerke birgt jetzt das Risiko beachtlicher Instabilität in der vernetzten Stromversorgung. All das belastet auch die europäische Solidarität im Energiesektor. Die „Taxonomie" (also die Klassifikation von Unternehmensaktivitäten nach Nachhaltigkeitskriterien insbesondere für Investitionszwecke)[666] der Europäischen Union soll nach den Vorschlägen der Europäischen Kommission nicht nur Erdgas, sondern – vor allem aufgrund französischen Drucks[667] – auch die Kernkraft als „nachhaltige" Energiequelle einstufen.[668] Zur Sicherheit der Energieversorgung müssten in Deutschland wohl neben der wiederbelebten Kohleverstromung neue Gaskraftwerke geplant und errichtet werden, da die regenerativen Energiequellen in nächster Zeit nicht den Bedarf decken werden.[669] Wie dies nach dem russischen Einfall in die Ukraine vor dem Hintergrund der ohnehin massiven Energieabhängigkeit von einem aggressiven Regime mit rücksichtslosen Großmachtambitionen gelingen soll, ist völlig offen. Auch hier zeigt sich wieder, wie schnell eine naive Energiepolitik mit der außen- und sicherheitspolitischen Dimension zusammenfällt. Zudem droht die CO_2-Bepreisung fossiler Energie in Verbindung mit den explodierenden Preisen von Strom, Erdöl und Erdgas in Deutschland und anderen Ländern Europas zur sozialen Frage zu werden. Auch hier überformt die Realität eine allzu idealistische Weltsicht.

Umweltschutz: Spannungen und Widersprüche

Auch im Verhältnis von Umweltschutz und Bekämpfung des Hungers sind Konfliktlinien aufgerissen. Nach Angaben von Greenpeace ließen sich aus dem für die Bio-Sprit-Produktion in Deutschland verwendeten Getreide zwei Milliarden Brote backen.[670] In anderen Bereichen springen ebenfalls Widersprüche ins Auge. Wir importieren zur Senkung der eigenen CO_2-Emmissionen Rohstoffe, deren Gewinnung eine schlimme Umweltbilanz hinterlässt. So sichern wir mit Elektromobilität saubere Luft in deutschen Städten, während in den Ursprungsländern die Menschen die gesundheits- und umweltpolitische Zeche zahlen. Wir verbieten das Fracking, greifen aber gerne auf so gewonnenes Gas beim Import zurück. Nicht selten kommen Verletzungen an Menschenrechten dazu. Die deutsche und europäische Klimaschutzgesetzgebung fördert mit der Legende von der umweltfreundlichen Verbrennung von Biomasse die Abholzung der Wälder, die in Deutschland und anderswo besorgniserregende Dimensionen anzunehmen droht.

Spontane Empathie in der „Flüchtlingskrise"

Die sogenannte „Flüchtlingskrise" im Herbst 2015 hat der Gewährung von Schutz und Aufenthalt eine neue Dimension gegeben. Dabei geht es in recht wenigen Fällen um eine Verfolgung wegen politischer Überzeugung, Rasse oder anderen personenbezogenen Gründe im Sinne der Genfer Flüchtlingskonvention (Art. 1 A. Nr. 2) oder politische Verfolgung im Sinne des Grundgesetzes (Art. 16a GG), sondern vielmehr um Schutz vor Gewalt (etwa im syrischen Bürgerkrieg) oder einer Migration aus wirtschaftlichen Gründen. Die Entscheidung der damaligen Bundesregierung für einen unkontrollierten Grenzübertritt von Flüchtlingen und anderen Migranten im Jahre 2015 ist neben dem Atomausstieg ein weiteres Beispiel für eine spontane Kehrtwende ohne Folgenabschätzung.[671] Diese Entscheidung ist als eine aus dem Augenblick heraus getroffene und durch Empathie begründete durchaus erklärbar, aber sicher kein Beispiel für abgewogene Rationalität.

Spontanität ist eben kein guter Boden für eine tragfähige Bewertung der langfristigen Folgen. Dennoch hätte man im Jahre 2015 von der deutschen Regierungsspitze erwarten dürfen, dass die Auswirkungen einer „Grenzöffnung" zumindest im Ansatz reflektiert werden. Die „Öffnung" der deutschen Grenzen durch Verzicht auf Kontrollen galt im Wesentlichen Flüchtlingen und anderen Migranten, die bereits die Europäische Union erreicht hatten und für deren Schutzbegehren eigentlich andere EU-Staaten zuständig gewesen wären. Die Bewältigung des Flüchtlingsstroms ist vor allem eine Leistung der Verwaltung des Freistaates Bayern, dessen Regierung damals „die Herrschaft des Unrechts"[672] heraufziehen sah. Die unkontrollierte Aufnahme von Migranten hat zwar kurzfristig europäische Nachbarländer entlastet, langfristig aber durch die mit der deutschen „Willkommenskultur“ verbundenen Anreize den Migrationsdruck auf die gesamte Europäische Union erhöht. Zu den dauernden Folgen gehören eine komplexe Veränderung der Gesellschaft, die in Manchem diverser, kulturell offener geworden ist und deren Wirtschaft durch den Zustrom neuer Arbeitskräfte gewonnen hat. Auf der anderen Seite hat auch das illiberale und das offene oder verkappte antisemitische Element in Deutschland (und manch anderer europäischer Gesellschaft) an Boden gewonnen. Dabei sei natürlich vor vorschneller Typisierung und Verallgemeinerung gewarnt. Denn gerade in einem demokratischen Rechtsstaat kann es kein verlässliches Wissen darüber geben, wer und wie viele genau das Existenzrecht Israels ablehnen oder aus religiösen Gründen einer Frau den Handschlag verweigern (in anderen europäischen Ländern wie Frankreich hat sich aber die Politik etwa mit Einwanderungskriterien oder bestimmten Integrationsstrategien dieser Fragen mit weitaus größerer Offenheit angenommen als in Deutschland).

Längst haben andere Länder wie Kanada gezeigt, wie sich Flüchtlingsschutz und Migration in einer offenen Gesellschaft positiv gestalten lassen.[673] Im Zusammenhang mit der großen und spontanen Bereitschaft, Flüchtlinge aus der Ukraine aufzunehmen, wird gerne vor einer Diskriminierung von Schutzbedürftigen aus entfernteren Kulturkreisen gewarnt. Aber dabei geht es wohl weniger um die Gefahr von rassistischen Haltungen als um die schon immer bekannte Verknüpfung von Solidarität mit soziokultureller Nähe, die oft ein Faktor erfolgreicher Integration ist. Die „Ghetto“-Gesetzgebung in Dänemark zum Aufbrechen von Wohngebieten mit überwiegend „nichtwestlichen“ Bewohnern und zur Vermeidung von Parallelgesellschaften[674] ist dagegen menschenrechtlich höchst problematisch, weil sie an die Herkunft (und nicht den Integrationsgrad) anknüpft, Menschen trifft, die längst ihren Lebensschwerpunkt nach Dänemark verlegt haben und weil sie feste soziale Beziehungsgeflechte auseinanderreißt.

Chancen und Risiken der Biotechnologie

Im Bereich der Biotechnologie bergen nicht nur Handlungsoptionen Risiken. Das Verbot von bestimmten Optionen bedeutet den Verzicht auf Lebenschancen und birgt erhebliche Risiken des Nichtstuns. Das westliche Europa kann auch ohne „grüne Gentechnik“ die Ernährung seiner Bevölkerung sichern. Für die wachsende Weltbevölkerung sieht dies ganz anders aus. So hat schon vor vielen Jahren eine Analyse der Food and Agricultural Organization (FAO) betont:

> „Biotechnology can overcome production constraints that are more difficult or intractable with conventional breeding. It can speed up conventional breeding programmes and provide farmers with disease-free planting materials. It can create crops that resist pests and diseases, replacing toxic chemicals that harm the environment and human health, and it can provide diagnostic tools and vaccines that help control devastating animal diseases. It can improve the nutritional quality of the staple foods such as rice and cassava and create new products for health and industrial uses.“[675]

Mit deutlichen Worten haben 100 Nobelpreisträger und anderen hochrangige Wissenschaftler in einem offenen Brief an Greenpeace 2016 die Verteufelung der grünen Gentechnik angegriffen und auf den Beitrag dieser Technologie zum Kampf gegen Kindersterblichkeit hingewiesen.[676]

Der Verzicht auf gentechnisch veränderte schädlingsresistente Nutzpflanzen (Getreide, Baumwolle) bedeutet auch den massiven Einsatz von Pestiziden. Die Genomeditierung („Genschere“) eröffnet in der Landwirtschaft neue Perspektiven;[677] sie erlaubt etwa die effektivere Aufnahme von bestimmten Nährstoffen und senkt damit den Einsatz von Düngemitteln. Das Verbot der gentechnischen Keimbahntherapie (mit Wirkung für kommende Generationen), wie es in Deutschland[678] oder in der Schweiz[679] herrscht, bedeutet eben eine Bestandsgarantie von schweren Erbkrankheiten, sofern Personen mit einer genetischen Belastung nicht auf einen Kinderwunsch verzichten wollen (ein hier in vielen Rechtsordnungen mehr oder weniger weit offenstehender Sonderweg ist die Präimplantationsdiagnostik bei der *In-Vitro*-Befruchtung). Hier zeigt sich, wie oft ethische Argumente, die Berufung auf die Menschenwürde und wissenschaftliche Risikobewertungen miteinander verflochten werden – auch in den Stellungnahmen von Ethikräten.[680] Die unbeabsichtigten und zurzeit nicht verlässlich beherrschbaren Nebenfolgen sind vom Stand der medizinischen Technik abhängig. Sie sind scharf von grundsätzlichen Bedenken gegen jede Veränderung des Erbgutes oder auch nur gegen ein *Enhancement* (Züchtung gewünschter Eigenschaften) zu trennen.

II. Normative Abrüstung

Ein wichtiger Schritt in Richtung einer abgewogenen Rationalität ist eine Abrüstung bei bestimmten Rechtsbegriffen (Willkür, Menschenwürde, Übermaß) und vorschneller Tabuisierung. Der lautstarke verbale Antritt und der Appell an scheinbare Evidenz sind oft nur Ersatz für eine tragfähige rechtliche Argumentation und bemäntelt diese Schwäche durch überzeugungsschwangere, affektiv aufgeladene Formeln. Hierzu hat Hans Albert als Vertreter des kritischen Rationalismus treffend bemerkt:

> „Man pflegt in Bezug auf Aussagen, bei denen man bereit ist, das Begründungsverfahren abzubrechen, von Selbstevidenz, Selbstbegründung, Fundierung in unmittelbarer Erkenntnis – in Intuition, Erlebnis oder Erfahrung – zu sprechen oder in anderer Weise zu umschreiben, daß man bereit ist, den Begründungsregress an einem bestimmten Punkt abzubrechen und das Begründungspostulat für diesen Punkt zu suspendieren, indem man ihn zum archimedischen Punkt der Erkenntnis deklariert."[681]

Ein Beispiel hierfür liefern die im Grunde nichtssagenden Formeln in der Entscheidung des Bundesverfassungsgerichts zum Luftsicherheitsgesetz. Das Gericht stufte den Abschuss eines entführten Flugzeuges zur Vereitelung eines verheerenden Terroranschlages deswegen als eine Missachtung der Menschenwürde von Crew und Passagieren ein, weil diese durch den Abschuss „entrechtet und verdinglicht" würden;[682] ein solches Vorgehen spreche ihnen den Wert als Menschen ab.[683] Worin diese „Verdinglichung" (durch den Staat, nicht die terroristischen Entführer) und die „Entwertung" als Mensch genau liegen soll, bleibt im Dunkeln.

Auch beim Klimaschutz befeuert ein ökologischer Idealismus die Berufung auf die Menschenwürde. So stellen manche Stimmen einen Bezug zwischen der Erderwärmung und der Menschenwürde her. Im Verfahren gegen das Klimaschutzgesetz vor dem Bundesverfassungsgericht haben sich Beschwerdeführer auf ein Gemenge aus Menschenwürde und Umweltschutz (Art. 1 Abs. 1 in Verbindung mit Art. 20a GG) im Sinne eines „Rechts auf eine menschenwürdige Zukunft" oder auf ein menschenwürdiges ökologisches Existenzminimum berufen.[684] Das Gericht hat die Existenz eines solchen Rechts in der Schwebe gelassen.[685]

In seinem OMT-Urteil zu Anleihekäufen der Europäischen Zentralbank hat das Bundesverfassungsgericht die Überschreitung der vertraglich übertragenen Befugnisse von EU-Organen in einen unmittelbaren Zusammenhang mit der Menschenwürde gerückt; danach verletzt eine solche „Usurpation" von Kompetenzen die Menschenwürde, weil sie den deutschen Staatsbürger einer nicht von ihm legitimierten Hoheitsgewalt aussetzt.[686] Bei aller Sympathie für eine kritische Überprüfung der umverteilenden Geldpolitik der Europäischen Zentralbank erscheint eine Verletzung der Menschenwürde in diesem Kontext doch sehr weit hergeholt. Auch hier gleitet die Berufung auf Fundamentalnormen ins Beliebige ab.

Auch bei der Ummünzung moralischer Forderungen oder politischer Desiderate in Rechte oder Pflichten ist große Zurückhaltung angezeigt. Eine solche Umformung liegt etwa in der Argumentation des Bundesverfassungsgerichts, Deutschland müsse wegen des Klimaabkommens von Paris seine klimaschädlichen Emissionen im Gleichschritt mit den Forderungen des Weltklimarates reduzieren, auch um wechselseitiges Vertrauen in der Staatengemeinschaft zu sichern.[687] Davon steht im Grundgesetz nichts. Im Abkommen von Paris hat auch kein Staat solche Verpflichtung übernommen oder seine Reduktionsleistung von einem äquivalenten Beitrag anderer Staaten abhängig gemacht.[688] Wir sehen auch nicht, dass die Entscheidung des Bundesverfassungsgerichts oder die Neufassung des deutschen Klimaschutzgesetzes wesentliche internationale Impulse gesetzt hätten.

Ähnlich auf der Begründungsebene verhoben hat sich die niederländische Rechtsprechung, soweit sie Reduktionspflichten privater Unternehmen im Interesse des Klimaschutzes auf die menschenrechtliche Sorgfaltspflicht (*human rights due diligence*) stützt.[689] Eine menschenrechtliche Fundierung von Klimaschutzpflichten privater Akteure verfälscht die Kernverpflichtungen der Unternehmensverantwortlichkeit zur willkürlichen Argumentationsmasse, zumal selbst die Staaten keine konkreten Reduktionsverpflichtungen im Rahmen völkerrechtlicher Vereinbarungen übernommen haben.

Zur normativen Abrüstung gehört auch die abgewogen-rationale Einordnung historischer Zusammenhänge. Die notwendige Zustimmung des Bundestages zu Auslandseinsätzen der Bundeswehr hat das Bundesverfassungsgericht auf die demokratisch-rechtsstaatliche Einhegung des Machtpotentials der deutschen Streitkräfte (als „Parlamentsheer") gestützt.[690] Dabei ist etwas aus dem Blick geraten, dass die Bundeswehr seit ihrer Errichtung in einer rechtsstaatlichen Ordnung mit einer demokratisch legitimierten Regierung verankert ist. Die Gefahr eines Missbrauches des militärischen Potentials durch die Exekutive liegt in der Bundesrepublik ebenso fern, wie in anderen westlichen Verfassungsordnungen, wo die Exekutive zumindest in beachtlichem Umfang über internationale Einsätze der Streitkräfte allein entscheiden kann. Dass jede Regierung sich bei Auslandseinsätzen von Gewicht – förmlich oder informell – einer Rückendeckung durch die Parlamentsmehrheit versichern wird, ist keine Frage der Geschichte oder der Missbrauchsgefahr, sondern der politischen Klugheit. Keine Exekutive will die eigenen Soldaten möglichen Kampfhandlungen aussetzen, wenn das Parlament mehrheitlich nicht hinter dem Einsatz steht. Wohl auch deshalb hat die Lehre vom Parlamentsvorbehalt trotz schwacher Anhaltspunkte im Grundgesetz viel Zustimmung erfahren. Zum Ballast wird aber der Parlamentsvorbehalt, wenn er auf bestimmte Waffensysteme erstreckt wird und damit den bereits parlamentarisch legitimierten Einsatz der Streitkräfte noch einmal aus rational nicht begründbaren Ängsten (wohl vor dem eigenen Militär) konditioniert. Dies gilt etwa für den Einsatz bewaffneter Drohnen, der das Leben der eigenen Soldaten schont (was für manche schon wieder ethisch bedenklich ist).

Bei verbal-juristischer Abrüstung mag man auch an die Beschwörung der Grundwerte der französischen Revolution durch Regierung und Parlament in Frankreich beim Burka-Verbot denken.[691] Aber vielleicht musste die Französische Republik gerade derart schweres Geschütz als eine Art subtile Drohkulisse für Verbotsgegner auffahren, um sich so am Ende vor dem Europäischen Gerichtshof gegen eine Individualbeschwerde durchzusetzen.[692]

III. Die Erschütterung romantischer Weltbilder: neue Einsicht in unausweichliche Zielkonflikte

Der russische Überfall auf die Ukraine hat nicht nur alle romantischen Weltbilder zum Einsturz gebracht. Er hat auch den Abschied von absoluten Zielen befördert, die auf naiven Grundannahmen wie unbegrenzter finanzieller Leistungsfähigkeit und fehlender Konkurrenz mit anderen gleichrangigen Zielen beruhen. Gleichzeitig hat diese dramatische Entwicklung den Blick für voraussehbare, aber gerne ignorierte Wertkonflikte geschärft.

So sind neben den Kampf gegen die Erderwärmung und den Abschied von der Kernenergie plötzlich die äußere Sicherheit, die stabile Energieversorgung, die militärische Unterstützung eines europäischen Nachbarlandes und die Aufnahme von Millionen von Flüchtlingen als gewichtige Herausforderungen getreten. Die Europäische Union wird Klimaneutralität in absehbarer Zeit – wenn überhaupt – nur mit einem Ausbau der Kernenergie erreichen. Gleichzeitig kämpft die Eurozone mit einer Inflationsrate von über 7 %. Der Preisanstieg mancher Rohstoffe ins Astronomische lässt die dem Klimaschutz dienende CO_2-Bepreisung verblassen. Das Bemühen um Energiesicherheit hat den Kampf gegen fossile Brennstoffe überlagert. Versorgungssicherheit lässt auch beim Werben um Flüssiggas aus den Emiraten oder den USA Kritik wegen einer dubiosen menschenrechtlichen Bilanz mancher Staaten der Golfregion oder Vorbehalte gegen das „Fracking" in den Hintergrund treten.

Die Aussage einer in völkerrechtlichen Regeln verankerten Weltordnung durch russisches Großmachtstreben hat vor allem für die kontinentaleuropäischen Staaten eine unbequeme Wahrheit aufgezeigt: Äußere Sicherheit ist nicht alles, aber ohne sie ist fast alles andere nichts. Wohlstand, sozialstaatliche Unterstützung und selbst individuelle Freiheit und Klimaschutz geraten ins Wanken, wenn ein Staat mit existentieller Bedrohung ringt. Allmählich werden sich Deutschland und andere Staaten der Europäischen Union stärker als früher bewusst, dass die notwendige Fähigkeit zur Abschreckung und wirksamer Verteidigung einen hohen Preis hat.

Ein rasch ansteigender Pfad zur Klimaneutralität setzt eben nicht nur den Willen, sondern auch die Fähigkeit zu starken finanziellen Anstrengungen voraus, sowohl auf Seiten des Einzelnen und produzierender Unternehmen wie der des Staates. Dies wiederum setzt eine anhaltend hohe Leistungsfähigkeit und finanzielle Belastbarkeit der Volkwirtschaft voraus. Die Europäische Union und ihre Mitgliedstaaten planen seit einiger Zeit, einen erheblichen Anteil ihrer Wirtschaftsleistung für den Klimaschutz einzusetzen.[693] Nun aber erinnern sich einzelne europäischen NATO-Staaten wie Deutschland wieder an die von ihnen nicht eingelöste Zusage, 2 % des BIP für die Verteidigung aufzuwenden. Der Anfang 2022 von der Bundesregierung angekündigte und mittlerweile in Art. 87 Abs. 1a GG verankerte Schuldenfonds für die Modernisierung der Streitkräfte in Höhe von 100 Milliarden Euro testet die finanzielle Belastbarkeit des Staates ebenso wie die Anstrengungen gegen den Klimawandel. All diese wirtschaftlichen und finanziellen Herausforderungen haben auch Folgen für den sozialen Frieden und die Leistungskraft des Sozialstaates. Auch dies wird zu komplexen Abwägungen zwingen. Der Streit um ein europäisches Erdölembargo gegen Russland als Instrument gegen die russische Aggression in der Ukraine zeigt die schwierige Abwägung von internationaler Sicherheit und elementaren Belangen der Wirtschaft auf.

Hier und bei anderen Dilemmata ist jede Kreuzzugsmentalität zugunsten oder gegen bestimmte Interessen völlig verfehlt.

Am Ende wird dieser Abschied von der einseitigen Hochstufung einzelner Belange und Interessen dem demokratischen Staat zur mehr Widerstandsfähigkeit und Leistungsfähigkeit in wirtschaftlicher, sozialer oder auch militärischer Hinsicht verhelfen. Dies stärkt dann auch die Ziele des Klimaschutzes, deren Verwirklichung an eben dieser Leistungskraft hängt. Die neue Abwägung hochrangiger Belange wird auch der Legitimität und Überzeugungskraft der getroffenen Entscheidungen dienen.

Kapitel XV

Mehr Politik wagen

Gelegentlich scheinen Rechtsprechung und Rechtswissenschaft der Devise zu folgen, dass bestimmte Aufgaben zu wichtig seien, um sie dem Gesetzgeber und einem demokratischen Prozess zu überlassen. Mit dieser Maxime beschränken sich Gerichte nicht mehr darauf, die Einhaltung eines rechtlichen Rahmens zu überwachen, sondern setzen sich selbst als politische Kraft ans Steuer des Staatsschiffes. Vor wenigen Jahren hat der ehemalige Richter des Obersten Gerichtshofes des Vereinigten Königreiches Jonathan Sumption weniger rechtliche Schranken für politische Entscheidungsprozesse gefordert.[694] Dieses Plädoyer richtete sich weniger gegen die britische Rechtsprechung als gegen die Agenda der europäischen Gerichte mit ihrer ausgreifenden Auslegung der EU-Verträge und der Europäischen Menschenrechtskonvention.

Manchmal haben wir den Eindruck, dass die bissige Beschreibung von Heinrich Heine zum unterschiedlichen Agieren von Deutschen und Franzosen aus dem Jahre 1841 auch noch heute zutrifft:

> „[Die Franzosen, Anm. des Verf.] gehen jeder Frage direkt auf den Leim und zerren daran solange herum, bis dieser entweder gelöst oder als unauflösbar beseitigt wird. […] [D]er Deutsche, aus Scheu vor aller Erneuerung, deren Folgen nicht klar zu ermitteln sind, geht jeder bedeutenden politischen Frage so lange wie möglich aus dem Wege oder sucht ihr durch Umwege eine notdürftige Vermittlung abzugewinnen, und die Fragen häufen und verwickeln sich unterdessen […].“[695]

I. Trennung von Recht und Politik

Primat der Politik

Eine ernsthafte Bedrohung erwächst dem demokratischen Prozess aus dem politischen Gestaltungsanspruch von Gerichten, der oft im Schlepptau des modernen Idealismus segelt. Eine solche Agenda zeigt sich etwa beim Europäischen Gerichtshof[696] mit der steten Kompetenzausweitung der Europäischen Union und dem immer weiter ausgreifenden Verständnis der sogenannten Marktfreiheiten und der Unionsbürgerschaft. Die Folge ist, dass sich die Mitgliedstaaten in vielen Bereichen mit Befugnissen der Europäischen Union konfrontiert sehen, denen sie nach ihrem Verständnis so nicht zugestimmt haben.

Die Arroganz richterlicher Entscheidungsmacht: Abwertung demokratischer Prozesse

Auch in Deutschland agiert das Bundesverfassungsgericht zunehmend offen mit politischem Ehrgeiz. Geradezu entlarvend ist der Entscheidung des Bundesverfassungsgerichts zum Klimagesetz. Hier geht das Gericht recht unverhüllt auf Distanz zu einem demokratischen Prozess und der angeblichen Kurzsichtigkeit der an Wahlperioden orientierten Politik:

> „In Art. 20a GG ist der Umweltschutz zur Angelegenheit der Verfassung gemacht, weil ein demokratischer politischer Prozess über Wahlperioden kurzfristiger organisiert ist, damit aber strukturell Gefahr läuft, schwerfälliger auf langfristig zu verfolgende ökologische Belange zu reagieren und weil die besonders betroffenen künftigen Generationen heute naturgemäß keine eigene Stimme im politischen Willensbildungsprozess haben."[697]

So wird das Prinzip der immer nur auf Zeit verliehenen demokratischen Legitimation von Macht gewissermaßen in eine strukturelle Unfähigkeit zu einem angemessenen Umweltschutz umgedeutet.

Dann deklassiert das Gericht den politischen Prozess, in dem es ihm die Ausrichtung an Interessen vorhält, deren Ausbalancierung doch gerade vornehmste Aufgabe des parlamentarischen Gesetzgebers sein sollte:

> „Diese durch Art. 20a GG angestrebte Bindung des politischen Prozesses drohte verloren zu gehen, wenn über den materiellen Gehalt des Art. 20a GG vollumfänglich in tendenziell kurzfristiger und an direkt artikulierbaren Interessen orientierten tagespolitischen Prozess entschieden würde."[698]

Noch anmaßender hat sich bislang wohl kaum ein anderes Gericht über das Parlament erhoben. Hier scheint bereits eine Art Herrschaft einer mit besonderen Einsichten begabten Juristenkaste auf, die der periodischen Legitimation enthoben ist und deshalb besser über umweltpolitische Weichenstellungen befinden kann als der in seiner periodischen Legitimation befangene, kurzatmig agierende Gesetzgeber.

Solchen Anmaßungen sollten die demokratisch legitimierten Organe, allen voran das Parlament, aber auch die Rechtswissenschaft energisch entgegentreten. Der Umweltschutz ist auch beim Kampf gegen die Erderwärmung keine fixe Größe, bei der sich ein Fahrplan für den Abbau klimaschädlicher Emissionen unmittelbar aus der Verfassung ablesen ließe. Auch der Klimaschutz ist kein absoluter Wert, der alle anderen Belange wie die Rücksicht auf die Belastbarkeit von Industrien und Bürgern verdrängt.

Völlig frei von Wahlperioden und wiederkehrender Legitimation kann im westlichen Verfassungsmodell bislang nur ein Organ einen bestimmten Politikbereich gestalten, nämlich eine unabhängige Zentralbank die Geldpolitik. Auf ein ähnliches Modell ist beim Umweltschutz schon wegen der unzähligen Querverbindungen zu allen möglichen Politikbereichen bislang noch niemand gekommen.

Im Übrigen lässt sich das Argument von der kurzsichtigen, von Wahlperioden getriebenen Politik auf viele Politikbereiche übertragen, insbesondere auf die Sozialpolitik oder die Haushaltspolitik, die oft mit der Schuldenaufnahme finanzielle Lasten in die Zukunft und damit auf künftige Generationen verschiebt. Sollten auch hier von den Gerichten Weichenstellungen für die weitere Zukunft dem Gesetzgeber aus der Hand genommen werden? Das hat mit guten Gründen noch niemand verlangt (auch wenn es verfassungs- und europarechtliche Schranken der Staatsverschuldung gibt)[699].

II. Trennung von Ethik, Empathie und Recht

Der neue Idealismus ist immer wieder der Versuchung ausgesetzt, einen bunten Strauß von Forderungen ethischen, empathischen oder humanitären Handelns in rechtliche Grundsätze umzumünzen. Dieser Sicht auf den Staat fällt es schwer, der Politik hier große Freiräume zu geben. So entstehen schnell aus moralischem Unbehagen rechtliche Behauptungen, die vor Jahren als forscher Übergriff in die Entscheidungsfreiheit politischer Organe erschienen wären.

Vor allem menschenrechtliche Konstrukte und die Kreation frischer Grundrechtsstandards sind ein wichtiges Instrument zur Entwicklung neuer und immer weitergehender Bindungen der Politik im Dienste einer neuen Verantwortungsethik. Beispiele sind die Formulierung eines Menschenrechts auf Klimaschutz oder menschenrechtlich begründete Reduktionspflichten von privaten Unternehmen, wie sie die niederländische Rechtsprechung in den Fällen *Urgenda Foundation v. The State of Netherland* und *Milieudefensie v. Royal Dutch Shell* ersonnen hat.[700] Auch die Schranken für die Ausweisung von illegal eingereisten oder straffälligen Ausländern, die Rückführung von geretteten Flüchtlingen oder die Sicherung der Außengrenzen (und die Bedingungen für sog. *„push-backs"* an der Grenze) in der Rechtsprechung des Europäischen Gerichtshofes für Menschenrechte[701] vermengen verständliche Empathie mit dem Schutz von Menschenrechten. Denn hier geht es nicht um den Schutz vor unmenschlicher Behandlung in einem Konventionsstaat, sondern um den Zutritt in den Staat, den die Europäischen Menschenrechtskonvention gerade nicht regelt. Es ist interessant, dass sich diese menschenrechtlichen Diskussionen weitgehend auf das westliche Europa beschränken.

Auch der Interamerikanische Menschenrechtsgerichtshof zeigt Engagement bei der Weltverbesserung. Wenn dieser Gerichtshof – anders als sein europäisches Gegenstück in Straßburg – die Option einer rechtlich anerkannten Lebensgemeinschaft für gleichgeschlechtliche Paare als unzureichend sowie diskriminierend verwirft und deshalb den Zugang zur Ehe fordert,[702] hat dies nichts mit einem unterschiedlichen Wortlaut oder Zweck der Amerikanischen und der Europäischen Menschenrechtskonvention zu tun. Der Grund liegt allein im unterschiedlichen rechtspolitischen Ehrgeiz und dem unterschiedlichen Respekt für die Auslegung der jeweiligen Konvention durch die Vertragsstaaten. Diese politische Agenda schwächt die Legitimation und den Befolgungsanreiz bei der Sicherung der menschenrechtlichen Kerninhalte.

Menschenrechte und die subjektive Vorstellung von heiler Welt

Unzählige Bespiele legen nahe, dass sich in Randzonen von Menschenrechten, also außerhalb des universell oder regional anerkannten Kernbereiches der Menschenrechte, eine sehr subjektive Sicht von Ethik, Empathie und heiler Welt auslebt. Wie soll man anders den Streit zwischen nationaler Politik, Oberstem Gerichtshof von Costa Rica und Interamerikanischem Menschenrechtsgerichtshof über ein Recht auf *In-vitro*-Befruchtung[703] erklären? Wenn der Oberste Gerichtshof aus der Amerikanischen Menschenrechtskonvention (Schutz des Lebens) ein Verbot der künstlichen Befruchtung ableitet (weil dabei „überzählige" Embryonen entstehen und diese dann „entsorgt" werden) und der Interamerikanische Menschenrechtsgerichtshof genau umgekehrt ein Recht von Paaren auf diese Technologie zur Erfüllung ihres Kinderwunsches annimmt (wegen der Rechts auf eine Familie), so stoßen hier schlicht unterschiedliche subjektive Bewertungen von Machbarkeit und unterschiedliche Formen von Empathie (mit den künstlich erzeugten Embryos oder Paaren mit ihrem Kinderwunsch) aufeinander. Der unbefangene Betrachter fragt sich, ob diese Frage nicht einfach besser in einem demokratischen Prozess entschieden werden sollte – und nicht von einer nationalen oder internationalen Richterschaft. Der Europäische Gerichtshof für Menschenrechte ist gar nicht erst in diese Auseinandersetzungen hineingeraten, weil er schon einen Schutz des ungeborenen Lebens im Mutterleib durch das Recht auf Leben (Art. 2 EMRK) abgelehnt hat. Damit ist außerhalb des allgemein anerkannten Kernbereiches des Lebensschutzes dieser Regelungskomplex ganz der Verantwortung des nationalen Gesetzgebers überantwortet werden. Hier wird auch deutlich, dass die „Randzonen" von Grund- und Menschenrechten sich durchaus auch auf wichtige, existenzielle Fragen erstrecken können, aber eben außerhalb eines klar feststellbaren Regelungswillens der Vertragsstaaten liegen.

III. Politik als gefesselter Gulliver

Im Kern zielt der Respekt für demokratische Entscheidungsprozesse auf wiederzugewinnende Spielräume für die Politik. Dies führt zu einem rechtlichen Ordnungsrahmen, der politischer Gestaltung genügend Raum zum Atmen lässt. Diese Forderung ist für das politische Leben in Deutschland besonders wichtig. In kaum einem anderen Land unterliegen politische Prozesse einer ähnlich engen Steuerung durch rechtliche Schranken und einer sehr selbstbewussten Justiz. Hier kommt das Bild des von den Liliputanern gefesselten Gulliver in den Sinn. Dabei sei eingeräumt, dass die Politik (in Deutschland und anderswo) eine gewisse Neigung zur normativen Beschränkung eigener Gestaltungsspielräume hat oder aus purer Ängstlichkeit die Kraft zu einer eigenen Interpretation von Verfassungs- oder Vertragsnormen scheut und lieber erst einmal auf richterliche Klärung in naher oder ferner Zukunft wartet. Besonders pikant war die Klage der FDP-Fraktion Anfang der 1990er-Jahre gegen einen von den eigenen Regierungsmitgliedern mitgetragenen Kabinettsbeschluss zu Auslandseinsätzen der Bundeswehr.[704]

„Gouvernement des juges“?

Die Warnung vor einer Regierung der Richter begleitet den modernen Rechtsstaat seit langem. Schon im Jahre 1921 hat Edouard Lambert mit Blick auf die USA von einem *„gouvernement de juges“* gesprochen.[705] Aber erst mit dem modernen Konstitutionalismus, insbesondere der Ausweitung der Grundrechte und deren Ausstrahlung auf alle Rechtsbereiche in der Nachkriegszeit, lässt sich eine bedenkliche Einengung politischer Gestaltungsfreiheit durch den dynamischen Umgang mit deren rechtlichen Fesseln beobachten. Trotz aller lautstarken Kritik an manchen Entscheidungen des U.S. Supreme Court (etwa zur Abtreibung) und anderen Höchstgerichten sind aber insbesondere die anglo-amerikanischen Systeme bis heute immer noch weit von einer Richterherrschaft entfernt. Dies gilt auch noch für die meisten Staaten Kontinentaleuropas. Hier ziehen aber weniger die nationalen Gerichte als der Gerichtshof der Europäischen Union und der Europäische Gerichtshof für Menschenrechte die rechtlichen Bindungen für politische Weichenstellungen immer enger.

In dieser Entwicklung lag und liegt auch ein – und nicht der geringste – Grund für das Unbehagen weiter Teile der britischen Politik und der britischen Öffentlichkeit gegenüber Europa, das seit längerem zu einer Distanzierung zum europäischen Integrationsprozess geführt hat. Dabei schwingt die deutliche Kritik an einer idealistischen Fremdbestimmung mit. Am Ende hat auch die von EU-Gegnern geschickt genährte Sorge vor einer stetig fortschreitenden rechtlichen Einschnürung der eigenen Regierung und des eigenen Parlaments zum Brexit geführt. Nun fehlt die britische Stimme in der europäischen Gesetzgebung. Die Folgen sind jetzt schon spürbar.

Auf einer ganz anderen Ebene liegt der Konflikt zwischen den rechtstaatlichen Standards der Europäischen Union und der Europäischen Menschenrechtskonvention einerseits und den Versuchen der Politik in Polen oder Ungarn, sich weite Teile der Justiz gefügig zu machen.[706] Diese Versuche überschreiten nicht nur nach gemeineuropäischen Rechtsstaatsprinzipien alle Grenzen zulässiger Politikgestaltung, sondern fordern auch das Selbstverständnis der Europäischen Union als Rechtsgemeinschaft heraus.

Wachsender Geldregen auch ohne Parlamente: der deutsche Rundfunkbeitrag

Eine Art Finanzierungsfahrplan als immerwährendes Füllhorn hat in Deutschland das Bundesverfassungsgericht im Jahr 2021 den öffentlichen Rundfunk- und Fernsehanstalten beschert. Danach haben die Länder in ihrer Gesamtheit eine Finanzierungsverantwortung für die öffentlichen Anstalten, die immer wieder an den wachsenden Bedarf mit einer erhöhten Rundfunkgebühr angepasst werden muss.[707] Eine entscheidende Rolle für die Erhöhung der Rundfunkgebühr spielt die eigene Bedarfseinschätzung der Anstalten, die eine unabhängige Kommission nur noch eng (etwa auf Wirtschaftlichkeit und Einhaltung des im Grunde unbegrenzten Rundfunkauftrages) überprüfen darf. Ein Land darf sich dem wachsenden Geldsegen für öffentlich-rechtliche Informations-, Kultur und Sportsendungen, mediale Bespaßung und großzügige Gehälter ohne eine „verfassungsrechtlich tragfähige" Begründung auch dann nicht entgegenstellen, wenn sein Parlament dem erhöhten Beitrag nicht zustimmen will.[708] Von einem solchen medialen Schlaraffenland mit stetig wachsenden Mitteln auch ohne lästigem Parlament können staatliche Rundfunk- und Fernsehanstalten in allen anderen Ländern nur träumen – wenn sie nicht gerade Diktaturen dienen, die auch ohne Volk und Parlament auskommen. In der westlichen Welt hat sich seit der amerikanischen Unabhängigkeitserklärung das Prinzip der parlamentarischen Legitimation von Abgaben durchgesetzt (*„no taxation without representation"*). Nur für die öffentlich-rechtlichen Rundfunk- und Fernsehanstalten in Deutschland gilt es nicht.

Hintergrund ist auch hier wieder eine heile Welt von Meinungen, die durch die Herstellung unverzerrter Wirklichkeit in öffentlich-rechtlichen Medien vor dem freien Spiel der gesellschaftlichen Kräfte geschützt wird. Am Ende wird die parlamentarische Verantwortung für den vermehrten Geldsegen und für die steigende Beitragslast der Bürger dem Ideal eines immer weiter zu fütternden staatlichen Medienimperiums geopfert. Interessanterweise hat sich Deutschland als einziges Land die von der konkreten Nutzung unabhängigen Gebühren für den öffentlich-rechtlichen Rundfunk schon vor vielen Jahren im Protokoll Nr. 29 zum EU-Vertrag absegnen lassen.

IV. Sauerstoff für die Demokratie: Einschätzungsvorrang der Politik

Die stete Ausweitung des verfassungs- und vertragsrechtlichen Korsetts für die Politik begründet bei Bürgern und der Politik den Eindruck, dass immer mehr Grundsatzfragen schon vorentschieden sind und gar nicht mehr Thema eines demokratischen Prozesses werden.

Ein wichtiges Gegenmittel zu dieser Entwicklung ist die Rückbesinnung darauf, dass der Gesetzgeber *das* Staatsorgan schlechthin für das Austragen gesellschaftlicher Konflikte und die Abwägung von Interessen, Freiheitsrechten und dem Allgemeinwohl ist. Dem Gesetzgeber obliegt auch der Umgang mit unsicheren Datenlagen. Die Rechtsprechung des Bundesverfassungsgerichts räumt dem Gesetzgeber bei der Bewertung von Gefährdungslagen und komplexen Prognoseentscheidungen sowie der Beurteilung von Erforderlichkeit und Angemessenheit von Schutzmaßnahmen einen (manchmal größeren, manchmal kleineren) Einschätzungsspielraum ein, jüngst etwa bei den Freiheitsbeschränkungen in der Corona-Pandemie.[709] Andere Gerichte wie der französische Verfassungsrat sind noch weit großzügiger gegenüber dem Gesetzgeber und kontrollieren nur, ob die gesetzlichen Maßnahmen zur Erreichung des Gesetzeszweckes (hier des Gesundheitsschutzes) nicht offensichtlich ungeeignet sind.[710]

In vielen anderen Bereichen ist in der deutschen Rechtsprechung aber von der Achtung eines politischen Gestaltungsspielraums des Gesetzgebers wenig zu sehen. Ein Beispiel bildet der Datenschutz beim Zugriff des Staates auf telefonische Verbindungsdaten (nicht der Gesprächsinhalte) im Urteil des Bundesverfassungsgerichts zur Vorratsdatenspeicherung.[711] In dieser Entscheidung hat der mit Fragen der Verbrechensbekämpfung näher vertraute Richter in einem abweichenden Votum den Respekt vor dem Gestaltungsspielraum des Gesetzgebers beim Datenzugriff im Interesse einer effektiven Strafverfolgung vermisst.[712] Hier zeigt sich wieder, wie sehr die verschiedenen Ideale einer Gemeinschaftsordnung mit unterschiedlicher Gewichtung der Sicherheitsgewährung durch den Staat im Konflikt mit einer eher peripheren Einbuße an Freiheit (Datenschutz) den Spielraum für Politikprozesse bestimmen. Bei einer eigenen rechtspolitischen Agenda (Maximierung des Datenschutzes, Klimaschutz nach den Forderungen des Weltklimarates) ziehen Gerichte allzu oft das letzte Gericht über die Angemessenheit von Maßnahmen an sich.

Im Falle solcher Abwägungen widerstreitender und umstrittener Sichtweisen wünscht man sich etwas mehr Zurückhaltung zugunsten eines offenen politischen Prozesses. Ganz in diesem Sinne bekennt der französische Verfassungsrat, er selbst habe eben nicht die allgemeine Einschätzungs- und Entscheidungsbefugnis, diese stehe vielmehr dem Parlament zu.[713]

Für die Eröffnung politischer Abwägungsprozesse kommt es natürlich immer auf den jeweiligen rechtlichen Rahmen an. Eine zurückhaltende Auslegung rechtlicher Schranken in einem rein nationalen Kontext stärkt das demokratische Element und die Vitalität des politischen Diskurses. Auf europäischer Ebene dagegen wirkt sich eine Aufweichung rechtlicher Bindungen in der Währungsunion auch auf andere Mitgliedstaaten und deren Bürger aus. Eben deshalb sind die vertraglichen Standards für eine stabile Währung Bedingung für eine Aufgabe der Währungssouveränität gewesen. Dabei transportiert der vertragliche Konsens zugleich die demokratische Legitimation für die Übertragung immer neuer Kompetenzen auf die Europäische Union.

Respekt für soziokulturelle Vielfalt in der Staatenwelt

In die gleiche Richtung eines Einschätzungs- und Gestaltungsspielraumes für die Politik und der Rücksicht auf soziokulturelle Besonderheiten weist auf internationaler Ebene die Figur des *„margin of appreciation“*, wie sie der Europäische Gerichtshof für Menschenrechte und andere internationale Menschenrechtsorgane immer wieder anerkennen.[714] Allerdings ist beim Europäischen Gerichtshof für Menschenrechte und anderen Kontrollinstanzen kein klares und konsequentes Konzept für einen mehr oder weniger weiten Spielraum zu erkennen. Ein lautstarker Auftritt mit der Beschwörung des eigenen rechtskulturellen Erbes scheint aber oft Eindruck zu machen und den Europäischen Gerichtshof für Menschenrechte zu animieren, einen weiten Spielraum zu gewähren, wie seine Entscheidungen zum Burka-Verbot in Frankreich[715] oder zum Kruzifix in italienischen Schulen[716] zeigen.

V. Mehr Mut zur kraftvollen Ausschöpfung politischer Gestaltungsspielräume

Mehr Raum für Politik ist nur eine Seite der Stärkung offener demokratischer Prozesse. Die andere ist der Wille und die Energie in der Politik, diese Freiräume auch auszuschöpfen. Wir erleben vor allem in Deutschland, dass sich Regierung und parlamentarisches Führungspersonal hinter angeblichen rechtlichen Schranken verschanzen (wie früher bei Bundeswehreinsätzen im Ausland oder in jüngerer Zeit bei der Impfpflicht), auf Fingerzeige der Rechtsprechung warten (wie bei den Corona-Schutzmaßnahmen) und gerichtliche Zurechtweisungen (wie beim Klimaschutzgesetz) auch noch beklatschen.

Mut zur Realität

Die Realitäten dieser Welt trüben unsere Sehnsucht nach Harmonie. Die Überhöhung bestimmter Freiheitsrechte erspart der Politik komplexe Abwägungen, wie alle Diskussionen über Einschränkungen des Datenschutzes oder eine Impfpflicht zeigen. Oft fordert der Schutz der inneren oder äußeren Sicherheit angesichts realer Bedrohungen von den politischen Organen eben eine Bereitschaft zur energischen Auseinandersetzung mit Gegenpositionen und einem gesteigerten Begründungsaufwand, auch wenn dies unbequem sein mag.

Gesteigerten Mut zur Realität fordern auch die Verschiebungen im Gleichgewicht der Mächte. Dabei geht es nicht nur um dauerhafte Antworten auf die russische Eroberungspolitik. Auch das Verhältnis zu einer nicht nur autoritären, sondern latent aggressiven Großmacht wie der Volksrepublik China verlangt eine strategische Neuausrichtung mit Bereitschaft zu wirtschaftlichen Opfern. Dies gilt insbesondere für eine Balance in den wechselseitigen Abhängigkeiten bei Rohstoffen, Lieferketten und Zahlungsströmen. Auch die Beziehung zu vielen Entwicklungs- und Schwellenländern, die sich gerne von Russland oder der Volksrepublik China umarmen lassen, bedarf eines frischen Blicks auf Realitäten und des Mutes zu klaren Ansagen, etwa bei der Stimmenthaltung in Hinblick auf die Verurteilung des russischen Vernichtungsfeldzuges gegen die Ukraine in der UN-Generalversammlung aus alter und neuer Kumpanei. Hier zeigen sich jedenfalls in der NATO hoffnungsvolle Ansätze zu einer Neubesinnung.[717]

Mut zum Systemvergleich

Zur gebotenen Selbstreflexion in Recht und Politik gehört auch die Bereitschaft, sich immer wieder dem Systemvergleich und dem Wettbewerb mit anderen Modellen zu stellen. Dies ist oft unbequem, weil der Systemvergleich auch lieb gewordene Biotope in Frage stellt. Aber dieser Vergleich ist ein Schlüsselelement bei jeder lernenden Entwicklung, die nicht nur auf eigenen Fehlern aufbaut, sondern sich auch überlegene Ansätze in anderen Ländern zu Nutze macht. Auch strategisches Denken kommt nicht ohne den Systemvergleich aus. So sehen wir, dass nicht nur natürliche Gegebenheiten, sondern auch bewusste politische oder wirtschaftlicher Weichenstellungen einzelne Systeme in Krisen widerstandsfähiger machen als andere. Die Energiepolitik liefert hier reiches Anschauungsmaterial. Die Absage an Kernkraft und die Förderung von Gasenergie haben nicht nur die russische Kriegsmaschinerie befeuert, sondern auch der Kohleenergie zu einer überraschenden Renaissance verholfen. Immer wieder stellt sich auch die Frage, ob das dichte Geflecht verfassungsrechtlicher Steuerung wie in Deutschland zu einer überlegenen Qualität bei individueller Freiheit und der Rahmenbedingungen des politischen Prozesses, etwa im Vergleich zur Schweiz, zum Vereinigten Königreich oder auch Frankreich führt (von den USA ganz zu schweigen).

Mut zum Austragen von Konflikten

Das Gleiche gilt auch für die Verteidigung bestimmter Orientierungsmarken in der rechtlich verfassten Gemeinschaft. Hier sollte sich auch eine eher harmoniegeleitete Gesellschaft auf das Wagnis eines behutsam erweiterten Diskussionsrahmens einlassen. Schon der Blick auf Nachbarländer und erst recht auf entferntere Staaten in der westlichen Welt zeigt, wie groß die Spannweite von Optionen in einem freiheitlichen Rechtsstaat sein kann. Allerdings erscheinen schon periphere Überschreitungen einer idealistischen Weltsicht, wie sie etwa in Deutschland gepflegt wird, dort vielen als verstörend oder gar als Tabubruch. Die voreilige Tabuisierung von möglichen Optionen trocknet die Diskussionskultur aus, weil sie auf der einen Seite Begründungen abschneidet und oft auf der anderen Seite durch angebliche Evidenz des Unannehmbaren Diskussionen gleich ganz entbehrlich erscheinen lässt. Schon die Berufung von Regierung und Parlament in Frankreich auf die republikanischen Grundwerte und das Erbe der französischen Revolution beim Burka-Verbot[718] ist ein Argumentationsmuster, das in Deutschland den öffentlichen Diskussionsrahmen sprengen und als sicher verstörend, wahrscheinlich sogar als Tabubruch erscheinen würde; aber es zeigt jedenfalls, wieweit die Optionen zur Sicherung des sozialen Friedens in einem freiheitlichen Rechtsstaat Kerneuropas reichen können (auch wenn die soziokulturelle Ausgangslage in Frankreich eine andere als in Deutschland ist und hier kaum jemand ernsthaft ein solches Verbot erwägt). Politik kann sich in Auseinandersetzung mit der Realität auch nicht für alle Zeiten von bestimmten Optionen trennen, wie die europäische Entwicklung bei der Anerkennung der Kernkraft als nachhaltige Energieform zeigt.

Mit mehr Mut fände die (deutsche) Politik zu mehr Selbstbewusstsein und Verantwortungsfreude. Die Politik würde demokratischen Auseinandersetzungen wieder neuen Sauerstoff zuführen. Mit selbstbewusst in Anspruch genommenen Freiräumen gewinnt sie auch wieder den Anschluss an andere Länder in der westlichen Staatenwelt. Dies stärkt auch in Europa die Anziehungskraft offener Politik in einer offenen Gesellschaft.

Anmerkungen

1 Aufschlussreich zu diesem Wettbewerb etwa *Y. Xuetong,* Leadership and the Rise of Great Powers, 2019.

2 *J. Habermas*, Krieg und Empörung, Süddeutsche Zeitung v. 29.04.2022.

3 *J. Habermas*, Theorie des kommunikativen Handelns, zwei Bände, 1981.

4 *A. Schwarzer u.a.*, Offener Brief an Kanzler Scholz, Emma v. 29.04.2022, https://www.emma.de/artikel/offener-brief-bundeskanzler-scholz-339463 (Zugriff zuletzt am 11.10.2022).

5 *T. von Aquin*, Quaestiones Disputatae de Veritate, q.2 a.2 c.: *„Cognitum est in cognoscente per modum cognoscentis."*

6 Diese Einsicht verdanke ich scharfsichtigen Gesprächspartnern wie etwa Joseph Diescho.

7 *M. Herdegen*, in Dürig/Herzog/Scholz GG Art. 1 Abs. 1 Rn. 89.

8 *F. Meinecke*, Die Idee der Staatsräson in der neueren Geschichte, in W. Hofer (Hrsg.), Friedrich Meinecke: Werke, 2. Aufl. 1960, S. 3.

9 *M. Herdegen*, Der Kampf um die Weltordnung, 2018.

10 *N. Ferguson*, Civilization: The West and the Rest, 2011.

11 BVerfGE 123, 267 (354) – Lissabon; 140, 317 (341) – Identitätskontrolle.

12 BVerfGE 132, 134 (158 ff.) – Asylbewerberleistungsgesetz.

13 Hierzu m. w. Nachw. BVerfGE 157, 30 (96) – Klimaschutz; *W. Frenz*, Klimaschutz und Menschenwürde, 2020.

14 BVerfG, Urt. v. 26.04.2022, 1 BvR 1619/17, Rn. 287.

15 *I. Kant*, Die Metaphysik der Sitten. Zweiter Teil: Metaphysische Anfangsgründe der Tugendlehre, 1797, S. 462.

16 Hierzu m. w. Nachw. *M. Herdegen* in Dürig/Herzog/Scholz GG Art. 1 Abs. 1 Rn. 36.

17 Siehe *M. Herdegen* in Dürig/Herzog/Scholz GG Art. 1 Abs. 1 Rn. 46 ff.

18 *M. Herdegen*, Das Überpositive im positiven Recht, in FS Isensee, S. 135 (139 f.); *ders.*, Das Absolute ist relativ, in R. Müller (Hrsg.), 100 Beiträge aus der F.A.Z.-Rubrik „Staat und Recht", 2011, S. 98 ff.

19 Hierzu Kap. VI.II.

20 BVerfGE 143, 246 (353 f., 355 f.) – Atomausstieg.

21 *H. Lübbe*, Politischer Moralismus. Der Triumph der Gesinnung über die Urteilskraft, 2019 (Erstveröffentlichung 1987).

22 *R. J. Roberts*, The Nobel Laureates' Campaign Supporting GMOs, Journal of Innovation & Knowledge 3 (2018), 61 ff.; siehe auch *M. Herdegen*, The International Law of Biotechnology, 2019, S. 7 f.
23 So der Untertitel von Lübbes Essay.
24 BVerfGE 6, 389 (435) – Homosexuelle.
25 Ebd.
26 BVerfGE 6, 389 (409, 411, 413, 424 f.) – Homosexuelle.
27 Siehe etwa *G. Dürig* in Dürig/Herzog/Scholz GG (Erstkommentierung) Art. 1 Rn. 39.
28 Hierzu EGMR (Große Kammer), Urt. v. 22.12.2009, Beschwerden Nr. 27996/06 und 34836/06, para. 14 – Sejdić and Finci ./. Bosnia and Herzegowina.
29 EGMR (Große Kammer), Urt. v. 22.12.2009, Beschwerden Nr. 27996/06 und 34836/06, paras. 47 ff., 56 – Sejdić and Finci ./. Bosnia and Herzegowina.
30 Europarat Supervision of the execution of the European Courts Judgements CM/Notes/1398/H46-2.
31 Assemblée nationale v. 11.05.2010, n° 459 – sur l'attachement au respect des valeurs républicaines face au développement de pratiques radicales qui y portent atteinte„ les pratiques radicales attentatoires à la dignité et à l'égalité entre les hommes et les femmes, parmi lesquelles le port d'un voile intégral, sont contraires aux valeurs de la République"; EGMR, Urt. v. 01.07.2014, Beschwerde Nr. 43835/11, para. 24 – S.A.S. ./. France.
32 Ebd., para. 30.
33 Hierzu und zum Folgenden *M. Herdegen*, Völkerrecht, 21. Aufl. 2022, S. 188 ff.; *ders.* in Dürig/Herzog/Scholz GG Art. 25 Rn. 6 ff.
34 BVerfGE 157, 30 (142) – Klimaschutz.
35 *C. Rieke*, „Bundeswehr steht mehr oder weniger blank da", 24.02.22, https://www.tagesspiegel.de/politik/heeresinspekteur-kritisiert-deutsche-verteidigungspolitik-bundeswehr-steht-mehr-oder-weniger-blank-da/28100520.html (Zugriff zuletzt am 11.10.2022).
36 „Guiding Principles on Business and Human Rights: Implementing the United Nations ‚Protect, Respect and Remedy' Framework", U.N. Doc A/HRC/17/31.
37 Hierzu *M. Herdegen*, Internationales Wirtschaftsrecht, 12. Aufl. 2020, S. 75 ff.; *ders.*, Principles on International Economic Law, 2. Aufl. 2016, S. 128 ff.
38 „Global Compact for Safe, Orderly and Regular Migration", U.N. Doc A/RES/73/195, 19.12.2018.
39 *M. Herdegen*, The Dynamics of International Law in a Globalised World, 2016, S. 83 ff.
40 Siehe *M. Herdegen*, The Dynamics of International Law in a Globalised World, 2016, S. 188 ff.
41 EGMR, Urt. v. 12.11.2008, Beschwerde Nr. 34503/97 – Demir und Baykara ./. Turkey; siehe *M. Herdegen*, Europarecht, 23. Aufl. 2022, S. 25 f.
42 EGMR Urt. v. 09.07.2013, Beschwerde Nr. 66069/09, 1330/10 und 2896/10 – Vinter u. a. ./. The United Kingdom; zur Kritik etwa im Vereinigten Königreich *M. Herdegen*, The Dynamics of International Law in a Globalised World, 2016, S. 196 ff.
43 EGMR, Urt. v. 21.04.2009, Beschwerde Nr. 68959/01 – Yapi-Yol Sen ./. Turkey.
44 BVerfGE 148, 296 (379) – Streikverbot für Beamte.
45 Siehe zur gleichgeschlechtlichen Ehe U.S. Supreme Court, Urteil v. 26.06.2015, 576 U.S. 644 (2015) – Obergefell et al. v. Hodges. Siehe zur Abtreibung U.S. Supreme Court, Urteil v. 22.01.1973 – 410 U.S. 113 (1973) – Roe v. Wade (aber dennoch ders., Entscheidung v. 20.01.2022 – 595 U. S. ____ (2022) – In re Whole Woman's Health, et al.).

46 U.S. Supreme Court, Urt. v. 24.06.2022, 597 U.S. (2022) – Dobbs v. Jackson Women's Health Organization.

47 IGH, Urt. v. 26.11.1984 – ICJ Reports 1984, S. 392; Urt. v. 27.06.1986, ICJ Reports 1986, S. 14 – Military and Paramilitary Activities in and against Nicaragua [Nicaragua v. USA].

48 Hierzu etwa *M. Hunt*, Introduction, in M. Hunt/H. Haager/P. Yowell (Hrsg.), Parliaments and Human Rights: Redressing the Democratic Deficit, 2015, S. 4 f.; *M. Pettigrew*, A Vinter Retreat in Europe: Returning to the Issue of Whole Life Sentences in Strasbourg. New European Journal of Criminal Law, 8 (2017), 2, https://eprints.leedsbeckett.ac.uk/id/eprint/3877/1/AVinterRetreatAM_PETTIGREW.pdf.

49 *D. Taylor*, UK Home Office plans second flight to deport asylum seekers to Rwanda, The Guardian v. 03.07.2022, https://www.theguardian.com/uk-news/2022/jul/03/uk-home-office-plans-second-flight-to-deport-asylum-seekers-to-rwanda (Zugriff zuletzt am 11.10.2022).

50 Siehe EGMR, Urt. v. 01.07.2014, Beschwerde Nr. 43835/11 – S.A.S ./. France.

51 BVerfGE 157, 30 – Klimaschutz. Näher hierzu in Kapitel X.

52 Zur Übertragbarkeit des Urteils statt vieler *G. Kirchhof*, Intertemporale Freiheitssicherung, 2022, m. w. Nachw.

53 Siehe auch *Intergovernmental Panel on Climate Change*, Climate Change 2022. Impacts, Adaption and Vulnerability, Summary for Policymakers (subject to final edits), 27.02.2022, S. 1-73.

54 *E. Forsthoff*, Der Staat der Industriegesellschaft, 1971, S. 144.

55 Als Beispiel: *R. Dworkin*, Taking Rights Seriously, 1977.

56 Der Verfasser ist an dieser Produktion nicht unschuldig, siehe Dürig/Herzog/Scholz, Kommentar zum Grundgesetz, hrsg. von M. Herdegen, H. H. Klein und R. Scholz.

57 *F. Fukuyama*, The End of History?, The National Interest No. 16 (Summer 1989), 3 ff.

58 Siehe *M. Herdegen*, Die EU wird zur neuen Verteilungsmacht, NZZ v. 24.03.2021, https://www.nzz.ch/meinung/die-eu-wird-zur-neuen-verteilungsmacht-ld.1608007 (Zugriff zuletzt am 10.10.2022); *ders.*, Jubel über neue „Europäische Fiskalunion", FAZ.net v. 24.03.2021, https://www.faz.net/aktuell/politik/staat-und-recht/jubel-ueber-neue-europaeische-fiskalunion-17261607.html (Zugriff zuletzt am 10.10.2022).

59 Conseil d'État, Urt. v. 21.04.2021, arrêt no. 393099, ECLI:FR:CEASS:2021:393099.20210421.

60 *E. Macron*, Initiative pour l'Europe, 26.09.2017, https://www.elysee.fr/emmanuel-macron/2017/09/26/initiative-pour-l-europe-discours-d-emmanuel-macron-pour-une-europe-souveraine-unie-democratique (Zugriff zuletzt am 11.10.2022).

61 *M. Herdegen*, The Dynamics of International Law in a Globalised World, 2016, S. 61 ff.; hierzu *C. Tomuschat*, Der „Fall Sarrazin" vor dem UN-Rassendiskriminierungsausschuss, EuGRZ 2013, 262–265.

62 IAGMR, Advisory Opinion v. 24.11.2017, OC-24/17, Series A No. 24 – State Obligations Concerning Change of Name, Gender Identity, and Rights Derived from a Relationship Between Same-Sex Couples (Interpretation and Scope of Articles 1(1), 3, 7, 11(2), 13, 17, 18 and 24, in relation to Article 1, of the American Convention on Human Rights).

63 IAGMR, Advisory Opinion v. 24.11.2017, OC-24/17, Series A No. 24, para. 83 – State Obligations Concerning Change of Name, Gender Identity, and Rights Derived from a

Relationship Between Same-Sex Couples (Interpretation and Scope of Articles 1(1), 3, 7, 11(2), 13, 17, 18 and 24, in relation to Article 1, of the American Convention on Human Rights).

64 EGMR, Urt. v. 24.06.2010, Beschwerde Nr. 30141/04, paras. 62 ff., 99 – Schalk and Kopf ./. Austria; Urt. v. 21.07.2015, Beschwerde Nr. 18766/11– Oliari ./. Italy; Urt. v. 09.06.2021, Beschwerde Nr. 40183/07, paras. 33 ff. – Chapin and Charpentier ./. France.

65 IAGMR, Advisory Opinion v. 24.11.2017, OC-24/17, Series A No. 24, para. 223 – State Obligations Concerning Change of Name, Gender Identity, and Rights Derived from a Relationship Between Same-Sex Couples (Interpretation and Scope of Articles 1(1), 3, 7, 11(2), 13, 17, 18 and 24, in relation to Article 1, of the American Convention on Human Rights).

66 IAGMR, Advisory Opinion v. 24.11.2017, OC-24/17, Series A No. 24 – State Obligations Concerning Change of Name, Gender Identity, and Rights Derived from a Relationship Between Same-Sex Couples (Interpretation and Scope of Articles 1(1), 3, 7, 11(2), 13, 17, 18 and 24, in relation to Article 1, of the American Convention on Human Rights).

67 IAGMR, Urt. v. 28.11.2012, Series C No. 257, paras. 136 ff. – Artavia Murillo et al. („in vitro fertilization") v. Costa Rica; hierzu *M. Herdegen*, The Dynamics of International Law in a Globalised World, 2016, S. 113.

68 WTO Appellate Body, Doc. WT/DS26/AB/R, WT/DS48/AB/R (1998) – European Communities – Measures concerning meat and meat products; *ders.*, Doc. WT/DS291/R, WT/DS293/R (2006) – European Communities – Measures affecting the approval and marketing of biotech products.

69 Hierzu und zur entsprechenden Billigung durch das Bundesverfassungsgericht bereits oben Einführung Kapitel I.

70 United Nations Committee on the Elimination of Racial Discrimination, 04.04.2013, UN CERD/C/82/D/48/2010, communication no. 48/2010.

71 *P. Noll*, Brief an den Zürcher Zivilrechtler Hans Peter, zitiert nach D. Kawa, Was seht dem Recht im Weg, in FAZ, 26.01.2022, S. 3.

72 Siehe nur die Klage von Greenpeace gegen das Patent für eine auf embryonalen Stammzellen aufbauende medizinische Erfindung, EuGH, Urt. v. 18.10.2011, C-34/10, EU:C:2011:669 – Brüstle v. Greenpeace.

73 BVerfGE 158, 389 (420) – Staatsvertrag Rundfunkfinanzierung: „Der einzelne Nutzer muss die Verarbeitung und die massenmediale Bewertung übernehmen, die herkömmlich durch den Filter professioneller Selektionen und durch verantwortliches journalistisches Handeln erfolgt. Angesichts dieser Entwicklung wächst die Bedeutung der dem beitragsfinanzierten öffentlich-rechtlichen Rundfunk obliegenden Aufgabe, durch authentische, sorgfältig recherchierte Informationen, die Fakten und Meinungen auseinanderhalten, die Wirklichkeit nicht verzerrt darzustellen und das Sensationelle nicht in den Vordergrund zu rücken, vielmehr ein vielfaltsicherndes und Orientierungshilfe bietendes Gegengewicht zu bilden […]."

74 BVerfG, Beschl. v. 19.11.2021, 1 BvR 971/21 u.a., Rn. 45 f. – Bundesnotbremse II (Schulschließungen); hierzu *M. Nettesheim,* Das Grundrecht auf Unterstützung und Förderung der jugendlichen Persönlichkeitsentwicklung, JZ 2022, 525 ff.

75 BVerfG, Beschl. v. 19.11.2021, 1 BvR 971/21 u.a., Rn. 46 ff. – Bundesnotbremse II (Schulschließungen).

76 BVerfGE 142, 123 – OMT; 154, 17 – PSPP.
77 BVerfGE 154, 17 (123 ff.) – PSPP.
78 Siehe nur *J. Alkatout/K. Ambos*, Der Gerechtigkeit einen Dienst erwiesen? Zur völkerrechtlichen Zulässigkeit der Tötung Osama bin Ladens, JZ 2011, 758 ff.
79 *S. Utler,* Wie ein Richter Merkel zur Räson bringen will, Der Spiegel v. 06.05.2011, https://www.spiegel.de/panorama/justiz/freude-ueber-bin-ladens-tod-wie-ein-richter-merkel-zur-raeson-bringen-will-a-761166.html (Zugriff zuletzt am 11.10.2022).
80 Hierzu Kapitel XI.
81 Trybunał Konstytucyjny, Urt. v. 07.10.2021, K 3/21.
82 EGMR, Urt. v. 23.02.2012, Beschwerde Nr. 27765/09, NVwZ 2012, 809 – Hirsi Jamaa and Others ./. Italien.
83 EGMR, Urt. v. 23.02.2012, Beschwerde Nr. 27765/09, NVwZ 2012, 809 (814 ff., paras. 159 ff.) – Hirsi Jamaa and Others ./. Italien.
84 *D. Thym*, „Darum entscheidet ein Diktator, wie viele Menschen in die EU einreisen", DIE WELT v. 28.10.2021, https://www.welt.de/politik/deutschland/plus234672486/Warum-Polen-nach-EU-Recht-jeden-Migranten-einreisen-lassen-muss.html (Zugriff zuletzt am 11.10.2022).
85 *K. Nehammer u. a.*, Brief an die Europäische Kommission v. 07.10.2021, https://s3.eu-central-1.amazonaws.com/euobs-media/59f9f4116a089cec71bf81b76413503a.pdf (Zugriff zuletzt am 11.10.2022).
86 EGMR, Urt. v. 13.02.2020, Beschwerde Nr. 8675/15 und 8697/15 – N.D. and N.T. ./. Spain; siehe *M. Herdegen*, Europarecht, 23. Aufl. 2022, S. 15.
87 *U. von der Leyen*, Keine Finanzierung von „Stacheldraht und Mauern", FAZ.net-Videobeitrag v. 23.10.2021, https://www.faz.net/aktuell/politik/ausland/von-der-leyen-keine-finanzierung-von-stacheldraht-und-mauern-17599326.html (Zugriff zuletzt am 03.11.2021).
88 EGMR, Urt. v. 18.01.1978, Beschwerde Nr. 5310/71, paras. 165-168 – Ireland ./. The United Kingdom.
89 Hierzu *S. Kornelius*, Der unerklärte Krieg. Deutschlands Selbstbetrug in Afghanistan, 2009.
90 *H.-M. Tillack*, Wie in Hinterzimmern über die Milliarden aus Brüssel entschieden wird, DIE WELT v. 03.11.2021. https://www.welt.de/politik/deutschland/plus234776982/Parlamente-haben-bei-EU-Wiederaufbaufonds-wenig-Einfluss.html (Zugriff zuletzt am 10.10.2022).
91 *D. Kahnemann*, Thinking, Fast and Slow, 2012.
92 Zu den Hintergründen der „Grenzöffnungen" *R. Alexander*, Die Getriebenen, 2017.
93 Näher zur „Verfügbarkeitskaskade" bei medialer Übersteigerung einzelner Vorkommnisse *D. Kahnemann*, Thinking, Fast and Slow, 2012, S. 141 ff. unter Hinweis auf *T. Kuran/C. R. Sunstein*, Availability Cascades and Risk Regulation, Stanford Law Review 51 (1999), 683 ff.; zur Vernächlässigung von Wahrscheinlichkeiten *C. R. Sunstein*, Probability Neglect: Emotions, Worst Cases, and Law, Yale Law Journal 112 (2002), 61.
94 *Der Spiegel*, Versenkt die Shell, 18.06.1995, https://www.spiegel.de/politik/versenkt-die-shell-a-5ece4d8d-0002-0001-0000-000009198944?context=issue (Zugriff zuletzt 11.10.2022).
95 BVerfGE 115, 118 – Luftsicherheitsgesetz.
96 BVerfGE 115, 118 (168) – Luftsicherheitsgesetz.
97 BVerfGE 115, 118 (138) – Luftsicherheitsgesetz.

98 BGHSt 55, 257; siehe auch BVerfG, Beschl. v. 18.11.2020, 2 BvR 477/17 – Kundus.
99 *U. Herrmann/H. Reiter*, Richter-Kritik im Fall Kundus: „Propagandaerfolg der Taliban", NJW-aktuell 32/2021, 10 (Leserforum).
100 U.S. Supreme Court, Urt. v. 24.06.2022, 597 U.S. (2022) – Dobbs v. Jackson Women's Health Organization.
101 *The Guardian*, French lawmakers propose bill to inscribe abortion rights in constitution, 25.01.2022, https://www.theguardian.com/world/2022/jun/25/french-lawmakers-propose-bill-abortion-rights-constitution (Zugriff zuletzt am 11.10.2022).
102 Constitution of Ireland (29.12.1937) Art. 40.3.3.
103 *R. J. Roberts*, The Nobel Laureates' Campaign Supporting GMOs, Journal of Innovation & Knowledge 3 (2018), 61 ff.
104 § 2 Embryonenschutzgesetz; §§ 1, 4 ff. Stammzellgesetz.
105 „Außer zur Verteidigung dürfen die Streitkräfte nur eingesetzt werden, soweit dieses Grundgesetz es ausdrücklich zulässt."
106 Zum Rücktritt des Bundespräsidenten Köhler *P. Carstens*, Nach heftiger Kritik: Bundespräsident Köhler tritt zurück, FAZ v. 31.05.2010, https://www.faz.net/aktuell/politik/bundespraesidentenwahl/nach-heftiger-kritik-bundespraesident-koehler-tritt-zurueck-1977920.html (Zugriff zuletzt am 11.10.2022).
107 Hierzu *M. Herdegen*, Völkerrecht, 21. Aufl. 2022, S. 288 f.
108 Siehe BVerwGE 127, 302 (311 f.) – Gehorsamspflicht von Bundeswehrsoldaten.
109 *W. Heun* in Dreier GG, 3. Aufl. 2018, Art. 87a Rn. 16 m. w. Nachw.
110 BVerfGE 90, 286 (350 f.) – Out-of-area-Einsätze.
111 U.S. Supreme Court, Urt. v. 06.03.1857, 60 U.S. 393 (1856) – Dred Scott v. Sandford.
112 Ebd.
113 Ebd.
114 EGMR, Urt. v. 25.04.1978, Beschwerde Nr. 5856/72 – Tyrer ./. The United Kingdom.
115 Verfassungsgericht von Kolumbien, Urt. v. 15.10.1997, T-523/97.
116 *S. G. Calabresi*, A Critical Introduction to the Originalism Debate, in Harvard Journal of Law and Public Policy, 31 (2008), 875; *T. A. Schweitzer*, Justice Scalia, Originalism and Textualism, Touro Law Review 33 (2017), 749 ff.
117 U.S. Supreme Court, Urt. v. 22.01.1973, 410 U.S. 113 (1973) – Roe v. Wade.
118 U.S. Supreme Court, Urt. v. 29.06.1992, 505 U.S. 833 (1992) – Planned Parenthood v. Casey.
119 U.S. Supreme Court, Urt. v. 24.06.2022, 597 U.S. (2022) – Dobbs v. Jackson Women's Health Organization.
120 U.S. Supreme Court, Urt. v. 26.06.2015, 576 U.S. 644 (2015) – Obergefell et al. v. Hodges.
121 BVerfGE 39, 1 – Schwangerschaftsabbruch I.
122 BVerfGE 39, 1 (44 ff.) – Schwangerschaftsabbruch I.
123 BVerfGE 39, 1 (65 f.) – Schwangerschaftsabbruch I.
124 BVerfGE 39, 1 (61 ff.) – Schwangerschaftsabbruch I.
125 U.S. Supreme Court, Urt. v. 24.06.2022, 597 U.S. (2022) – Dobbs v. Jackson Women's Health Organization.
126 Siehe m. w. Nachw. *M. Herdegen*, The Dynamics of International Law in a Globalised World, 2016, S. 83 ff.
127 Siehe EGMR, Urt. v. 05.04.2007, Beschwerde Nr. 18147/02 – Church of Scientology Moscow ./. Russia; BVerfGE 137, 273 – Katholischer Chefarzt; BAGE 139, 144.

128 EGMR, Urt. v. 30.01.1981, Beschwerde Nr. 7525/76 – Dudgeon ./. The United Kingdom; Urt. v. 26.10.1988, Beschwerde Nr. 10581/83 – Norris ./. Ireland; Urt. v. 22.04.1993, Beschwerde Nr. 15070/89 – Modinos ./. Cyprus; Urt. v. 31.07.2000, Beschwerde Nr. 35765/97 – A.D.T. ./. The United Kingdom.

129 Hierzu mit umfangreichen Nachweisen *Europäischer Gerichtshof für Menschenrechte,* Factsheet – Sexual orientation issues, 08.09.2022, https://www.echr.coe.int/documents/fs_sexual_orientation_eng.pdf (Zugriff zuletzt am 11.10.2022).

130 *A. Nußberger*, Was hat der Europäische Gerichtshof für Menschenrechte in Russland erreicht?, FAZ-Einspruch v. 17.03.2022, https://www.faz.net/einspruch/exklusiv/was-hat-der-europaeische-gerichtshof-fuer-menschenrechte-in-russland-erreicht-17886133.html (Zugriff zuletzt am 24.03.2022).

131 Decision adopted by the Committee on the Rights of the Child under the Optional Protocol to the Convention on the Rights of the Child on a communications procedure in respect of Communication No. 107/2019, CRC/C/88/D/107/2019 – Sacchi et al. ./. Argentina et al.; EGMR, Beschwerde Nr. 53600/20 – Verein KlimaSeniorinnen Schweiz and others ./. Switzerland.

132 EGMR, Urt. v. 13.06.1979, Beschwerde Nr. 6833/74 – Marckx ./. Belgium, Sondervotum des Richters *Sir Gerald Fitzmaurice*.

133 EGMR, Urt. v. 09.07.2013, Beschwerde Nr. 66069/09, 1330/10 und 2896/10 – Vinter u. a. ./. The United Kingdom; hierzu *M. Herdegen*, The Dynamics of International Law in a Globalised World, 2016, S. 171 f., 207 f.

134 BVerfGE 45, 187 – Lebenslange Freiheitsstrafe.

135 Verfassungsgerichtshof von Italien, Urt. v. 27.06.1974, (204/1974); Urt. v. 21.11.1974, (264/1974); Urt. v. 21.09.1983, (274/1983); Urt. v. 04.06.1997, (161/1997).

136 EGMR, Urt v. 09.07.2013, Beschwerde Nr. 66069/09, 1330/10 und 2896/10, paras. 69 ff., 113 ff. – Vinter u. a. ./. The United Kingdom.

137 Siehe auch *K. Brimelow*, Human rights: reclaiming the argument, The Times v. 04.06.2015, https://www.thetimes.co.uk/article/human-rights-reclaiming-the-argument-htlx2j6vmc0 (Zugriff zuletzt am 15.11.2021).

138 *Z. Jay*, A tale of two Europes: How conflating the European Court of Human Rights with the European Union exacerbates Euroscepticism, British Journal of Politics and International Relations Volume 24, Issue 4, 563–580.

139 EGMR, Urt. v. 17.01.2017, Beschwerde Nr. 57592/08, Rn. 37 ff. – Hutchinson ./. The United Kingdom.

140 Irish Supreme Court, Urt. v. 31.07.2020, Nr. 205/19, [2020] IESC 49 – Friends of the Irish Environment v. The Government of Ireland.

141 IAGMR, Advisory Opinion v. 24.11.2017, OC-24/17, Series A No. 24 – State Obligations Concerning Change of Name, Gender Identity, and Rights Derived from a Relationship Between Same-Sex Couples (Interpretation and Scope of Articles 1(1), 3, 7, 11(2), 13, 17, 18 and 24, in relation to Article 1, of the American Convention on Human Rights); hierzu *J. Contesse*, The Rule of Advice in International Human Rights Law, AJIL 115 (2021), 367 ff.

142 EGMR, Urt. v. 24.06.2010, Beschwerde Nr. 30141/04, paras. 62 ff., 99 – Schalk and Kopf ./. Austria; Urt. v. 21.07.2015, Beschwerde Nr. 18766/11 – Oliari ./. Italy; Urt. v. 09.06.2021, Beschwerde Nr. 40183/07, paras. 33 ff. – Chapin and Charpentier ./. France.

143 IAGMR, Advisory Opinion v. 24.11.2017, OC-24/17, Series A No. 24, para. 219 – State Obligations Concerning Change of Name, Gender Identity, and Rights Derived from a Relationship Between Same-Sex Couples (Interpretation and Scope of Articles 1(1), 3, 7, 11(2), 13, 17, 18 and 24, in relation to Article 1, of the American Convention on Human Rights).

144 IAGMR, Advisory Opinion v. 24.11.2017, aaO, Sondervotum des Richters Grossi, paras. 85 ff.

145 Hierzu *J. Contesse*, The Rule of Advice in Human Rights Law, AJIL 115 (2021), 367 ff.

146 BVerfGE 154, 17 – PSPP.

147 Hierzu etwa BVerfGE 50, 290 (332) – Mitbestimmung; 110, 141 (157 f.) – Kampfhunde; *C. Bickenbach*, Die Einschätzungsprärogative des Gesetzgebers, 2014; *M. Sachs*, in ders. GG, 9. Aufl. 2021, Art. 20 Rn. 151.

148 Hierzu *M. Herdegen*, The Dynamics of International Law in a Globalised World, 2016, S. 63 ff.; *A. Legg*, The Margin of Appreciation in International Human Rights Law, 2012; *M. Saul*, The European Court of Human Rights' Margin of Appreciation and the Processes of National Parliaments, Human Rights Law Review 15 (2015), 745.

149 EGMR, Urt. v. 17.01.2012, Beschwerde Nr. 9146/07 – Harkins and Edwards ./. The United Kingdom.

150 BVerfGE 148, 296 (379) – Streikverbot für Beamte.

151 EuGH, Urt. v. 18.05.2021, C-83/19, EU:C:2021:393, Rn. 160 – Asociația „Forumul Judecătorilor din România" v. Inspecția Judiciară et al.; *J. Wieland*, Die Europäische Union als Rechtsgemeinschaft, in S. Lorenzmeier/H.-P. Folz (Hrsg.), Recht und Realität. Festschrift für Christoph Vedder, 2017, S. 242 ff.; *W. Blomeyer*, Die Europäische Union als Rechtsgemeinschaft, 1995; *W. Hallstein*, Der unvollendete Bundesstaat, 1969, S. 33.

152 Hierzu *M. Herdegen*, Europarecht, 23. Aufl. 2022, S. 444 ff.

153 Siehe *FAZ.net*, Giorgio Agamben im Gespräch: Die endlose Krise ist in Machtinstrument, aktualisiert am 24.05.2013, https://www.faz.net/aktuell/feuilleton/bilder-und-zeiten/giorgio-agamben-im-gespraech-die-endlose-krise-ist-ein-machtinstrument-12193816.html (Zugriff zuletzt am 23.11.2021).

154 Hierzu *M. Herdegen*, Europarecht 23. Aufl. 2022, S. 294; *ders.*, Die EU wird zur neuen Verteilungsmacht, NZZ v. 24.03.2021, https://www.nzz.ch/meinung/die-eu-wird-zur-neuen-verteilungsmacht-ld.1608007 (Zugriff zuletzt am 10.10.2022).

155 Vgl. *N. W. Barber*, The Principles of Constitutionalism, 2018, S. 1; *A. Linares Cantillo (Hrsg.)*, Constitutionalism. Old Dilemmas, New Insights, 2021; *M. Herdegen*, § 1 Das Grundgesetz im Gefüge des westlichen Konstitutionalismus, in ders./J. Masing/R. Poscher/K. F. Gärditz (Hrsg.), Handbuch des Verfassungsrechts, 2021, Rn. 7; *ders.*, Constitutionalism and Political Choices in a Global Perspective, in W. Gephart/J. C. Suntrup (Hrsg.), Dynamics of Constitutional Cultures, The Cultural Manifestation and Political Force Field of Constitutionalism (Frankfurt a. M. 2021), S. 211–238; die nachfolgenden Kapitel 3 II und 4 finden sich bereits in dem letztgenannten Beitrag.

156 *P. Kirchhof*, Rechtsprechen ist mehr als Nachsprechen von Vorgeschriebenem, in U. Haß-Zumkehr (Hrsg.), Sprache und Recht, 2002, S. 119 (124).

157 *A. Jakubowski/K. Wierczyńska* (Hrsg.), Fragmentation vs the Constitutionalisation of International Law: A Pracitcal Inquiry, 2016; *J. Klabbers/A. Peters/G. Ulfstein*, The Constitutionalization of International Law, 2009; *T. Kleinlein*, Konstitutionalisierung

im Völkerrecht, 2012; kritisch etwa *M. Herdegen*, The Dynamics of International Law in a Globalised World, 2016, S. 64 ff.

158 *R. Dworkin*, Law's Empire, 1986.

159 Rechtbank Den Haag, Urt. v. 26.05.2021, C/09/571932 / HA ZA 19-379, ECLI: NL:RBDHA:2021:5339, paras 4.4.1 ff., 5.3 – Milieudefensie v. Royal Dutch Shell.

160 The Declaration of the Russian Federation and the People's Republic of China on the Promotion of International Law, 2016, https://www.lawfareblog.com/text-russia-china-joint-declaration-promotion-and-principles-international-law (Zugriff zuletzt am 01.12.2021).

161 JointStatementbytheForeignMinistersofChinaandRussiaonCertainAspectsofGlobalGovernance in Modern Conditions v. 23.03.2021, https://www.mid.ru/en/foreign_policy/news/1418041/ (Zugriff zuletzt am 10.10.2022).

162 IGH, Urt. v. 03.02.2012, ICJ Reports 2012, S. 99 – Jurisdictional Immunities of the State (Germany v. Italy: Greece intervening).

163 Hierzu m.Nachw. *M. Herdegen*, Völkerrecht, 21. Aufl. 2022, S. 234.

164 House of Lords, [2006] UKHL 26, para. 63 – Jones v. The Kingdom of Saudi Arabia.

165 BGH, Urt. v. 28.01.2021, 3 StR 564/19; siehe auch *M. Herdegen*, Völkerrecht, 21. Aufl. 2022, S. 319.

166 Vgl. Verfassungsgericht von Kolumbien, Urt. v. 26.07.2011, C-577/11, D-8367 und D-8376, Absatz 4.5.3.4.

167 Übersetzung des Autors. Der spanische Originaltext lautet: „*En mérito de lo expuesto, la Corte Constitucional, administrando justicia en nombre del pueblo y por mandato de la Constitución, RESUELVE […]. – EXHORTAR al Congreso de la República para que antes del 20 de junio de 2013 legisle, de manera sistemática y organizada, sobre los derechos de las parejas del mismo sexo con la finalidad de eliminar el déficit de protección que, según los términos de esta sentencia, afecta a las mencionadas parejas. – Si el 20 de junio de 2013 el Congreso de la República no ha expedido la legislación correspondiente, las parejas del mismo sexo podrán acudir ante notario o juez competente a formalizar y solemnizar su vínculo contractual.*“, Verfassungsgericht von Kolumbien, Urt. v. 26.07.2011, C-577/11, D-8367 und D-8376, Absatz VII.

168 Verfassungsgericht von Kolumbien, Urt. v. 28.04.2016, SU-216/16, T-4.167.863 AC, Absatz V.10, Grundsatz Nr. 5.

169 Übersetzung des Autors. Der spanische Originaltext lautet: „*La interpretación jurídica es evolutiva y como tal se adapta a los contextos que plantea la realidad. Una interpretación sistemática basada en el ‚derecho viviente', y en procura de los derechos de las minorías, no admite la existencia de dos clases de matrimonio, enviando un mensaje de inferioridad a algunas personas, pues ello comporta un trato diferenciado y desproporcionado fundado en la orientación sexual que quebranta los derechos a la libertad, a la dignidad humana y a la igualdad*“, Verfassungsgericht von Kolumbien, Urt. v. 28.04.2016, SU- 216/16, T-4.167.863 AC, Absatz III.1.

170 Übersetzung des Autors. Der spanische Originaltext lautet: „*[…] los matrimonios civiles entre parejas del mismo sexo, celebrados en Colombia con posterioridad al 20 de junio de 2013, gozan de plena validez jurídica, por ajustarse a la interpretación constitucional plausible de la Sentencia C-577 del 20 de junio de 2011*“, Verfassungsgericht von Kolumbien, Urt. v. 28.04.2016, SU- 216/16, T-4.167.863 AC, Absatz V.9.2., vgl. auch Feststellungen Nr. 9.

171 BVerfGE 125, 175 (1. Leitsatz) – Hartz IV.

172 Vgl. BVerfGE 125, 175 (2. Leitsatz) – Hartz IV.

173 Vgl. Regelsatz. ALG II (Januar 2022), https://www.bundesregierung.de/breg-de/suche/regelsaetze-steigen-1960152 (Zugriff zuletzt am 30.03.2022).

174 Das Bundesverfassungsgericht hat dazu entschieden: „Die in Art. 1 Abs. 1 GG garantierte Menschenwürde ist migrationspolitisch nicht zu relativieren." BVerfGE 132, 134 (173) – Asylbewerberleistungsgesetz.

175 *R. Dworkin*, Constitutionalism and Democracy, European Journal of Philosophy 3 (1995), 2: *„[...] a system that establishes individual legal rights that the dominant legislature does not have the power to override or compromise"*.

176 Vgl. allgemein *F. Ossenbühl*, § 101 Vorrang und Vorbehalt des Gesetzes, in J. Isensee/P. Kirchhof (Hrsg.), HbStR V, 3. Aufl. 2007, S. 183 (208 f.).

177 Vgl. BVerfGE 140, 160 (187) – Evakuierung aus Libyen.

178 Vgl. BVerfGE 129, 124 (124 f.) – EFS.

179 Für eine aktuelle Analyse siehe *D. M. Driesen*, Judicial Review of Executive Orders, Boston University Law Review 98 (2018), 1013 ff.

180 Vgl. Constitution de la France (3. Juni 1958) Art. 37; siehe auch *A. Knapp/V. Wright*, The Government and Politics of France, 2006, S. 137.

181 Constitution de la France (3. Juni 1958) Art. 34 und 37. Vgl. *A. Haquet*, Droit constitutionnel, 3. Aufl. 2021, S. 217 f.

182 Vgl. *F. L. Morton*, Judicial Activism in France, in K. M. Holland (Hrsg.), Judicial Activism in Comparative Perspective, 1991, S. 136 ff.,

183 Vgl. Art. 1 Abs. 1 S. 1, Art. 19 Abs. 4.

184 Vgl. *H.-J. Papier*, § 177 Rechtsschutzgarantie gegen die öffentliche Gewalt, in J. Isensee/P. Kirchhof (Hrsg.), HbStR VIII, 3. Aufl. 2010, S. 507 (537 f).

185 Für einige anschauliche Beispiele für die Anwendung der Kriterien der Angemessenheit und Kohärenz in der bundesverfassungsgerichtlichen Rechtsprechung siehe BVerfGE 125, 260 (316 f.) – Vorratsdatenspeicherung (zur Angemessenheit) und BVerfGE 122, 210 (244-245) – Pendlerpauschale (zur Kohärenz).

186 Vgl. *R. Dolzer*, Die staatstheoretische und staatsrechtliche Stellung des Bundesverfassungsgerichts, 1972, S. 59 f. und S. 100 f.; *J. Harrison*, The Political Question Doctrines, American University Law Review 67 (2017), 457 (459 f.); *M. Kau*, United States Supreme Court, 2007, S. 317 f.

187 Für einen Überblick siehe *C. Grabenwarter,* in Dürig/Herzog/Scholz GG Art. 5 Abs. 1, 2 Rn. 517–963.

188 *R. Bellamy*, The Political Form of the Constitution, in ders. (Hrsg.), The Rule of Law and the Separation of Powers, 2005, S. 253. Der englische Originaltext lautet: „rights, upheld by judicial review, are said to comprise the prime component of constitutionalism".

189 BVerfGE 7, 198 (205) – Lüth; 33, 1 (12) – Strafgefangene. Vgl. auch *J. Rubenfeld*, Legitimacy and Interpretation, in L. Alexander (Hrsg.), Constitutionalism: Philosophical Foundations, 2001, S. 194 (195 f.).

190 Vgl. BVerfGE 88, 203 (264 f.) – Schwangerschaftsabbruch II.

191 Vgl. BVerfGE 46, 160 (164 f.) – Schleyer.

192 Vgl. BVerfGE 107, 395 (401) – Rechtsschutz gegen den Richter I; 108, 341 (347 f.) – Rechtsschutz gegen den Richter II. Siehe auch *M. Breuer*, Staatshaftung für judikatives Unrecht, 2011, S. 56 f. und 169 f.

193 BVerfGE 7, 198 (205 f.) – Lüth; 42, 143 (148) – Deutschland-Magazin; 73, 261 (269) – Sozialplan; 81, 242 (254) – Handelsvertreter; 89, 1 (5 f.) – Besitzrecht des Mieters; 89, 214 (229) – Bürgschaftsverträge; 103, 89 (100) – Unterhaltsverzichtsvertrag; 112, 332 (352) – Pflichtteil; 137, 273 (313) – Katholischer Chefarzt.

194 Vgl. *M. Herdegen*, Objektives Recht und subjektive Rechte, in D. Heckmann/K. Meßerschmidt (Hrsg.), Gegenwartsfragen des öffentlichen Rechts, 1988, S. 161–179.

195 Vgl. BVerfGE 89, 1 (5 f.) – Besitzrecht des Mieters.

196 BVerfGE 148, 267 (283) – Stadionverbot.

197 BVerfGE 101, 361 – Caroline von Monaco II; 120, 180 – Caroline von Monaco III.

198 Vgl. EuGH, Beschl. v. 19.10.2018, C-619/18, EU:C:2018:852, Beschluss des Vizepräsidenten des Gerichtshofs; Beschl. der Großen Kammer v. 17.12.2018, C-619/18R, EU:C:2018:1021; Schlussanträge v. 11.04.2019, C-619/18, EU:C:2019:325.

199 Vgl. Art. 2 Abs. 1 GG.

200 Vgl. BVerfGE 54, 143 (144) – Taubenfütterungsverbot.

201 Vgl. BVerfGE 80, 137 (152 f.) – Reiten im Walde.

202 Vgl. BVerfGE 125, 175 (222) – Hartz IV.

203 Vgl. Art. 38 Abs. 1 GG.

204 Vgl. BVerfGE 89, 155 (182 f.) – Maastricht.

205 Vgl. BVerfGE 113, 273 (292) – Europäischer Haftbefehl.

206 Vgl. BVerfGE 135, 317 (399) – ESM Vertrag.

207 Vgl. BVerfGE 142, 123 (188 f.) – OMT; 154, 17 – PSPP.

208 Vgl. BVerfGE 140, 160 (188) – Evakuierung aus Libyen.

209 Vgl. Verfassungsgericht von Kolumbien, Urt. v. 06.04.2018, T-117/18, T-6.155.024 und T-6.371.066, Abs. 2.2.1.

210 Vgl. Verfassungsgericht von Kolumbien, Urt. v. 16.02.1995, SU-056/95, T-40754 und T-44219.

211 Vgl. Oberster Gerichtshof von Costa Rica (Verfassungskammer), Urt. v. 08.09.2004, 03-004485-0007-CO, Res. 2004/09992 – Derecho a la paz.

212 Zur Unterscheidung zwischen „policy" und „principle" siehe *R. Dworkin*, Taking Rights Seriously, 1977, S. 107: *„[A]rguments of policy justify a political decision by showing that the decision advances or protects some collective goal of the community as a whole"*; *„arguments of principle justify a political decision by showing that the decision respects or secures some individual or group right"*. Für eine kritische Würdigung von Dworkins Unterscheidung und ihrer Bedeutung für den konstitutionalistischen Diskurs siehe *N. Barber*, The Principles of Constitutionalism, 2018, S. 74. Zu Dworkins Einfluss auf die Verfassungstheorie siehe *J. Rubenfeld*, Legitimacy and Interpretation, in L. Alexander (Hrsg.), Constitutionalism: Philosophical Foundations, 2001, S. 194 (219).

213 Vgl. *M. La Torre*, Constitutionalism and Legal Reasoning, 2007, S. 67.

214 Verfassung der Vereinigten Staaten von Amerika (4. März 1789), Erster Zusatzartikel.

215 Wolfgang Abendroth bezeichnete die Verfassungsnormen als „Waffenstillstand". Vgl. *J. Seifert*, Demokratische Republik und Arbeiterbewegung in der Verfassungstheorie von Wolfgang Abendroth, in F.-M. Balzer/H. M. Bock/U. Schöler (Hrsg.), Wolfgang Abendroth. Wissenschaftlicher Politiker, 2001, S. 72 (74).

216 Einige Stimmen sprechen daher von einer „lebendigen Verfassung". Für eine Untersuchung dieses Begriffs im besonderen Kontext der Vereinigten Staaten siehe *D. A. Strauss*, The Living Constitution, 2010, S. 1 f.

217 Eine kritische Würdigung des richterlichen Aktivismus findet sich bei *J. Allan*, The Activist Judge, in L. Pereira Cutinho/M. La Torre/S. Smith (Hrsg.), Judicial Activism: An Interdisciplinary Approach to the American and European Experiences, 2015, S. 71.

218 Vgl. BVerfGE 7, 198 (205 f.) – Lüth.

219 Vgl. BVerfGE 90, 286 (381 ff.) – Out-of-area-Einsätze; 140, 160 (187) – Evakuierung aus Libyen.

220 Vgl. BVerfGE 88, 203 (203–205) – Schwangerschaftsabbruch II.

221 Verfassungsgericht von Kolumbien, Urt. v. 10.05.2006, C-355/06, Nr. D-6122, D-6123 und D-6124, Absatz VII, Dritte Feststellung.

222 Vgl. BVerfGE 111, 307 (317) – EGMR Entscheidungen.

223 Vgl. BVerfGE 111, 307 (322 f.) – EGMR Entscheidungen.

224 Vgl. BVerfGE 128, 326 (1. Leitsatz) – Sicherungsverwahrung II.

225 Zum Begriff des „transformativen Konstitutionalismus" siehe *A. v. Bogdandy*, Ius Constitutionale Commune, in A. v. Bogdandy/E. Ferrer Mac-Gregor/M. Morales Antoniazzi/F. Pioveson/X. Soley (Hrsg.), Transformative Constitutionalism in Latin America, 2017, S. 27 f. (er spricht von einem „transformative approach" der Verfassung im Sinne eines Ansatzes mit folgendem Ziel: *„changing political and social realities in Latin America in order to create the general framework for the full realization of democracy, the rule of law, and human right"*).

226 Zum „Verfassungsblock" im Allgemeinen siehe *M. J. Cepeda Espinosa /D. Landau*, Colombian Constitutional Law: Leading Cases, 2017, S. 42 f. Für eine vergleichende Perspektive, siehe *M. E. Góngora-Mera*, The Block of Constitutionality, in A. v. Bogdandy/E. Ferrer Mac-Gregor/M. Morales Antoniazzi/F. Pioveson/X. Soley (Hrsg.), Transformative Constitutionalism in Latin America, 2017, S. 238 f.

227 Vgl. Verfassungsgericht von Kolumbien, Urt. v. 06.05.1998, C-191/98, D-1868, Absatz VI. 5.

228 Für einen Überblick über die Entwicklung des Begriffs, siehe *R. Uprimny Yepes*, Bloque de constitucionalidad, 2006, S. 21, 27 f.; *V. Suelt-Cock*, El bloque de constitucionalidad, Vniversitas 133 (2016), 301 (327 f).

229 Zur evolutionären Auslegung von Verträgen siehe allgemein *E. Bjorge*, The Evolutionary Interpretation of Treaties, 2014, S. 188 f.

230 *G. Letsas*, A Theory of Interpretation of the European Convention on Human Rights, 2009, S. 74 f.

231 Vgl. IAGMR, Urt. v. 01.07.2006, Series C No. 148, Rn. 155 – Ituango Massacres v. Colombia.

232 Vgl. BVerfGE 89,1 (5 f.) – Besitzrecht des Mieters.

233 Vgl. BVerfGE 148, 267 (283) – Stadionverbot.

234 Vgl. Oberster Gerichtshof von Costa Rica (Verfassungskammer), Urt. v. 01.11.2013, 13-010665-0007-CO, Res. 14510/2013 – Verschmutzung von Wäsche.

235 Vgl. Verfassungsgericht von Kolumbien, Urt. v. 23.02.2006, T-131/06, T-1250871.

236 Vgl. Verfassungsgericht von Kolumbien, Urt. v. 04.12.2013, T-920/13, T-3.980.128.

237 *E. Forsthoff*, Der Staat der Industriegesellschaft, 1971, S. 143 f.

238 Vgl. England and Wales High Court, Urt. v. 03.11.2016, EWHC 2768 – R (Miller) v. Secretary of State for Exiting the European Union.

239 Ebd., Rn. 106. Im englischen Originaltext: *„[F]alls to be interpreted in light of the basic constitutional principles of Parliamentary Sovereignty and representative Parliamentary democracy"*.

240 Ebd., Rn. 106. Im englischen Originaltext: *„[A] referendum on any topic can only be advisory for the lawmakers in Parliament unless very clear language to the contrary is used in the referendum legislation in question"*.

241 Ebd., Rn. 111. Im englischen Originaltext: *„[T]he Secretary of State does not have power under the Crown's prerogative to give notice pursuant to Article 50 of the TEU for the United Kingdom to withdraw from the European Union"*.

242 Vgl. Supreme Court of the United Kingdom, Urt. v. 24.01.2017, UKSC 2016/0196, Rn. 121 – R (Miller) v. Secretary of State for Exiting the European Union.
243 *J. Slack*, Enemies of the People, Daily Mail Online v. 03.11.2016, https://www.dailymail.co.uk/news/article-3903436/Enemies-people-Fury-touch-judges-defied-17-4m-Brexit-voters-trigger-constitutional-crisis.html (Zugriff zuletzt am 01.12.2021).
244 Ebd.
245 *F. Zakaria*, The Future of Freedom, 2003, S. 101.
246 Ebd.
247 Ebd., S. 101 f.
248 *R. Dworkin*, Constitutionalism and Democracy, European Journal of Philosophy 3 (1995), 2.
249 *R. Dworkin*, Equality, Democracy, and Constitution, Alberta Law Review 28 (1990), 324 f.
250 *R. Dworkin*, Constitutionalism and Democracy, European Journal of Philosophy 3 (1995), 2.
251 Ebd. (Hervorhebung im Original).
252 *R. Dworkin*, Equality, Democracy, and Constitution, Alberta Law Review 28 (1990), 324 (330). Vgl. auch *R. Dworkin*, Constitutionalism and Democracy, European Journal of Philosophy 3 (1995), 2 (3 ff.).
253 *R. Dworkin*, Equality, Democracy, and Constitution, Alberta Law Review 28 (1990), 324 (340).
254 Ebd., 337. Vgl. auch *R. Dworkin*: Constitutionalism and Democracy, European Journal of Philsophy 3 (1995), 2 (3 ff.).
255 *R. Dworkin*, Equality, Democracy, and Constitution, Alberta Law Review 28 (1990), 324 (337).
256 Ebd., 325.
257 Hierzu Kapitel VI.
258 Volksinitiative „Schweizer Recht statt fremde Richter", https://www.admin.ch/gov/de/start/dokumentation/abstimmungen/20181125/selbstbestimmungsinitiative.html (Zugriff zuletzt am 01.12.2021).
259 Ebd.
260 Hierzu m. w. Nachw. *M. Herdegen* in Dürig/Herzig/Scholz GG Art. 1 Abs. 3 Rn. 64; *U. Volkmann,* § 16 Allgemeine Grundrechtslehren, in M. Herdegen/J. Masing/R. Poscher/K.-F. Gärditz (Hrsg.), Handbuch des Verfassungsrechts, 2021, Rn. 33.
261 BVerfGE 148, 267 – Stadionverbot.
262 BGH, Urt. v. 29.07.2021, III ZR 179/20, GRUR 2021, 1433.
263 Zuerst U.S. Supreme Court, Urt. v. 24.02.1803, 5 U.S. 137 (1803) – Marbury v. Madison; dazu *R. Mann*, Normenkontrolle in den USA, JA 1989, 72.
264 Supreme Court of the United Kingdom, Urt. v. 24.01.2017, UKSC 2016/0196, Rn. 80 – R (Miller) v. Secretary of State for Exiting the European Union.
265 High Court of South Africa, Gauteng Division, Urt. v. 22.02.2017, Case No. 83145/2016. Democratic Alliance v. Minister of International Relations and Cooperation and Others.
266 Supreme Court of Ireland, Urt. v. 09.04.1987, [1987] IESC 4, Rn. 53 f. – Crotty v. An Taoiseach.
267 Siehe *M. Herdegen,* La Corte Constitucional en la relojería del Estado de Derecho, in R. Sanin (Hrsg.), Justicia constitucional: el rol de la Corte Constitucional en el estado contemporaneo, 2006, S. 65 ff.

268 *C. Schmitt*, Verfassungslehre, 1928, S. 18.

269 *C. Schmitt*, Legalität und Legitimität, 1932, S. 32 ff.

270 Vgl. *T. Franck*, Is Personal Freedom A Western Value?, AJIL 91 (1997), 593 ff.: *„[T]here may be special circumstances arising in any place or time that warrant flexibility in the interpretation of the rules, but those rules, like the exceptions for which some of them allow, are universal: they are not ‚Western' or ‚imperial'"* (627).

271 Übersetzung des Autors. Im englischen Originaltext: *„[...] any country hoping to become a liberal democracy should probably relocate to the West"*, *F. Zakaria*, The Future of Freedom, 2003, S. 51 f.

272 Im englischen Originaltext: *„[...] find a simple answer to why certain societies succeed at certain times."*, ebd., S. 54.

273 Ebd., S. 54 f.

274 Ebd., S. 55.

275 Für eine kritische Analyse siehe *J. Shaw*: The European Union and Global Constitutionalism, in A. F. Lang/A. Wiener (Hrsg.), Handbook on Global Constitutionalism, 2017, S. 36 ff.

276 Vgl. *D. Sternberger*, Verfassungspatriotismus, 1990.

277 *R. Smend*, Verfassung und Verfassungsrecht, 1928; jetzt in *ders.*, Staatsrechtliche Abhandlungen und andere Aufsätze, 4. Aufl. 2010, S. 119 ff.

278 Vgl. Verfassungsgericht von Guatemala, Urt. v. 25.05.1993, 225-93.

279 Ebd.; siehe auch *M. Herdegen*, La Corte de Constitucionalidad come ultimo Guardian del orden Constitucional: Negotiorum festia para Restableur el Equilibrio estadal – Reflexiones sobre la Sentencia del 25 de mayo de 1993, in Corte de Constituciondidad de Guatemalia (Präsident Gabriel Larios Ochaita) (Hrsg.), Corte de Constitucionalidad de Guatemala, Defensa de la Constitución – Libertad y Democracia, 1994, S. 18–23.

280 Übersetzung des Autors. Der spanische Originaltext lautet: *„En el Decreto que contiene las ‚Normas Temporales de Gobierno', el Presidente de la República deja sin vigencia disposiciones contenidas en la Constitución Política, lo que constituye un acto contrario al régimen constitucional [...] Los actos realizados por el Presidente de la República antes referidos y los actos que de ellos se deriven, no sólo se transgreden determinados artículos constitucionales, sino que representan el rompimiento del orden constitucional, situación que no puede pasar inadvertida para esta Corte cuya función esencial es la defensa del orden constitucional"*, Verfassungsgericht von Guatemala, Urt. v. 25.05.1993, 225-93, Absätze II und IV.

281 Vgl. *M. Papadópolo*, Análisis jurídico-constitucional del golpe, 1995, S. 3 f.

282 Vgl. *M. Papadópolo*, Análisis jurídico-constitucional del golpe, 1995, S. 4.

283 Vgl. *M. Papadópolo*, Análisis jurídico-constitucional del golpe, 1995, S. 4.

284 Vgl. *M. Papadópolo*, Análisis jurídico-constitucional del golpe, 1995, S. 5.

285 Vgl. Verfassungsgericht von Guatemala, Urt. 04.06.1993, 225-93, insbesondere unter Absatz IV.

286 Vgl. Verfassungsgericht von Guatemala, Urt. 04.06.1993, 225-93, Absatz IV.

287 Verfassungsgericht von Guatemala, Urt. 04.06.1993, 225-93, Absatz IV.

288 Vgl. Verfassungsgericht von Guatemala, Urt. 04.06.1993, 225-93, Absatz IV.

289 Vgl. *M. Papadópolo*, Análisis jurídico-constitucional del golpe, 1995, S. 5 f. Zur Rolle des Verfassungsgerichts in der Krise siehe auch *M. Herdegen*, Verfassungsgerichtsbarkeit als *pouvoir neutre*, ZaöRV 2009, 257 (257, 259, 263).

290 Zur Zusammensetzung der verfassungsgebenden Versammlung vgl. *M. J. Cepeda Espinosa/D. Landau*, Colombian Constitutional Law: Leading Cases, 2017, S. 5 f. vgl. auch

A. Navarro, 1991, momento irrepetible, in Documentos del Departamento de Ciencia Política de la Universidad de los Andes (Hrsg.), Constitución de 1991, 20 años: logros y pendientes, S. 10 f.; *R. Zuluaga Gil*, De la expectative al desconcierto, 2011, S. 78 f.

291 Vgl. *C. A. Gómez Pavajeau*, La justicia especial para la paz: modelo de justicia transicional acorde con las orientaciones y tendencias modernas del Derecho y de la justicia, Derecho Penal y Criminología 37, 102 (2016), 31.

292 Truth and Reconciliation Commission (South Africa), errichtet 1996.

293 Zum Verhältnis zwischen wirtschaftlichen Faktoren und Demokratie siehe *F. Zakaria*, The Future of Freedom, 2003, S. 14.

294 Vgl. *H. A. Winkler*, Der lange Weg nach Westen, Bd. 1, 2014, S. 535 ff.

295 Vgl. allgemein *A. Brzeski*, The End of Communist Economics, in L. Edwards (Hrsg.), The Collapse of Communism, 1999, S. 119 f.

296 Übersetzung des Autors. Der englische Originaltext lautet: *„It was an idea that made the crucial difference between British and Iberian America – an idea about the way people should govern themselves.“*, *N. Ferguson*, Civilization: The West and the Rest, 2011, S. 97.

297 Ebd.

298 Ebd.

299 BVerfGE 124, 300 (328) – Rudolf Heß Gedenkfeier.

300 BVerfGE 124, 300 (329) – Rudolf Heß Gedenkfeier.

301 EGMR, Urt. v. 01.07.2014, Beschwerde Nr. 43835/11, para. 24 – S.A.S. ./. France.

302 *République Française*, Projet de loi interdisant la dissimulation du visage dans l'espace public. Etude d'impact de Mai 2010, https://www.legifrance.gouv.fr/contenu/Media/Files/autour-de-la-loi/legislatif-et-reglementaire/etudes-d-impact-des-lois/ei_art_39_2010/ei_dissimulation_visage.pdf.pdf (Zugriff zuletzt am 14.04.2022).

303 BVerfGE 90, 286 – Out-of-area-Einsätze.

304 *K. Popper*, Die offene Gesellschaft und ihre Feinde, 1945.

305 Hierzu *A. Schmidt*, Die Krux mit den echten Nachrichten, FAZ v. 02.05.2022, S. 22.

306 Vgl. *N. Ferguson*, Civilization: The West and the Rest, 2011, S. 305 f.

307 *C. Lévi-Strauss*, Anthropology Confronts the Problems of the Modern World, 2013, S. 72.

308 *C. Lévi-Strauss*, La Pénsee Sauvage, 1962, S. 309 f.

309 Zu den unterschiedlichen Ansätzen bei der Gentechnik etwa *H.-G. Dederer*, Gentechnikrecht im Wettbewerb der Systeme, 1998, S. 129, 140, 325, 337.

310 Siehe *M. Herdegen*, Der Kampf um die Weltordnung, 2018, S. 194.

311 *M. Herdegen*, Völkerrecht, 21. Aufl. 2022, S. 273 f.

312 *Reaktor-Sicherheitskommission*, Anlagenspezifische Sicherheitsüberprüfung (RSK-SÜ) deutscher Kernkraftwerke unter Berücksichtigung der Ereignisse in Fukushima-I (Japan), Stellungnahme v. 11.-14.05.2011, https://www.rskonline.de/sites/default/files/reports/rsksnsue20110516hp.pdf (Zugriff zuletzt am 14.04.2022).

313 BVerfGE 143, 246 (355) – Atomausstieg.

314 *S. Warren/L. Brandeis*, The Right to Privacy, Harvard Law Review 4 (1890), 193 ff.; U.S. Supreme Court, Urt. v. 04.06.1928, 277 U.S. 438 (478) (1928) – Olmstead v. United States (Dissent by Justice L. Brandeis).

315 *S. Ozsvath*, Homosexualität als Feindbild, Tagesschau.de v. 15.06.2021, https://www.tagesschau.de/ausland/europa/ungarn-homosexualitaet-101.html (Zugriff zuletzt am 02.12.2021).

316 Siehe nur BVerfGE 6, 389 – Homosexuelle.

317 *V. Sasa Vukadinovic*, Schmutzkampagne gegen eine Philosophin, FAZ v. 11.10.2021, https://www.faz.net/aktuell/feuilleton/debatten/transaktivisten-bedrohen-die-philosophieprofessorin-kathleen-stock-17580157.html (Zugriff zuletzt am 13.10.2022).
318 *CERD*, Stellungnahme v. 26.02.2013, UN Doc. CERD/C/82/D/48/2010 – TBB-Turkish Union in Berlin/Brandenburg v. Germany.
319 U.S. Supreme Court, Urt. v. 09.03.1953, 345 U.S. 41 (56) (1953) – United States v. Rumely (Concurring opinion by Justice W. Douglas).
320 Vgl. *W. Linder/S. Mueller*, Swiss Democracy, 4. Aufl. 2021, S. 124 ff.
321 Vgl. Conseil Constitutionnel, Urt. v. 06.11.1962, Nr. 62-20 DC, Absatz 2.
322 Vgl. Art. 72 Abs. 3 der Schweizerischen Bundesverfassung.
323 BVerfGE 157, 30 (130 f.) – Klimaschutz.
324 EuGH, Urt. v. 16.07.2020, C-311/18, EU:C:2020:559, Rn. 180 – Schrems II.
325 Zu den Impulsen für dieses Benachteiligungsverbot (ein Gutachten des Verfassers und einen hieran anknüpfenden Vorschlag der SPD) siehe *M. Herdegen*, Die Aufnahme besonderer Vorschriften zugunsten behinderter Personen in das Grundgesetz, Vierteljahresschrift für Sozialrecht 4/1992, S. 245 ff. (ebenfalls erschienen als Veröffentlichung des Wissenschaftlichen Dienstes des Deutschen Bundestages 259/92); *ders.*, Möglichkeiten und Grenzen eines Diskriminierungsschutzes für Behinderte durch Verfassung und Gesetz, in Vorstand der SPD (Hrsg), Materialien zum Workshop „Benachteiligungsverbot für Behinderte in das Grundgesetz" vom 15. April 1994, 1994. Zur Entstehungsgeschichte näher *U. Berlit*, Die Reform des Grundgesetzes nach der staatlichen Einigung Deutschlands, JöR n. F. 44 (1996), 17 (59 ff.).
326 BVerfGE 125, 175 (223) – Hartz IV.
327 BVerfGE 148, 267 (285) – Stadionverbot.
328 BVerfGE 148, 267 (275) – Stadionverbot.
329 Hierzu *M. Herdegen*, in Dürig/Herzog/Scholz GG Art. 1 Abs. 2 Rn. 41; *S. Greiner/A. Kalle*, Gleichbehandlung als Produkt der Freiheits- oder der Gleichheitsrechte? Zur Drittwirkung nach der Stadionverbotsentscheidung, JZ 2022, 542 (543).
330 BVerfGE 148, 267 (280) – Stadionverbot.
331 BGH, Urt. v. 29.07.2021, III ZR 192/20, Rn. 90, 97.
332 Hierzu *FAZ*, Die EU nimmt die sozialen Netze in die Pflicht, 25.04.2022, S. 15.
333 Hierzu *M. Herdegen*, Europarecht, 23. Aufl. 2022, S. 193, 513.
334 EuGH, Urt. v. 22.11.2005, C-144/04, EU:C:2005:709, Rn. 78 – Mangold.
335 BAG, Urt. v. 10.11.2011, 6 AZR 481-09, BB 2012, S. 444 Rn. 16.
336 Oberster Gerichtshof von Costa Rica (Verfassungskammer), Urt. v. 08.09.2004, Res. 03-004485-0007-CO, 2004/09992 – derecho a la paz.
337 BVerfGE 89, 155 – Maastricht.
338 BVerfGE 89, 155 (171 f.) – Maastricht; 123, 267 (330) – Lissabon.
339 Hierzu *M. Herdegen*, Europarecht, 23. Aufl. 2022, S. 269 ff.
340 Hierzu *C. Walter*, in Dürig/Herzog/Scholz GG, Art. 93 Rn. 343 m. w. Nachw.
341 BVerfGE 142, 123 (172 ff.) – OMT; 154, 17 (81 f.) – PSPP; hierzu nur *K. Schlaich/S. Korioth*, Das Bundesverfassungsgericht, 12. Aufl. 2021, Rn. 214, 360d.
342 BVerfGE 154, 17 (164 ff.) – PSPP.
343 Siehe *M. Herdegen*, Die EU wird zur neuen Verteilungsmacht, NZZ v. 24.03.2021, https://www.nzz.ch/meinung/die-eu-wird-zur-neuen-verteilungsmacht-ld.1608007 (Zugriff zuletzt am 10.10.2022); *ders.*, Jubel über neue „Europäische Fiskalunion", FAZ.

net v. 24.03.2021, https://www.faz.net/aktuell/politik/staat-und-recht/jubel-ueber-neue-europaeische-fiskalunion-17261607.html (Zugriff zuletzt am 10.10.2022).

344 *M. Herdegen*, Maastricht and the German Constitutional Court: Constitutional Restraints for an „ever closer Union", CMLRev 31 (1994), 235 (249); so nun auch *P. M. Huber*, Recht und nationale Identität, in M. Kment (Hrsg.), Das Zusammenwirken von deutschem und europäischem öffentlichen Recht. FS Jarass, 2015, S. 205 (211); hierzu auch schon oben in Kapitel 3 II.

345 Oberster Gerichtshof von Costa Rica (Verfassungskammer), Urt. v. 01.11.2013, 13-010665-0007-CO, Res. 013/14510 – Verschmutzung von Wäsche.

346 BVerfGE 89, 1 (6 f.) – Besitzrecht des Mieters; 134, 242 (331 f.) – Garzweiler.

347 BVerfGE 80, 137 – Reiten im Walde.

348 BVerfGE 54, 143 – Taubenfütterungsverbot.

349 Verfassungsgericht von Kolumbien, Urt. v. 04.12.2013, T-920/13, T-3.980.128.

350 BVerfGE 125, 260 – Vorratsdatenspeicherung; EuGH, Urt. v. 08.04.2014, C-293/12 und C-594/12, EU:C:2014:238 – Digital Rights Ireland Ltd; Urt. v. 21.12.2016, C-203/15 und C-698/15, EU:C:2016:970 – Tele2 Sverige; Urt. v. 06.10.2020, C-623/17, EU:C:2020:790 – Privacy International.

351 *Bundeskriminalamt*, Zahlen und Fakten zur Bekämpfung von Kinderpornographie, Pressemitteilung v. 06.06.2018, https://www.bka.de/DE/Presse/Listenseite_Pressemitteilungen/2018/Presse2018/180606_KinderpornografieKlarstellung.html (Zugriff zuletzt 04.01.2022).

352 EuGH, Urt. v. 16.07.2020, C-311/18, EU:C:2020:559, Rn. 168 ff. – Schrems II.

353 Oberster Gerichtshof von Costa Rica (Verfassungskammer), Urt. v. 15.03.2000, 954-001734-0007-CO, Res. 2000/02306 – in vitro-Fertilisation.

354 IAGMR, Urt. v. 28.11.2012, Series C No. 257 – Artavia Murillo et al. („in vitro fertilization") v. Costa Rica.

355 BVerfGE 148, 296 (361) – Streikverbot für Beamte.

356 EGMR, Urt. v. 12.11.2008, Beschwerde Nr. 34503/97, Rn. 145 – Demir und Baykara ./. Turkey; Urt. v. 21.04.2009, Beschwerde Nr. 68959/01, Rn. 32 – Yapi-Yol Sen ./. Turkey.

357 BVerfGE 148, 296 (379) – Streikverbot für Beamte.

358 EGMR, Urt. v. 02.05.1997, Beschwerde Nr. 30240/96 – D. ./. The United Kingdom.

359 BVerwGE 104, 265 (271) – Abschiebungsschutz.

360 *C. Sandburg*, The Complete Poems of Carl Sandburg, 1970, S. 464.

361 *B. Brecht,* Koloman Wallisch Kantate. Ausgewählte Werke in sechs Bänden, Bd. IV, 1997, S. 261.

362 *E. Macron*, La stratégie de défense et de dissvasion, 07.02.2020. Originalzitat: „La démocratie et le droit sans la force ne tiennent pas longtemps."

363 *U. Franke*, in Bundesakademie für Sicherheitspolitik, DFS2019: Europäische Lösungen nur mit deutschem Beitrag, 23.10.2019, https://www.baks.bund.de/en/node/2077 (Zugriff zuletzt am 07.02.2022); siehe auch *dies.*, A Millennial consiers the new German Problem after 30 Years of Peace, War on the Rocks v. 19.05.2021, https://warontherocks.com/2021/05/a-millennial-considers-the-new-german-problem-after-30-years-of-peace/ (Zugriff zuletzt am 14.06.2022).

364 Mahnend etwa *M. Terhalle*, Strategie als Beruf – Überlegungen zu Strategie, Weltordnung und Strategic Studies, 2020.

365 BVerfGE 90, 286 – Out-of-area-Einsätze.

366 *M. Herdegen*, Der Kampf um die Weltordnung, 2018.

367 *Deutschlandfunk Kultur*, Köhler: Mehr Respekt für deutsche Soldaten in Afghanistan, 22.05.2010, https://www.deutschlandfunkkultur.de/koehler-mehr-respekt-fuer-deutsche-soldaten-in-afghanistan-100.html (Zugriff zuletzt am 08.02.2022).

368 *F. Meinel*, Her mit den Schwergewichten, FAZ.net, aktualisiert am 03.03.2019, https://www.faz.net/aktuell/feuilleton/buecher/rezensionen/sachbuch/matthias-herdegens-buch-der-kampf-um-die-weltordnung-16067397.html (Zugriff zuletzt am 07.02.2022).

369 *P. Carstens*, Nach heftiger Kritik: Bundespräsident Köhler tritt zurück, FAZ v. 31.05.2010, https://www.faz.net/aktuell/politik/bundespraesidentenwahl/nach-heftiger-kritik-bundespraesident-koehler-tritt-zurueck-1977920.html.

370 Zitiert nach *T. Schmid*, Lukaschenko erpresst Europa, Steinmeier sieht Hell und Dunkel, Mainz singt und lacht. Ein Wochenrückblick, 11.11.2021, https://schmid.welt.de/2021/11/11/lukaschenko-erpresst-europa-steinmeier-sieht-hell-und-dunkel-mainz-singt-und-lacht-ein-wochenrueckblick (Zugriff zuletzt am 06.09.2022).

371 *Tagesschau*, Streit um EU-Außenbeauftragten – Die Borrell-Demütigung, 13.02.2021, https://www.tagesschau.de/ausland/europa/borell-kritik-101.html (Zugriff zuletzt am 07.02.2022).

372 *E. Macron*, Initiative pour l'Europe, 26.09.2017, https://www.elysee.fr/emmanuel-macron/2017/09/26/initiative-pour-l-europe-discours-d-emmanuel-macron-pour-une-europe-souveraine-unie-democratique (Zugriff zuletzt am 23.02.2022).

373 *I. Kant*, Zum ewigen Frieden, 1795.

374 *T. Hobbes*, Leviathan, 1651, Kapitel 13; hierzu *H. Bredekamp*, Thomas Hobbes – Der Leviathan: Das Urbild des modernen Staates und seine Gegenbilder, 4. Aufl. 2015, S. 19f.

375 *I. Kant*, Zum ewigen Frieden, 1795, I. Definitivartikel; hierzu *M. Herdegen*, Kampf um die Weltordnung, 2018, S. 42f.

376 *J. Burckhardt*, Weltgeschichtliche Betrachtungen, 1978, S. 36.

377 *M. Herdegen*, § 27 Außen- und Wehrverfassung, in M. Herdegen/J. Masing/R. Poscher/K. F. Gärditz (Hrsg.), Handbuch des Verfassungsrechts, 2021, Rn. 94ff.

378 Hierzu Kapitel III, I.

379 BVerfGE 90, 286 (389ff.) – Out-of-area-Einsätze; 140, 160 (191) – Evakuierung aus Libyen.

380 BVerfGE 140, 160 (191f.) – Evakuierung aus Libyen.

381 BVerfGE 140, 160 (191f.) – Evakuierung aus Libyen.

382 BVerfGE 90, 286 (348) – Out-of-area-Einsätze.

383 *Deutscher Bundestag*, Drucksache 18/5000.

384 *M. Herdegen*, in M. Herdegen/J. Masing/R. Poscher/K. F. Gärditz (Hrsg.), Handbuch des Verfassungsrechts, 2021, Rn. 99.

385 *M. Herdegen*, § 27 Außen- und Wehrverfassung, in M. Herdegen/J. Masing/R. Poscher/K. F. Gärditz (Hrsg.), Handbuch des Verfassungsrechts, 2021, Rn. 96f. Siehe auch die Dokumentation des britischen Parlaments: The Role of Parliament in the UK Constitution: Authorising the Use of Military Force, 06.08.2019, https://publications.parliament.uk/pa/cm201719/cmselect/cmpubadm/1891/189106.htm (Zugriff zuletzt am 08.02.2022).

386 Art. 5 Abs. 2 der Verfassung von 1958.

387 Art. 16 Abs. 1 der Verfassung von 1958.

388 Art. 35 Abs. Abs. 2 und 3 der Verfassung von 1958.

389 Art. 26 Abs. 1 GG.

390 BVerfGE 90, 286 (344ff.) – Out-of-area-Einsätze.

391 *M. Herdegen*, Kampf um die Weltordnung, 208, S. 192f.
392 Hierfür auch m. w. Nachw. *J. Kokott/S. Hummel*, in Sachs GG, 9. Aufl. 2021, Art. 87a GG Rn. 15; w. Nachw. auch bei *W. Heun*, in Dreier GG, 3. Aufl. 2018, Art. 87a Rn. 16.
393 Hierzu *M. Herdegen*, § 27 Außen- und Wehrverfassung, in M. Herdegen/J. Masing/R. Poscher/K. F. Gärditz (Hrsg.), Handbuch des Verfassungsrechts, 2021, Rn. 89.
394 *George W. Bush Presidential Library and Museum*, Global War on Terror, https://www.georgewbushlibrary.gov/research/topic-guides/global-war-terror (Zugriff zuletzt am 21.02.2022).
395 Hierzu *M. Herdegen*, Der Kampf um die Weltordnung, 2018, S. 193.
396 *Think Tank European Parliament*, Activation of Article 42(7) TEU: France's request for assistance and Member States' responses, 10.12.2015, https://www.europarl.europa.eu/thinktank/en/document/EPRS_BRI(2015)573883 (Zugriff zuletzt am 07.02.2022).
397 *M. Herdegen*, Völkerrecht, 21. Aufl. 2022, S. 301.
398 *I. Kant*, Grundlegung zur Metaphysik der Sitten, 1785, S. 429.
399 *A. Schopenhauer*, Die Welt als Wille und Vorstellung, Band 1, 1819, S. 433.
400 BVerfGE 115, 118 – Luftsicherheitsgesetz.
401 BVerfGE 115, 118 (154) – Luftsicherheitsgesetz.
402 BVerfGE 115, 118 (157) – Luftsicherheitsgesetz.
403 *FAZ.net*, Kritik an Jung und Schäuble: „Aufruf zum Verfassungsbruch"?, aktualisiert am 17.09.2007, https://www.faz.net/aktuell/politik/inland/kritik-an-jung-und-schaeuble-aufruf-zum-verfassungsbruch-1463080.html (Zugriff zuletzt am 26.10.2021).
404 Joint Resolution of the 107th United States Congress, To authorize the use of United States Armed Forces against those responsible for the recent attacks launched against the United States, Public Law 107-40, 18. September 2001, Präambel und section 2(a).
405 *T. Schröder*, Bienenschwärme gegen Putins Panzer, Der Spiegel v. 15.04.2022, https://www.spiegel.de/ausland/ukraine-drohneneinheit-aeroroswidka-bienenschwaerme-gegen-putins-panzer-a-931b59a2-0eed-49ed-99be-dca287d1c5d3 (Zugriff zuletzt am 13.10.2022).
406 Siehe *Deutscher Bundestag*, Bericht des Ausschusses für des Ausschusses für Bildung, Forschung und Technikfolgenabschätzung, Autonome Waffensysteme, BT-Drucksache 19/23672 (2020), S. 107ff.
407 *SPD/Bündnis 90/Die Grünen/FDP*, Mehr Fortschritt wagen, Koalitionsvertrag, 2021, https://www.bundesregierung.de/resource/blob/974430/1990812/04221173eef9a6720059cc353d759a2b/2021-12-10-koav2021-data.pdf?download=1 (Zugriff zuletzt am 09.02.2022), S. 149: *„Bewaffnete Drohnen können zum Schutz der Soldatinnen und Soldaten im Auslandseinsatz beitragen. Unter verbindlichen und transparenten Auflagen und unter Berücksichtigung von ethischen und sicherheitspolitischen Aspekten werden wir daher die Bewaffnung von Drohnen der Bundeswehr in dieser Legislaturperiode ermöglichen. Bei ihrem Einsatz gelten die Regeln des Völkerrechts, extralegale Tötungen – auch durch Drohnen – lehnen wir ab".*
408 Siehe das Joint Statement by the Foreign Ministers of China and Russia on Certain Aspects of Global Governance in Modern Conditions v. 23.03.2021, https://www.mid.ru/en/foreign_policy/news/1418041/ (Zugriff zuletzt am 10.10.2022); hierzu *M. Herdegen*, Völkerrecht, 21. Aufl. 2022, S. 239.
409 EU-China Comprehensive Agreement on Investment (Agreement in Principle) v. 22.01.2021.
410 *A. Baerbock*, Erklärung von Außenministerin Annalena Baerbock zum Urteil des Kammergerichts Berlin im Prozess um den Tiergartenmord, 15.12.2021, https://www.

auswaertiges-amt.de/de/newsroom/baerbock-tiergartenmord/2501938 (Zugriff zuletzt am 19.04.2022).

411 *ZEIT-Online*, Mike Pence will Druck auf die Türkei aufrechterhalten, 16.08.2018, https://www.zeit.de/politik/ausland/2018-08/andrew-brunson-mike-pence-usa-tuerkei (Zugriff zuletzt am 19.04.2022).

412 U.S. Supreme Court, Urt. v. 18.12.1944, 323 U.S. 214 (1944) – Korematsu v. United States.

413 U.S. Supreme Court, Urt. v. 12.06.2008, 553 U.S. 723 (2008) – Boumediene v. Bush.

414 Siehe U.S. Court of Appeals for the District of Columbia Circuit, Urt. v. 28.08.2020, No. 19-5079 (2020) – Al-Hela v. Trump (jedoch Wiederaufnahme des Verfahrens genehmigt in U.S. Court of Appeals for the District of Columbia Circuit, Entscheidung v. 23.04.2021, No. 19-5079 (2021) – Al-Hela v. Biden); *R. Wedgewood*, The Supreme Court and the Guantanamo Controversy, in P. Berkowitz (Hrsg.), Terrorism, the Laws of War, and the Constitution: Debating the Enemy Combatant Cases, 2005, S. 159 ff.

415 U.S. Supreme Court, Urt. v. 26.06.2018, 585 U.S. (2018) – Trump v. Hawaii.

416 U.S. Supreme Court, Urt. v. 25.06.2020, 591 U.S. (2020) – DHS v. Thuraissigiam.

417 Ebd. 591 U.S. (2020) – DHS v. Thuraissigiam.

418 *BBC*, One-way ticket to Rwanda for some UK asylum seekers, 14.04.2022, https://www.bbc.com/news/uk-politics-61097114 (Zugriff zuletzt am 04.05.2022). Der Europäische Gerichtshof für Menschenrechte hat wegen Bedenken am Verfahren in einem Fall die Verbringung eines irakischen Asylbewerbers nach Ruanda vorläufig untersagt, siehe hierzu *Europäischer Gerichtshof für Menschenrechte*, The European Court grants urgent interim measure in case concerning asylum-seeker's imminent removal from the UK to Rwanda, Pressemitteilung v. 14.06.2022, ECHR 197 (2022), https://hudoc.echr.coe.int/eng-press#{%22itemid%22:[%22003-7359967-10054452%22]} (Zugriff zuletzt am 15.06.2022); siehe auch D. Taylor, R. Syal und E. Sinmaz, Rwanda asylum flight cancelled after 11th-hour ECHR intervention, the guardian.com v. 14.06.2022 https://www.theguardian.com/uk-news/2022/jun/14/european-court-humam-right-makes-11th-hour-intervention-in-rwanda-asylum-seeker-plan (Zugriff zuletzt am 15.06.2022). Der britische Premierminister hat daraufhin laut die Möglichkeit einer Aufkündigung der Europäischen Menschenrechtskonvention ventiliert, aaO.

419 *I. Kwai*, Australia to Shift All Offshore Processing of Migrants to Island Nation of Nauru, The New York Times v. 07.10.2021, https://www.nytimes.com/2021/10/06/world/australia/australia-migrants-nauru-papua-new-guinea.html (Zugriff zuletzt am 04.05.2022).

420 *Bundesamt für Migration und Flüchtlinge*, Aktuelle Zahlen, Dezember 2021, S. 11, https://www.bamf.de/SharedDocs/Anlagen/DE/Statistik/AsylinZahlen/aktuelle-zahlen-dezember-2021.pdf?__blob=publicationFile&v=3 (Zugriff zuletzt am 19.04.2022).

421 *SPD, Bündnis 90/Die Grünen/FDP*, Mehr Fortschritt wagen, Koalitionsvertrag, 2021, https://www.bundesregierung.de/resource/blob/974430/1990812/04221173eef9a6720059cc353d759a2b/2021-12-10-koav2021-data.pdf?download=1 (Zugriff zuletzt am 09.02.2022), S. 110 ff.

422 Hierzu noch in diesem Kapitel, unter II am Ende.

423 EGMR, Urt. v. 16.09.2014, Beschwerde Nr. 29750/09 – Hassan ./. The United Kingdom.

424 Hierzu *M. Herdegen*, Internationales Wirtschaftsrecht, 12. Aufl. 2020, S. 73, 115.

425 Hierzu *M. Herdegen*, Internationales Wirtschaftsrecht, 12. Aufl. 2020, S. 240 f.

426 Hierzu *M. Herdegen*, Internationales Wirtschaftsrecht, 12. Aufl. 2020, S. 75 ff.

427 BGBl. 2021 I S. 2959.

428 Etwa Loi No. 2017-399 relative au devoir de vigilance des sociétés mères et des entreprises donneuses d'ordre, 27.03.2017; Modern Slavery Act 2015, 2015 c. 30, inbes. 54.

429 *Europäische Kommission*, Gerechte und nachhaltige Wirtschaft, 23.02.2022, https://ec.europa.eu/commission/presscorner/detail/de/ip_22_1145 (Zugriff zuletzt am 24.05.2022).

430 *H. J. Morgenthau*, Politics Among Nations, 5. Aufl. 1973, S. 29.

431 *„A central continuity in history is the contest for power. The present time period is no different.“*, *Trump White House*, National Security Strategy of the United States of America, Dezember 2017, S. 25, https://trumpwhitehouse.archives.gov/wp-content/uploads/2017/12/NSS-Final-12-18-2017-0905.pdf (Zugriff zuletzt am 19.04.2022).

432 Zur britischen Rechtsprechung: *A. Orakhelashvili*, Enemy at the court: Carl Schmitt's theory of friend-enemy relations and UK courts' (non)use of international law in domestic litigation, AVR 59 (2021), 231 ff.

433 Zitat bei Anm. 8.

434 U.K. House of Lords, Entscheidung v. 22.10.2008, [2008] UKHL 61 – R. (on the application of Bancoult) v. Secretary of State for Foreign and Commonwealth Affairs.

435 U.K. House of Lords, Entscheidung v. 22.10.2008, [2008] UKHL 61, para. 6 – R. (on the application of Bancoult) v. Secretary of State for Foreign and Commonwealth Affairs.

436 *„My Lords, it is accepted by the Secretary of State that the removal and resettlement of the Chagossians was accomplished with a callous disregard of their interests. For the most part, the community was left to fend for itself in the slums of Port Louis. The reasons were to some extent the usual combination of bureaucracy and Treasury parsimony but very largely the government's refusal to acknowledge that there was any indigenous population for which the United Kingdom had a responsibility. The Immigration Ordinance, denying that anyone was entitled to enter or live in the islands, was part of the legal façade constructed to defend this claim. The government adopted this position because of a fear (which may well have been justified) that the Soviet Union and its ‚non-aligned‘ supporters would use the Chagossians and the United Kingdom's obligations to the people of a non-self-governing territory under article 73 of the United Nations Charter to prevent the construction of a military base in the Indian Ocean.“*, U.K. House of Lords, Entscheidung v. 22.10.2008, [2008] UKHL 61, para. 10 – R. (on the application of Bancoult) v. Secretary of State for Foreign and Commonwealth Affairs.

437 *„Her Majesty in Council is therefore entitled to legislate for a colony in the interests of the United Kingdom. No doubt she is also required to take into account the interests of the colony (in the absence of any previous case of judicial review of prerogative colonial legislation, there is of course no authority on the point) but there seems to me no doubt that in the event of a conflict of interest, she is entitled, on the advice of Her United Kingdom ministers, to prefer the interests of the United Kingdom. I would therefore entirely reject the reasoning of the Divisional Court which held the Constitution Order invalid because it was not in the interests of the Chagossians.“*, U.K. House of Lords, Entscheidung v. 22.10.2008, [2008] UKHL 61, para. 49 – R. (on the application of Bancoult) v. Secretary of State for Foreign and Commonwealth Affairs.

438 Etwa *K. Stern*, Das Staatsrecht der Bundesrepublik Deutschland, Bd. III/1, 1988, S. 1230; *J. Isensee*, § 115 Grundrechtsvoraussetzungen und Verfassungserwartungen an die Grundrechtsausübung, in ders./P. Kirchhof (Hrsg.), HbStR V, 1992, Rn. 82 ff. Siehe auch zur Auslandsaufklärung noch BVerfGE 100, 313 (362 ff.) – Telekommunikationsüberwachung I. Zum Geltungsbereich der Europäischen Menschenrechtskonvention unten Kapitel 11.

439 BVerfGE 154, 152 (201) – BND.
440 BVerfGE 154, 152 (218 ff.) – BND.
441 BVerfGE 154, 152 (266 ff.) – BND.
442 BVerfGE 154, 152 (278 ff.) – BND.
443 BVerfGE 154, 152 (220) – BND.
444 *E. MacAskill, J. Borger, N. Hopkins, N. Davies und J. Ball*, GCHQ taps fibre-optic cables for secret access to world's communications, The Guardian v. 21.06.2013, https://www.theguardian.com/uk/2013/jun/21/gchq-cables-secret-world-communications-nsa (Zugriff zuletzt am 19.04.2022).
445 Zu den Äußerungen des luxemburgischen Außenministers Asselborn siehe etwa: *ZEIT-Online*, Luxemburg fordert EU-Solidarität mit Flüchtlingskindern, 05.04.2020, https://www.zeit.de/politik/ausland/2020-04/jean-asselborn-luxemburg-aussenminister-fluechtlingsaufnahme-minderjaehrige (Zugriff zuletzt am 25.01.2022).
446 *„C'est essentiel, il ne faut en rien confondre la lutte contre l'immigration clandestine et le terrorisme, mais il nous faut regarder lucidement les liens qui existent entre ces deux phénomènes. L'attentat de Nice, malheureusement, en est aussi l'illustration"*, *E. Macron*, Rede über die europäische Antwort auf terroristische Bedrohung v. 10.11.2020, https://www.vie-publique.fr/discours/277166-emmanuel-macron-10112020-terrorisme (Zugriff zuletzt am 25.04.2022).
447 Zur Kritik an der zwiespältigen EU-Immigrationspolitik: *N. Nickerson*, Is Europe fading its „Humanist Inheritance"? – Critical Normative Humanism and EU Immigration Law, Swiss Review of International and European Law 31 (2021), 743 ff.
448 EGMR, Urt. v. 23.02.2012, Beschwerde Nr. 27765/09, NVwZ 2012, 809 – Hirsi Jamaa and Others ./. Italien.
449 EGMR, Urt. v. 23.02.2012, Beschwerde Nr. 27765/09, NVwZ 2012, 809 – Hirsi Jamaa and Others ./. Italien.
450 Kritisch auch *D. Thym*, Zu den EGMR-Entscheidungen über „heiße Zurückweisungen" an den EU-Außengrenzen und humanitäre Visa für Flüchtlinge, ZaöRV 2020, 989 (994 f.).
451 *K. Doehring*, Die Rechtsnatur der Massenausweisung unter besonderer Berücksichtigung der indirekten Ausweisung, ZaöRV 1985, 372 (375 f., 380 ff.); *D. Thym*, Zu den EGMR-Entscheidungen über „heiße Zurückweisungen" an den EU-Außengrenzen und humanitäre Visa für Flüchtlinge, ZaöRV 2020, 989 (994).
452 Human Rights Committee, Bericht vom 27.01.2021, Nr. 3042/17, ILM 61 (2022), S. 41 – A.S. et al. v. Italy.
453 Human Rights Committee, Bericht vom 27.01.2021, Nr. 3042/17, ILM 61 (2022), S. 52 f. –A.S. et al. v. Italy
454 Art. 2, 9 f. und 15 der Richtlinie 2011/95/EU.
455 *Süddeutsche Zeitung*, Bundesrat verschiebt Abstimmung über sichere Herkunftsländer, 15.02.2019, https://www.sueddeutsche.de/politik/fluechtlinge-sichere-herkunftsstaaten-bundesrat-1.4331555 (Zugriff zuletzt am 25.01.2022).
456 Im Jahr 2020 sind nur 62.470 Asylbewerber anerkannt worden, siehe *Bundesamt für Migration und Flüchtlinge*, Das Bundesamt in Zahlen 2020. Asyl, Migration und Integration, 2021, S. 64, https://www.bamf.de/SharedDocs/Anlagen/DE/Statistik/BundesamtinZahlen/bundesamt-in-zahlen-2020.html (Zugriff zuletzt am 13.10.2022).

457 EGMR, Urt. v. 29.04.1997, Beschwerde Nr. 24573/94, NVwZ 1998, 163 – H. L.R. ./. France.

458 BVerwGE 104, 265 (271) – Abschiebungsschutz.

459 EuGH, Urt. v. 21.12.2011, C-411/10 und C-493/10, EU:C:2011:865 – N.S.

460 *K. E. Eichensehr* (Hrsg.), Contemporary Practice of the United States relating to International Law. Immigration and Migration, AJIL 115 (2021), 309 ff., 340 ff.

461 *G. Christides, E. Freudenthal, S. Lüdke, M. Popp*, Frontex in illegale Pushbacks von Flüchtlingen verwickelt, Der Spiegel v. 23.10.2020, https://www.spiegel.de/ausland/fluechtlinge-frontex-in-griechenland-in-illegale-pushbacks-verwickelt-a-00000000-0002-0001-0000-000173654787 (Zugriff zuletzt am 25.01.2022).

462 *U. von der Leyen*, Keine Finanzierung von „Stacheldraht und Mauern", FAZ.net –Videobeitrag v. 23.10.2021, https://www.faz.net/aktuell/politik/ausland/von-der-leyen-keine-finanzierung-von-stacheldraht-und-mauern-17599326.html (Zugriff zuletzt am 25.01.2022).

463 EGMR, Urt. v. 13.02.2020, Beschwerden Nr. 8675/15 und 8697/15 – N.D. und N.T. ./. Spain.

464 Hierzu bereits Kapitel II, II.

465 Für die Verpflichtung der Staaten, Flüchtlingen Zugang zu ihrem Staatsgebiet zu ermöglichen: *J.-P. Graf/S. Katsoni*, Die Evolution des Non-Refoulement-Prinzips: Von negativen zu positiven Pflichten, Humanitäres Völkerrecht 4 (2021), 148 ff. Dagegen etwa *K. Hailbronner*, Non-Refoulement and Humanitarian Refugees: Customary International, Law or Wishful Legal Thinking, VA. J. INT'l L. 26 (1986), 857 ff.; *ders./D. Thym*, Grenzenloses Asylrecht? Die Flüchtlingskrise als Problem europäischer Integration, JZ 2016, 753 (754); *S. Talmon*, Das Flüchtlingsrecht steht einer Änderung der Asylpolitik nicht entgegen, 17.06.2018, https://verfassungsblog.de/das-fluechtlingsrecht-steht-einer-aenderung-der-asylpolitik-nicht-entgegen/ (Zugriff zuletzt am 08.03.2022).

466 EGMR, Urt. v. 13.02.2020, Beschwerden Nr. 8675/15 und 8697/15, Rn. 210 – N.D. und N.T. ./. Spain.

467 Siehe zur Problematik: *D. Thym*, „Pushbacks" in der Ägäis, FAZ.net, aktualisiert am 07.04.2021, https://www.faz.net/aktuell/politik/staat-und-recht/pushbacks-in-der-aegaeis-17282003.html (Zugriff zuletzt am 26.01.2022).

468 *D. Thym*, „Pushbacks" in der Ägäis, FAZ.net, aktualisiert am 07.04.2021, https://www.faz.net/aktuell/politik/staat-und-recht/pushbacks-in-der-aegaeis-17282003.html (Zugriff zuletzt am 26.01.2022).

469 EGMR (Große Kammer), Urt. v. 05.05.2020, Beschwerde Nr. 3599/18, Rn. 110 ff. – M. N. u. a. ./. Belgium.

470 *Zdf.de*, „Pushback" ist Unwort des Jahres 2021, 12.01.2022, https://www.zdf.de/nachrichten/panorama/unwort-des-jahres-2021-100.html (Zugriff zuletzt am 08.03.2022).

471 Art. 13 Abs. 1 Dublin III-Verordnung (Verordnung EU Nr. 604/2013, ABI. 2013 L 180).

472 Hierzu *K. Hailbronner/D. Thym*, Grenzenloses Asylrecht? Die Flüchtlingskrise als Problem europäischer Integration, JZ 2016, 753 (756, 758 f.), dort auch zur Aushöhlung des System-Zwecks von „Dublin", die Wahl des Asyl-Staates gerade nicht frei wählen zu dürfen (762).

473 Art. 21 Abs. 2 Dublin III-Verordnung (Verordnung EU Nr. 604/2013, ABI. 2013 L 180).

474 Hierzu *M. Herdegen*, Europarecht, 23. Aufl. 2022, S. 393.

475 *Bundesamt für Migration und Flüchtlinge*, Das Bundesamt in Zahlen 2017. Asyl, Migration und Integration, S. 73, https://www.bamf.de/SharedDocs/Anlagen/DE/Statistik/BundesamtinZahlen/bundesamt-in-zahlen-2017.html;jsessionid=4B85B57E8F50DCED83EA37B8DBA99392.intranet672?view=renderPdfViewer&nn=284738 (Zugriff zuletzt am 13.10.2022).

476 Hierzu *R. Alexander*, Die Getriebenen, 2017.

477 Dagegen *M. Wendel*, Asylrechtlicher Selbsteintritt und Flüchtlingskrise, JZ 2016, 332 (338).

478 Siehe *U. Di Fabio*, Migrationskrise als föderales Verfassungsproblem, Gutachten im Auftrag des Freistaates Bayern, Die Welt v. 08.01.2016, https://www.welt.de/bin/di-fabio-gutachten-150937063.pdf (Zugriff zuletzt am 27.01.2022).

479 *Passauer Neue Presse*, Seehofer unterstellt Merkel „Herrschaft des Unrechts", 09.02.2016, https://www.pnp.de/nachrichten/bayern/Seehofer-unterstellt-Merkel-Herrschaft-des-Unrechts-1958889.html (Zugriff zuletzt am 27.01.2022); *Süddeutsche Zeitung*, Seehofer: „Es ist eine Herrschaft des Unrechts", 09.02.2016, https://www.sueddeutsche.de/bayern/fluechtlinge-seehofer-es-ist-eine-herrschaft-des-unrechts-1.2856699 (Zugriff zuletzt am 20.01.2022).

480 Siehe *U. Di Fabio*, Migrationskrise als föderales Verfassungsproblem, Gutachten im Auftrag des Freistaates Bayern, Die Welt, 08.01.2016, https://www.welt.de/bin/di-fabio-gutachten-150937063.pdf (Zugriff zuletzt am 27.01.2022); zu den politischen Hintergründen: *R. Alexander*, Die Getriebenen, 2017.

481 *H.-J. Papier*, „Es gibt kein Recht auf Zuwanderung", Die Welt v. 06.11.2016, https://www.welt.de/politik/deutschland/plus159278495/Es-gibt-kein-Recht-auf-Zuwanderung.html (Zugriff zuletzt am 27.01.2022).

482 *H.-J. Papier*, Die Warnung. Wie der Rechtsstaat ausgehöhlt wird, 2019, S. 46.

483 VO (EU) Nr. 604/2013.

484 Zweifelnd auch *K. Hailbronner/D. Thym*, Grenzenloses Asylrecht? Die Flüchtlingskrise als Problem europäischer Rechtsintegration, JZ 2016, 753 (759).

485 „Global Compact for Safe, Orderly and Regular Migration" UN Doc. A/RES/73/195, 19.12.2018.

486 Siehe *IOM*, Global Compact for Migration, https://www.iom.int/global-compact-migration (Zugriff zuletzt am 13.96.2022).

487 *Deutscher Bundestag*, 68. Sitzung, Plenarprotokoll 19/68, 29.11.2018, S. 7761.

488 „Global Compact for Safe, Orderly and Regular Migration", UN Doc. A/RES/73/195, 19.12.2018, para. 7.

489 Hierzu *M. Herdegen*, Völkerrecht, 21. Aufl. 2022, S. 179 f.

490 Siehe etwa EGMR, Urt. v. 12.11.2008, Beschwerde Nr. 34503/97, Rn. 85 – Demir ./. Turkey; Urt. v. 27.05.2014, Beschwerde Nr. 4455/10, Rn. 48 – Margus ./. Croatia; Urt. v. 01.07.2014, Beschwerde Nr. 43835/11, Rn. 16 ff. – S.A.S. ./. France; *M. Herdegen*, The Dynamics of International Law in a Globalised World, 2016, S. 83 ff.

491 *M. Herdegen*, „Ich würde dem Migrationspakt so nicht zustimmen", Die Welt v. 26.11.2018, https://www.welt.de/politik/deutschland/plus184418188/Matthias-Herdegen-Wuerde-dem-Migrationspakt-so-nicht-zustimmen.html (Zugriff zuletzt am 27.01.2022); *ders.*, Fallstricke des Gutgemeinten, Cicero v. 27.11.2018, https://www.cicero.de/aussenpolitik/un-migrationspakt-afd-migration-fluechtlinge-merkel/plus (Zugriff zuletzt am 27.01.2022).

492 „Global Compact for Safe, Orderly and Regular Migration", UN Res. A/73/195, 19.12.2008, para. 12.

493 EuGH, Urt. v. 08.03.2011, C-34/09, EU:C:2011:124, Rn. 40 ff. – Ruiz Zambrano; Urt. v. 12.03.2014, C-456/12, EU:C:2014:135, Rn. 44 ff. – O. und B.; Urt. v. 27.06.2018, C-230/17, EU:C:2018:497, Rn. 27 m. w. N. – Altiner u. Ravn.

494 Siehe etwa *K. Hailbronner/D. Thym*, Ruiz Zambrano – Die Entdeckung des Kernbereichs der Unionsbürgerschaft, NJW 2011, 2008.

495 Siehe nur EuGH, Urt. v. 16.07.2015, C-218/14, EU:C:2015:476, Rn. 54 – Singh.

496 EuGH, Urt. v. 10.05.2017, C-133/15, EU:C:2017:354, Rn. 54 – Chavez-Vilchez u. a.

497 IAGMR, Urt. v. 18.08.2000, Series E – Haitian and Haitian-origin Dominican Persons in the Dominican Republic v. Dominican Republic.

498 Verfassungsgericht der Dominikanischen Republik, Urt. v 04.11.2014, TC/0256/14 – Dominikanische Staatsangehörigkeit.

499 Hierzu etwa *M. Herdegen*, Internationales Wirtschaftsrecht, 12. Aufl. 2020, S. 125; *B. McGivern*, Conference of the Parties to the Framework Convention on Climate Change: Kyoto Protocol, ILM 37 (1998), 22; *C. Breidenich/D. Magraw/A. Rowley/J. W. Rubin*, The Kyoto Protocol to the United Nations Framework Convention on Climate Change, AJIL 92 (1998), 315 ff.

500 Übereinkommen von Paris, https://www.bmuv.de/fileadmin/Daten_BMU/Download_PDF/Klimaschutz/paris_abkommen_bf.pdf (Zugriff zuletzt am 14.06.2022).

501 Hierzu *L. Rajamani/J. Werksman*, The legal character and operational relevance of the Paris Agreement's temperature goal, London Royal Society 376 (2018), https://royalsocietypublishing.org/doi/epdf/10.1098/rsta.2016.0458 (Zugriff zuletzt am 14.06.2022).

502 *IPCC*, Special Report on Global Warming of 1,5 °C: Summary for Policymakers, 2018, S. 12, https://www.ipcc.ch/site/assets/uploads/sites/2/2022/06/SR15_SPM_version_report_LR.pdf (Zugriff zuletzt am 13.10.2022).

503 Siehe nur die Übersicht der erwarteten Werte in *UNFCCC*, Nationally determined contributions under the Paris Agreement. Synthesis report by the secretariat, FCCC/PA/CMA/2021/8, S. 5.

504 § 3 Abs. 1 Nr. 1, Abs. 2 KSG; https://www.bundesregierung.de/breg-de/themen/klimaschutz/klimaschutzgesetz-2021-1913672 (Zugriff zuletzt am 14.06.2022).

505 *UNFCCC,* Glasgow Climate Pact, S. 3, https://unfccc.int/sites/default/files/resource/cop26_auv_2f_cover_decision.pdf (Zugriff zuletzt am 12.03.2022).

506 *Bundesamt für Statistik*, Global Carbon Project, CO2-Emissionen: Größte Länder nach Anteil am weltweiten CO2-Ausstoß im Jahr 2020, https://de.statista.com/statistik/daten/studie/179260/umfrage/die-zehn-groessten-c02-emittenten-weltweit/ (Zugriff zuletzt am 02.02.2022).

507 Ebd.

508 *FAZ.net*, Allianz zu Kohleausstieg ohne China und die USA, aktualisiert am 04.11.2021, https://www.faz.net/aktuell/wirtschaft/klima-nachhaltigkeit/kohleausstieg-allianz-ins-glasgow-ohne-china-und-die-usa-17617827.html (Zugriff zuletzt am 12.03.2022).

509 VO (EU) Nr. 2021/1119 zur Schaffung des Rahmens für die Verwirklichung der Klimaneutralität, ABl. 2021 L 243, S. 1.

510 U.S. Supreme Court, Urt. v. 02.04.2007, 549 U.S. 497 (2007) – Massachusetts v. Environmental Protection Agency.

511 Zum Sachverhalt LG Essen, Urt. v. 15.12.2016, 2 O 285/15, ZUR 2017, 370 (370f.) – Störerhaftung von RWE (LG Essen) und OLG Hamm, Beschl. v. 30.11.2017, I-5 U 15/17, ZUR 2018, 118 (119) – Störerhaftung von RWE (OLG Hamm).

512 So wohl auch OLG Hamm, Beschl. v. 30.11.2017, I-5 U 15/17, ZUR 2018, 118 (118f.) – Störerhaftung von RWE (OLG Hamm); dagegen aber die Vorinstanz LG Essen, Urt. v. 15.12.2016, 2 O 285/15, ZUR 2017, 370 (372f.) mit zust. Anm. von *W. Köck* (373f.).

513 *R. Verheyen*, Klagen für Klimaschutz, ZRP 2021, 133f.

514 *A. Chatzinerantzis/M. Appel*, Haftung für den Klimawandel, NJW 2019, 881, 884f.

515 Siehe BVerfGE 157, 30 (124f.) – Klimaschutz.

516 BVerfGE 157, 30 (124ff.) – Klimaschutz.

517 BVerfGE 157, 30 (125f.) – Klimaschutz.

518 BVerfGE 157, 30 (127f.) – Klimaschutz.

519 BVerfGE 157, 30 (128f.) – Klimaschutz.

520 *UNFCC*, Glasgow Climate Pact, S. 3, https://unfccc.int/sites/default/files/resource/cop26_auv_2f_cover_decision.pdf (Zugriff zuletzt am 12.03.2022).

521 *IPCC*, Special Report on Global Warming of 1,5 °C: Summary for Policymakers, 2018, S. 12, https://www.ipcc.ch/site/assets/uploads/sites/2/2022/06/SR15_SPM_version_report_LR.pdf (Zugriff zuletzt am 13.10.2022).

522 Conseil d'Etat, Entscheidung v. 19.11.2020, Nr. 427301, ECLI:FR:CECHR 2020:427301.20201119 – Grande Synthe.

523 Supreme Court of Ireland, Urt. v. 31.07.2020, Nr. 205/19, [2020] IESC 49 – Friends of the Irish Environment v. The Government of Ireland & Others.

524 Hoge Raad, Urt. v. 20.12.2019, Nr. 19/00135, ECLI:NL:HR:2019:2007 – The State of the Netherlands v. Urgenda Foundation.

525 *J. Pflügl*, Klimaklagen in entscheidender Phase, derstandard.de v. 17.03.2021, https://www.derstandard.de/story/2000125053353/klimaklagen-in-entscheidender-phase (Zugriff zuletzt am 14.06.2022).

526 Supreme Court of Ireland, Urt. v. 31.07.2020, Nr. 205/19, [2020] IESC 49 – Friends of the Irish Environment v. The Government of Ireland & Others.

527 Supreme Court of Ireland, aaO, para 8.9 per Clarke C.J.

528 Supreme Court of Ireland, aaO, paras 8.12, 8.16 per Clarke C.J.

529 BVerfGE 157, 30 – Klimaschutz.

530 BVerfGE 157, 30 (4. Leitsatz) – Klimaschutz.

531 BVerfGE 157, 30 (130ff.) – Klimaschutz.

532 *G. Wagner*, Klimaschutz durch Gerichte, NJW 2021, 2256.

533 Siehe BVerfGE 157, 30 (145ff.) – Klimaschutz.

534 Hoge Raad, Urt. v. 20.12.2019, Nr. 19/00135, ECLI:NL:HR:2019:2007, paras. 4.6, 5.7, 7.4.3. – The State of the Netherlands v. Urgenda Foundation.

535 BVerfGE 157, 30 (131ff.) – Klimaschutz.

536 Hierzu *M. Herdegen*, in Dürig/Herzog/Scholz, GG, Art. 1 Abs. 1 Rn. 46ff.

537 *N. Metzger*, Bremst der Atomausstieg die Energiewende?, zdf.de v. 31.12.2021, https://www.zdf.de/nachrichten/politik/klimaziele-atomausstieg-energiewende-atomkraft-100.html (Zugriff zuletzt am 27.01.2022).

538 Siehe den Vorschlag der Europäischen Kommission v. 31.12.2021, https://germany.representation.ec.europa.eu/news/kommission-legt-vorschlag-zu-erdgas-und-kernenergieaktivitaten-der-eu-taxonomie-vor-2022-01-03_de (Zugriff zuletzt am 20.01.2022).

539 Supreme Court of Ireland, Urt. v. 31.07.2020, Nr. 205/19, [2020] IESC 49, para. 8.9. – Friends of the Irish Environment v. The Government of Ireland & Others.
540 Rechtbank Den Haag, Urt. v. 26.05.2021, C/09/571932 / HA ZA 19-379, ECLI:NL:RBDHA:2021:5339 – Milieudefensie v. Royal Dutch Shell.
541 Rechtbank Den Haag, aaO, para. 2.3.5.2.
542 Rechtbank Den Haag, aaO, para. 2.4.15.
543 UN Doc. A/HRC/Res/17/4; hierzu *M. Herdegen*, Internationales Wirtschaftsrecht, 12. Aufl. 2020, S. 84; *Rechtbank Den Haag*, aaO, para. 4.4.11.
544 Rechtbank Den Haag, Urt. v. 26.05.2021, C/09/571932 / HA ZA 19-379, ECLI:NL:RBDHA:2021:5339, para. 4.1.3 – Milieudefensie v. Royal Dutch Shell.
545 *P. Plickert*, Shell will CO2-Emissionen schneller senken, FAZ.net, aktualisiert am 09.06.2021, https://www.faz.net/aktuell/wirtschaft/klima-nachhaltigkeit/nach-klimaurteil-shell-will-co2-emissionen-schneller-senken-17380843.html (Zugriff zuletzt am 27.01.2022).
546 *S. Stucki, G. Futnazar, T. Sparks, B. Ackermann u. a.*, World Lawyers' Pledge on Climate Action, Bekenntnis globaler Juristinnen und Juristen zum integrierten Klimaschutz, https://lawyersclimatepledge.org/wp-content/uploads/2021/08/Lawyers-Climate-Pledge_German.pdf (Zugriff zuletzt am 01.02.2022); *K. Gelinski*, Klimaschutzappell an die Juristen dieser Welt, FAZ v. 26.1.2022, S. 16.
547 *Max-Planck-Institut*, Climate Mainstream, https://www.mpil.de/de/pub/forschung/nach-rechtsgebieten/voelkerrecht/climate-mainstreaming.cfm (Zugriff zuletzt am 01.02.2022).
548 Hierzu etwa m. w. Nachw. *M. Herdegen*, Völkerrecht, 21. Aufl. 2022, S. 463.
549 *M. Herdegen*, Völkerrecht, 21. Aufl. 2022, S. 472 ff.
550 BGHZ 169, 348; BVerfG, Beschl. v. 13.08.2013, 2 BvR 2660/06 – Brücke von Vavarin.
551 BGHZ 212, 173; BVerfG, Beschl. v. 18.11.2020, 2 BvR 477/17 – Kundus.
552 BGHZ 155, 279.
553 EGMR (Große Kammer), Urt. v. 21.01.2021, Beschwerde Nr. 38263/08, Rn. 144 – Georgia ./. Russia [II].
554 EGMR (Große Kammer), Urt. v. 16.02.2021, Beschwerde Nr. 4871/16, Rn. 137 ff., NJW 2021, 1291 ff. – Hanan ./. Germany.
555 EGMR, aaO., Rn. 137 f.
556 EGMR, aaO., Rn. 211 ff.
557 EGMR, aaO., Rn. 236.
558 BGHZ 212, 173, Rn. 33 ff.
559 BGH, aaO., Rn. 38.
560 BGH, aaO., Rn. 38.
561 BVerfG, Beschl. v. 18.11.2020, 2 BvR 477/17, Rn. 30 ff. – Kundus.
562 *O. Hermann/H. Reiter*, NJW-aktuell 32/2021, 10 (Leserforum).
563 Hierzu BGHZ 212, 173, Rn. 38; *C. Raap*, Staatshaftungsansprüche im Auslandseinsatz der Bundeswehr?, NVwZ 2013, 552 (554).
564 Zu diesem Propaganda-Erfolg noch einmal *O. Hermann/H. Reiter*, NJW-aktuell 32/2021, 10 (Leserforum).
565 *Zdf.de*, „Die Anstalt", Sendung v. 05.10.2021, https://www.zdf.de/comedy/die-anstalt/die-anstalt-vom-5-oktober-2021-100.html (Zugriff zuletzt am 07.09.2022).

566 Siehe etwa *P. Walker/O. Bowcott*, Plans for UK Military to opt out of European convention on Human Rights, The Guardian v. 03.10.2016, https://www.theguardian.com/uk-news/2016/oct/03/plan-uk-military-opt-out-european-convention-human-rights (Zugriff zuletzt am 27.01.2022).

567 *D. Petraeus*, Human rights law is arming Britain's armed forces, The Times v. 19.10.2018, https://www.thetimes.co.uk/article/human-rights-law-is-harming-britain-s-armed-forces-dlslts7rj (Zugriff zuletzt am 27.01.2022).

568 OVG Münster, Urt. v. 19.03.2019, 4 A 1361/15, Rn. 369 ff.

569 BVerwGE 170, 345 (359 ff.).

570 BVerwGE 170, 345 (362 ff.).

571 Hierzu *T. Jacob*, Drohneneinsatz der US-Streitkräfte im Jemen: Keine unbegrenzte Verantwortung Deutschlands für extraterritoriale Sachverhalte, jM 2021, 205 ff.; *M. Sachs*, Schutz gegen von Deutschland mitverursachte Grundrechtsverletzungen von Ausländern durch fremde Staaten im Ausland, JuS 2021, 804 ff.; *M. Payandeh/H. Sauer*, Staatliche Gewährleistungsverantwortung für den Schutz der Grundrechte und des Völkerrechts, NJW 2021, 1570 ff.; *P. Heinemann*, Tätigwerden der Bundesregierung zur Verhinderung von Drohneneinsätzen der USA im Jemen von der Air Base Ramstein, NVwZ 2021, 810 f.

572 *M. Herdegen*, in Dürig/Herzog/Scholz, GG, Art. 1 Abs. 3 Rn. 86.

573 *M. Herdegen*, in Dürig/Herzog/Scholz, GG, Art. 1 Abs. 3 Rn. 92.

574 Hierzu *M. Herdegen*, in Dürig/Herzog/Scholz, GG, Art. 25 Rn. 78.

575 Nach den Richtlinien der Bundesregierung sollen grundsätzlich keine Kriegswaffen in Staaten geliefert werden, die in bewaffneten Konflikten verstrickt sind: *Bundesministerium für Wirtschaft und Klimaschutz*, Politische Grundsätze der Bundesregierung für den Rüstungsexport, https://www.bmwi.de/Redaktion/DE/Downloads/P-R/politische-grundsaetze-fuer-den-export-von-kriegswaffen-und-sonstigen-ruestungsguetern.pdf?__blob=publicationFile (Zugriff zuletzt am 19.01.2022). Eine Ausnahme hat die Bundesregierung zugunsten der Ukraine nach dem russischen Überfall im Februar 2022 gemacht.

576 Court of Appeal (UK), Urt. v. 20.06.2019, [2019] EWCA Civ. 1020, paras. 139 ff. – Campaign against Arms Trade v. Secretary of State for International Trade.

577 Hoge Raad, Urt. v. 06.09.2013, 12/03329, NL:HR:2013:BZ 9228 – The State of the Netherlands v. Mustafić.

578 Hoge Raad, Urt. v. 06.09.2013, 12/03324, NL:HR:2013:BZ 9225 – The State of the Netherlands v. Nuhanović.

579 Hoge Raad, Urt. v. 19.07.2019, 17/04567, NL:HR:2019:1284, paras. 4.2.1. ff. – The State of the Netherlands v. Mothers of Srebrenica.

580 Hoge Raad, Urt. v. 19.07.2019, 17/04567, NL:HR:2019:1284, paras. 4.7.9. – The State of the Netherlands v. Mothers of Srebrenica.

581 Hoge Raad, Urt. v. 19.07.2019, 17/04567, NL:HR:2019:1284, Sachverhalt (para. 35) – The State of the Netherlands v. Mothers of Srebrenica.

582 Art. 185 Abs. 3 der Schweizerischen Bundesverfassung: *„[Der Bundesrat] kann, unmittelbar gestützt auf diesen Artikel Verordnungen und Verfügungen erlassen, um eingetretenen oder unmittelbar drohenden schweren Störungen der öffentlichen Ordnung oder der inneren oder äußeren Sicherheit zu begegnen. Solche Verordnungen sind zu befristen"*.

583 Art. 16 Abs. 1 der Verfassung der Französischen Republik: *„Wenn die Einrichtungen der Republik, die Unabhängigkeit der Nation, die Unversehrtheit ihres Staatsgebietes oder die Erfüllung ihrer internationalen Verpflichtungen schwer und unmittelbar bedroht sind und wenn die ordnungsgemäße Ausübung der verfassungsmäßigen öffentlichen Gewalten unterbrochen ist, trifft der Präsident der Republik nach förmlicher Beratung mit dem Premierminister, mit den Präsidenten der Kammern sowie mit dem Verfassungsrat die unter diesen Umständen nötigen Maßnahmen“.*

584 Siehe etwa *G. Agamben*, Lo stato di eccezione, 2003 (State of Exception, 2005); hierzu etwa *S. Humphreys*, Legalizing Lawlessness: On Giorgio Agamben's State of Exception, EJIL (2006), 677 ff.

585 *C. Schmitt*, Politische Theologie. Vier Kapitel zur Lehre von der Souveränität (1922), 9. Aufl. 2009, S. 13.

586 Siehe *E. Kaufmann*, Das Wesen des Völkerrechts und die clausula rebus sic stantibus, 1911, S. 196: *„Wenn [...] eine friedliche Einigung über das zum Weichen bestimmte geringere Interesse nicht möglich ist, so muss eben der Krieg zeigen, welches Selbsterhaltungsrecht das Stärkere war“.*

587 *A. Merkel*, „Scheitert der Euro, dann scheitert Europa“, 19.05.2010, https://www.bundestag.de/webarchiv/textarchiv/2010/29826227_kw20_de_stabilisierungsmechanismus-201760 (Zugriff zuletzt am 09.02.2022).

588 *P. Gensing*, Infektionsschutzgesetz: Kampagne mit Nazi-Vergleich, tagesschau.de v. 07.11.2020, https://www.tagesschau.de/faktenfinder/corona-ns-vergleich-101.html (Zugriff zuletzt am 10.02.2022).

589 Verfassungsgericht von Kolumbien, Urt. v. 29.11.2021, T-413/21, paras. 21 ff. – Vernichtung von Coca-Kulturen.

590 BVerfGE 132, 1 (15) – Plenumsbeschluss des BVerfG; 133, 241 (260) – Luftsicherheitsgesetz.

591 Verfassungsgericht von Guatemala, Urt. v. 25.05.1993, 225–93, 1995, S. 321 – Staatsstreich von Serrano in Guatemala.

592 Hierzu *M. Herdegen*, La Corte de Constitucionalidad como ultimo Guardian del Orden Constitucional: Negotiorum Gestio para Restablecer el Equilibrio estadal – Reflexiones sobre la Sentencia del 25 de mayo de 1993, in Corte de Constitucionalidad de Guatemala (Präsident Gabriel Larios Ochaita) (Hrsg.), Defensa de la Constitución – Libertad y Democracia, 1994, S. 18 ff.

593 Siehe EGMR, Urt. v. 09.04.2002, Beschwerde Nr. 22723/93 u. a., Rn. 58 – Yaza ./. Turkey; EGMR (Große Kammer), Urt. v. 13.02.2003, Beschwerde Nr. 41340/98 u. a., Rn. 102 – Refah Partisi ./. Turkey.

594 BVerfGE 144, 20 (238 ff.).

595 BVerfGE 144, 20 (307 ff.).

596 *W. Churchill*, Speech to the National Press Club Washington on June 28, 1954, in R. M. Langworth (Hrsg.), Churchill by Himself, 2008, S. 381: *„If I had been properly supported in 1919, I think we might have strangled Bolshevism in its cradle“.*

597 *Deutsche Welle*, Kolumbien: Nächste Runde im Kampf gegen die Drogen?, 07.03.2020, https://www.dw.com/de/kolumbien-will-wieder-glyphosat-aus-der-luft-zur-koka-bekämpfung-einsetzen/a-52659272 (Zugriff zuletzt am 09.02.2022).

598 Verfassungsgericht von Kolumbien, Urt. v. 29.11.2021, T-413/21 – Vernichtung von Coca-Kulturen.

599 Verfassungsgericht von Kolumbien, Urt. v. 29.11.2021, T-413/21, para. 21 ff. – Vernichtung von Coca-Kulturen.

600 Verfassungsgericht von Kolumbien, Urt. v. 18.01.2017, C-08/17, para. 7.29.

601 Hierzu aus soziologischer und rechtlicher Sicht *W. Gephart* (Hrsg.), In the Realm of Corona Normativities. A Momentary Snapshot of a Dynamic Discourse, 2020.

602 Hierzu *O. Lepsius*, Vom Niedergang grundrechtlicher Denkkategorien in der Corona-Pandemie, Verfassungsblog v. 06.04.2020, https://verfassungsblog.de/vom-niedergang-grundrechtlicher-denkkategorien-in-der-corona-pandemie/ (Zugriff zuletzt am 03.03.2022); *U. Volkmann*, Der Ausnahmezustand, Verfassungsblog v. 20.03.2020, https://verfassungsblog.de/der-ausnahmezustand/ (Zugriff zuletzt am 03.03.2022).

603 BVerfG, Beschl. v. 19.11.2021, 1 BvR 781/21 u.a., Rn. 112 ff. – Bundesnotbremse I (Ausgangs- und Kontaktbeschränkungen).

604 BVerfG, Beschl. v. 19.11.2021, 1 BvR 971/21 u.a., Rn. 47 ff. – Bundesnotbremse II (Schulschließungen).

605 Etat d'urgence sanitaire, siehe Art. L. 31-12 bis 31-20 des Code de la Santé Publique in der Fassung des Gesetzes Nr. 2020-2090 v. 23.3.2020.

606 § 5 IfSG, zuletzt geändert durch Art. 4 des Gesetzes zur Verlängerung des Sozialdienstleister-Einsatzgesetzes und weiterer Regelungen vom 18.3.2022 (BGBl. I S. 473), in Kraft getreten am 19.3.2022. Das Konstrukt der „epidemischen Lage von nationaler Tragweite" wurde durch Art. 1 des Gesetzes zum Schutz der Bevölkerung bei einer epidemischen Lage von nationaler Tragweite vom 27.3.2020 (BGBl. I S. 587) in das IfSG eingeführt.

607 BVerfG, Beschl. v. 19.11.2021, 1 BvR 781/21 u.a., Rn. 171, 185 ff., 204 f. – Bundesnotbremse I (Ausgangs- und Kontaktbeschränkungen).

608 BVerfG, Beschl. v. 19.11.2021, 1 BvR 781/21 u.a. – Bundesnotbremse I (Ausgangs- und Kontaktbeschränkungen); Beschl. v. 19.11.2021, 1 BvR 971/21 – Bundesnotbremse II (Schulschließungen).

609 Siehe etwa Conseil Constitutionnel, Entsch. v. 05.08.2021 Nr. 2021–824 DC; Entsch. v. 09.11.2021 Nr. 2021–828 DC.

610 *M. Braun*, Impfpflicht in Italien. Die Angst ist größer ist als die Skepsis, Die Zeit v. 17.11.2021, https://www.zeit.de/politik/ausland/2021-11/impfpflicht-italien-gesundheitswesen-pflegekraefte-impfgegner (Zugriff zuletzt am 22.04.2022); siehe auch *O. Meiler*, Die Impfpflicht in Italien wirkt, Süddeutsche Zeitung v. 11.01.2022, https://www.sueddeutsche.de/politik/italien-coronavirus-impfpflicht-1.5504336 (Zugriff zuletzt am 03.03.2022).

611 *FAZ.net*, Scholz kann Impfpflicht-Versprechen bis März offenbar nicht halten, FAZ.net v. 09.01.2022, https://www.faz.net/aktuell/politik/inland/scholz-kann-impfpflicht-versprechen-bis-maerz-offenbar-nicht-halten-17722699.html (Zugriff zuletzt am 03.03.2022); *A. Slavik*, Scholz muss Zeitplan für Impfpflicht ändern, Süddeutsche Zeitung v. 09.01.2022, https://www.sueddeutsche.de/politik/coronavirus-impfpflicht-olaf-scholz-ampel-1.5503882?reduced=true (Zugriff zuletzt am 03.03.2022).

612 *C. Emundts*, Politik des Zweifels, Tagesschau.de v. 26.01.2022, https://www.tagesschau.de/inland/analyse-impfpflichtdebatte-bundestag-101.html (Zugriff zuletzt am 03.03.2022).

613 Siehe etwa OVG Sachsen, Beschl. v. 07.11.2020, 6 B 303/20.

614 BVerfGE 69, 315 (317, 342 ff.) – Brokdorf.

615 Vgl. BVerfGE 69, 315 (359 ff.) – Brokdorf.

616 Mit unterschiedlichem Akzent *O. Lepsius*, Vom Niedergang grundrechtlicher Denkkategorien in der Corona-Pandemie, Verfassungsblog v. 6.2.2020, https://verfassungsblog.de/vom-niedergang-grundrechtlicher-denkkategorien-in-der-corona-pandemie/

(Zugriff zuletzt am 05.09.2022); *U. Volkmann*, Das höchste Gut, FAZ.net v. 01.04.2020, https://www.faz.net/aktuell/feuilleton/debatten/staatsrecht-und-die-wuerde-des-menschen-16705618.html (Zugriff zuletzt am 29.04.2022). Mit ganz anderer Akzentsetzung etwa *H. Kube*, Würde des Lebens – Leben in Würde, Verfassungsblog v. 02.04.2020, https://verfassungsblog.de/leben-in-wuerde-wuerde-des-lebens/ (Zugriff zuletzt am 29.04.2022).

617 *U. Sacksofsky*, Allgemeine Impfpflicht – ein kleiner Piks, ein großes verfassungsrechtliches Problem, Verfassungsblog v. 21.01.2022, https://verfassungsblog.de/allgemeine-impfpflicht-ein-kleiner-piks-ein-groses-verfassungsrechtliches-problem/ (Zugriff zuletzt am 03.03.2022); kritisch hierzu *K. F. Gärditz*, Grundrechtsdogmatik auf dem Jahrmarkt der Wahrheiten?, Verfassungsblog v. 24.01.2022, https://verfassungsblog.de/grundrechtsdogmatik-auf-dem-jahrmarkt-der-wahrheiten/ (Zugriff zuletzt am 03.03.2022); dazu erneut *U. Sacksofsky*, Allgemeine Impfpflicht II – und die Abwehr des Subjektiven, Verfassungsblog v. 28.01.2022, https://verfassungsblog.de/allgemeine-impflicht-ii-und-die-abwehr-des-subjektiven/ (Zugriff zuletzt am 03.03.2022).

618 Hierauf verweisen auch *U. Sacksofsky* und *K. F. Gärditz* in den genannten Beiträgen.

619 Zu diesem aktuellen Problemkomplex etwa *H.-G. Dederer/M. Preiß*, Gesetzliche Regelung der pandemiebedingten Triage, JZ 2022, 170 ff. und *T. Hörnle/S. Huster/R. Poscher* (Hrsg.), Triage in der Pandemie, 2021.

620 BVerfG, Beschl. v. 16.11.2021, 1 BvR 1541/20, Rn. 115 ff. Zu dieser Entscheidung etwa *H.-G. Dederer/M. Preiß*, Gesetzliche Regelung der pandemiebedingten Triage, JZ 2022, 170 ff.

621 BVerfGE 115, 118 (151 ff.) – Luftsicherheitsgesetz.

622 *D. Fleck*, Handbook of International Humanitarian Law, 2013, S. 196 ff.; *M. Herdegen*, Völkerrecht, 21. Auflage 2022, S. 474.

623 Siehe *G. Herdegen*, Was ist unter ‚Beweiswürdigung' im Sinne von § 261 StPO zu verstehen?, Festschrift für Ulrich Eisenberg zum 70. Geburtstag, 2009, S. 527 ff.

624 Hierzu EuGH, Gutachten 1/91, EU:C:1991:490, Rn. 21 – Erstes EWR-Gutachten; m. w. Nachw. *M. Herdegen*, Europarecht, 23. Aufl. 2022, S. 87 ff.

625 *Deutsche Ratspräsidentschaft*, Stärkung der Grundwerte und Grundrechte, https://www.eu2020.de/eu2020-de/programm/grundwerte-grundrechte-eu-ratspraesidentschaft/2347640 (Zugriff zuletzt am 03.03.2022).

626 Hierzu m. w. Nachw. *M. Herdegen*, Europarecht, 23. Aufl. 2022, S. 481 ff.

627 Art. 125 AEUV.

628 Art. 123 AEUV.

629 Art. 127 Abs. 1 Satz 1 AEUV.

630 Hierzu EuGH, Urt. v. 27.11.2012, C-370/12, EU:C:2012:756 – Pringle; *M. Herdegen*, Europarecht, 23. Aufl. 2022, S. 455 ff.

631 *M. Herdegen*, Price Stability and Budgetary Restraints in the Economic Monetary Union: The Law as Guardian of Economic Wisdom, Common Market Law Review 35 (1998), 9 ff.

632 *International Monetary Fund*, World Economic Outlook Database, October 2021.

633 EuGH, Urt. v. 16.06.2015, C-62/14, EU:C:2015:400, Rn. 49 ff. – Gauweiler u. a.; siehe auch Urt. v. 11.12.2018, C-493/17, EU:C:2018:1000, Rn. 53 ff. – Weiss u. a.

634 BVerfGE 154, 17 – PSPP; hierzu *M. Herdegen*, Europarecht, 23. Aufl. 2022, S. 452 f.

635 *FAZ.net*, Giorgio Agamben im Gespräch: Die endlose Krise ist in Machtinstrument, aktualisiert am 24.05.2013, https://www.faz.net/aktuell/feuilleton/bilder-und-zeiten/

giorgio-agamben-im-gespraech-die-endlose-krise-ist-ein-machtinstrument-12193816.html (Zugriff zuletzt am 14.06.2022).

636 Hierzu mit Hinweisen zum Diskussionsstand BVerfGE 151, 202 (303 ff.) – Bankenunion.

637 Hierzu mit weiteren Nachweisen zum Diskussionsstand BVerfGE 151, 202 (337 ff.) – Bankenunion.

638 Hierzu *M. Herdegen*, Der Verordnungsvorschlag der EU-Kommission zur Schaffung eines Europäischen Einlagenversicherungssystems: Würdigung aus europa- und staatsrechtlicher Sicht, WM 2016, 1857 ff. (Teil I), 1905 ff. (Teil II).

639 *E. Macron,* Erklärung vom 9. Dezember 2021, 09.12.2021, https://www.touteleurope.eu/presidence-du-conseil-de-l-union-europeenne/presidence-francaise-de-l-union-europeenne-suivez-l-intervention-d-emmanuel-macron-jeudi-9-decembre/ (Zugriff zuletzt am 03.03.2022); zur Diskussion über eine Überarbeitung des Stabilitätspaktes *W. Mussler*, EU-Stabilitätspakt: Fundament oder Fetisch, FAZ.net v. 16.01.2022, https://www.faz.net/aktuell/wirtschaft/wie-der-maastrichter-vertrag-ueberarbeitet-werden-soll-17731501.html (Zugriff zuletzt am 03.03.2022).

640 Hierzu *M. Herdegen*, Europarecht, 23. Aufl. 2022, S. 460.

641 Hierzu und zum Folgenden m. w. Nachw. *M. Herdegen*, Europarecht, 23. Aufl. 2022. S. 294 f.; *ders.*, Die EU wird zur neuen Verteilungsmacht, NZZ v. 24.03.2021, https://www.nzz.ch/meinung/die-eu-wird-zur-neuen-verteilungsmacht-ld.1608007 (Zugriff zuletzt am 10.10.2022); *ders.*, Jubel über neue „Europäische Fiskalunion", FAZ.net v. 24.03.2021, https://www.faz.net/aktuell/politik/staat-und-recht/jubel-ueber-neue-europaeische-fiskalunion-17261607.html (Zugriff zuletzt am 10.10.2022). Einen Einblick in dieses Konstrukt gibt die Entscheidung des Bundesverfassungsgerichts vom 15. April 2021, BVerfG, Beschl. v. 15.04.2021, 2 BvR 547/21, Rn. 2 ff. Ausführlich zu den rechtlichen Implikationen *M. Nettesheim,* ‚Next Generation EU': Die Transformation der EU-Finanzverfassung, AöR 145 (2020), 381 ff.

642 Siehe etwa *R. Bieber*, in H. von der Groeben/J. Schwarze/A. Hatje, Europäisches Unionsrecht, Art. 310 AEUV Rn. 16*; M. Herdegen*, Europarecht, 23. Aufl. 2022, S. 289 f.*; C. Waldhoff*, in C. Calliess/M. Ruffert, AEUV, Art. 311 AEUV, Rn. 17; diese und weitere Nachweise bei BVerfG, Beschl. v. 15.04.2021, 2 BvR 547/21, Rn. 92.

643 *Bundesrechnungshof,* Bericht zu den möglichen Auswirkungen der gemeinschaftlichen Kreditaufnahme der Mitgliedstaaten der Europäischen Union auf den Bundeshaushalt (Wiederaufbaufonds), 11.03.2021, S. 5 ff.

644 *M. Grieve, J. Hildebrand*, Scholz gibt in der Krise den Supereuropäer – doch wie viel Substanz steckt dahinter?, Handelsblatt v. 08.07.2020, https://www.handelsblatt.com/politik/deutschland/europapolitik-olaf-scholz-gibt-in-der-krise-den-supereuropaeer-doch-wie-viel-substanz-steckt-dahinter/25977524.html (Zugriff zuletzt am 03.03.2022).

645 *M. C. Kerber*, La démocratie allemande et ses ennemis, Liberté économique & progrès social, 176 (2021), S. 25 ff., spricht überzeichnend von „l'ivresse européiste en Allemagne".

646 Zur internationalen Strafgerichtsbarkeit m. w. Nachw. *M. Herdegen*, Völkerrecht, 21. Aufl. 2022, S. 511 ff.

647 IGH, Urt. v. 20.07.2012, ICJ Reports 2012, S. 422, para. 74 – Questions relating to the obligation to prosecute or extradite (Belgium v. Senegal); hierzu *M. Herdegen*, Völkerrecht, 21. Aufl. 2022, S. 343, 512.

648 *J. D. Fry*, Terrorism as a crime against humanity and genocide: the backdoor to universal jurisdiction, UCLA Journal of International Law and Foreign Affairs 7 (2002), 169 ff.; *M. Herdegen*, Völkerrecht, 21. Aufl. 2022, S. 223 m. w. Nachw.

649 Hierzu *V. Pabst*, Bosnien-Herzegowina: Leugnung von Genozid ist künftig strafbar, NZZ v. 26.07.2021, https://www.nzz.ch/international/bosnien-herzegowina-leugnung-von-genozid-ist-kuenftig-strafbar-ld.1637350 (Zugriff zuletzt am 20.01.2022).
650 Hierzu *M. Herdegen*, Völkerrecht, 21. Aufl. 2022, S. 511 ff.
651 Siehe das Zitat bei *M. Herdegen*, Völkerrecht, 21. Aufl. 2022, S. 514.
652 High Court of South Africa, Gauteng Division, Urt. v. 22.02.2017, Caso No. 83145/2016 – Democratic Alliance v. Minister of International Relations and Cooperation and Others.
653 §§ 6 ff. Völkerstrafgesetzbuch.
654 OLG Koblenz (Staatsschutzsenat), Urt. v. 24.02.2021, Az. 1 StE 9/19.
655 OLG Koblenz (Staatsschutzsenat), Urt. v. 13.01.2022, Az. 1 StE 9/19.
656 OLG Stuttgart (Staatsschutzsenat), Urt. v. 28.09.2015, Az. 5-3 StE 6/10.
657 OLG Frankfurt a. M. (Staatsschutzsenat), Urt. v. 30.11.2021, Az. 5-3 StE 1/20-4-1/20.
658 *Human Rights Watch*, If the Dead could Speak, Mass Deaths and Tortures in Syria's-Detention Facilities, 2015.
659 Hierzu *M. Herdegen*, Internationales Wirtschaftsrecht, 12. Aufl. 2020, S. 150.
660 Hierzu m. w. Nachw. *M. Herdegen*, Internationales Wirtschaftsrecht, 12. Aufl. 2020, S. 150 f.
661 *M. Herdegen*, Internationales Wirtschaftsrecht, 12. Aufl. 2020, S. 150 ff.
662 Hierzu m. w. Nachw. *M. Herdegen*, Internationales Wirtschaftsrecht, 12. Aufl. 2020, S. 152 f.
663 U.S. Courts of Appeals for the Second Circuit, Urt. v. 24.09.2020, Docket No. 19–609 – Rukoro v. Federal Republic of Germany; hierzu *M. Herdegen*, Internationales Wirtschaftsrecht, 12. Aufl. 2020, S. 153 f.
664 *M. Herdegen*, Völkerrecht, 21. Aufl. 2022, S. 315 f.
665 *B. Brook*, Deutschland muss Atomkraftwerke bauen, FAZ.net aktualisiert am 20.03.2011, https://www.faz.net/aktuell/politik/energiepolitik/klimaforscher-barry-brook-deutschland-muss-atomkraftwerke-bauen-1611965.html (Zugriff zuletzt am 20.01.2022).
666 *Deutschlandfunk.de*, Worum geht es bei der EU-Taxonomie, 02.02.2022, https://www.deutschlandfunk.de/taxonomie-104.html (Zugriff zuletzt am 10.05.2022).
667 *Tagesschau.de*, Streit mit Frankreich über Atomkraft, aktualisiert am 26.4.2021, https://www.tagesschau.de/ausland/europa/deutschland-frankreich-atomkraft-101.html (Zugriff zuletzt am 20.01.22).
668 *Europäische Kommission (Vertretung in Deutschland)*, Kommission legt Vorschlag zu Erdgas- und Kernenergieaktivitäten in der EU-Taxonomie vor, 03.01.2022, https://germany.representation.ec.europa.eu/news/kommission-legt-vorschlag-zu-erdgas-und-kernenergieaktivitaten-der-eu-taxonomie-vor-2022-01-03_de (Zugriff zuletzt am 20.01.22).
669 *N. Blechner*, Ohne Gaskraftwerke kein Kohleausstieg?, Tagesschau.de v. 06.12.2021, https://www.tagesschau.de/wirtschaft/deutschland-braucht-neue-gaskraftwerke-101.html (Zugriff zuletzt am 20.01.22).
670 *Greenpeace*, Biosprit ist umweltpolitischer Unfug, 13.04.2022, https://www.greenpeace.de/klimaschutz/mobilitaet/biosprit-umweltpolitischer-unfug (Zugriff zuletzt am 10.05.2022).
671 Hierzu *R. Alexander*, Die Getriebenen, 2017.

672 *Süddeutsche Zeitung*, Seehofer: „Es ist eine Herrschaft des Unrechts", 09.02.2016, https://www.sueddeutsche.de/bayern/fluechtlinge-seehofer-es-ist-eine-herrschaft-des-unrechts-1.2856699 (Zugriff zuletzt am 20.01.2022).

673 *A. Rizor*, Vorbild Kanada: Was Deutschland vom Einwanderungsgesetz lernen kann, FAZ.net aktualisiert am 02.09.2018, https://www.faz.net/aktuell/politik/ausland/vorbild-kanada-was-deutschland-vom-einwanderungsgesetz-lernen-kann-15765475.html (Zugriff zuletzt am 25.04.2022).

674 *Deutsche Welle*, Why Denmark is clamping down on ‚non-Western' residents, 24.03.2021, https://www.dw.com/en/why-denmark-is-clamping-down-on-non-western-residents/a-56960799 (Zugriff zuletzt am 25.04.2022).

675 *FAO*, The State of Food and Agriculture 2003-2004: Agricultural Biotechnology – Meeting the Needs of the Poor?, Agricultural Series No. 35 (2004), 3 f.

676 *J. Achenbach*, 107 Nobel laureates sign letter blasting Greenpeace over GMO, WashingtonPost.com, 30.06.2016, https://www.washingtonpost.com/news/speaking-of-science/wp/2016/06/29/more-than-100-nobel-laureates-take-on-greenpeace-over-gmo-stance/ (Zugriff zuletzt am 25.04.2022).

677 *C. Volhard-Nüsslein*, Die Vernunft gebietet es, die Genschere zu nutzen, FAZ.net v. 29.12.2021, https://www.faz.net/aktuell/wissen/genschere-im-oekoanbau-nutzen-pflanzen-resistenter-und-gesuender-machen-17704218.html (Zugriff zuletzt am 19.05.2022).

678 § 5 Embryonenschutzgesetz.

679 Art. 119 Abs. 2(a) der Bundesverfassung.

680 Siehe die gewundene, von Alternativen durchzogene Stellungnahme des *Deutschen Ethikrats*, Eingriffe in die Keimbahn, 2019, insbesondere S. 245 ff.

681 *H. Albert*, Traktat über kritische Vernunft, 5. Aufl. 1991, S. 15 f.

682 BVerfGE 115, 118 (154) – Luftsicherheitsgesetz.

683 BVerfGE 115, 118 (154) – Luftsicherheitsgesetz.

684 BVerfGE 157, 30 (95 ff.) m. w. Nachw. – Klimaschutz.

685 BVerfGE 157, 30 (95 ff.) – Klimaschutz.

686 BVerfGE 142, 123 (194) – OMT.

687 BVerfGE 157, 30 (142, 155) – Klimaschutz.

688 Siehe aber BVerfGE 157, 30 (142 f.) m. w. Nachw. – Klimaschutz.

689 Rechtbank Den Haag, Urt. v. 26.05.2021, C/09/571932/HA ZA 19-379, NL:RBDHA:2021:5339 – Milieudefensie v. Royal Dutch Shell.

690 BVerfGE 90, 286 (384) – Out-of-area-Einsätze.

691 *Assemblée nationale*, sur l'attachement au respect des valeurs républicaines face au développement de pratiques radicales qui y portent atteinte, Résolution n°459 v. 11.05.2010: *„[...] les pratiques radicales attentatoires à la dignité et à l'égalité entre les hommes et les femmes, parmi lesquelles le port d'un voile intégral, sont contraires aux valeurs de la République"*.

692 EGMR, Urt. v. 01.07.2014, Beschwerde Nr. 43835/11, para. 24 – S.A.S. ./. France.

693 Vgl. *Europäische Kommission*, Europäischer Grüner Deal, 14.07.21, https://ec.europa.eu/commission/presscorner/detail/de/ip_21_3541 (Zugriff zuletzt am 25.04.2022); *Bundesministerium für Wirtschaft und Klimaschutz*, Die Finanzen der Europäischen Union, https://www.bmwk.de/Redaktion/DE/Artikel/Europa/eu-finanzen.html (Zugriff zuletzt am 25.04.2022).

694 *J. Sumption*, Law and the Decline of Politics – In Praise of Politics, The Reith Lectures v. 28.05.2019, https://www.bbc.co.uk/sounds/play/m0005f05 (Zugriff zuletzt am 22.02.2022).
695 *H. Heine*, Lutetia, 3. Aufl. 2014, S. 99.
696 *D. Grimm*, Europa ja – aber welches? Zur Verfassung der europäischen Demokratie, 3. Aufl. 2016, S. 12.
697 BVerfGE 157, 30 (144) – Klimaschutz.
698 BVerfGE 157, 30 (144 f.) – Klimaschutz.
699 Siehe Art. 115 Abs. 2 GG.
700 Hierzu oben, Kapitel X.
701 EGMR, Urt. v. 13.02.2020, Beschwerden Nr. 8675/15 und 8697/15 – N.D. und N.T. ./. Spain.
702 Hierzu oben, Kapitel IV.
703 Hierzu oben, Kapitel VI.
704 BVerfGE 90, 286 (338 ff.) – Out-of-area-Einsätze.
705 *E. Lambert*, Le gouvernement des juges et la lutte contre la législation sociale aux États-Unis, 1921.
706 Siehe nur EuGH, Urt. v. 24.06.2019, C-619/18, EU:C:2019:531 – Kommission v. Polen; Urt. v. 23.11.2021, C-564/19, EU:C:2021:949 – IS.
707 BVerfGE 158, 389 (420 f.) – Staatsvertrag Rundfunkfinanzierung.
708 BVerfGE 158, 389 (425 ff., 429 ff.) – Staatsvertrag Rundfunkfinanzierung.
709 BVerfG, Beschl. v. 19.11.2021, 1 BvR 781/21, Rn. 171, 204, 217 – Bundesnotbremse I (Ausgangs- und Kontaktbeschränkungen).
710 Conseil Constitutionnel, Beschl. v. 21.12.2020, Nr. 2020-811 DC, para. 4.
711 BVerfGE 125, 260 (325 ff.) – Vorratsdatenspeicherung.
712 Sondervotum des Richters Schluckebier, BVerfGE 125, 260 (369 ff.); übereinstimmend das Sondervotum des Richters Eichberger (380 ff.).
713 Conseil Constitutionnel, Beschl. v. 21.12.2020, Nr. 2020-811 DC, para. 4.
714 Hierzu *M. Herdegen*, The Dynamics of International Law in a Globalised World, 2016; *A. Legg*, The Margin of Appreciation in International Human Right Law: Deference and Proportionality, 2012; *H.C. Yourow*, The Margin of Appreciation Doctrine in the Dynamics of European Human Rights Jurisprudence, 2021.
715 EGMR, Urt. v. 01.07.2014, Beschwerde Nr. 43835/11– S.A.S. ./. France.
716 EGMR, Urt. v. 18.03.2011, Beschwerde Nr. 30814/06 – Lautsi and Others ./. Italy.
717 Strategie Konzept Nato 2022, https://www.nato.int/strategic-concept/ (Zugriff zuletzt 05.07.2022).
718 Hierzu oben, Einleitung und Kapitel V.

Literaturverzeichnis

Joel Achenbach, 107 Nobel laureates sign letter blasting Greenpeace over GMO, WashingtonPost.com, https://www.washingtonpost.com/news/speaking-of-science/wp/2016/06/29/more-than-100-nobel-laureates-take-on-greenpeace-over-gmo-stance/ (Zugriff zuletzt am 08.09.2022)

Giorgio Agamben, Lo stato di eccezione, 2003 (State of Exception, 2005)

Hans Albert, Traktat über kritische Vernunft, 5. Auflage 1991

Robin Alexander, Die Getriebenen, 2017

Josef Alkatout/Kai Ambos, Der Gerechtigkeit einen Dienst erwiesen? Zur völkerrechtlichen Zulässigkeit der Tötung Osama bin Ladens, JZ 2011, 758

James Allan, The Activist Judge, in: L. Pereira Cutinho/M. La Torre/S. Smith (Hrsg.), Judicial Activism: An Interdisciplinary Approach to the American and European Experiences, 2015, 71

Assemblée Nationale, sur l'attachement au respect des valeurs républicaines face au développement de pratiques radicales qui y portent atteinte, Résolution n° 459 v. 11.05.2010, https://www.assemblee-nationale.fr/13/ta/ta0459.asp (Zugriff zuletzt am 08.09.2022)

Annalena Baerbock, Erklärung von Außenministerin Annalena Baerbock zum Urteil des Kammergerichts Berlin im Prozess um den Tiergartenmord, 15.12.2021, https://www.auswaertiges-amt.de/de/newsroom/baerbock-tiergartenmord/2501938 (Zugriff zuletzt am 19.04.2022)

Nick Barber, The Principles of Constitutionalism, 2018

BBC, One-way ticket to Rwanda for some UK asylum seekers, 14.04.2022, https://www.bbc.com/news/uk-politics-61097114 (Zugriff zuletzt am 04.05.2022)

Richard Bellamy, The Political Form of the Constitution, in: ders. (Hrsg.), The Rule of Law and the Separation of Powers, 2005

Uwe-Dietmar Berlit, Die Reform des Grundgesetzes nach der staatlichen Einigung Deutschlands, JöR n. F. 44 (1996), 17

Christian Bickenbach, Die Einschätzungsprärogative des Gesetzgebers, 2014

Roland Bieber, in: H. von der Groeben/J. Schwarze/A. Hatje, Europäisches Unionsrecht, Art. 310 AEUV

Eirik Bjorge, The Evolutionary Interpretation of Treaties, 2014

Notker Blechner, Ohne Gaskraftwerke kein Kohleausstieg?, Tagesschau.de v. 06.12.2021, https://www.tagesschau.de/wirtschaft/deutschland-braucht-neue-gaskraftwerke-101.html (Zugriff zuletzt am 20.1.22)

Wolfgang Blomeyer, Die Europäische Union als Rechtsgemeinschaft, 1995

Armin von Bogdandy, Ius Constitutionale Commune, in: Armin von Bogdandy/Hector Fix Ferrer Mac-Gregor/Mariela Morales Antoniazzi/Flavia Pioveson/Ximena Soley (Hrsg.), Transformative Constitutionalism in Latin America, 2017

Michael Braun, Impfpflicht in Italien. Die Angst ist größer ist als die Skepsis, Die Zeit v. 17.11.2021, https://www.zeit.de/politik/ausland/2021-11/impfpflicht-italiengesundheits wesen-pflegekraefte-impfgegner (Zugriff zuletzt am 22.04.2022)

Bertolt Brecht, Koloman Wallisch Kantate. Ausgewählte Werke in sechs Bänden, Bd. IV, 1997, S. 261

Horst Bredekamp, Thomas Hobbes – Der Leviathan: Das Urbild des modernen Staates und seine Gegenbilder, 4. Aufl. 2015

Clare Breidenich/Daniel Magraw/Anne Rowley/James W. Rubin, The Kyoto Protocol to the United Nations Framework Convention on Climate Change, AJIL 92 (1998), 315

Marten Breuer, Staatshaftung für judikatives Unrecht, 2011

Andrzej Brzeski, The End of Communist Economics, in: Lee Edwards (Hrsg.), The Collapse of Communism, 1999

Kirsty Brimelow, Human rights: reclaiming the argument, The Times v. 04.06.2015, https://www.thetimes.co.uk/article/human-rights-reclaiming-the-argument-htlx2j6vmc0 (Zugriff zuletzt am 15.11.2021)

Barry Brook, „Deutschland muss Atomkraftwerke bauen“, FAZ.net, aktualisiert am 20.03.2011, https://www.faz.net/aktuell/politik/energiepolitik/klimaforscher-barry-brook-deutschland-muss-atomkraftwerke-bauen-1611965.html (Zugriff zuletzt am 20.1.2022)

Bundesamt für Migration und Flüchtlinge, Das Bundesamt in Zahlen 2017. Asyl, Migration und Integration, 2018, https://www.bamf.de/SharedDocs/Anlagen/DE/Statistik/Bundes amtinZahlen/bundesamt-in-zahlen-2017.html;jsessionid=4B85B57E8F50DCED83EA37B8 DBA99392.intranet672?view=renderPdfViewer&nn=284738 (Zugriff zuletzt am 14.06.2022)

dass., Das Bundesamt in Zahlen 2020. Asyl, Migration und Integration, 2021

dass., Aktuelle Zahlen, Dezember 2021, https://www.bamf.de/SharedDocs/Anlagen/DE/Statistik/AsylinZahlen/aktuelle-zahlen-dezember-2021.pdf?__blob=publicationFile&v=3 (Zugriff zuletzt am19.04.2022)

Bundesamt für Statistik, Global Carbon Project, CO2-Emissionen: Größte Länder nach Anteil am weltweiten CO2-Ausstoß im Jahr 2020, https://de.statista.com/statistik/daten/studie/179260/umfrage/die-zehn-groessten-c02-emittenten-weltweit/ (Zugriff zuletzt am 02.02.2022)

Bundeskriminalamt, Zahlen und Fakten zur Bekämpfung von Kinderpornographie, Pressemitteilung v. 06.06.2018, https://www.bka.de/DE/Presse/Listenseite_Pressemitteilungen/2018/Presse2018/180606_KinderpornografieKlarstellung.html (Zugriff zuletzt am 04.01.2022)

Bundesministerium für Wirtschaft und Klimaschutz, Politische Grundsätze der Bundesregierung für den Rüstungsexport, https://www.bmwi.de/Redaktion/DE/Downloads/P-R/politische-grundsaetze-fuer-den-export-von-kriegswaffen-und-sonstigen-ruestungsguetern.pdf?__blob=publicationFile (Zugriff zuletzt am 19.01.2022)

Bundesrechnungshof, Bericht zu den möglichen Auswirkungen der gemeinschaftlichen Kreditaufnahme der Mitgliedstaaten der Europäischen Union auf den Bundeshaushalt (Wiederaufbaufonds), 11.03.2021

Bundesregierung, ALG II (Januar 2022), https://www.bundesregierung.de/breg-de/suche/regelsaetze-steigen-1960152 (Zugriff zuletzt am 30.03.2022)

Bundeszentrale für politische Bildung, Bundespräsident Horst Köhler ist zurückgetreten, 01.06.2010, https://www.bpb.de/politik/hintergrund-aktuell/69087/ruecktritt-horst-koehler-01-06-2010 (Zugriff zuletzt am 07.02.2022)

Jacob Burckhardt, Weltgeschichtliche Betrachtungen, 1978

George W. Bush Presidential Library and Museum, Global War on Terror https://www.georgewbushlibrary.gov/research/topic-guides/global-war-terror (Zugriff zuletzt am 21.02.2022)

Steven Gow Calabresi, A Critical Introduction to the Originalism Debate, Harvard Journal of Law and Public Policy 31 (2008), 875

Christian Calliess/Matthias Ruffert (Hrsg.), EUV/AEUV, 6. Aufl. 2022

Peter Carstens, Nach heftiger Kritik: Bundespräsident Köhler tritt zurück, FAZ.net, aktualisiert am 31.05.2010, https://www.faz.net/aktuell/politik/bundespraesidentenwahl/nach-heftiger-kritik-bundespraesident-koehler-tritt-zurueck-1977920.html (Zugriff zuletzt am 24.03.2022)

Manue José Cepeda Espinosa/David Landau, Colombian Constitutional Law: Leading Cases, 2017

Alexandros Chatzinerantzis/Markus Appel, Haftung für den Klimawandel, NJW 2019, 881

Giorgos Christides/Emmanuel Freudenthal/Stefffen Lüdke/Maximillian Popp, Frontex in illegale Pushbacks von Flüchtlingen verwickelt, Der Spiegel v. 23.10.2020, https://www.spiegel.de/ausland/fluechtlinge-frontex-in-griechenland-in-illegale-pushbacks-verwickelt-a-00000000-0002-0001-0000-000173654787 (Zugriff zuletzt am 07.04.2022)

Winston Churchill, Speech to the National Press Club Washington on June 28, 1954, in: R. M. Langworth (Hrsg.), Churchill by Himself, 2008

Jorge Contesse, The Rule of Advice in International Human Rights Law, AJIL 115 (2021), 367

Hans Georg Dederer, Gentechnikrecht im Wettbewerb der Systeme, 1998

ders./Marina Preiß, Gesetzliche Regelung der pandemiebedingten Triage, JZ 2022, 170

Deutsche Welle, Kolumbien: Nächste Runde im Kampf gegen die Drogen?, 07.03.2020, https://www.dw.com/de/kolumbien-will-wieder-glyphosat-aus-der-luft-zur-kokabekämpfung-einsetzen/a-52659272 (Zugriff zuletzt am 09.02.2022)

dies., Why Denmark is clamping down on ‚non-Western' residents, https://www.dw.com/en/why-denmark-is-clamping-down-on-non-western-residents/a-56960799 (Zugriff zuletzt am 08.09.2022)

Deutsche Ratspräsidentschaft, Stärkung der Grundwerte und Grundrechte, https://www.eu2020.de/eu2020-de/programm/grundwerte-grundrechte-eu-ratspraesidentschaft/2347640 (Zugriff zuletzt am 03.03.2022)

Deutscher Bundestag, 68. Sitzung, Plenarprotokoll 19/68, 29.11.2018, S. 7761

ders., Bericht des Ausschusses für Bildung, Forschung und Technikfolgenabschätzung (18. Ausschuss) gem. § 56a der Geschäftsordnung. Technikfolgenabschätzung (TA) Autonome Waffensysteme, BT-Drucksache 19/23672

Deutscher Ethikrat, Eingriffe in die Keimbahn, 2019

Deutschlandfunk.de, Worum geht es bei der EU-Taxonomie, 02.02.2022, https://www.deutschlandfunk.de/taxonomie-104.html (Zugriff zuletzt am 10.05.2022)

Deutschlandfunkkultur.de, Köhler: Mehr Respekt für deutsche Soldaten in Afghanistan, 22.05.2010, https://www.deutschlandfunkkultur.de/koehler-mehr-respekt-fuer-deutsche-soldaten-in-afghanistan-100.html (Zugriff zuletzt am 08.02.2022)

Udo Di Fabio, Migrationskrise als föderales Verfassungsproblem, Gutachten im Auftrag des Freistaates Bayern, Die Welt v. 08.01.2016, https://www.welt.de/bin/difabio-gutachten-150937063.pdf (Zugriff zuletzt am 27.01.2022)

Karl Doehring, Die Rechtsnatur der Massenausweisung unter besonderer Berücksichtigung der indirekten Ausweisung, ZaöRV 1985, 372

Rudolf Dolzer, Die staatstheoretische und staatsrechtliche Stellung des Bundesverfassungsgerichts, 1972

Horst Dreier (Hrsg.), Grundgesetz-Kommentar, Bd. III, 3. Aufl. 2018

David M. Driesen, Judicial Review of Executive Orders, Boston University Law Review 98 (2018), 1013

Günther Dürig/Roman Herzog/Rupert Scholz (Hrsg.), Grundgesetz-Kommentar, 97. Lfg. 2022

Ronald Dworkin, Taking Rights Seriously, 1977

ders., Law's Empire, 1986

ders., Equality, Democracy, and Constitution, Alberta Law Review 28 (1990), 324

ders., Constitutionalism and Democracy, European Journal of Philosophy 3 (1995), 2

Kristen E. Eichensehr (Hrsg.), Contemporary Practice of the United States relating to International Law. Immigration and Migration, AJIL 115 (2021), 309

Corinna Emundts, Politik des Zweifels, Tagesschau.de v. 26.01.2022, https://www.tagesschau.de/inland/analyse-impfpflichtdebatte-bundestag-101.html (Zugriff zuletzt am 03.03.2022)

Europäische Kommission, Europäischer Grüner Deal, 14.07.2021, https://ec.europa.eu/commission/presscorner/detail/de/ip_21_3541 (Zugriff zuletzt am 25.04.2022)

dies., Gerechte und nachhaltige Wirtschaft, 23.02.2022, https://ec.europa.eu/commission/presscorner/detail/de/ip_22_1145 (Zugriff zuletzt am 24.05.2022)

Europäische Kommission (Vertretung in Deutschland), Kommission legt Vorschlag zu Erdgas- und Kernenergieaktivitäten in der EU-Taxonomie vor, 03.01.2022, https://germany.representation.ec.europa.eu/news/kommission-legt-vorschlag-zu-erdgas-und-kernenergie aktivitaten-der-eu-taxonomie-vor-2022-01-03_de (Zugriff zuletzt am 20.01.2022)

Europäischer Gerichtshof für Menschenrechte, The European Court grants urgent interim measure in case concerning asylum-seeker's imminent removal from the UK to Rwanda, Pressemitteilung v. 14.06.2022, ECHR 197 (2022), https://hudoc.echr.coe.int/eng-press#{%22itemid%22:[%22003-7359967-10054452%22]} (Zugriff zuletzt am 15.06.2022)

ders., Factsheet – Sexual orientation issues, 2022, https://www.echr.coe.int/documents/fs_sexual_orientation_eng.pdf (Zugriff zuletzt am 24.03.2022)

FAO, The State of Food and Agriculture 2003-2004: Agricultural Biotechnology – Meeting the Needs of the Poor?, Agricultural Series No. 35 (2004)

FAZ, Die EU nimmt die sozialen Netze in die Pflicht, 25.04.2022, S. 15

FAZ.net, Kritik an Jung und Schäuble: „Aufruf zum Verfassungsbruch"?, aktualisiert am 17.09.2007, https://www.faz.net/aktuell/politik/inland/kritik-an-jung-und-schaeuble-aufruf-zum-verfassungsbruch-1463080.html (Zugriff zuletzt am 26.10.2021)

dies., Giorgio Agamben im Gespräch: Die endlose Krise ist ein Machtinstrument, aktualisiert am 24.05.2013, https://www.faz.net/aktuell/feuilleton/bilder-und-zeiten/giorgio-agamben-im-gespraech-die-endlose-krise-ist-ein-machtinstrument-12193816.html (Zugriff zuletzt am 23.11.2021)

dies., Allianz zu Kohleausstieg ohne China und die USA, aktualisiert am 04.11.2021, https://www.faz.net/aktuell/wirtschaft/klima-nachhaltigkeit/kohleausstieg-allianz-ins-glasgow-ohne-china-und-die-usa-17617827.html (Zugriff zuletzt am 12.03.2022)

dies., Scholz kann Impfpflicht-Versprechen bis März offenbar nicht halten, 09.01.2022, https://www.faz.net/aktuell/politik/inland/scholz-kann-impfpflichtversprechen-bis-maerz-offenbar-nicht-halten-17722699.html (Zugriff zuletzt am 03.03.2022)

Niall Ferguson, Civilization: The West and the Rest, 2011

Dieter Fleck (Hrsg.), Handbook of International Humanitarian Law, 2013

Foreign Ministers of China and Russia, Joint Statement on Certain Aspects of Global Governance in Modern Conditions v. 23.03.2021, https://russische-botschaft.ru/de/2022/02/05/joint-statement-of-the-russian-federation-and-the-peoples-republic-of-china-on-the-international-relations-entering-a-new-era-and-the-global-sustainable-development/ (Zugriff zuletzt am 07.09.2022)

Ernst Forsthoff, Der Staat der Industriegesellschaft, 1971

Thomas Franck, Is Personal Freedom A Western Value?, AJIL 91 (1997), 593

Ulrike Franke, in: Bundesakademie für Sicherheitspolitik, DFS2019: Europäische Lösungen nur mit deutschem Beitrag, 13.10.2019, https://www.baks.bund.de/en/node/2077 (Zugriff zuletzt am 07.02.2022)

dies., A Millennial considers the new German Problem after 30 Years of Peace, War on the Rocks v. 19.05.2021, https://warontherocks.com/2021/05/a-millennial-considers-the-new-german-problem-after-30-years-of-peace/

Walter Frenz, Klimaschutz und Menschenwürde, 2020

James D. Fry, Terrorism as a crime against humanity and genocide: the backdoor to universal jurisdiction, UCLA Journal of International Law and Foreign Affairs 7 (2002), 169

Francis Fukuyama, The End of History?, The National Interest No. 16 (Summer 1989), 3

Klaus Ferdinand Gärditz, Grundrechtsdogmatik auf dem Jahrmarkt der Wahrheiten?, Verfassungsblog v. 24.01.2022, https://verfassungsblog.de/grundrechtsdogmatik-auf-dem-jahr markt-der-wahrheiten/ (Zugriff zuletzt am 03.03.2022)

Katja Gelinski, Klimaschutzappell an die Juristen dieser Welt, FAZ v. 26.1.2022, S. 3

Patrick Gensing, Infektionsschutzgesetz: Kampagne mit Nazi-Vergleich, tagesschau.de v. 07.11.2020, https://www.tagesschau.de/faktenfinder/corona-ns-vergleich-101.html (Zugriff zuletzt am 10.02.2022)

Werner Gephart (Hrsg.), In the Realm of Corona Normativities. A Momentary Snapshot of a Dynamic Discourse, 2020

Carlos Arturo Gómez Pavajeau, La justicia especial para la paz: modelo de justicia transicional acorde con las orientaciones y tendencias modernas del Derecho y de la justicia, Derecho Penal y Criminología 37, 102 (2016), 31

Manuel E. Góngora-Mera, The Block of Constitutionality, in: Armin von Bogdandy/Hector Fix Ferrer Mac-Gregor/Mariela Morales Antoniazzi/Flavia Pioveson/Ximena Soley (Hrsg.), Transformative Constitutionalism in Latin America, 2017, 238

Jan-Philipp Graf/Spyridoula Katsoni, Die Evolution des Non-Refoulement-Prinzips: Von negativen zu positiven Pflichten, Humanitäres Völkerrecht 4 (2021), 148

Greenpeace, Biosprit ist umweltpolitischer Unfug, 13.04.2022 https://www.greenpeace.de/klimaschutz/mobilitaet/biosprit-umweltpolitischer-unfug (Zugriff zuletzt am 08.09.2022)

Stefan Greiner/Ansgar Kalle, Gleichbehandlung als Produkt der Freiheits- oder der Gleichheitsrechte? Zur Drittwirkung nach der Stadionverbotsentscheidung, JZ 2022, 542

Martin Grieve/Jan Hildebrand, Scholz gibt in der Krise den Supereuropäer – doch wie viel Substanz steckt dahinter?, Handelsblatt v. 08.07.2020, https://www.handelsblatt.com/politik/deutsch land/europapolitik-olaf-scholz-gibt-in-der-krise-den-supereuropaeer-doch-wie-viel-substanz-steckt-dahinter/25977524.html (Zugriff zuletzt am 27.10.2022)

Dieter Grimm, Europa ja – aber welches? Zur Verfassung der europäischen Demokratie, 3. Aufl. 2016

Johannes Groß, Unsere letzten Jahre. Fragmente aus Deutschland, 1980

Jürgen Habermas, Theorie des kommunikativen Handelns, 1981

ders., Krieg und Empörung, Süddeutsche Zeitung v. 29.05.2022

Kay Hailbronner/Daniel Thym , Ruiz Zambrano – Die Entdeckung des Kernbereichs der Unionsbürgerschaft, NJW 2011, 2008

dies., Grenzenloses Asylrecht? Die Flüchtlingskrise als Problem europäischer Integration, JZ 2016, 753

Kay Hailbronner, Non-Refoulement and Humanitarian Refugees: Customary International, Law or Wishful Legal Thinking, VA. J. INT'l L. 26 (1986), 857

W. Hallstein, Der unvollendete Bundesstaat, 1969

Arnaud Haquet, Droit constitutionnel, 3. Aufl. 2021

John Harrison, The Political Question Doctrines, American University Law Review 67 (2017), 457

Heinrich Heine, Lutetia, 3. Aufl. 2014

Patrick Heinemann, Tätigwerden der Bundesregierung zur Verhinderung von Drohneneinsätzen der USA im Jemen von der Air Base Ramstein, NVwZ 2021, 810

Gerhard Herdegen, Was ist unter ‚Beweiswürdigung' im Sinne von § 261 StPO zu verstehen?, in: Henning Ernst Müller (Hrsg.), Festschrift für Ulrich Eisenberg zum 70. Geburtstag, 2009, S. 527

Matthias Herdegen, Objektives Recht und subjektive Rechte, in: D. Heckmann/K. Meßerschmidt (Hrsg.), Gegenwartsfragen des öffentlichen Rechts, 1988, S. 161

ders., Die Aufnahme besonderer Vorschriften zugunsten behinderter Personen in das Grundgesetz, in: Vierteljahresschrift für Sozialrecht 4 (1992), 245 (ebenfalls erschienen als Veröffentlichung des Wissenschaftlichen Dienstes des Deutschen Bundestages 259/92)

ders., Maastricht and the German Constitutional Court: Constitutional Restraints for an „ever closer Union", CMLRev 31 (1994), 235

ders., Möglichkeiten und Grenzen eines Diskriminierungsschutzes für Behinderte durch Verfassung und Gesetz, in: Vorstand der SPD (Hrsg.), Materialien zum Workshop „Benachteiligungsverbot für Behinderte in das Grundgesetz" vom 15. April 1994, 1994

ders., La Corte de Constitutionalidad como ultimo Guardian del Orden Constitucional: Negotiorum Gestio para Restablecer el Equilibrio estadal – Reflexiones sobre la Sentencia del 25 de mayo de 1993, in: Corte de Constitucionalidad de Guatemala (Präsident Gabriel Larios Ochaita) (Hrsg.), Defensa de la Constitución – Libertad y Democracia, 1994, S. 18

ders., Price Stability and Budgetary Restraints in the Economic Monetary Union: The Law as Guardian of Economic Wisdom, Common Market Law Review 35 (1998), 9

ders., La Corte Constitucional en la relojería del Estado de Derecho, in: R. Sanin (Hrsg.), Justicia constitucional: el rol de la Corte Constitucional en el estado contemporaneo, 2006

ders., Das Überpositive im positiven Recht in: O. Depenheuer/M. Heintzen/M. Jestaedt/ P. Axer (Hrsg.), Festschrift für Josef Isensee, 2007, S. 135

ders., Verfassungsgerichtsbarkeit als *pouvoir neutre*, ZaöRV 2009, 257

ders., Das Absolute ist relativ, in: R. Müller (Hrsg.) 100 Beiträge aus der F.A.Z.-Rubrik „Staat und Recht", 2011, 98

ders., Der Verordnungsvorschlag der EU-Kommission zur Schaffung eines Europäischen Einlagenversicherungssystems: Würdigung aus europa- und staatsrechtlicher Sicht, WM 2016, 1857 (Teil I), 1905 (Teil II)

ders., Principles on International Economic Law, 2. Aufl. 2016

ders., The Dynamics of International Law in a Globalised World, 2016

ders., Constitutionalism and Political Choices in a Global Perspective, in: W. Gephart/J. C. Suntrup (Hrsg.), Dynamics of Constitutional Cultures. The Cultural Manifestation and Political Force Field of Constitutionalism, 2021, S. 211

ders., „Ich würde dem Migrationspakt so nicht zustimmen", DIE WELT v. 26.11.2018, https://www.welt.de/politik/deutschland/plus184418188/Matthias-Herdegen-Wuerde-dem-Migrationspakt-so-nicht-zustimmen.html (Zugriff zuletzt am 27.01.2022)

ders., Fallstricke des Gutgemeinten, Cicero v. 27.11.2018, https://www.cicero.de/aussenpolitik/un-migrationspakt-afd-migration-fluechtlinge-merkel/plus (Zugriff zuletzt am 27.01.2022)

ders., Der Kampf um die Weltordnung, 2018

ders., The International Law of Biotechnology, 2019

ders., Internationales Wirtschaftsrecht, 12. Aufl. 2020

ders., § 1 Das Grundgesetz im Gefüge des westlichen Konstitutionalismus, in: M. Herdegen/ J. Masing/ R. Poscher/K.-F. Gärditz, Handbuch des Verfassungsrechts, 2021, S. 15

ders., § 27 Außen- und Wehrverfassung, in: M. Herdegen/J. Masing/R. Poscher/K.-F. Gärditz (Hrsg.), Handbuch des Verfassungsrechts, 2021, S. 1667

ders., Die EU wird zur neuen Verteilungsmacht, NZZ v. 24.03.2021, https://www.nzz.ch/meinung/die-eu-wird-zur-neuen-verteilungsmacht-ld.1608007 (Zugriff zuletzt am 10.10.2022)

ders., Jubel über neue „Europäische Fiskalunion", FAZ.net v. 24.03.2021, https://www.faz.net/aktuell/politik/staat-und-recht/jubel-ueber-neue-europaeische-fiskalunion-17261607.html (Zugriff zuletzt am 10.10.2022)

ders., Europarecht, 23. Aufl. 2022

ders., Völkerrecht, 21. Aufl. 2022

Ulrich Herrmann/Harald Reiter, Richter-Kritik im Fall Kundus: „Propagandaerfolg der Taliban", NJW 2021, 10, https://rsw.beck.de/aktuell/daily/meldung/detail/richter-kritik-im-fall-kundus-propagandaerfolg-der-taliban (Zugriff zuletzt am 26.10.2021)

Hans Herzfeld (Hrsg.), Friedrich Meinecke: Werke, Band 1: Die Idee der Staatsräson in der neueren Geschichte, 2. Aufl. 2016

Thomas Hobbes, Leviathan, 1651

Tatjana Hörnle/Stefan Huster/Ralf Poscher (Hrsg.), Triage in der Pandemie, 2021

Peter M. Huber, Recht und nationale Identität, in: M. Kment (Hrsg.), Das Zusammenwirken von deutschem und europäischem Öffentlichen Recht. Festschrift für Hans D. Jarass zum 70. Geburtstag, 2015, S. 205

Human Rights Watch, If the Dead could Speak, Mass Deaths and Tortures in Syria's Detention Facilities, 2015

Stephen Humphreys, Legalizing Lawlessness: On Giorgio Agamben's State of Exception, EJIL (2006), 677

Murray Hunt, Introduction, in: ders./Hayley Hooper/Paul Yowell (Hrsg.), Parliaments and Human Rights: Redressing the Democratic Deficit, 2015, 4

International Monetary Fund, World Economic Outlook Database, October 2021

IOM, Global Compact for Migration, https://www.iom.int/global-compact-migration (Zugriff zuletzt am 13.06.2022)

IPCC, Special Report on Global Warming of 1,5 °C: Summary for Policymakers, 2018, https://www.ipcc.ch/site/assets/uploads/sites/2/2019/05/SR15_SPM_version_report_LR.pdf (Zugriff zuletzt am 14.06.2022).

Josef Isensee, § 115 Grundrechtsvoraussetzungen und Verfassungserwartungen an die Grundrechtsausübung, in: ders./P. Kirchhof (Hrsg.), HbStR V, 1992

ders., Leben gegen Leben, in: M. Pawlick (Hrsg.), Festschrift für Günther Jakobs, 2007, 205

Thomas Jacob, Drohneneinsatz der US-Streitkräfte im Jemen: Keine unbegrenzte Verantwortung Deutschlands für extraterritoriale Sachverhalte, jM 2021, 205

Andrzej Jakubowski/Karolina Wierczyńska (Hrsg.), Fragmentation vs the Constitutionalisation of International Law: A Pracitcal Inquiry, 2016

Zoë Jay, A tale of two Europes: How conflating the European Court of Human Rights with the European Union exacerbates Euroscepticism, British Journal of Politics and International Relations, 08.10.2021, https://doi.org/10.1177/13691481211048501 (Zugriff zuletzt am 17.03.2022)

Daniel Kahnemann, Thinking, Fast and Slow, 2012

Immanuel Kant, Grundlegung zur Metaphysik der Sitten, 1785

ders., Zum ewigen Frieden, 1795

ders., Die Metaphysik der Sitten. Zweiter Teil: Metaphysische Anfangsgründe der Tugendlehre, 1797

Marcel Kau, United States Supreme Court, 2007

Erich Kaufmann, Das Wesen des Völkerrechts und die clausula rebus sic stantibus, 1911

Markus Christian Kerber, La démocratie allemande et ses ennemis, in Liberté économique & progrès social, 176 (2021)

Gregor Kirchhof, Intertemporale Freiheitssicherung, 2022

Paul Kirchhof, Rechtsprechen ist mehr als Nachsprechen von Vorgeschriebenem, in: Ulrike Haß-Zumkehr (Hrsg.), Sprache und Recht, 2002, S. 119

Jan Klabbers/Anne Peters/Geir Ulfstein, The Constitutionalization of International Law, 2009

Thomas Kleinlein, Konstitutionalisierung im Völkerrecht, 2012

Andrew Knapp/Vincent Wright, The Government and Politics of France, 2006

Stefan Kornelius, Der unerklärte Krieg. Deutschlands Selbstbetrug in Afghanistan, 2009

Hanno Kube, Würde des Lebens – Leben in Würde, Verfassungsblog v. 02.04.2020, https://verfassungsblog.de/leben-in-wuerde-wuerde-des-lebens/ (Zugriff zuletzt am 29.04.2022)

Timur Kuran/Cass R. Sunstein, Availability Cascades and Risk Regulation, Stanford Law Review 51 (1999), 683

Isabelle Kwai, Australia to Shift All Offshore Processing of Migrants to Island Nation of Nauru, The New York Times v. 07.10.2021, https://www.nytimes.com/2021/10/06/world/australia/australia-migrants-nauru-papua-new-guinea.html (Zugriff zuletzt am 04.05.2022)

Massimo La Torre, Constitutionalism and Legal Reasoning, 2007

Edouard Lambert, Le gouvernement des juges et la lutte contre la législation sociale aux États-Unis, 1921

Andrew Legg, The Margin of Appreciation in International Human Rights Law, 2012

Oliver Lepsius, Vom Niedergang grundrechtlicher Denkkategorien in der Corona-Pandemie, Verfassungsblog v. 06.04.2020, https://verfassungsblog.de/vom-niedergang-grundrecht licher-denkkategorien-in-der-corona-pandemie/ (Zugriff zuletzt am 03.03.2022)

George Letsas, A Theory of Interpretation of the European Convention on Human Rights, 2009

Claude Lévi Strauss, La Pénsee Savage, 1962

ders., The Savage Mind, 1966

ders., Anthropology Confronts the Problems of the Modern World, 2013

Alejandro Linares Cantillo (Hrsg.), Constitutionalism. Old Dilemmas, New Insights, 2021

Wolfgang Linder/Sean Mueller, Swiss Democracy, 4. Aufl. 2021

Hermann Lübbe, Politischer Moralismus, 2019

Ewen MacAskill/Julian Borger/Nick Hopkins /Nick Davies/James Ball, GCHQ taps fibre-optic cables for secret access to world's communications, theguardian.com v. 21.06.2013, https://www.theguardian.com/uk/2013/jun/21/gchq-cables-secret-world-communications-nsa (Zugriff zuletzt am 25.01.2022)

Emmanuel Macron, Initiative pour l'Europe v. 26.09.2017, https://www.elysee.fr/emmanuel-macron/2017/09/26/initiative-pour-l-europe-discours-d-emmanuel-macron-pour-une-europe-souveraine-unie-democratique (Zugriff zuletzt am 23.02.2022)

ders., Déclaration sur la réponse européenne à la menace terroriste v. 10.11.2020, https://www.vie-publique.fr/discours/277166-emmanuel-macron-10112020-terrorisme (Zugriff zuletzt am 25.04.2022)

ders., Déclaration sur la présidence française du conseil, 09.12.2021, https://www.touteleurope.eu/presidence-du-conseil-de-l-union-europeenne/presidence-francaise-de-l-unioneuropeenne-suivez-l-intervention-d-emmanuel-macron-jeudi-9-decembre/ (Zugriff zuletzt am 03.03.2022)

Roger Mann, Normenkontrolle in den USA, JA 1989, 72

Max-Planck-Institut, Climate Mainstream, https://www.mpil.de/de/pub/forschung/nach-rechtsgebieten/voelkerrecht/climate-mainstreaming.cfm (Zugriff zuletzt am 01.02.2022)

Brendan McGivern, Conference of the Parties to the Framework Convention on Climate Change: Kyoto Protocol, ILM 37 (1998), 22

Oliver Meiler, Die Impfpflicht in Italien wirkt, Süddeutsche Zeitung v. 11.01.2022, https://www.sueddeutsche.de/politik/italien-coronavirus-impfpflicht-1.5504336 (Zugriff zuletzt am 03.03.2022)

Florian Meinel, Her mit den Schwergewichten, FAZ.net, aktualisiert am 03.03.2019, https://www.faz.net/aktuell/feuilleton/buecher/rezensionen/sachbuch/matthias-herdegens-buch-der-kampf-um-die-weltordnung-16067397.html (Zugriff zuletzt am 07.02.2022)

Angela Merkel, „Scheitert der Euro, dann scheitert Europa", 19.05.2010, https://www.bundestag.de/webarchiv/textarchiv/2010/29826227_kw20_de_stabilisierungsmechanismus-201760 (Zugriff zuletzt am 09.02.2022)

Nils Metzger, Bremst der Atomausstieg die Energiewende?, zdf.de v. 31.12.2021, https://www.zdf.de/nachrichten/politik/klimaziele-atomausstieg-energiewende-atomkraft-100.html (Zugriff zuletzt am 27.01.2022)

Hans J. Morgenthau, Politics Among Nations, 5. Aufl. 1973

Frederick Lee Morton, Judicial Activism in France, in: Kenneth M. Holland (Hrsg.), Judicial Activism in Comparative Perspective, 1991, 136

Werner Mussler, EU-Stabilitätspakt: Fundament oder Fetisch, FAZ v. 16.01.2022, https://www.faz.net/aktuell/wirtschaft/wie-der-maastrichter-vertrag-ueberarbeitet-werdensoll-17731501.html (Zugriff zuletzt am 03.03.2022)

Antonio Navarro, 1991, un momento irrepetible, in: Documentos des Departamento de Ciencia Política (Hrsg.), Constitución de 1991, 20 años: logros y pendientes, XXX, 10

NATO, Strategie Konzept Nato 2022 (Zugriff zuletzt 05.07.2022)

Karl Nehammer u. a., Brief an die Europäische Kommission v. 07.10.2021, https://s3.eu-central-1.amazonaws.com/euobs-media/59f9f4116a089cec71bf81b76413503a.pdf (Zugriff zuletzt am 03.11.2021)

Martin Nettesheim, ‚Next Generation EU‘: Die Transformation der EU-Finanzverfassung, AöR 145 (2020), 381

Nicole Nickerson, Is Europe fading its „Humanist Inheritance“? – Critical Normative Humanism and EU Immigration Law, Swiss Review of International and European Law 31 (2021), 743

Peter Noll, Brief an den Zürcher Zivilrechtler Hans Peter, zitiert nach Dominik Kawa, Was steht dem Recht im Weg, FAZ v. 26.01.2022

Angelika Nußberger, Was hat der Europäische Gerichtshof für Menschenrechte in Russland erreicht?, FAZ-Einspruch v. 17.03.2022, https://www.faz.net/einspruch/exklusiv/was-hat-der-europaeische-gerichtshof-fuer-menschenrechte-in-russland-erreicht-17886133.html (Zugriff zuletzt am 24.03.2022)

Alexander Orakhelashvili, Enemy at the court: Carl Schmitt's theory of friend-enemy relations and UK courts' (non)use of international law in domestic litigation, AVR 59 (2021), 231

Fritz Ossenbühl, § 101 Vorrang und Vorbehalt des Gesetzes, in: J. Isensee/P. Kirchhof (Hrsg.), HbStR V, 3. Aufl. 2007, S. 183

Stephan Ozsvath, Homosexualität als Feindbild, tagesschau.de v. 15.06.2021, https://www.tagesschau.de/ausland/europa/ungarn-homosexualitaet-101.html (Zugriff zuletzt am 02.12.2021)

Volker Pabst, Bosnien-Herzegowina: Leugnung von Genozid ist künftig strafbar, NZZ.ch v. 26.07.2021, https://www.nzz.ch/international/bosnien-herzegowina-leugnung-von-genozid-ist-kuenftig-strafbar-ld.1637350 (Zugriff zuletzt am 20.01.2022)

Midori Papadópolo, Análisis jurídico-constitucional del golpe, 1995

Mehrdad Payandeh/Heiko Sauer, Staatliche Gewährleistungsverantwortung für den Schutz der Grundrechte und des Völkerrechts, NJW 2021, 1570

Hans-Jürgen Papier, § 177 Rechtsschutzgarantie gegen die öffentliche Gewalt, in: Josef Isensee/Paul Kirchhof (Hrsg.), HbStR VIII, 3. Aufl. 2010, S. 507

ders., „Es gibt kein Recht auf Zuwanderung“, DIE WELT v. 06.11.2016, https://www.welt.de/politik/deutschland/plus159278495/Es-gibt-kein-Recht-auf-Zuwanderung.html (Zugriff zuletzt am 27.01.2022)

ders., Die Warnung. Wie der Rechtsstaat ausgehöhlt wird, 2019

Passauer Neue Presse, Seehofer unterstellt Merkel „Herrschaft des Unrechts“, 09.02.2016, https://www.pnp.de/nachrichten/bayern/Seehofer-unterstellt-Merkel-Herrschaft-des-Unrechts-1958889.html (Zugriff zuletzt am 27.01.2022)

David Petraeus, Human rights law is arming Britain's armed forces, The Times v. 19.10.2018, https://www.thetimes.co.uk/article/human-rights-law-is-harming-britain-s-armed-forces-dlslts7rj (Zugriff zuletzt am 27.01.2022)

Mark Pettigrew, A Vinter Retreat in Europe: Returning to the Issue of Whole Life Sentences in Strasbourg, New European Journal of Criminal Law 8 (2017), 2

Jakob Pflügl, Klimaklagen in entscheidender Phase, derstandard.de v. 17.03.2021, https://www.derstandard.de/story/2000125053353/klimaklagen-in-entscheidender-phase (Zugriff zuletzt am 14.06.2022)

Philip Plickert, Es ist tragisch junge Afrikaner zur Migration zu verlocken, FAZ.net, aktualisiert am 03.09.3018, https://www.faz.net/aktuell/wirtschaft/paul-collier-ueber-die-fehler-europas-in-der-fluechtlingspolitik-15767853.html (Zugriff zuletzt am 20.01.2022)

ders., Shell will CO2-Emissionen schneller senken, FAZ.net, aktualisiert am 09.06.2021, https://www.faz.net/aktuell/wirtschaft/klima-nachhaltigkeit/nach-klimaurteil-shell-will-co2-emissionen-schneller-senken-17380843.html (Zugriff zuletzt am 27.01.2022)

Karl Popper, Die offene Gesellschaft und ihre Feinde, 1945

Christian Raap, Staatshaftungsansprüche im Auslandseinsatz der Bundeswehr?, NVwZ 2013, 552

Lavanya Rajamani/Jacob Werksman, The legal character and operational relevance of the Paris Agreement's temperature goal, London Royal Society 376 (2018), https://royalsocietypublishing.org/doi/epdf/10.1098/rsta.2016.0458 (Zugriff zuletzt am 14.06.2022)

Reaktor-Sicherheitskommission, Anlagenspezifische Sicherheitsüberprüfung (RSK-SÜ) deutscher Kernkraftwerke unter Berücksichtigung der Ereignisse in Fukushima-I (Japan), Stellungnahme v. 11.–14.05.2011, https://www.rskonline.de/sites/default/files/reports/rsksnsue20110516hp.pdf (Zugriff zuletzt am 14.06.2022)

République Française, Projet de loi interdisant la dissimulation du visage dans l'espace public. Etude d'impact de Mai 2010, https://www.legifrance.gouv.fr/contenu/Media/Files/autour-de-la-loi/legislatif-et-reglementaire/etudes-d-impact-des-lois/ei_art_39_2010/ei_dissimulation_visage.pdf.pdf (Zugriff zuletzt am 14.04.2022)

Christoph Rieke, Bundeswehr steht mehr oder weniger blank da, tagesspiegel.de v. 24.02.2022, https://www.tagesspiegel.de/politik/heeresinspekteur-kritisiert-deutsche-verteidigungspolitik-bundeswehr-steht-mehr-oder-weniger-blank-da/28100520.html (Zugriff zuletzt am 15.03.22)

Anton Rizor, Vorbild Kanada: Was Deutschland vom Einwanderungsgesetz lernen kann, FAZ.net, aktualisiert am 2.9.2018, https://www.faz.net/aktuell/politik/ausland/vorbild-kanada-was-deutschland-vom-einwanderungsgesetz-lernen-kann-15765475.html (Zugriff zuletzt am 20.1.2022)

Richard J. Roberts, The Nobel Laureates' Campaign Supporting GMOs, Journal of Innovation & Knowledge 3 (2018), 61

Jed Rubenfeld, Legitimacy and Interpretation, in: L. Alexander (Hrsg.), Constitutionalism: Philosophical Foundations, 2001, S. 194

Bernd Rüthers, Die unbegrenzte Auslegung, 8. Aufl. 2017

Michael Sachs, Grundgesetzkommentar, 9. Aufl. 2021

ders., Schutz gegen von Deutschland mitverursachte Grundrechtsverletzungen von Ausländern durch fremde Staaten im Ausland, JuS 2021, 804

Ute Sacksofsky, Allgemeine Impfpflicht – ein kleiner Piks, ein großes verfassungsrechtliches Problem, Verfassungsblog v. 21.01.2022, https://verfassungsblog.de/allgemeine-impfpflicht-ein-kleiner-piks-ein-groses-verfassungsrechtliches-problem/ (Zugriff zuletzt am 03.03.2022)

dies., Allgemeine Impfpflicht II – und die Abwehr des Subjektiven, Verfassungsblog v. 28.01.2022, https://verfassungsblog.de/allgemeine-impflicht-ii-und-die-abwehr-des-sub jektiven/ (Zugriff zuletzt am 03.03.2022)

Carl Sandburg, The Complete Poems of Carl Sandburg, 1970

Vojin Sasa Vukadinovic, Schmutzkampagne gegen eine Philosophin, FAZ v. 11.10.2021

Matthew Saul, The European Court of Human Rights' Margin of Appreciation and the Processes of National Parliaments, in: Human Rights Law Review 15 (2015), 745

Klaus Schlaich/Stefan Korioth, Das Bundesverfassungsgericht, 12. Aufl. 2021

Stefanie Schmahl, Internationale Klimaklagen aufgrund von Menschenrechtsverträgen: sinnvoll oder vergeblich?, JZ 2022, 317

Thomas Schmid, Lukaschenko erpresst Europa, Steinmeier sieht Hell und Dunkel, Mainz singt und lacht. Ein Wochenrückblick, 11.11.2021, https://schmid.welt.de/2021/11/11/lukaschenko-erpresst-europa-steinmeier-sieht-hell-und-dunkel-mainz-singt-und-lacht-ein-wochenrueck blick/ (Zugriff zuletzt am 14.06.2022)

Albrecht Schmidt, Die Krux mit den echten Nachrichten, FAZ v. 02.05.2022, S. 22

Carl Schmitt, Politische Theologie. Vier Kapitel zur Lehre von der Souveränität (1922), 9. Aufl. 2009

ders., Verfassungslehre, 1928

ders., Legalität und Legitimität, 1932

Arthur Schopenhauer, Die Welt als Wille und Vorstellung, Band 1, 1819

Thore Schröder, Bienenschwärme gegen Putins Panzer, Der Spiegel v. 15.04.2022, https://www.spiegel.de/ausland/ukraine-drohneneinheit-aeroroswidka-bienenschwaerme-gegen-putins-panzera-931b59a2-0eed-49ed-99be-dca287d1c5d3 (Zugriff zuletzt am 06.09.2022)

Alice Schwarzer u. a., Offener Brief an Bundeskanzler Scholz, https://www.emma.de/artikel/offener-brief-bundeskanzler-scholz-339463 (Zugriff zuletzt am 23.05.2022)

Thomas A. Schweitzer, Justice Scalia, Originalism and Textualism, Touro Law Review 33 (2017), 749

Jürgen Seifert, Demokratische Republik und Arbeiterbewegung in der Verfassungstheorie von Wolfgang Abendroth, in: F.-M. Balzer/H. M. Bock/U. Schöler (Hrsg.), Wolfgang Abendroth. Wissenschaftlicher Politiker, 2001, S. 72

Jo Shaw, The European Union and Global Constitutionalism, in: A. F. Lang/A. Wiener (Hrsg.), Handbook on Global Constitutionalism, 2017, S. 36

James Slack, Enemies of the People, Daily Mail Online v. 03.11.2016, https://www.dailymail.co.uk/news/article-3903436/Enemies-people-Fury-touch-judges-defied-17-4m-Brexit-voters-trigger-constitutional-crisis.html (Zugriff zuletzt am 01.12.2021)

Angelika Slavik, Scholz muss Zeitplan für Impfpflicht ändern, Süddeutsche Zeitung v. 09.01.2022, https://www.sueddeutsche.de/politik/coronavirus-impfpflichtolaf-scholz-ampel-1.5503882?reduced=true (Zugriff zuletzt am 03.03.2022)

Rudolf Smend, Verfassung und Verfassungsrecht, 1928; jetzt in: *ders.*, Staatsrechtliche Abhandlungen und andere Aufsätze, 4. Aufl. 2010

SPD/Bündnis 90/Die Grünen/FDP, Mehr Fortschritt wagen, Koalitionsvertrag, 2021, https://www.bundesregierung.de/resource/blob/974430/1990812/04221173eef9a6720059cc353d759a2b/2021-12-10-koav2021-data.pdf?download=1 (Zugriff zuletzt am 09.02.2022)

Klaus Stern, Das Staatsrecht der Bundesrepublik Deutschland, Bd. III/1, 1988

Dolf Sternberger, Verfassungspatriotismus, 1990

David A. Strauss, The Living Constitution, 2010

Saskia Stucki/Guillaume Futhazar/Tom Sparks/Bruce Ackerman u. a., World Lawyers' Pledge on Climate Action, Bekenntnis globaler Juristinnen und Juristen zum integrierten Klimaschutz, 2021, https://lawyersclimatepledge.org/wp-content/uploads/2021/08/Lawyers-Climate-Pledge_German.pdf (Zugriff zuletzt am 01.02.2022)

Süddeutsche Zeitung, Seehofer: „Es ist eine Herrschaft des Unrechts", 09.02.2016, https://www.sueddeutsche.de/bayern/fluechtlinge-seehofer-es-ist-eine-herrschaft-des-unrechts-1.2856699 (Zugriff zuletzt am 20.01.2022)

dies., Bundesrat verschiebt Abstimmung über sichere Herkunftsländer, 15.02.2019, https://www.sueddeutsche.de/politik/fluechtlinge-sichere-herkunftsstaaten-bundesrat-1.4331555 (Zugriff zuletzt 25.01.2022)

Vanessa Suelt-Cock, El bloque de constitucionalidad, Vniversitas 133 (2016), 301

Jonathan Sumption, Trials of the State: Law and the Decline of Politics, 2019

ders., Law and Decline of Politics – In Praise of Politics, The Reith Lectures v. 28.05.2019 https://www.bbc.co.uk/programmes/m00057m8 (Zugriff zuletzt am 08.09.2022)

Cass R. Sunstein, Probability Neglect: Emotions, Worst Cases, and Law, Yale Law Journal 112 (2002), 61

Serge Sur, Constitution – un étrange gardien, europolis-online v. 14.10.2021, https://www.europolis-online.org/allgemein/serge-sur-constitution-un-trange-gardien/ (Zugriff zuletzt am 26.10.21)

Tagesschau.de, Streit um EU-Außenbeauftragten. Die Borrell-Demütigung, 13.02.2021, https://www.tagesschau.de/ausland/europa/borell-kritik-101.html (Zugriff zuletzt 07.02.2022)

dies., Streit mit Frankreich über Atomkraft, aktualisiert am 26.04.2021, https://www.tagesschau.de/ausland/europa/deutschland-frankreich-atomkraft-101.html (Zugriff zuletzt am 20.01.22)

Stefan Talmon, Das Flüchtlingsrecht steht einer Änderung der Asylpolitik nicht entgegen, Verfassungsblog v. 17.06.2018, https://verfassungsblog.de/das-fluechtlingsrecht-steht-einer-aenderung-der-asylpolitik-nicht-entgegen/ (Zugriff zuletzt am 08.03.2022)

Maximillian Terhalle, Strategie als Beruf. Überlegungen zu Strategie, Weltordnung und Strategic Studies, 2020

Diane Taylor, Rajeev Syal und mine. Sinmaz, Rwanda asylum flight cancelled after 11th-hour ECHR intervention, theguardian.com v. 14.06.2022, https://www.theguardian.com/uk-news/2022/jun/14/european-court-humam-right-makes-11th-hour-intervention-in-rwanda-asylum-seeker-plan (Zugriff zuletzt am 15.06.2022)

Diane Taylor, UK Home Office plans second flight to deport asylum seekers to Rwanda, The Guardian v. 03.07.2022, https://www.theguardian.com/uk-news/2022/jul/03/uk-home-office-plans-second-flight-to-deport-asylum-seekers-to-rwanda (Zugriff zuletzt am 04.07.2022)

The Guardian, French lawmakers propose bill to inscribe abortion rights in constitution, 25.01.2022, https://www.theguardian.com/world/2022/jun/25/french-lawmakerspropose-bill-abortion-rights-constitution (Zugriff zuletzt am 04.07.2022)

Think Tank European Parliament, Activation of Article 42(7) TEU: France's request for assistance and Member States' responses, 10.12.2015, https://www.europarl.europa.eu/thinktank/en/document/EPRS_BRI(2015)573883 (Zugriff zuletzt am 07.02.2022)

Daniel Thym, Zu den EGMR-Entscheidungen über „heiße Zurückweisungen" an den EU-Außengrenzen und humanitäre Visa für Flüchtlinge, ZaöRV 2020, 989

ders., „Pushbacks" in der Ägäis, FAZ.net, aktualisiert am 07.04.2021, https://www.faz.net/aktuell/politik/staat-und-recht/pushbacks-in-der-aegaeis-17282003.html (Zugriff zuletzt am 26.01.2022)

ders., „Dann entscheidet ein Diktator, wie viele Menschen in die EU einreisen", DIE WELT v. 28.10.2021, https://www.welt.de/politik/deutschland/plus234672486/Warum-Polen-nach-EU-Recht-jeden-Migranten-einreisen-lassen-muss.html (Zugriff zuletzt am 03.11.2021)

Hans-Martin Tillack, Wie in Hinterzimmern über die Milliarden aus Brüssel entschieden wird, DIE WELT v. 03.11.2011, https://www.welt.de/politik/deutschland/plus234776982/Parlamente-haben-bei-EU-Wiederaufbaufonds-wenig-Einfluss.html (Zugriff zuletzt am 07.09.2022)

Christian Tomuschat, Der „Fall Sarrazin" vor dem UN-Rassendiskriminierungsausschuss, EuGRZ 2013, 262

Trump White House, National Security Strategy of the United States of America, Dezember 2017, S. 25, https://trumpwhitehouse.archives.gov/wp-content/uploads/2017/12/NSS-Final-12-18-2017-0905.pdf (Zugriff zuletzt am 19.04.2022)

UK Parliament, The Role of Parliament in the UK Constitution: Authorising the Use of Military Force, 06.08.2019, https://publications.parliament.uk/pa/cm201719/cmselect/cmpubadm/1891/189106.htm (Zugriff zuletzt am 08.02.2022)

UNFCCC, Nationally determined contributions under the Paris Agreement. Synthesis report by the secretariat, FCCC/PA/CMA/2021/8

Rodrigo Uprimny Yepes, Bloque de constitucionalidad, 2006

Simone Utler, Wie ein Richter Merkel zur Räson bringen will, Spiegel-Online v. 06.05.2011, https://www.spiegel.de/panorama/justiz/freude-ueber-bin-ladens-tod-wie-ein-richter-merkel-zur-raeson-bringen-will-a-761166.html (Zugriff zuletzt am 26.10.2021)

Christiane Volhard-Nüsslein, Die Vernunft gebietet es, die Genschere im Ökoanbau zu nutzen, FAZ.net v. 29.12.2021 https://www.faz.net/aktuell/wissen/genschere-im-oekoanbau-nutzen-pflanzen-resistenter-und-gesuender-machen-17704218.html (Zugriff zuletzt am 08.09.2022)

Roda Verheyen, Klagen für Klimaschutz, ZRP 2021, 133

Uwe Volkmann, Der Ausnahmezustand, Verfassungsblog v. 20.03.2020, https://verfassungsblog.de/der-ausnahmezustand/ (Zugriff zuletzt am 03.03.2022)

ders., Das höchste Gut, FAZ.net v. 01.04.2020, https://www.faz.net/aktuell/feuilleton/debatten/staatsrecht-und-die-wuerde-des-menschen-16705618.html (Zugriff zuletzt am 29.04.2022)

ders., § 16 Allgemeine Grundrechtslehren, in: M. Herdegen/J. Masing/R. Poscher/K.-F. Gärditz (Hrsg.), Handbuch des Verfassungsrechts, 2021, S. 1051

Volksinitiative „Schweizer Recht statt fremde Richter“, https://www.admin.ch/gov/de/start/dokumentation/abstimmungen/20181125/selbstbestimmungsinitiative.html (Zugriff zuletzt am 01.12.2021)

Thomas von Aquin, Quaestiones Disputatae de Veritate, 1256–1259

Ursula von der Leyen, Keine Finanzierung von „Stacheldraht und Mauern“, FAZ.net-Videobeitrag v. 23.10.2021, FAZ.net, https://www.faz.net/aktuell/politik/ausland/von-der-leyen-keine-finanzierung-von-stacheldraht-und-mauern-17599326.html (Zugriff zuletzt am 03.11.2021)

Gerhard Wagner, Klimaschutz durch Gerichte, NJW 2021, 2256

Peter Walker/Owen Bowcott, Plans for UK Military to opt out of European convention om Human Rights, theguardian.com, 03.10.2016, https://www.theguardian.com/uk-news/2016/oct/03/plan-uk-military-opt-out-european-convention-human-rights (Zugriff zuletzt am 27.01.2022)

Samuel Warren/Louis Brandeis, The Right to Privacy, Harvard Law Review 4 (1890), 193

Ruth Wedgewood, The Supreme Court and the Guantanamo Controversy, in P. Berkowitz (Hrsg.), Terrorism the laws of war, and the Constitution: debating the enemy combatant cases, 2005, S. 159

Mattias Wendel, Asylrechtlicher Selbsteintritt und Flüchtlingskrise, JZ 2016, 332

Joachim Wieland, Die Europäische Union als Rechtsgemeinschaft in: S. Lorenzmeier/H.-P. Folz (Hrsg.), Recht und Realität. Festschrift für Christoph Vedder, 2017, S. 242

Heinrich August Winkler, Der lange Weg nach Westen, Band 1, 2014

Yan Xuetong, Leadership and the Rise of Great Powers, 2019

Howard Charles Yourow, The Marin of Appreciation Doctrine in the Dynamics of European Human Rights Jurisprudence, 2021

Fareed Zakaria, The Future of Freedom, 2003

Zdf.de, „Die Anstalt", Sendung v. 05.10.2021, https://www.zdf.de/comedy/die-anstalt/die-anstalt-vom-5-oktober-2021-100.html (Zugriff zuletzt am 07.09.2022)

dass., „Pushback" ist Unwort des Jahres 2021, 12.01.2022, https://www.zdf.de/nachrichten/panorama/unwort-des-jahres-2021-100.html (Zugriff zuletzt am 08.03.2022

ZEIT-Online, Mike Pence will Druck auf die Türkei aufrechterhalten, 16.08.2018, https://www.zeit.de/politik/ausland/2018-08/andrew-brunson-mike-pence-usa-tuerkei (Zugriff zuletzt am 07.04.2022)

dies., Luxemburg fordert EU-Solidarität mit Flüchtlingskindern, 15.04.2020, https://www.zeit.de/politik/ausland/2020-04/jean-asselborn-luxemburg-aussenminister-fluechtlingsauf nahme-minderjaehrige (Zugriff zuletzt am 25.01.2022)

Ricardo Zuluaga Gil, De la expectativa al desconcierto, 2011

Entscheidungsverzeichnis

BAGE 139, 144

BAG, Urt. v. 10.11.2011, 6 AZR 481-09

BGH, Urt. v. 28.01.2021, 3 StR 564/19

BGH, Urt. v. 29.07.2021, III ZR 179/20

BGH, Urt. v. 29.07.2021, III ZR 192/20

BGHSt 55, 257

BGHZ 155, 279

BGHZ 169, 348

BGHZ 212, 173

BGHZ 212, 273

BVerfGE 6, 38

BVerfGE 6, 389

BVerfGE 7, 198

BVerfGE 33, 1

BVerfGE 39,1

BVerfGE 42, 143

BVerfGE 45, 187

BVerfGE 46, 160

BVerfGE 50, 290

BVerfGE 54, 143

BVerfGE 69, 315

BVerfGE 73, 261

BVerfGE 80, 137

BVerfGE 81, 242

BVerfGE 88, 203

BVerfGE 89, 1

BVerfGE 89, 155

BVerfGE 89, 214

BVerfGE 90, 286

BVerfGE 100, 313

BVerfGE 101, 361

BVerfGE 103, 89

BVerfGE 107, 395

BVerfGE 108, 341

BVerfGE 110, 141

BVerfGE 111, 307

BVerfGE 112, 332

BVerfGE 113, 273

BVerfGE 115, 118

BVerfGE 120, 180

BVerfGE 122, 210

BVerfGE 123, 267

BVerfGE 124, 300

BVerfGE 125, 175

BVerfGE 125, 260

BVerfGE 128, 326

BVerfGE 129, 124

BVerfGE 132, 1

BVerfGE 132, 134

BVerfGE 133, 241

BVerfG, Beschl. v. 13.08.2013, 2 BvR 2660/06

BVerfGE 135, 317

BVerfGE 137, 134

BVerfGE 137, 273

BVerfGE 140, 160

BVerfGE 140, 317

BVerfGE 141, 186

BVerfGE 142, 123

BVerfGE 143, 246

BVerfGE 144, 20

BVerfGE 148, 267

BVerfGE 148, 296

BVerfGE 151, 202

BVerfGE 154, 17

BVerfGE 154, 152

BVerfG, Beschl. v. 18.11.2020, 2 BvR 477/17

BVerfGE 157, 30

BVerfG, Beschl. v. 15.04.2021, 2 BvR 547/21

BVerfGE 158, 389

BVerfG, Beschl. v. 16.11.2021, 1 BVR 1541/20

BVerfG, Beschl. v. 19.11.2021, 1 BvR 781/21

BVerfG, Beschl. v. 19.11.2021, 1 BvR 971/21

BVerfG, Urt. v. 26.04.2022, 1 BvR 1619/17

BVerwGE 104, 265

BVerwGE 127, 302

BVerwGE 170, 345

Committee on the Rights of the Child under the Optional Protocol to the Convention on the Rights of the Child on a communications procedure in respect of Communication No. 107/2019, CRC/C/88/D/107/2019 – Sacchi et al. v. Argentina et al

Conseil Constitutionnel, Urt. v. 06.11.1962, Nr. 62-20 DC

Conseil Constitutionnel, Beschl. v. 21.12.2020, Nr. 2020-811 DC

Conseil Constitutionnel, Entsch. v. 05.08.2021, Nr. 2021–824 DC

Conseil Constitutionnel, Entsch. v. 09.11.2021, Nr. 2021–828 DC

Conseil d'Etat, Entscheidung v. 19.11.2020, Nr. 427301, ECLI:FR:CECHR:2020:427301.20201119

Conseil d'Etat, Urt. v. 21.4.2021 – arrêt no. 393099, ECLI:FR:CEASS:2021:393099.20210421

Court of Appeal (UK), Urt. v. 20.06.2019, [2019] EWCA Civ. 1020

EGMR, Urt. v. 18.01.1978, Beschwerde Nr. 5310/71

EGMR, Urt. v. 25.04.1978, Beschwerde Nr. 5856/72

EGMR, Urt. v. 13.06.1979, Beschwerde Nr. 6833/74

EGMR, Urt. v. 30.01.1981, Beschwerde Nr. 7525/76

EGMR, Urt. v. 26.10.1988, Beschwerde Nr. 10581/83

EGMR, Urt. v. 22.04.1993, Beschwerde Nr. 15070/89

EGMR, Urt. v. 29.04.1997, Beschwerde Nr. 24573/94

EGMR, Urt. v. 02.05.1997, Beschwerde Nr. 30240/96

EGMR, Urt. v. 31.07.2000, Beschwerde Nr. 35765/97

EGMR (Große Kammer), Urt. v. 12.12.2001, Beschwerde Nr. 52207/99

EGMR, Urt. v. 09.04.2002, Beschwerde Nr. 22723/93 u. a.

EGMR (Große Kammer), Urt. v. 13.02.2003, Beschwerde Nr. 41340/98 u. a.

EGMR, Urt. v. 05.04.2007, Beschwerde Nr. 18147/02

EGMR (Große Kammer), Urt. v. 31.05.2007, Beschwerden Nr. 71412/01 u. a.

EGMR, Urt. v. 12.11.2008, Beschwerde Nr. 34503/97

EGMR, Urt. v. 21.04.2009, Beschwerde Nr. 68959/01

EGMR (Große Kammer), Urt. v. 22.12.2009, Beschwerden Nr. 27996/06

EGMR, Urt. v. 24.06.2010, Beschwerde Nr. 30141/04

EGMR, Urt. v. 18.03.2011, Beschwerde Nr. 30814/06

EGMR, Urt. v. 07.07.2011, Beschwerde Nr. 55721/07

EGMR, Urt. v. 07.07.2011, Beschwerde Nr. 27021/08

EGMR, Urt. v. 17.01.2012, Beschwerde Nr. 9146/07

EGMR, Urt. v. 23.02.2012, Beschwerde Nr. 27765/09

EGMR, Urt. v. 09.07.2013, Beschwerden Nr. 66069/09, 1330/10, 2896/10

EGMR, Urt. v. 27.05.2014, Beschwerde Nr. 4455/10

EGMR, Urt. v. 01.07.2014, Beschwerde Nr. 43835/11

EGMR, Urt. v. 16.09.2014, Beschwerde Nr. 29750/09

EGMR, Urt. v. 21.07.2015, Beschwerde Nr. 18766/11

EGMR, Urt. v. 17.01.2017, Beschwerde Nr. 57592/08

EGMR, Urt. v. 13.02.2020, Beschwerden Nr. 8675/15, 8697/15

EGMR (Große Kammer), Urt. v. 05.05.2020, Beschwerde Nr. 3599/18

EGMR (Große Kammer), Urt. v. 21.01.2021, Beschwerde Nr. 38263/08

EGMR (Große Kammer), Urt. v. 16.02.2021, Beschwerde Nr. 4871/16

EGMR, Urt. v. 09.06.2021, Beschwerde Nr. 40183/07

England and Wales High Court, Urt. v. 03.11.2016, EWHC 2768

EuGH, Gutachten v. 14.12.1991, 1/91, EU:C:1991:490

EuGH, Urt. v. 22.11.2005, C-144/04, EU:C:2005:709

EuGH, Urt. v. 08.03.2011, C-34/09, EU:C:2011:124

EuGH, Urt. v. 18.10.2011, C-34/10, EU:C:2011:669

EuGH, Urt. v. 21.12.2011, C-411/10 und C-493/10, EU:C:2011:865

EuGH, Urt. v. 27.11.2012, C-370/12, EU:C:2012:756

EuGH, Urt. v. 12.03.2014, C-456/12, EU:C:2014:135

EuGH, Urt. v. 08.04.2014, C-293/12 und C-594/12, EU:C:2014:238

EuGH, Urt. v. 16.06.2015, C-62/14, EU:C:2015:400

EuGH, Urt. v. 16.07.2015, C-218/14, EU:C:2015:476

EuGH, Urt. v. 21.12.2016, C-203/15 und C-698/15, EU:C:2016:970

EuGH, Urt. v. 10.05.2017, C-133/15, EU:C:2017:354

EuGH, Urt. v. 27.06.2018, C-230/17, EU:C:2018:497

EuGH, Beschl. v. 19.10.2018, C-619/18, EU:C:2018:852

EuGH, Urt.v. 11.12.2018, C-493/17, EU:C:2018:1000

EuGH (Große Kammer), Beschl. v. 17.12.2018, C-619/18R, EU:C:2018:1021

EuGH, Schlussanträge v. 11.04.2019, C-619/18, EU:C:2019:325

EuGH, Urt. v. 24.06.2019, C-619/18, EU:C:2019:531

EuGH, Urt. v. 16.07.2020, C-311/18, EU:C:2020:559

EuGH, Urt. v. 06.10.2020, C-623/17, EU:C:2020:790

EuGH, Urt. v. 18.5.2021, C-83/19, EU:C:2021:393

EuGH, Urt. v. 23.11.2021, C-564/19, EU:C:2021:949

Europarat, CM/Notes/1398/H46-2

High Court of South Africa, Gauteng Division, Urt. v. 22.02.2017, Case No. 83145/2016

Hoge Raad, Urt. v. 06.09.2013, 12/03324, ECLI:NL:HR:2013:BZ 9225

Hoge Raad, Urt. v. 06.09.2013, 12/03329, ECLI: NL:HR:2013:BZ 9228

Hoge Raad, Urt. v. 19.07.2019, 17/04567, ECLI:NL:HR:2019:1284

Hoge Raad, Urt. v. 20.12.2019, Nr. 19/00135, ECLI:NL:HR:2019:2007

Human Rights Committee, Bericht v. 27.01.2021, Nr. 3042/17

IAGMR, Urt. v. 18.08.2000, Series E

IAGMR, Urt. v. 01.07.2006, Series C No. 148

IAGMR, Urt. v. 28.11.2012, Series C No. 257

IAGMR, Advisory Opinion v. 24.11.2017, OC-24/17, Series A No. 24

IGH, Urt. v. 26.11.1984, ICJ Reports 1984, S. 392

IGH, Urt. v. 27.06.1986, ICJ Reports 1986, S. 14

IGH, Urt. v. 03.02.2012, ICJ Reports 2012, S. 99

IGH, Urt. v. 20.07.2012, ICJ Reports 2012, S. 422

LG Essen, Urt. v. 15.12.2016, 2 O 285/15

Oberster Gerichtshof von Costa Rica (Verfassungskammer), Urt. v. 15.03.2000, 95-001734-0007-CO, Res. 2000/02306

Oberster Gerichtshof von Costa Rica (Verfassungskammer), Urt. v. 08.09.2004, 03-004485-0007-CO, Res. 2004/09992

Oberster Gerichtshof von Costa Rica (Verfassungskammer), Urt. v. 01.11.2013, 13-010665-0007-CO, Res. 2013/14510

OLG Frankfurt am Main (Staatsschutzsenat), Urt. v. 30.11.2021, 5-3 StE 1/20-4-1/20

OLG Hamm, Beschl. v. 30.11.2017, I-5 U 15/17

OLG Koblenz (Staatsschutzsenat), Urt. v. 24.02.2021, 1 StE 9/19

OLG Stuttgart (Staatsschutzsenat), Urt. v. 28.09.2015, 5-3 StE 6/10

OVG Münster, Urt. v. 19.03.2019, 4 A 1361/15

OVG Sachsen, Beschl. v. 07.11.2020, 6 B 303/20

Rechtbank Den Haag, Urt. v. 26.05.2021, C/09/571932 / HA ZA 19-379, ECLI:NL:RBDHA:2021:5339

Supreme Court of Ireland, Urt. v. 09.04.1987, [1987] IESC 4

Supreme Court of Ireland, Urt. v. 31.07.2020, Nr. 205/19, [2020] IESC 49

Supreme Court of the United Kingdom, Urt. v. 24.01.2017, UKSC 2016/0196

U.K. House of Lords, Urt. v. 14.06.2006, [2006] UKHL 26

U.K. House of Lords, Urt. v. 22.10.2008, [2008] UKHL 61

United Nations Committee on the Elimination of Racial Discrimination, Entsch. v. 04.04.2013, UN CERD/C/82/D/48/2010

U.S. Court of Appeals for the District of Columbia Circuit, Urt. v. 28.08.2020, No. 19-5079 (2020)

U.S. Court of Appeals for the District of Columbia Circuit, Entscheidung v. 23.04.2021, No. 19-5079 (2021)

U. S. Courts of Appeals for the Second Circuit, Urt. v. 24.09.2020, No. 19-609

U.S. Supreme Court, Urt. v. 24.02.1803, 5 U.S. 137 (1803)

U.S. Supreme Court, Urt. v. 06.03.1857, 60 U.S. 393 (1856)

U.S. Supreme Court, Urt. v. 04.06.1928, 277 U.S. 438 (1928)

U.S. Supreme Court, Urt. v. 18.12.1944, 323 U.S. 214 (1944)

U.S. Supreme Court, Urt. v. 09.03.1953, 345 U.S. 41 (1953)

U.S. Supreme Court, Urt. v. 22.01.1973, 410 U.S. 113 (1973)

U.S. Supreme Court, Urt. v. 29.06.1992, 505 U.S. 833 (1992)

U.S. Supreme Court, Urt. v. 02.04.2007, 549 U.S. 497 (2007)

U.S. Supreme Court, Urt. v. 12.06.2008, 553 U.S. 723 (2008)

U.S. Supreme Court, Urt. v. 26.06.2015, 576 U.S. 644 (2015)

U.S. Supreme Court, Urt. v. 26.06.2018, 585 U.S. (2018)

U.S. Supreme Court, Urt. v. 25.06.2020, 591 U.S. (2020)

U.S. Supreme Court, Urt. v. 20.01.2022, 595 U.S. (2022)

U.S. Supreme Court, Urt. v. 24.06.2022, 597 U.S. (2022)

Verfassungsgericht der Dominikanischen Republik, Urt. v 04.11.2014, TC/0256/14

Verfassungsgericht von Guatemala, Urt. v. 25.05.1993, 225-93

Verfassungsgericht von Guatemala, Urt. v. 04.07.1993, 225-93

Verfassungsgerichtshof von Italien, Urt. v. 27.06.1974, 204/1974

Verfassungsgerichtshof von Italien, Urt. v. 21.11.1974, 264/1974

Verfassungsgerichtshof von Italien, Urt. v. 21.09.1983, 274/1983

Verfassungsgerichtshof von Italien, Urt. v. 02.-04.06.1997, 161/1997

Verfassungsgericht von Kolumbien, Urt. v. 16.02.1995, SU-056/95, T-40754 und T-44219

Verfassungsgericht von Kolumbien, Urt. v. 15.10.1997, T-523/97

Verfassungsgericht von Kolumbien, Urt. v. 06.05.1998, C-191/98, D-1868

Verfassungsgericht von Kolumbien, Urt. v. 23.02.2006, T-131/06, T-1250871

Verfassungsgericht von Kolumbien, Urt. v. 10.05.2006, C-355/06, D-6122, D-6123 und D-6124

Verfassungsgericht von Kolumbien, Urt. v. 26.07.2011, C-577/11, D-8367 und D-8376

Verfassungsgericht von Kolumbien, Urt. v. 04.12.2013, T-920/13, T-3.980.128

Verfassungsgericht von Kolumbien, Urt. v. 28.04.2016, SU-216/16, T-4.167.863 AC

Verfassungsgericht von Kolumbien, Urt. v. 18.01.2017, C-08/17

Verfassungsgericht von Kolumbien, Urt. v. 06.04.2018, T-117/18, T-6.155.024 und T-6.371.066

Verfassungsgericht von Kolumbien, Urt. v. 29.11.2021, T-413/21

Verfassungsgericht von Polen, Urt. v. 07.10.2021, K 3/21

WTO Appellate Body, Doc. WT/DS26/AB/R, WT/DS48/AB/R (1998)

WTO Appellate Body, Doc. WT/DS291/R, WT/DS293/R (2006)

Stichwortverzeichnis

Kapitel, Abschnitt